EDUGORILLA
PUBLICATION

राजस्थान पुलिस

सब इंस्पेक्टर (SI) पेपर-I

नवीनतम संस्करण

अभ्यास किट

11 टेस्ट्स

01 गतवर्षीय प्रश्न पत्र

10 मॉक टेस्ट्स

वास्तविक परीक्षा प्रारूप पर आधारित टेस्ट

✓ पूर्णतः संशोधित और अद्यतन

✓ सभी बहुविकल्पीय प्रश्नो का विस्तृत विश्लेषण

शीर्षक	: राजस्थान पुलिस सब इंस्पेक्टर (SI) पेपर-I
लेखक का नाम	: **Mr. Rohit Manglik**
प्रकाशक	: **EduGorilla Community Pvt. Ltd.**
प्रकाशक का पता	: 12/651 प्रथम तल, अरविन्दो पार्क के सामने, निकट जामा मस्जिद, इंदिरा नगर लखनऊ, उत्तर प्रदेश, 226016, भारत।

कॉपीराइट EduGorilla

अस्वीकरण EduGorilla

Compiled and created by EduGorilla Community Pvt. Ltd

EduGorilla Community Pvt. Ltd. द्वारा मुद्रित

रोहित मांगलिक
सीईओ, **EduGorilla**

प्रिय छात्रों,

एक बहुत ही प्रचलित कहावत है कि "सफलता उन्हीं को मिलती है जो उसके लिए कड़ी मेहनत करते हैं।" लेकिन मैंने लोगों को उनकी परीक्षाओं के लिए दिन-रात एक करके मेहनत करते हुए देखा है, पर फिर भी वे सफल नहीं हो पाते। तो वहीं दूसरी ओर, कुछ लोग बस आधी मेहनत करके परीक्षा में सफलता प्राप्त करते हैं। तो, क्या वे किस्मत वाले हैं? नहीं मेरा मानना है, कि ऐसा इसलिए है क्योंकि वे सिर्फ कड़ी नहीं बल्कि कुशल तरीके से अपनी तैयारी करते हैं। इसी तरह आपको भी अपनी परीक्षाओं की तैयारी के लिए अपनी योजना बनानी चाहिए, ताकि आपकी भी सफलता की संभावना बढ़ सके। तो तैयार हो जाइये EduGorilla के साथ अपनी परीक्षा में चयन होने की संभावना को 16 गुना बढ़ाने के लिए।

EduGorilla आपको न केवल कड़ी मेहनत करने में मदद करता है, बल्कि एक स्मार्ट और योजनाबद्ध तरीके से तैयारी करने में भी सहायता प्रदान करता है। EduGorilla की तैयारी पैकेज के साथ आप अपने परीक्षा में चयन होने के रास्ते को सहज और मनोरंजक बना सकते हैं। अपनी तैयारी के लिए सही रास्ता खोजना मुश्किल हो सकता है, यदि आप ये नहीं जानते कि आपको किस दिशा में जाना है। चिंता न करें हम आपके साथ खड़े हैं! EduGorilla आपकी सफलता में आपका मार्गदर्शक बनेगा। हमारे तैयारी पैकेज के साथ आप रणनीतिक रूप से तैयारी कर, अपनी परीक्षा में सिर्फ एक ही प्रयास में सफल हो सकते हैं।

EduGorilla के तैयारी पैकेज में शामिल हैं-

• टेस्ट सीरीज़   • किताबें

हमारे तैयारी पैकेज को सभी तरह के नये बदलवों, विशेषज्ञों की राय एवं छात्रों के प्रतिक्रिया के अनुसार तैयार किया गया है। जो आपको परीक्षा के प्रत्येक चरण की चयन प्रक्रिया को पार करने के योग्य बनाता है।

हमारी किताबें शिक्षकों और विशेषज्ञों द्वारा आपकी परीक्षा के लिए तैयार की गई हैं, 150+ वर्षों के अनुभव के साथ; ताकि आपको आसान, कुशल और प्रभावी शिक्षण प्रदान किया जा सके। हमारी स्मार्ट किताबें न सिर्फ आपको प्रश्नों के उत्तर देने की समझ देती हैं, अपितु आपके अभ्यास के लिए समान रूप के प्रश्न भी प्रदान करती हैं।

EduGorilla की सक्षम टेस्ट सीरीज आपको वास्तविक अनुभव और आत्मविश्वास प्रदान करती हैं, जिसके माध्यम से आप केवल एक प्रयास में अपनी ऑफलाइन अथवा ऑनलाइन परीक्षा पास कर सकते हैं। वर्तमान में हम 83,000+ मॉक टेस्ट्स और 1,440+ प्रतियोगी एवं शैक्षणिक परीक्षाओं की तैयारी कराते हैं।

अर्थात, EduGorilla आपकी तैयारी में आपकी सहायता करने का कोई भी मौका नहीं छोड़ता है और परीक्षा के सभी चरणों को कवर करता है, ताकि परीक्षा की तैयारी के लिए आपको कहीं और भटकना ना पड़े।

हम आपको डिफेन्स, बैंकिंग, टीचिंग और अन्य राष्ट्रीय एवं राज्य स्तरीय परीक्षाओं के लिए सम्पूर्ण तैयारी पैकेज प्रदान करते हैं। अतः इससे कोई फर्क नहीं पड़ता कि आप किस परीक्षा के लिए तैयारी कर रहे हैं, क्योंकि आप सफलता हासिल करेंगे।

आपको परीक्षा की शुभकामनाएं!

रोहित मांगलिक,
संस्थापक और मुख्य कार्यकारी अधिकारी, **EduGorilla**

प्रस्तावना

EduGorilla छात्रों को उनकी परीक्षा में सफल होने के लिए मार्गदर्शन प्रदान करता है। जिसको ध्यान में रखते हुए हमारे कुल 150+ वर्षों का अनुभव रखने वाले प्रतिष्ठित विशेषज्ञों ने कड़े प्रयासों के द्वारा "राजस्थान पुलिस : सब इंस्पेक्टर (SI) पेपर-I" को तैयार किया है। इस किताब के प्रश्नों को हाल ही में परीक्षा के पाठ्यक्रम और पैटर्न में हुए सभी बदलावों को ध्यान में रखकर बनाया गया है। वो प्रश्न जिनकी राजस्थान पुलिस सब इंस्पेक्टर (SI) परीक्षा में आने कि संभवना काफी प्रबल है, उनको इस किताब मे रखा गया है। आप EduGorilla की "राजस्थान पुलिस : सब इंस्पेक्टर (SI) पेपर-I" के माध्यम से अपनी सफलता की संभावना को 16 गुना बढ़ा सकते हैं।

EduGorilla ये अपनी संपूर्ण तैयारी पैकेज के माध्यम से साकार करता है। इस किट में आपको प्रश्न अच्छी तरह अवधारित एवं संरचित रूप मे मिलेंगे जिन्हे आपकी जरूरतों के अनुसार बनाया गया है। इसके माध्यम से आपको स्मार्ट तरीके से परीक्षा के लिए अभ्यास करने में मदद मिलेगी। साथ ही आपको सहायक, समाधान और स्मार्ट उत्तर पत्रिका भी प्रदान की जायेंगी। जिससे आप अपना मूल्यांकन स्वयं कर सकते हैं। आप स्वयं की समीक्षा कर, उन सभी बिन्दुओं पर खुद को बेहतर तरीके से तैयार कर सकते हैं।

EduGorilla आपको अपनी परीक्षा में सफ़लता दिलाने और आपके लक्ष्य को हासिल करने में आपकी सहायता करने का वादा करता हैं। हम अपने प्रतिभागियों पर पूरा भरोसा करते हैं और उन्हें मेरिट सूची के शीर्ष पर देखते हैं। शीर्ष स्थान की ओर आपका पहला कदम है हमारे साथ तैयारी शुरू करना। EduGorilla की "राजस्थान पुलिस : सब इंस्पेक्टर (SI) पेपर-I" की विशेषताएं कुछ इस प्रकार हैं।

➤ अच्छी तरह से शोध किया हुआ पाठ्यक्रम

➤ उच्च गुणवत्ता

➤ विस्तृत उत्तर और विश्लेषण

➤ स्मार्ट उत्तर पत्रिका

➤ परीक्षा सुसंगत प्रश्न

इस प्रकार EduGorilla आपकी तैयारी को मजबूत और आपको परीक्षा में सफल होने के योग्य बनाता है।

राजस्थान पुलिस सब इंस्पेक्टर (SI)
परीक्षा की योग्यता, परीक्षा पैटर्न, विषय को जानने
के लिए QR कोड को स्कैन करें।

Book ID: 0823

विषय-सूची

Q.1 निम्न में से शुद्ध वर्तनी का चयन कीजिये।
A. आक्षादन
B. अध्यात्मिक
C. शांतिमय
D. अजीविका

Q.2 निम्न में से शुद्ध वर्तनी का चयन कीजिये।
A. अध्यन
B. आद्र
C. अकांक्षा
D. अद्भुत

Q.3 दिए गए विकल्पों में से 'उच्छवास' शब्द के लिए उचित वाक्यांश छांटिए।
A. ऊपर की ओर जाने वाला
B. ऊपर कहा हुआ
C. ऊपर आने वाली श्वांस
D. कोई नहीं

Q.4 निम्न में से शुद्ध वर्तनी का चयन कीजिये।
A. उच्चरण
B. आधीन
C. साम्य
D. अनाधिकार

Q.5 वर्तनी की दृष्टि से अशुद्ध शब्द का चयन कीजिए।
A. स्मृत
B. सुषुप्त
C. आकृति
D. दीप्ति

Q.6 निम्नलिखित तत्सम-तद्भव शब्दों का संगत युग्म है।
A. कर्पदिका -काक
B. इष्टिका - इक्षु
C. कंटक -काँटा
D. उछाह -ओझा

Q.7 गवैया- कौन सा शब्द है?
A. तत्सम
B. देशज
C. तद्भव
D. विदेशज

Q.8 निम्नलिखित में से कलम ___ शब्द है।
A. तत्सम
B. रूढ़
C. यौगिक
D. योगरूढ़

Q.9 रचना के आधार पर शब्द कितने प्रकार के होते हैं?
A. एक
B. दो
C. तीन
D. चार

Q.10 'नापित' शब्द का उचित तद्भव चुनिए।
A. नापना
B. नाई
C. नाप
D. नाविक

Q.11 'उद्घाटन' का संधि-विच्छेद क्या होगा?
A. उद्घा+अन
B. उद+घाटन
C. उत्+घाटन
D. उद+घाटन

Q.12 निम्न विकल्पो में से 'घर' का तत्सम शब्द बताईए।
A. आश्रय
B. मकान
C. गृह
D. गांव

Q.13 दिए गए विकल्पों में 'जिसकी कीमत कम हो' उसके लिए एक शब्द का चयन कीजिए।
A. अमोघ
B. अनर्ध
C. वांछित
D. अभिप्रेत

Q.14 निम्नलिखित में से कौन-सा शब्द देशज है?
A. मुसाफिर
B. गुंडा
C. टाँग
D. पिकनिक

Q.15 'अतुल' शब्द का सही पर्यायवाची शब्द चुनिए।
A. गूढ़, कठिन
B. श्रद्धा रखना, पूजा-भाव रखना
C. गिनती, अंक
D. असमान, अनुपमेय

Q.16 'अंदेशा' शब्द का सही पर्यायवाची शब्द चुनिए।
A. बेकार, व्यर्थ
B. असमंजस, पसोपेश
C. अखंड, अक्षय
D. अधिकार, वश

Q.17 'डोली' का पर्यायवाची शब्द ___ नहीं है।
A. मियाना
B. बटमार
C. सवारी
D. शिविका

Q.18 'टीकाकार' का पर्यायवाची शब्द ___ नहीं है।
A. समालोचक
B. व्याख्याता
C. आनाकानी
D. भाष्यकार

Q.19 'झेंपना' का पर्यायवाची शब्द ___ नहीं है।
A. लज्जित होना
B. शरमाना
C. शर्मिन्दा होना
D. ढकेलना

Q.20 'सदाशय' शब्द का विलोम क्या होगा?
A. असीम
B. दुराशय
C. रुदन
D. अक्षर

Q.21 इनमें से 'नूतन' का विलोम शब्द क्या है?
A. पुरातन
B. कृतघ्न
C. तरल
D. इनमें से कोई नहीं

Q.22 'भूलोक' का विलोम शब्द बताइये?
A. खाली
B. भोग्य
C. द्युलोक
D. भार्या

Q.23 'मसृण' का विपरीत क्या होगा?
A. रूक्ष
B. अपमान
C. बंधन
D. इनमें से कोई नहीं

Q.24 'योगी' का विपरीत क्या होगा?
A. कल्पित
B. साधना
C. लिखित
D. भोगी

Ques (25-26): निम्नलिखित प्रश्न में शब्द-युग्म के सही अर्थ-भेद का चयन कीजिए।

Q.25 पन-पत्र
A. चाँद-शिव
B. तेज किया गया-ठंडा
C. संकल्प-पड़ा हुआ
D. कौआ-कोयल

Q.26 शूकर-सुकर
A. सीप-अच्छी उक्ति
B. सरस्वती-सार देने वाला
C. बलि-बली
D. सूअर-सहज

Q.27 किस विकल्प में क्रिया के 'सातपय बोधक पक्ष ' का प्रयोग हुआ है?
A. भीड़ बढ़ती ही जा रही है
B. सीता कितना अच्छा गा रही है
C. वह अब तक काफी खेल चुका है
D. इनमें से कोई नहीं

Q.28 किस विकल्प में क्रिया के 'अभ्यास दयोतक पक्ष' का प्रयोग हुआ है?
A. सुबह का टहलना बड़ा ही अच्छा होता है
B. लड़का मन से पढ़ता है और परीक्षा पास करता है
C. सोना महँगा है
D. वह दिन भर मेहनत करता था तब सफल हुआ

Q.29 किस विकल्प में क्रिया के 'आरंभदयोतक पक्ष' का प्रयोग हुआ है?
A. बच्चा दूध पीते ही सो गया

B. रमेश अपने बेटे से काम करवाता है
C. अब राम पढ़ने लगा है
D. किशोर रोने लगा

Q.30 दिए गए विकल्पों में से 'स्थानापन्न' के लिए उचित वाक्यांश का चयन कीजिए।
A. जो किसी के अधीन या पराधीन न हो
B. दूसरे के स्थान पर अस्थायी काम करने वाला
C. जो सर्वशक्ति सम्पन्न हो
D. जिसे देखकर लोग लजाक उड़ाएं

Q.31 निम्नलिखित में किस वाक्य में सकर्मक क्रिया का प्रयोग हुआ है?
A. किताब पढ़ता है **B.** उसने कर लिया
C. बच्चे गये **D.** बच्चा चित्र बना रहा है

Q.32 'मोहन बाज़ार से चार किलो दाल लाया' - कौन-सा विशेषण है?
A. निश्चित परिमाण वाचक **B.** गुणवाचक
C. सार्वनामिक **D.** संख्यावाचक

Q.33 किस क्रम में अनिश्चयवाचक सार्वनामिक विशेषण नहीं है?
A. मुझे कोई कलम दे दीजिए
B. वह बहुत वफ़ादार है
C. दाल में कुछ काला है
D. किसी ने उसे भगाया

Q.34 वह घोड़ा भागा जा रहा है, कौन-सा विशेषण है?
A. गुणवाचक **B.** सार्वनामिक
C. परिमाणवाचक **D.** तुलनाबोधक विशेषण

Q.35 निम्नलिखित में से गुणवाचक विशेषण कौन-सा है?
A. दोगुना **B.** कुछ **C.** नया **D.** पाँच

Q.36 अशोक दोहरे चरित्र का व्यक्ति है, वाक्य में विशेषण है?
A. व्यक्तिवाचक **B.** गुणवाचक
C. परिमाणवाचक **D.** संख्यावाचक विशेषण

Q.37 जातिवाचक एवं व्यक्तिवाचक संज्ञाओं का कौन सा युग्म सही नहीं है?
A. कुत्ता-पिल्ला **B.** नगर-जयपुर
C. पर्वत-हिमालय **D.** स्त्री-यशस्वी

Q.38 'हमें स्वस्थ रहने के लिए घी खाना चाहिए।' में किस प्रकार की संज्ञा है?
A. भाववाचक संज्ञा **B.** समूहवाचक संज्ञा
C. जातिवाचक संज्ञा **D.** द्रव्यवाचक संज्ञा

Q.39 इनमें से कौनसा वाक्य भाववाचक संज्ञा से बनी जातिवाचक संज्ञा का हैं ?
A. मुझे पानी पीना है
B. मुझे एक दर्जन केले खरीदने हैं
C. मुझे सोने का हार खरीदना है
D. ये सब कैसे अच्छे पहरावे है

Q.40 इनमें से कौनसा शब्द जातिवाचक संज्ञा से बनी भाववाचक संज्ञा नहीं हैं?
A. गरीबी **B.** मनुष्यता **C.** गँवारपन **D.** बुराई

Q.41 इनमें से कौनसा शब्द सर्वनाम से बनी भाववाचक संज्ञा नहीं हैं?
A. निजत्व **B.** शीघ्रता **C.** परायापन **D.** आपा

Q.42 निम्नलिखित में से कौन सा वाक्य अशुद्ध है?
A. उसकी बड़ी हानि हुई

B. राजेश अग्रिम बुधवार को आएगा
C. सब लोग अपना-अपना काम करो
D. इनमें से कोई नहीं

Q.43 निम्नलिखित में से कौन सा वाक्य अशुद्ध है?
A. यद्यपि वह बीमार था परन्तु वह स्कूल गया
B. पुस्तक विद्वत्तापूर्वक लिखी गयी है
C. आसानी से यह काम कर लिया
D. इनमें से कोई नहीं

Q.44 "घर के लिए सामान ले आओ।" वाक्य में कौन सा कारक है?
A. कर्म कारक **B.** सम्प्रदान कारक
C. करण कारक **D.** अपादान कारक

Q.45 "महेश ने कलम से पत्र लिखा।" वाक्य में कौन सा कारक है?
A. अधिकरण कारक **B.** सम्प्रदान कारक
C. कर्म कारक **D.** करण कारक

Q.46 "मंजू ने किताब लिखी।" वाक्य में कौन सा कारक है?
A. कर्ता कारक **B.** करण कारक
C. सम्प्रदान कारक **D.** अपादान कारक

Q.47 "मेज पर पुस्तक पड़ी है।" वाक्य में कौन सा कारक है ?
A. संबोधन कारक **B.** अधिकरण कारक
C. कर्ता कारक **D.** संबंध कारक

Q.48 "अरे भाई ! हमारी बात सुनो।" वाक्य में कौन सा कारक है?
A. कर्म कारक **B.** करण कारक
C. अधिकरण कारक **D.** संबोधन कारक

Q.49 किस विकल्प से पता चलता है कि क्रिया बीते समय में हुई है?
A. वर्तमान काल **B.** भूतकाल
C. भविष्यत काल **D.** आदिकाल

Q.50 'व्याकरण' में काल का क्या अर्थ है?
A. अंत **B.** समय **C.** पीड़ा **D.** मृत्यु

Q.51 'श्रुति बाजार से आ रही थी' इस वाक्य में कौन-सा काल है?
A. सामान्य भूतकाल **B.** अपूर्ण भूतकाल
C. सामान्य वर्तमान **D.** अपूर्ण वर्तमानकाल

Q.52 'वि' उपसर्ग से बना शब्द निम्न में से कौन सा है?
A. विज्ञान **B.** निर्दय **C.** स्वागत **D.** नादान

Q.53 'बेईमान' शब्द में उपसर्ग बताइए।
A. ईमान **B.** बे **C.** बी **D.** बाई

Q.54 'उन्तीस' शब्द में उपसर्ग है-
A. उत्री **B.** उ **C.** उन **D.** ऊन

Q.55 'अदब' शब्द के साथ कौन सा उपसर्ग सही लगता है?
A. बे **B.** अ **C.** नि **D.** कु

Q.56 निम्नलिखित में 'हरा' प्रत्यय से बना कौन सा शब्द है?
A. चौराहा **B.** तिहरा **C.** तिराहा **D.** विद्यार्थी

Q.57 दिए गए 'देखकर' शब्द में कौन सा प्रत्यय है?
A. खाकर **B.** कार **C.** खकर **D.** कर

Q.58 दिए गए **मिलन** शब्द में कौन सा प्रत्यय है?
A. लन **B.** अन **C.** आन **D.** मन

Q.59 'खिलौना' शब्द में कौन-सा प्रत्यय का प्रयोग हुआ है?
A. लौना   B. पौना   C. औना   D. छौना

Q.60 रज: कण = रज: + कण कौन-सी संधि का उदाहरण है?
A. विसर्ग संधि   B. स्वर संधि
C. व्यंजन संधि   D. उपर्युक्त सभी

Q.61 मनः योग का संधि क्या होगा?
A. मनोयोग   B. मानयोग   C. मनयोग   D. मनुयोग

Q.62 दो दिन से वह साधू निराहार है। निम्न वाक्य में कौन-से शब्द का विच्छेद करने पर विसर्ग संधि होगा।
A. निराहार   B. साधू   C. दिन   D. दो

Q.63 निम्न में से क्या विसर्ग संधि का उदाहरण है?
A. बहिष्कार   B. नाविक   C. इत्यादि   D. सदैव

Q.64 'नर-नारी' का सामासिक विग्रह क्या होगा?
A. नर की नारी   B. नारी का नर
C. नारी से नर   D. नर और नारी

Q.65 'जलवायु' का सामासिक विग्रह क्या होगा?
A. वायु में जल   B. जल में वायु
C. जल और वायु   D. जल की वायु

Q.66 'नदी-नाले' का सामासिक विग्रह क्या होगा ?
A. नदी में नाले   B. नदी से नाले
C. नदी और नाले   D. नदी का नाला

Q.67 'बेशक' में कौन सा समास होगा ?
A. अव्ययीभाव   B. तत्पुरुष
C. बहुब्रीहि   D. कर्मधारय

Q.68 'बाकायदा' का सामासिक विग्रह क्या होगा?
A. कायदे के बाद   B. कायदे के प्रकार
C. कायदे के बिना   D. कायदे के अनुसार

Q.69 'अन्त न पाना' मुहावरे का अर्थ बताइये।
A. घमंडी होना   B. बेकार की बातें करना
C. रहस्य न जान पाना   D. बिल्कुल अच्छा न लगना

Q.70 'बाधा या विघ्न पड़ना' के लिए उपयुक्त मुहावरे का चयन कीजिये।
A. फूला न समाना   B. घास न डालना
C. रंग में भंग पड़ना   D. तीन तेरह करना

Q.71 '**सचेत होना**' अर्थ के लिए उचित मुहावरा कौन सा होगा?
A.   अपना उल्लू सीधा करना
B.   आंखे खुलना
C.   अपने पैरों पर खड़े होना
D.   उन्नीस-बीस का अंतर होना

Q.72 'अपना कर्तव्य पूरा करके निश्चिन्त होना' के अर्थ के लिए उचित मुहावरा कौन सा होगा?
A. गुड़ गोबर करना   B. गच्चा खाना
C. गंगा नहाना   D. गजब ढाना

Q.73 जले पर नमक छिड़कना- मुहावरे के लिए उचित अर्थ का चयन करें।
A.   कमी में नुकसान होना
B.   ज्यादा परेशान हो जाना
C.   दुःखी को और दुःखी करना
D.   काम बनाना

Q.74 जहाँ पूर्ण विराम की अपेक्षा कम रुकना अपेक्षित हो, वहाँ ____ चिन्ह का प्रयोग किया जाता है।
A. पूर्णविराम   B. अर्द्धविराम   C. विराम   D. कोष्ठक

Q.75 जब दो संयुक्त क्रियाएँ एक साथ प्रयुक्त हों तो कौन-सा चिन्ह लगाया जाता है?
A. प्रश्नवाचक   B. अल्पविराम
C. योजक   D. पूर्व विराम

Q.76 पूर्ण विराम के बाद सर्वाधिक प्रयुक्त होने वाला विराम-चिन्ह ____ है।
A. विस्मयादिबोधक   B. अर्द्धविराम
C. प्रश्नवाचक   D. अल्पविराम

Q.77 निम्नलिखित में कौन सा विकल्प योजक-चिन्ह है?
A. -   B. ,   C. :   D. ;

Q.78 लाघव-चिन्ह का प्रयोग कहाँ होता है?
A.   उद्धरण के लिए
B.   बड़े अंश का संक्षिप्त रूप लिखने के लिए
C.   त्रुटि सुधार के लिए
D.   अभिवादन के लिए

Q.79 'COMPENSATION' का पारिभाषिक शब्द क्या है?
A. बंधपत्र   B. वार्षिक   C. मुआवजा   D. संवर्ग

Q.80 'CONVOCATION' का पारिभाषिक शब्द क्या है?
A. सभा   B. अधिवचन
C. स्थगित करना   D. कमी

Q.81 'COLONIZATION' का पारिभाषिक शब्द क्या है?
A. उपनिवेशन   B. मंत्रिमंडल
C. प्रतिनिधि मंडल   D. समाप्त करना

Q.82 निम्नलिखित में से कौनसा शब्द रूढ़ शब्द है?
A. पंचांग   B. पांच   C. पंचानन   D. पंचामृत

Q.83 निम्नलिखित में से कौन सा शब्द योगरूढ़ शब्द है?
A. जलज   B. सुंदर   C. लोचन   D. सिरदर्द

Q.84 निम्नलिखित में से कौनसा शब्द रूढ़ शब्द है?
A. स्वर्गीय   B. आसन्न   C. मानव   D. यशप्राप्त

Q.85 'कंकन किंकिनि नूपुर धुनि सुनि' में कौन सा अलंकार है।
A. मानवीकरण अलंकार   B. उत्प्रेक्षा अलंकार
C. अनुप्रास अलंकार   D. विशेषोक्ति अलंकार

Q.86 'खिली हुई हवा आई फिरकी सी आई, चल गई' में कौन सा अलंकार है?
A. उत्प्रेक्षा अलंकार   B. विभावना अलंकार
C. उपमा अलंकार   D. अनुप्रास अलंकार

Q.87 निम्नलिखित में से कौन-सा शब्द विदेशज है?
A. खिचड़ी   B. खिड़की   C. कपास   D. तजुर्बा

Q.88 निम्नलिखित में से कौन-सा शब्द विदेशज है?
A. चेचक   B. इडली   C. ताम्बूल   D. बाजरा

Q.89 'वह <u>स्वत:</u> ही समझ जाएगा।' इस वाक्य में रेखांकित शब्द किस सर्वनाम का भेद है?
A. निश्चयवाचक सर्वनाम   B. निजवाचक सर्वनाम
C. पुरुषवाचक सर्वनाम   D. संबंधवाचक सर्वनाम

Q.90 मैं सर्कस देखना चाहता हूँ।' यह किस सर्वनाम का उदाहरण है?

A. निजवाचक सर्वनाम
B. पुरूषवाचक सर्वनाम
C. प्रश्नवाचक सर्वनाम
D. अनिश्चयवाचक सर्वनाम

Q.91 संबंधबोधक अव्यय के कुल कितने भेद हैं?

A. 9
B. 10
C. 11
D. 12

Q.92 किस वाक्य में रीतिवाचक क्रियाविशेषण अव्यय है?

A. वह अतिशय व्यथित होने पर भी मौन है।
B. वह आगे चला गया।
C. हमारे सामने शेर अचानक आ गया।
D. वे कब गए।

Q.93 इनमें से समुच्चरित भिन्नार्थक शब्द कौन सा है?

A. कंटाल-कंकाल
B. कूट-झूठ
C. कड़ी-कढ़ी
D. कुछ-कूच

Q.94 'हय - हिय' श्रुतिसम भिन्नार्थक शब्द का क्या अर्थ है?

A. कम वजन - क्षेत्र
B. घोड़ा - हृदय
C. मुकुट - क्षत्रिय
D. साठ - छठी

Q.95 'कृपण - कृपाण' श्रुतिसम भिन्नार्थक शब्द का क्या अर्थ है?

A. किला - कीला
B. कंजूस - कटार
C. चरस - चरसा
D. छात्र - छत्र

Q.96 वाच्य का क्या अर्थ होता है?

A. बोलने का विषय
B. सुनने का विषय
C. बनाने का विषय
D. व्याकरणबद्ध

Q.97 निम्नलिखित में से कौन सा वाक्य कर्तृवाच्य का उदाहरण नहीं है।

A. रोहन ने किताब पढ़ी।
B. गीता द्वारा बाजार जाया गया।
C. लता दूध पीयेगी।
D. बच्चा खूब सोया।

Q.98 'क्या वे लिखेंगे ? वाक्य का भाववाच्य में परिवर्तित रूप है:-

A. क्या उनसे लिखा जाएगा?
B. क्या वे लिख सकते हैं?
C. क्या वह लिखेगा?
D. क्या वे लिख सकेंगे?

Q.99 कल <u>तकरीबन</u> सभी लोग आए थे। - वाक्य में रेखांकित शब्द किस निपात का उदाहरण है।

A. अवधारणाबोधक निपात
B. प्रश्नबोधक निपात
C. स्वीकृतिबोधक निपात
D. आदरबोधक निपात

Q.100 'मत' किस प्रकार का निपात है?

A. नकारात्मक निपात
B. निषेधात्मक निपात
C. विस्मयादिबोधक निपात
D. प्रश्नबोधक निपात

// स्मार्ट उत्तर पुस्तिका //

सही उत्तर — उन छात्रों के प्रतिशत को इंगित करता है जिन्होंने प्रश्नों का सही उत्तर दिया था।

छोड़ दिया — उन छात्रों के प्रतिशत को इंगित करता है जिन्होंने प्रश्नों को छोड़ दिया था।

प्रश्न संख्या	उत्तर	सही उत्तर / छोड़ दिया
1	C	57.66 % / 0.52 %
2	D	54.03 % / 5.19 %
3	C	53.77 % / 5.45 %
4	C	34.55 % / 5.97 %
5	B	40.52 % / 6.23 %
6	C	62.86 % / 6.23 %
7	C	21.82 % / 6.23 %
8	B	33.77 % / 6.75 %
9	C	42.6 % / 6.75 %
10	B	29.09 % / 6.75 %
11	C	68.31 % / 7.01 %
12	C	80.78 % / 7.01 %
13	B	35.84 % / 7.28 %
14	C	44.94 % / 7.27 %
15	D	62.34 % / 7.27 %
16	B	71.69 % / 7.53 %
17	B	31.43 % / 8.05 %
18	C	43.12 % / 8.57 %
19	D	65.97 % / 8.58 %
20	B	79.74 % / 8.57 %
21	A	77.66 % / 8.83 %
22	C	71.17 % / 8.83 %
23	A	37.92 % / 8.83 %
24	D	73.77 % / 9.35 %
25	C	31.43 % / 9.35 %
26	D	43.12 % / 9.35 %
27	B	28.05 % / 9.87 %
28	D	40.0 % / 10.39 %
29	C	52.73 % / 10.91 %
30	B	67.27 % / 11.17 %
31	D	64.94 % / 11.68 %
32	A	52.99 % / 11.69 %
33	B	40.78 % / 11.69 %
34	B	46.49 % / 11.95 %
35	C	60.0 % / 11.69 %
36	D	14.81 % / 11.68 %
37	A	38.44 % / 11.69 %
38	D	56.36 % / 11.95 %
39	D	38.96 % / 12.21 %
40	C	22.6 % / 12.21 %
41	B	29.35 % / 12.73 %
42	B	28.31 % / 12.99 %
43	A	45.97 % / 13.25 %
44	B	66.23 % / 13.25 %
45	D	61.04 % / 13.51 %
46	A	76.88 % / 13.51 %
47	B	61.3 % / 13.51 %
48	D	75.84 % / 13.25 %
49	B	76.88 % / 13.51 %
50	B	76.88 % / 13.51 %
51	B	46.75 % / 13.25 %
52	A	81.3 % / 13.51 %
53	B	76.62 % / 14.03 %
54	C	61.82 % / 14.02 %
55	A	44.68 % / 14.28 %
56	B	75.32 % / 14.29 %
57	D	76.1 % / 14.29 %
58	B	72.47 % / 14.28 %
59	C	76.36 % / 14.29 %
60	A	69.61 % / 14.29 %
61	A	69.61 % / 14.29 %
62	A	72.47 % / 14.54 %
63	A	59.48 % / 14.55 %
64	D	78.7 % / 14.29 %
65	C	70.13 % / 14.29 %
66	C	76.88 % / 14.55 %
67	A	58.96 % / 14.55 %
68	D	64.68 % / 15.06 %
69	C	70.39 % / 15.06 %
70	C	78.96 % / 15.07 %
71	B	72.47 % / 15.06 %
72	C	76.88 % / 15.07 %
73	C	81.82 % / 15.06 %
74	B	71.43 % / 15.06 %
75	C	51.95 % / 15.06 %
76	D	29.35 % / 15.07 %
77	A	65.97 % / 15.07 %
78	B	39.74 % / 15.07 %
79	C	46.49 % / 15.07 %
80	A	22.86 % / 15.06 %

प्रश्न संख्या	उत्तर	सही उत्तर
		छोड़ दिया
81	A	33.25 %
		15.06 %
82	B	34.29 %
		15.06 %
83	A	25.97 %
		15.07 %
84	C	32.99 %
		15.06 %

प्रश्न संख्या	उत्तर	सही उत्तर
		छोड़ दिया
85	C	37.92 %
		15.07 %
86	C	24.42 %
		15.06 %
87	D	46.23 %
		15.07 %
88	A	25.19 %
		15.07 %

प्रश्न संख्या	उत्तर	सही उत्तर
		छोड़ दिया
89	B	52.21 %
		15.06 %
90	B	36.1 %
		15.07 %
91	D	10.39 %
		15.06 %
92	C	18.44 %
		15.07 %

प्रश्न संख्या	उत्तर	सही उत्तर
		छोड़ दिया
93	C	17.4 %
		15.07 %
94	B	56.1 %
		15.07 %
95	B	66.75 %
		15.07 %
96	A	56.62 %
		15.07 %

प्रश्न संख्या	उत्तर	सही उत्तर
		छोड़ दिया
97	B	40.52 %
		15.06 %
98	A	39.48 %
		15.07 %
99	A	45.19 %
		15.07 %
100	B	33.25 %
		14.28 %

कार्य विश्लेषण	
औसत अंक (%)	44.5%
टॉपर्स स्कोर (%)	100.0%
आपका स्कोर	

//संकेत और समाधान//

1. उपरोक्त विकल्पों में से शुद्ध वर्तनी 'शांतिमय' है।

अन्य विकल्प वर्तनीगत अशुद्ध हैं।

अशुद्ध शब्द	शुद्ध शब्द
आक्षादन	आच्छादन
अध्यात्मिक	आध्यात्मिक
अजीविका	आजीविका

अतः विकल्प (C) सही है।

2. उपरोक्त विकल्पों में से शुद्ध वर्तनी 'अद्भुत' है।

अन्य विकल्प वर्तनीगत अशुद्ध हैं।

अशुद्ध शब्द	शुद्ध शब्द
अध्यन	अध्ययन
आद्र	आर्द्र
अकांक्षा	आकांक्षा

अतः विकल्प (D) सही है।

3. 'उच्छवास' शब्द के लिए उचित वाक्यांश 'ऊपर आने वाली श्वांस' है।

उच्छवास का विलोम शब्द निःश्वांश होगा।

अन्य विकल्प:

ऊर्ध्वगामी	ऊपर की ओर जानेवाला
उपर्युक्त	ऊपर कहा हुआ

अतः विकल्प (C) सही है।

4. उपरोक्त विकल्पों में से शुद्ध वर्तनी 'साम्य' है।

अन्य विकल्प वर्तनीगत अशुद्ध हैं।

अशुद्ध शब्द	शुद्ध शब्द
उच्चरण	उच्चारण
आधीन	अधीन
अनाधिकार	अनधिकार

अतः विकल्प (C) सही है।

5. दिए गए विकल्पों में 'सुशुप्त' शब्द की वर्तनी अशुद्ध है।

'सुशुप्त' की शुद्ध वर्तनी होगी - 'सुषुप्त'।

'सुषुप्त' का अर्थ 'सोया हुआ' होता है।

अतः विकल्प (B) सही है।

6. कंटक -काँटा यहाँ तत्सम और तद्भव शब्दों का सही युग्म है।

कंटक -काँटा दोनों एक ही अर्थ वाले शब्द है।

तत्सम शब्दों में समय और परिस्थियों के कारण कुछ परिवर्तन होने से जो शब्द बने हैं उन्हें तद्भव (तत् + भव = उससे उत्पन्न) कहते हैं।

भारतीय भाषाओं में तत्सम और तद्भव शब्दों का बाहुल्य है।

अतः विकल्प (C) सही है।

7. 'गवैया' शब्द 'तद्भव' है।

इसका तत्सम शब्द 'गायक' है।

संस्कृत से हिंदी में आने पर जिन शब्दों का रूप बदल गया हो, तद्भव कहलाते हैं।

अतः विकल्प (C) सही है।

8. कलम एक रूढ़ शब्द है।

रूढ़ शब्द वे होते हैं, जिनका कोई भी खंड सार्थक नहीं होता और जो परम्परा से किसी विशिष्ट अर्थ में चले आ रहे हैं। जैसे- नाक, जल, आग आदि।

अतः विकल्प (B) सही है।

9. हिंदी एक रचनात्मक भाषा है।

रचना के आधार पर शब्द तीन प्रकार के होते हैं।

अतः विकल्प (C) सही है।

10. 'नापित' शब्द का उचित तद्भव नाई होता है।

वह जो हजामत बनाने का काम करता उसे नापित / नाई कहते हैं।

अतः विकल्प (B) सही है।

11. 'उद्घाटन' का संधि-विच्छेद 'उत् + घाटन' है।

'उत् + घाटन= उद्घाटन' अर्थित यहाँ व्यंजन संधि है।

संधि-विच्छेद: किसी वर्ग का पहला वर्ण (क्, च्, ट्, त्, प्) + कोई स्वर या व्यंजन = पहले वर्ण के स्थान पर तीसरा वर्ण (ग्, ज्, ड्, ब्)।

जैसे- तल्लीन = तत्+लीन आदि।

अतः विकल्प (C) सही है।

12. घर शब्द का तत्सम शब्द गृह होता है।

तत्सम शब्दों में समय और परिस्थियों के कारण कुछ परिवर्तन होने से जो शब्द बने हैं उन्हें तद्भव (तत् + भव = उससे उत्पन्न) कहते हैं।

भारतीय भाषाओं में तत्सम और तद्भव शब्दों का बाहुल्य है।

अतः विकल्प (C) सही है।

13. 'जिसकी कीमत कम हो' उसके लिए एक शब्द 'अनर्थ' होता है।

'अर्थ' शब्द में 'अन्' उपसर्ग के योग से 'अनर्थ' शब्द बना है।

अन्य विकल्प:

एक शब्द	वाक्यांश
अमोघ	जो निष्फल न जाए
वांछित	जिसकी इच्छा हो
अभिप्रेत	किसी भाव को प्रकट करने की इच्छा

अतः विकल्प (B) सही है।

14. उपर्युक्त विकल्पों में से 'टाँग' एक देशज शब्द है।

वे शब्द जो क्षेत्रीय भाषा में प्रयुक्त होते है तथा ये देश की विभिन्न बोलियों से लिए जाते हैं, वे शब्द देशज शब्द कहलाते है। इन्हें आवश्यकता अनुसार उपयोग किया जाता है और ये बाद में प्रचलन में आकर हमारी भाषा का हिस्सा बन जाते हैं।

उदाहरण - उटपटांग, काका, खटपट।

अतः विकल्प (C) सही है।

15. दिए गए विकल्पों में असमान, अनुपमेय 'अतुल' शब्द के पर्यायवाची हैं।

अतुल के अन्य पर्यायवाची शब्द हैं - अमित, असीम, अपरिमित।

इन शब्दों में अर्थ की समानता होते हुए भी इनके प्रयोग एक तरह के नहीं हैं। ये शब्द अपने में इतने पूर्ण हैं कि एक ही शब्द का प्रयोग सभी स्थितियों में और सभी स्थलों पर अच्छा नहीं लगता- कहीं कोई शब्द ठीक बैठता है और कहीं कोई। प्रत्येक शब्द की महत्ता विषय और स्थान के अनुसार होती है।

अतः विकल्प (D) सही है।

16. दिए गए विकल्पों में असमंजस, पसोपेश 'अंदेशा' शब्द के पर्यायवाची हैं।

अंदेशा के अन्य पर्यायवाची शब्द हैं - सोच, चिन्ता, फिक्र, खटका, भय, खतरा।

अतः विकल्प (B) सही है।

17. दिए गए विकल्पों में बटमार 'डोली' शब्द का पर्यायवाची शब्द नहीं है।

डोली के अन्य पर्यायवाची शब्द हैं - पालकी, डोला

अतः विकल्प (B) सही है।

18. दिए गए विकल्पों में आनाकानी 'टीकाकार' शब्द का पर्यायवाची शब्द नहीं है।

टीकाकार के पर्यायवाची शब्द हैं - कुंजीकार, वृत्तिकार, वृत्तकार, व्याख्याकार।

अतः विकल्प (C) सही है।

19. दिए गए विकल्पों में ढकेलना 'झेंपना' शब्द का पर्यायवाची शब्द नहीं है।

झेंपना के अन्य पर्यायवाची शब्द हैं - सकुचाना, लजाना।

अतः विकल्प (D) सही है।

20. उपर्युक्त विकल्पों में से 'दुराशय' इसका सही उत्तर है।

सदाशय का अर्थ – जिसका भाव उदार और श्रेष्ठ हो

दुराशय का अर्थ – खराब नीयतवाला

शब्द	विलोम
ससीम	असीम
हास्य	रुदन
क्षर	अक्षर

अतः विकल्प (B) सही है।

21. उपर्युक्त विकल्पों में 'पुरातन' इसका सही उत्तर है।

नूतन का अर्थ – नया।

पुरातन का अर्थ – पुराना।

शब्द	विलोम
कृतज्ञ	कृतघ्न
ठोस	तरल

अतः विकल्प (A) सही है।

22. उपर्युक्त विकल्पों में 'द्युलोक' इसका सही उत्तर है।

भूलोक का अर्थ – पृथ्वी

द्युलोक का अर्थ – स्वर्गलोक

शब्द	विलोम
भोक्ता	भोग्य
भरा	खाली
भर्ता	भार्या

अतः विकल्प (C) सही है।

23. उपर्युक्त विकल्पों में 'रूक्ष' इसका सही उत्तर है।

मसृण का अर्थ – चिकना।

रूक्ष का अर्थ – रूखा।

शब्द	विलोम
मान	अपमान
मोक्ष	बंधन

अतः विकल्प (A) सही है।

24. योगी का विपरीत शब्द 'गृहस्थ' होगा।

जिस प्रकार योगी का अर्थ होता है, योग साधना करनेवाला व्यक्ति।

उसी प्रकार गृहस्थ का अर्थ होता है, ब्रह्मचर्य का पालन समाप्त करके विवाहित होकर अन्य आश्रम में प्रवेश करनेवाला व्यक्ति।

शब्द	विलोम
यथार्थ	कल्पित
यहाँ	वहाँ
मौखिक	लिखित

अतः विकल्प (D) सही है।

25. दिए गए विकल्पों में से पन शब्द का अर्थ 'संकल्प' है तथा पन्न शब्द का अर्थ 'पड़ा हुआ' है, इस आधार पर पन-पन्न शब्द-युग्म का सही अर्थ-भेद संकल्प-पड़ा हुआ है।

अतः विकल्प (C) सही है।

26. दिए गए विकल्पों में से शूकर शब्द का अर्थ 'सूअर' है तथा सुकर शब्द का अर्थ 'सहज' है, इस आधार पर 'शूकर-सुकर' शब्द-युग्म का सही अर्थ-भेद सूअर-सहज है।

अतः विकल्प (D) सही है।

27. दिए गए विकल्पों में से 'सीता कितना अच्छा गा रही है।' वाक्य में क्रिया के 'सातपय बोधक पक्ष' का प्रयोग हुआ है।

सीता कितना अच्छा गा रही है। वाक्य में सीता के गाने की प्रक्रिया का चालू रहने का बोध है।

इसलिए, यह क्रिया का सातपय बोधक पक्ष है।

अतः विकल्प (B) सही है।

28. दिए गए विकल्पों में से 'वह दिन भर मेहनत करता था तब सफल हुआ।' वाक्य में क्रिया के 'अभ्यास दयोतक पक्ष' का प्रयोग हुआ है।

वह दिन भर मेहनत करता था तब सफल हुआ। वाक्य में दिन भर मेहनत करने की प्रक्रिया के स्वभाव वश होने का सूचक है।

इसलिए, यह क्रिया का अभ्यास दयोतक पक्ष है।

अतः विकल्प (D) सही है।

29. दिए गए विकल्पों में से 'अब राम पढ़ने लगा है।' वाक्य में क्रिया के 'आरंभदयोतक पक्ष' का प्रयोग हुआ है।

अब राम पढ़ने लगा है। वाक्य में राम के पढ़ने की क्रिया के आरम्भ होने की स्थिति का बोध है।

इसलिए, यह क्रिया का आरंभदयोतक पक्ष है।

अतः विकल्प (C) सही है।

30. 'स्थानापन्न' के लिए उचित वाक्यांश 'दूसरे के स्थान पर अस्थायी काम करने वाला' होता है।

स्थानापन्न का संधि विच्छेद स्थान + आपन्न (अ + आ = आ) होगा। यह दीर्घ संधि का उदाहरण है।

अन्य विकल्प:

जो किसी के अधीन या पराधीन न हो - स्वाधीन

जो सर्व शक्ति सम्पन्न हो - सर्वशक्तिमान

जिसे देखकर लोग मज़ाक उड़ाएं - हास्यास्पद

अतः विकल्प (B) सही है।

31. 'बच्चा चित्र बना रहा है वाक्य सकर्मक क्रिया' का उदाहरण है।

इस वाक्य में बच्चा जो कि एक 'कर्ता' है और 'बनाना' क्रिया कर रही है, लेकिन इसका प्रभाव चित्र पर पड़ रहा है इसलिए यहाँ सकर्मक क्रिया होगी।

सकर्मक क्रिया: उस प्रकार की क्रिया होती है जिसमें कर्ता द्वारा किया गया कार्य किसी अन्य चीज को प्रभावित करता है, तो वहां पर सकर्मक क्रिया होती है।

अतः विकल्प (D) सही है।

32. 'मोहन बाज़ार से चार किलो दाल लाया' वाक्य में निश्चित परिमाण वाचक विशेषण है।

वे विशेषण शब्द जो विशेष्य की निश्चित संख्या का बोध कराते हैं, निश्चित संख्यावाचक विशेषण कहलाते हैं।

जिससे किसी निश्चित संख्या का ज्ञान हो, वह निश्चित संख्यावाचक विशेषण है।

जैसे- एक, दो आठ, चौगुना, सातवाँ आदि।

अतः विकल्प (A) सही है।

33. वह बहुत वफ़ादार है में अनिश्चयवाचक सार्वनामिक विशेषण नहीं है।

ऐसे सर्वनाम शब्द जो संज्ञा से पहले लगकर उस संज्ञा शब्द की विशेषण की तरह विशेषता बताते हैं, वे शब्द सार्वनामिक विशेषण कहलाते हैं।

यह शब्द सर्वनाम के लिए विशेषण का काम करते हैं। जैसे: मेरी पुस्तक, कोई बालक, किसी का महल, वह लड़का, वह बालक, वह पुस्तक, वह आदमी, वह लड़की आदि।

अतः विकल्प (B) सही है।

34. वह घोड़ा भागा जा रहा है, में सार्वनामिक विशेषण है।

जो सर्वनाम शब्द संज्ञा शब्द से पहले आकर उसकी विशेषता बताते हैं, सार्वनामिक विशेषण कहलाते हैं। जैसे: तुम्हारा कलम, कौन घर में है।

यह शब्द सर्वनाम के लिए विशेषण का काम करते हैं। जैसे: मेरी पुस्तक, कोई बालक, किसी का महल, वह लड़का आदि।

अतः विकल्प (B) सही है।

35. नया में गुणवाचक विशेषण है।

वह जो शब्द, किसी व्यक्ति या वस्तु के गुण, दोष, रंग, आकार, अवस्था, स्थिति, स्वभाव, दशा, दिशा, स्पर्श, गंध, स्वाद आदि का बोध कराए, 'गुणवाचक विशेषण' कहलाते हैं।

गुणवाचक विशेषण में विशेष्य के साथ कैसा/कैसी लगाकर प्रश्न करने पर उत्तर प्राप्त किया जाता है, जो विशेषण होता है।

अतः विकल्प (C) सही है।

36. अशोक दोहरे चरित्र का व्यक्ति है, वाक्य में संख्यावाचक विशेषण है।

ऐसे विशेषण शब्द जो किसी संज्ञा या सर्वनाम की संख्या का बोध कराते हैं, वे संख्यावाचक विशेषण कहलाते हैं।

"शीतल ने मुझे कुछ फल खाने को दिए।" दिए गए उदाहरण से जैसा की आप समझ सकते हैं यहाँ कुछ शब्द का इस्तेमाल फलों की मात्र का बोध कराने में इस्तेमाल हो रहा है।

अतः विकल्प (D) सही है।

37. कुत्ता एवं पिल्ला दोनों ही जातिवाचक संज्ञा है।

जातिवाचक संज्ञा :- जिस शब्द से एक जाति के सभी प्राणियों अथवा वस्तुओं का बोध हो, उसे जातिवाचक संज्ञा कहते हैं। बच्चा, जानवर, नदी, अध्यापक, बाजार, गली, पहाड़, खिड़की, स्कूटर आदि शब्द एक ही प्रकार प्राणी, वस्तु और स्थान का बोध करा रहे हैं। इसलिए ये 'जातिवाचक संज्ञा' हैं।

अतः विकल्प (A) सही है।

38. 'हमें स्वस्थ रहने के लिए घी खाना चाहिए।' में द्रव्यवाचक संज्ञा है।

जिस वाक्य में किसी धातु, द्रव या पदार्थ का बोध होता है वे वाक्य द्रव्यवाचक संज्ञा के अंतर्गत आते हैं।

उपर्युक्त वाक्य में घी शब्द हमें एक द्रव्य का बोध करा रहा है। इसलिए घी एक द्रव्यवाचक संज्ञा है।

अतः विकल्प (D) सही है।

39. ये सब कैसे अच्छे पहरावे है। वाक्य भाववाचक संज्ञा से बनी जातिवाचक संज्ञा का हैं।

भाववाचक : जातिवाचक कभी-कभी भाववाचक संज्ञा का प्रयोग जातिवाचक संज्ञा में होता है। उपर्युक्त वाक्य- ये सब कैसे अच्छे पहरावे है। यहाँ 'पहरावा' भाववाचक संज्ञा है, किन्तु प्रयोग जातिवाचक संज्ञा में हुआ। 'पहरावे से 'पहनने के वस्त्र' का बोध होता है।

अतः विकल्प (D) सही है।

40. गँवारपन, विशेषण से बनी भाववाचक संज्ञा होगी।

जिन शब्दों से किसी प्राणी या पदार्थ के गुण, भाव, स्वभाव या अवस्था का बोध होता है, उन्हें भाववाचक संज्ञा कहते हैं।

जैसे- उत्साह, ईमानदारी, बचपन, आदि। इन उदाहरणों में 'उत्साह' से मन का भाव है। 'ईमानदारी' से गुण का बोध होता है। 'बचपन' जीवन की एक अवस्था या दशा को बताता है। इसलिए उत्साह, ईमानदारी, बचपन, आदि शब्द भाववाचक संज्ञाए हैं।

भाववाचक संज्ञाएँ बनाना-

भाववाचक संज्ञाओं का निर्माण जातिवाचक संज्ञा, विशेषण, क्रिया, सर्वनाम और अव्यय शब्दों से बनती हैं। भाववाचक संज्ञा बनाते समय शब्दों के अंत में प्रायः पन, त्व, ता आदि शब्दों का प्रयोग किया जाता है।

अतः विकल्प (C) सही है।

41. शीघ्रता, क्रिया विशेषण से बनी भाववाचक संज्ञा होगी।

जिन शब्दों से किसी प्राणी या पदार्थ के गुण, भाव, स्वभाव या अवस्था का बोध होता है, उन्हें भाववाचक संज्ञा कहते हैं।

जैसे- उत्साह, ईमानदारी, बचपन, आदि। इन उदाहरणों में 'उत्साह' से मन का भाव है। 'ईमानदारी' से गुण का बोध होता है। 'बचपन' जीवन की एक अवस्था या दशा को बताता है। इसलिए उत्साह, ईमानदारी, बचपन, आदि शब्द भाववाचक संज्ञाए हैं।

भाववाचक संज्ञाएँ बनाना-

भाववाचक संज्ञाओं का निर्माण जातिवाचक संज्ञा, विशेषण, क्रिया, सर्वनाम और अव्यय शब्दों से बनती हैं। भाववाचक संज्ञा बनाते समय शब्दों के अंत में प्रायः पन, त्व, ता आदि शब्दों का प्रयोग किया जाता है।

अतः विकल्प (B) सही है।

42. 'राजेश अग्रिम बुधवार को आएगा।' अशुद्ध वाक्य है क्योंकि इसमें विशेषण संबंधी त्रुटि है।

शुद्ध वाक्य: राजेश आगामी बुधवार को आएगा।

अतः विकल्प (B) सही है।

43. 'यद्यपि वह बीमार था परन्तु वह स्कूल गया।' अशुद्ध वाक्य है क्योंकि इसमें अव्यय संबंधी त्रुटि है।

शुद्ध वाक्य: तथापि वह बीमार था परन्तु वह स्कूल गया।

अतः विकल्प (A) सही है।

44. दिए गए विकल्पों में "घर के लिए सामान ले आओ।" वाक्य में सम्प्रदान कारक है।

सम्प्रदान कारक: जिस शब्द से किसी के लिए कुछ करने या देने का बोध हो, इसकी विभक्ति 'को' और 'के लिए' है। जैसे – वह अरुण के लिए मिठाई लाया।

अतः विकल्प (B) सही है।

45. दिए गए विकल्पों में "महेश ने कलम से पत्र लिखा।" वाक्य में करण कारक है।

करण कारक: जिस वस्तु की सहायता 'से' या जिसके 'द्वारा' कोई काम किया जाता है। जैसे – वह कुल्हाड़ी से पेड़ काटता है।

अतः विकल्प (D) सही है।

46. "मंजू ने किताब लिखी।" वाक्य में कर्ता कारक है।

कर्ता कारक: वाक्य में जो शब्द काम करने वाले के अर्थ में आता है, इसकी विभक्ति 'ने' है। जैसे – मनोज ने पत्र लिखा, मोहन खाता है।

अतः विकल्प (A) सही है।

47. दिए गए विकल्पों में "मेज पर पुस्तक पड़ी है।" वाक्य में अधिकरण कारक है।

अधिकरण कारक: शब्द के जिस रूप से क्रिया के आधार का ज्ञान हो, इसकी विभक्ति 'में' और 'पर' है। जैसे – मोहन मैदान में खेल रहा है, मनोज छत पर पढ़ रहा है।

अतः विकल्प (B) सही है।

48. "अरे भाई ! हमारी बात सुनो।" वाक्य में संबोधन कारक है।

संबोधन कारक: संज्ञा के जिस रूप से किसी के पुकारने या संकेत करने के भाव का बोध हो, इसकी विभक्ति 'अरे' और 'हे' है। जैसे – हे श्याम! इधर आओ!

अतः विकल्प (D) सही है।

49. दिए गए विकल्पों में 'भूतकाल' से यह ज्ञात होता है कि क्रिया बीते समय में हुई है। जैसे- रीता कल फिल्म देखने गई थी।

भूतकाल: जिस क्रिया से कार्य की समाप्ति का बोध हो, उसे भूतकाल की क्रिया कहते हैं।

अतः विकल्प (B) सही है।

50. काल का अर्थ होता है – समय।

क्रिया के जिस रूप से कार्य के होने के समय का पता चले उसे काल कहते हैं।

अर्थात कार्य – व्यापार के समय और उसकी पूर्ण और अपूर्ण अवस्था के ज्ञान के रूपांतरण को काल कहते हैं।

अतः विकल्प (B) सही है।

51. 'श्रुति बाजार से आ रही थी' अपूर्ण भूतकाल है।

दिए गये वाक्य में 'रही थी' का प्रयोग है। इसका अर्थ है बाजार से आना पूरा नहीं हुआ, अपूर्ण। अपूर्ण भूतकाल अर्थात इसमे ज्ञात होता है कि क्रिया भूतकाल में हो रही थी किन्तु उसकी अमाप्ति का पता नहीं चलता। जैसे – राकेश जा रहा था, पुलीस दिन-रात काम कर रहे थे।

अतः विकल्प (B) सही है।

52. दिए गए विकल्पों में से 'विज्ञान' शब्द 'वि' उपसर्ग से बना है।

'वि' उपसर्ग से बनने वाले अन्य शब्द विरोध, विशेष, वियोग हैं।

अतः विकल्प (A) सही है।

53. 'बेईमान' शब्द में 'बे' उपसर्ग है।

उपसर्ग	अर्थ	उदाहरण
बे	बिना	बेकाम, बेअसर, बेरहम, बेईमान, बेरहम इत्यादि।

अतः विकल्प (B) सही है।

54. 'उन्नीस' शब्द में उन उपसर्ग है।

उपसर्ग	अर्थ	उदाहरण
उन	एक कम	उन्नीस, उनतीस, उनचास, उनसठ, उनहत्तर इत्यादि।

अतः विकल्प (C) सही है।

55. 'अदब' शब्द के साथ "बे" उपसर्ग सही लगता है।

बेअदब:- जो बड़ों का अदब या आदर न करता हो।

जो मर्यादा का ध्यान न रखकर अशिष्ट आचरण करता हो।

बेअदब का पर्यायवाची - उद्दंड, गुस्ताख, ढीठ, अशिष्ट।

अतः विकल्प (A) सही है।

56. दिए गए सभी विकल्पों में 'तिहरा' शब्द में 'हरा' प्रत्यय का योग है।

तिहरा = ति + हरा। इसमें गणनावाचक तद्धित प्रत्यय है।

गणनावाचक तद्धित प्रत्यय - ऐसे प्रत्यय जो शब्द में लगने के बाद शब्द को संख्यावाची बना दे, वे प्रत्यय गणनावाचक प्रत्यय कहलाए हैं। जैसे- इकहरा, दुहरा आदि।

अतः विकल्प (B) सही है।

57. दिए गए सभी विकल्पों में 'देखकर' शब्द में 'कर' प्रत्यय का योग है।

देखकर = देख + कर। इसमें क्रियाद्योतक कृत् प्रत्यय है।

क्रियाद्योतक कृत् प्रत्यय - जिस प्रत्यय के कारण बने शब्दों से क्रिया के होने का भाव पता चले, उसे क्रिया वाचक कृत् प्रत्यय कहते हैं।

अतः विकल्प (D) सही है।

58. दिए गए सभी विकल्पों में 'मिलन' शब्द में 'अन' प्रत्यय का योग है।

मिलन = मिल + अन। इसमें भाववाचक कृत् प्रत्ययहै।

भाववाचक कृत् प्रत्यय - भाववाचक कृत् प्रत्यय वे होते हैं, जो क्रिया से भाववाचक संज्ञा का निर्माण करते हैं। जैसे- गमन, मनन आदि।

अतः विकल्प (B) सही है।

59. 'खिलौना' शब्द में 'औना' प्रत्यय का प्रयोग हुआ है।

खिलौना = खिल + औना। इसमें कर्मवाचक कृत् प्रत्यय है।

कर्मवाचक कृत् प्रत्यय - जिस प्रत्यय से बनने वाले शब्दों से किसी कर्म का पता चले उसे, कर्मवाचक कृत् प्रत्यय कहते हैं।

अतः विकल्प (C) सही है।

60. रज: कण = रज: + कण विसर्ग संधि का उदाहरण है।

विसर्ग संधि: विसर्ग के साथ स्वर अथवा व्यंजन के मिलने से जो विकार उत्पन्न होता है, उसे विसर्ग संधि कहते हैं।

जैसे- शिरोमणि = शिर: + मणि

अतः विकल्प (A) सही है।

61. यहाँ 'मनः+योग' का संधि रूप 'मनोयोग' होगा।

विसर्ग के पहले वाले वर्ण में 'अ' का स्वर हो तथा विसर्ग के साथ अ, ग, घ, झ, ज, ड, ढ, ण, द, ध, न, ब, भ, म, य, र, ल, व, ह में से किसी भी वर्ण के मेल पर विसर्ग के स्थान पर 'ओ' बन जायेगा।

अतः विकल्प (A) सही है।

62. यहाँ दिए गये वाक्य में 'निराहार' शब्द का प्रयोग है जिसका विच्छेद विसर्ग संधि के रूप में होगा। 'निराहार' का विच्छेद करने पर 'निः + आहार' होगा।

विसर्ग से पहले अ, आ को छोड़कर कोई स्वर हो और बाद में कोई स्वर हो, वर्ग के तीसरे, चौथे, पाँचवें वर्ण अथवा य्, र, ल, व, ह में से कोई हो तो विसर्ग का र या र् हो जाता है।

विसर्ग के साथ 'श' के मेल पर विसर्ग के स्थान पर भी 'श्' बन जाता है।

अतः विकल्प (A) सही है।

63. दिए गये विकल्पों में बहिष्कार विसर्ग संधि का उदाहरण है।

विसर्ग के बाद यदि त या स हो तो विसर्ग स् बन जाता है।

यदि विसर्ग के पहले वाले वर्ण में अ या आ के अतिरिक्त अन्य कोई स्वर हो तथा विसर्ग के साथ मिलने वाले शब्द का प्रथम वर्ण क, ख, प, फ में से कोई भी हो तो विसर्ग के स्थान पर 'ष्' बन जायेगा।

बहिष्कार = बहि: + आकार

अतः विकल्प (A) सही है।

64. 'नर-नारी' में द्वंद्व समास है।

इसका सामासिक विग्रह- 'नर और नारी' होगा।

द्वन्द्व समास में समस्तपद के दोनों पद प्रधान हों या दोनों पद सामान हों एवं दोनों पदों को मिलाते समय "और, अथवा, या, एवं" आदि योजक लुप्त हो जाएँ, वह समास द्वंद्व समास कहलाता है।

अतः विकल्प (D) सही है।

65. 'जलवायु' में द्वंद्व समास है।

इसका सामासिक विग्रह- 'जल और वायु' होगा।

द्वन्द्व समास में समस्तपद के दोनों पद प्रधान हों या दोनों पद सामान हों एवं दोनों पदों को मिलाते समय "और, अथवा, या, एवं" आदि योजक लुप्त हो जाएँ, वह समास द्वंद्व समास कहलाता है।

अतः विकल्प (C) सही है।

66. 'नदी-नाले' में द्वंद्व समास है।

इसका सामासिक विग्रह- 'नदी और नाले' होगा।

द्वन्द्व समास में समस्तपद के दोनों पद प्रधान हों या दोनों पद सामान हों एवं दोनों पदों को मिलाते समय "और, अथवा, या, एवं" आदि योजक लुप्त हो जाएँ, वह समास द्वंद्व समास कहलाता है।

अतः विकल्प (C) सही है।

67. 'बेशक' में अव्ययीभाव समास है।

इसका सामासिक विग्रह- 'बिना संदेह' होगा।

जिस समास में पहला पद प्रधान हो और समस्त शब्द अव्यय का काम करे। वह अव्ययीभाव समास कहलाता है।

अतः विकल्प (A) सही है।

68. 'बाकायदा' का सामासिक विग्रह- 'कायदे के अनुसार' होगा।

इसमें अव्ययीभाव समास है।

जिस समास में पहला पद प्रधान हो और समस्त शब्द अव्यय का काम करे। वह अव्ययीभाव समास कहलाता है।

अतः विकल्प (D) सही है।

69. 'अन्त न पाना' मुहावरे का अर्थ- 'रहस्य न जान पाना' होगा।

वाक्य प्रयोग- अपने लोग ही अपने लोगों का सारा अंत लेकर नुकसान करने की सोचते हैं।

अतः विकल्प (C) सही है।

70. 'बाधा या विघ्न पड़ना' मुहावरे का अर्थ- रंग में भंग पड़ना

वाक्य प्रयोग- सभी लोग होली में रंग खेल रहे थे अचानक लड़ाई होने लगी और रंग में भंग पड़ गया।

अतः विकल्प (C) सही है।

71. 'आँखें खुलना' मुहावरे का अर्थ 'सचेत होना' है।

वाक्य- प्रयोग- जो लोग समझाने पर नहीं समझते, समाज में ठोकर खाने के बाद उनकी आँखें खुलती हैं।

अतः विकल्प (B) सही है।

72. दिये गए विकल्पों में 'गंगा नहाना' मुहावरे का अर्थ 'अपना कर्तव्य पूरा करके निश्चिन्त होना' है।

वाक्य- माँ-बाप बेटी की शादी करके गंगा नहा लेते हैं।

अतः विकल्प (C) सही है।

73. 'जले पर नमक छिड़कना' मुहावरे का उचित अर्थ 'दुःखी को और दुःखी करना' है।

वाक्य- एक तो रमेश की नौकरी छुट गई ऊपर से घर वाले हमेशा उसे घर में पैसे न दे पाने का ताना देते रहते हैं ये तो जले पर नमक छिड़कने वाली बात हो गई।

अतः विकल्प (C) सही है।

74. जहाँ पूर्ण विराम की अपेक्षा कम रुकना अपेक्षित हो, वहाँ अर्द्धविराम चिन्ह का प्रयोग किया जाता है।

अर्द्धविराम: वाक्य को कहते हुए बीच में हल्का सा विराम लेना हो पर वाक्य को खत्म न किया जाये तो वहाँ पर अर्ध विराम (;) चिन्ह का प्रयोग किया जाता है।

उदाहरण : सूर्यास्त हो गया; लालिमा का स्थान कालिमा ने ले लिया।

अतः विकल्प (B) सही है।

75. जब दो संगुक्त क्रिगाएँ एक साथ प्रागुत्त हों तो योजक चिन्ह लगाया जाता है।

यह शब्द संधि की तरह मिलकर एक शब्द नहीं बन जाते। व्याकरण में वह चिह्न (-) जो शब्दों, पदों, उपवाक्यों आदि को जोड़ता है, योजक चिह्न कहलाता है।

अतः विकल्प (C) सही है।

76. पूर्ण विराम के बाद सर्वाधिक प्रयुक्त होने वाला विराम-चिन्ह अल्पविराम है।

जब वाक्य में दो से अधिक समान पदों, पदांशों अथवा वाक्यों में संयोजक अव्यय 'और' की गुंजाइश हो तो उस स्थान पर अल्प विराम का प्रयोग किया जाता है।

अतः विकल्प (D) सही है।

77. दिए गए विकल्पों में योजक-चिन्ह है ' - '।

हिन्दी भाषा में योजक चिह्न (-) का प्रयोग निम्नलिखित परिस्थितियों में किया जाता है -

इसका प्रयोग सामाजिक पदों या पुनरुक्त और युग्म शब्दों के मध्य किया जाता है, जैसे- जय-पराजय, लाभ-हानि, दो-दो, राष्ट्र-भक्ति आदि।

अतः विकल्प (A) सही है।

78. 'बड़े अंश का संक्षिप्त रूप लिखने के लिए' लाघव- चिन्ह का प्रयोग होता है।

लाघव चिह्न - हिन्दी भाषा में किसी शब्द या वाक्य का संक्षिप्त रूप लिखने के लिए लाघव चिह्न (॰) का प्रयोग किया जाता हैं।

जैसे-

- कृ॰प॰उ॰= कृपया पृष्ठ उलटिए
- प॰न॰निं॰= पटना नगर निगम
- पं॰ = पंडित

अतः विकल्प (B) सही है।

79. 'COMPENSATION' का पारिभाषिक शब्द 'मुआवजा' है।

'मुआवजा' का अर्थ है – हर्जाना।

ANNUAL	वार्षिक
BOND	बंध-पत्र
CADRE	संवर्ग

अतः विकल्प (C) सही है।

80. 'CONVOCATION' का पारिभाषिक शब्द सभा है।

'सभा' का अर्थ है – परिषद्, समिति आदि।

PAROLE	अधिवचन
ADJOURM	स्थगित करना
ABATEMENT	कमी

अतः विकल्प (A) सही है।

81. 'COLONIZATION' का पारिभाषिक शब्द उपनिवेशन है।

'उपनिवेशन' का अर्थ है – दूसरे देश से आए हुए लोगों की बस्ती।

CABINET	मंत्रिमण्डल
DELEGATION	प्रतिनिधि मण्डल
ABOLISH	समाप्त करना

अतः विकल्प (A) सही है।

82. 'पांच' रूढ़ शब्द है क्योंकि इसका कोई खंड नहीं हो सकता। इसमें किसी अन्य शब्द का मेल नहीं हैं।

अन्य विकल्प:

शब्द	प्रकार	कारण
पंचांग	यौगिक	पांच+अंग(रूढ़+रूढ़)
पंचामृत	योगरूढ़	पांच+अमृत(प्रसाद)
पंचानन	योगरूढ़	पांच+आनन (शिव)

अतः विकल्प (B) सही है।

83. 'जलज' योगरूढ़ शब्द है क्योंकि इसका निर्माण जल+ज के मेल से हुआ है।

अन्य विकल्प:

शब्द	प्रकार	कारण
सुंदर	रूढ़	शब्दों का मेल नही
लोचन	रूढ़	शब्दों का मेल नहीं
सिरदर्द	यौगिक	सिर + दर्द

अतः विकल्प (A) सही है।

84. 'मानव' रूढ़ शब्द है क्योंकि इसका कोई सार्थक खंड नहीं हो सकता। इसमें किसी अन्य शब्द का मेल नहीं हैं।

अन्य विकल्प:

शब्द	प्रकार	कारण
स्वर्गीय	यौगिक	स्वर्ग+इय(उपसर्ग+रूढ़)
आसन्न	यौगिक	आ+सन्न(उपसर्ग+रूढ़)
यशप्राप्त	यौगिक	यश+प्राप्त(रूढ़+रूढ़)

अतः विकल्प (C) सही है।

85. कंकन, किंकिनि, नूपुर, धुनि, सुनि। में 'न' वर्ण की आवृत्ति 5 बार हुई है। इसलिये यहाँ पर अनुप्रास का वृत्यानुप्रास है।

अनुप्रास: जब काव्य में किसी वर्ण की आवृत्ति एक से अधिक बार होती है अर्थात् कोई वर्ण एक से अधिक बार आता है तो उसे अनुप्रास अलंकार कहते हैं।

उदाहरण: तरनि तनूजा तट तमाल तरुवर बहु छाए।

अतः विकल्प (C) सही है।

86. 'खिली हुई हवा आई फिरकी सी आई, चल गई' में उपमा अलंकार होगा।

जब एक वस्तु की तुलना दूसरी वस्तु से की जाए तो उसे उपमा अलंकार कहा जाता है।

तुलना प्रकट करने वाले शब्द: सा, सी, से, सरिस, समान

अतः विकल्प (C) सही है।

87. उपर्युक्त विकल्पों में से 'तजुर्बा' एक विदेशज शब्द हैं।

तजुर्बा (अरबी शब्द) जिसका अर्थ होता है "अनुभव" अन्य विकल्पों के शब्द देशज हैं।

देशज	अर्थ
खिचड़ी	एक प्रकार का चावल का व्यंजन
खिड़की	रोशनदान
कपास	एक प्रकार की फसल

अतः विकल्प (D) सही है।

88. उपर्युक्त विकल्पों में से 'चेचक' एक विदेशज शब्द हैं।

चेचक (तुर्की शब्द हैं)जिसका अर्थ होता है " एक तरह की बीमारी।

देशज	अर्थ
इडली	दक्षिण भारतीय व्यंजन
ताम्बूल	पान का पत्ता
बाजरा	एक प्रकार की फसल

अतः विकल्प (A) सही है।

89. 'वह स्वतः ही समझ जाएगा।' इस वाक्य में रेखांकित शब्द निजवाचक सर्वनाम है।

दिए गए वाक्य में 'स्वतः' शब्द निजता को दर्शा रहा है।

जिन शब्दों का प्रयोग वक्ता किसी चीज़ को अपने साथ दर्शाने या अपनी बताने के लिए करता है, वे निजवाचक सर्वनाम कहलाते हैं।

अतः विकल्प (B) सही है।

90. 'मैं सर्कस देखना चाहता हूँ।' यह पुरूषवाचक सर्वनाम का उदाहरण है।

जिन सर्वनाम शब्दों का प्रयोग वक्ता द्वारा खुद के लिए या दूसरो के लिए किया जाता है, उसे पुरुषवाचक सर्वनाम कहते हैं।

इसके तीन भेद हैं-

- उत्तम पुरुष सर्वनाम – मैं, तुम
- मध्यम पुरुष – तू, तुम, आप
- अन्य पुरुष – वह, हुए, यह

अतः विकल्प (B) सही है।

91. हिंदी व्याकरण के अनुसार संबंधबोधक अव्यय के कुल 12 भेद होते हैं:

1. कालवाचक संबंधबोधक

2. स्थानवाचक संबंधबोधक

3. दिशाबोधक संबंधबोधक

4. साधनवाचक संबंधबोधक

5. विरोधसूचक संबंधबोधक

6. समतासूचक संबंधबोधक

7. हेतुवाचक संबंधबोधक

8. सहचरसूचक संबंधबोधक

9. विषयवाचक संबंधबोधक

10. संग्रवाचक संबंधबोधक

11. कारणवाचक संबंधबोधक

12. सीमावाचक संबंधबोधक

अतः विकल्प (D) सही है।

92. दिए गए वाक्य 'हमारे सामने शेर अचानक आ गया।' में 'रीतिवाचक क्रियाविशेषण अव्यय' का प्रयोग हुआ हुआ है। यहाँ वाक्य में 'अचानक' शब्द प्रयुक्त हुआ है जो की रीतिवाचक क्रियाविशेषण अव्यय है।

जिन अव्यय शब्दों से कार्य के व्यापार की रीति या विधि का पता चलता है उन्हें रीतिवाचक क्रियाविशेषण अव्यय कहते हैं। यहाँ 'ऐसे, वैसे, अचानक, इसलिए, कदाचित, यथासंभव, सहज, धीरे, सहसा, एकाएक, झटपट, आप ही, ध्यानपूर्वक, धड़ाधड़, यथा, ठीक, सचमुच, अवश्य, ज्यों' आदि शब्द आते हैं।

अतः विकल्प (C) सही है।

93. इनमें से समुच्चरित भिन्नार्थक शब्द कड़ी-कढ़ी है।

स्पष्टीकरण:

- कड़ी का अर्थ- सख्त/कुंडी
- कढ़ी का अर्थ- दहि और बेसन का सालन

समुच्चरित भिन्नार्थक शब्द: कुछ शब्द ऐसे होते हैं जिनमें स्वर, मात्रा अथवा व्यंजन में थोड़ा-सा अन्तर होता है। वे बोलचाल में लगभग एक जैसे लगते हैं, परन्तु उनके अर्थ में भिन्रता होती है।

उदाहरण: जैसे- घन और धन दोनों के उच्चारण में कोई खास अन्तर महसूस नहीं होता परन्तु अर्थ में भिन्रता है।

- घन-बादल
- धन-सम्पत्ति

अतः विकल्प (C) सही है।

94. 'हय - हिय' का अर्थ है 'घोड़ा - हृदय'।

स्पष्टीकरण:

- 'हय' का अर्थ – घोड़ा
- 'हिय' का अर्थ – हृदय

अन्य विकल्प:

शब्द युग्म	अर्थ
हल्का - हलका	तरफ - तथा
क्षत्र - क्षात्र	मुकुट - क्षत्रिय

षष्टि - षष्ठी	साठ - छठी

अतः विकल्प (B) सही है।

95. 'कृपण - कृपाण' का अर्थ है 'कंजूस - कटार'।

स्पष्टीकरण:

- 'कृपण' का अर्थ – कंजूस
- 'कृपाण' का अर्थ – कटार

अन्य विकल्प:

शब्द युग्म	अर्थ
किला - कीला	गढ़ - खूँटी/कील
चरस - चरसा	गाँजा/अतर - चमड़े का थैला
छात्र - छत्र	विद्यार्थी - छत

अतः विकल्प (B) सही है।

96. वाच्य का अर्थ होता है 'बोलने का विषय' क्योंकि वाच्य में एक ही वाक्य को उसके वास्तविक अर्थ को बदले बिना कई तरह से कहा जा सकता है।

वाच्य के तीन भेद हैं -	
भेद	उदाहरण
कर्तृवाच्य	रमेश केला खाता है।
कर्मवाच्य	कवियों द्वारा कविताएँ लिखी गई।
भाववाच्य	मोहन से टहला भी नहीं जाता।

अतः विकल्प (A) सही है।

97. 'गीता द्वारा बाजार जाया गया ।' वाक्य कर्तृवाच्य का उदाहरण नहीं है।

क्रिया के उस रूपान्तर को कर्तृवाच्य कहते हैं, जिससे वाक्य में कर्ता की प्रधानता का बोध हो।

इस वाच्य में अकर्मक क्रिया तथा सकर्मक क्रिया दोनों के वाक्य होते हैं।

अतः विकल्प (B) सही है।

98. यहाँ दिया गया वाच्य 'कर्तृवाच्य' है।

इसका भाववाचय में परिवर्तित रूप होगा 'क्या उनसे लिखा जाएगा?'

जहाँ कर्ता और कर्म की नहीं बल्कि भाव की प्रधानता हो, उस वाक्य को भाव वाच्य कहते हैं।

अतः विकल्प (A) सही है।

99. कल <u>तकरीबन</u> सभी लोग आए थे।- वाक्य में रेखांकित शब्द अवधारणाबोधक निपात है।

निपात - किसी भी बात पर अधिक भार देने के लिए जिन शब्दों का प्रयोग किया जाता है निपात कहलाता है।

अन्य विकल्प:

निपात	शब्द
प्रश्नबोधक निपात	क्या
स्वीकृतिबोधक निपात	हाँ
आदरबोधक निपात	जी

अतः विकल्प (A) सही है।

100. 'मत' शब्द 'निषेधात्मक' निपात है।

अन्य विकल्प:

निपात	शब्द
नकारात्मक निपात	जी नहीं
विस्मयादिबोधक निपात	क्या, काश

प्रश्नबोधक निपात	क्या

अतः विकल्प (B) सही है।

Q.1 निम्नलिखित में से शुद्ध वर्तनी का चयन कीजिए:
A. अतिथी   **B.** उन्नती   **C.** रेणू   **D.** अनधिकार

Q.2 निम्नलिखित में से शुद्ध वर्तनी का चयन कीजिए:
A. व्यापार   **B.** सामिग्री   **C.** मांसाहारी   **D.** संधी

Q.3 नीचे दिए गए विकल्पो में से शुद्ध वर्तनी का चयन कीजिए:
A. संग्रहीत   **B.** संगृहित   **C.** संगृहीत   **D.** संग्रहित

Q.4 नीचे दिए गए विकल्पो में से शुद्ध वर्तनी का चयन कीजिए:
A. बतक   **B.** संतुष्ठ   **C.** बलिष्ट   **D.** सीढ़ी

Q.5 निम्नलिखित में से शुद्ध वर्तनी का चयन कीजिए:
A. रिमजिम   **B.** मिष्ठान्न   **C.** संश्लिष्ठ   **D.** शुश्रूषा

Q.6 'सौंदरयता' का शुद्ध रूप कौन सा है?
A. सौंदर्ता   **B.** सौन्द्रयता   **C.** सौन्द्रता   **D.** सौन्दर्यता

Q.7 निम्नलिखित में से शुद्ध वर्तनी है:
A. पुनर्जन्म   **B.** दिनाँक   **C.** आकषर्ण   **D.** दशनीय

Q.8 निम्नलिखित में से शुद्ध वर्तनी है:
A. अनुग्रहीत   **B.** ग्रहिणी   **C.** तिरस्कृत   **D.** जाग्रति

Q.9 निम्नलिखित में से तत्सम शब्द का चयन कीजिये।
A. आँसू   **B.** अकस्मात   **C.** इमली   **D.** भीख

Q.10 निम्नलिखित में से तत्सम शब्द समूह का चयन कीजिये।
A. इरषा, हल्दी, उल्लू   **B.** अक्षि, शर्करा, इष्टिका
C. हल्दी, आधा, इष्टिका   **D.** उल्लू, अक्षि, इरषा

Q.11 निम्नलिखित में कौन सा शब्द तद्भव है।
A. अंगुली   **B.** कपाट   **C.** रात्रि   **D.** बहू

Q.12 निम्नलिखित में सै कौन-सा शब्द तद्भव है?
A. अचरज   **B.** अदा
C. अजब   **D.** इनमें से कोई नहीं

Q.13 दिए गए शब्द का तद्भव शब्द बताइए:
स्वेद
A. श्वेत   **B.** साफ
C. पसीना   **D.** इनमे से कोई नहीं

Q.14 निम्नलिखित में से कौन-सा शब्द देशज शब्द है?
A. अमीर   **B.** खिचड़ी   **C.** उम्र   **D.** अक्ल

Q.15 निम्न में से कौन सी अकर्मक क्रिया है?
A. काटना   **B.** घेरना   **C.** गड़ना   **D.** जोड़ना

Q.16 'अलमारी' कौन सी भाषा का शब्द है?
A. फारसी   **B.** पुर्तगाली   **C.** अरबी   **D.** संस्कृत

Q.17 'चोर' का तत्सम शब्द है:
A. चोरिनी   **B.** चोटिका   **C.** चरौ   **D.** चौर

Q.18 निम्नलिखित में से कौन सा शब्द विसर्ग संधि है?
A. बहिष्कृत   **B.** महेश्वर   **C.** मतैक्य   **D.** जगन्नाथ

Q.19 'क्षणभंगुर' का पर्यायवाची क्या होगा?
A. शक्ति, सामर्थ्य   **B.** नश्वर, क्षणिका
C. स्वर्ण, सोना   **D.** निशारंभ, दिनावसान

Q.20 'शिकारी' का पर्यायवाची क्या होगा?
A. अहेरी, व्याध   **B.** सतर्क, चौकस
C. तालिका, फेहरिस्त   **D.** तुषार, तुहिन

Q.21 'विमल' का पर्यायवाची क्या होगा?
A. टेढ़ा, वक्र   **B.** पावन, विशुद्ध
C. ध्वनि, नाद   **D.** सर्वकालिक, अक्षय

Q.22 निम्न में से 'मंदार' का सही पर्यायवाची शब्द चुनें।
A. आदित्य   **B.** निर्धन   **C.** आसन   **D.** उत्कष

Q.23 दिए गए विकल्पों में से 'अकाम' का विलोम क्या होगा?
A. सकाम   **B.** कर्त्तव्य   **C.** निरभिमान   **D.** अनिष्ट

Q.24 इनमें से 'एकेश्वरवाद' का विलोम शब्द क्या है?
A. बहुतंत्र   **B.** बहुदेववाद
C. अनेकता   **D.** इनमें से कोई नहीं

Q.25 'अरुचि' शब्द का विलोम क्या होगा?
A. सुकीर्ति   **B.** रुचि   **C.** बहुसंख्यक   **D.** अलग

Q.26 दिए गए शब्द का विलोम चुनें।
अज्ञ
A. अनघ   **B.** वर्जन   **C.** विज्ञ   **D.** अनंत

Q.27 'अवर' शब्द का विलोम है:
A. प्रवर   **B.** निवर   **C.** ऊपर   **D.** विवर

Q.28 इनमें से समोच्चरित भिन्नार्थक शब्द 'शोभा-आँगन में' के अर्थ है:
A. बहार-बाहर   **B.** कृति-कृती
C. चर्म-चरम   **D.** बुरा-बूरा

Q.29 इनमें से दिए गए समोच्चरित भिन्नार्थक शब्द का उचित अर्थ चुनिए:
अभय - उभय
A. वीर - समतल   **B.** रचयिता - मान
C. डर - चारो   **D.** निडर - दोनों

Q.30 इनमें से समोच्चरित भिन्नार्थक शब्द 'आसन-आसन्न' के अर्थ है:
A. अवधि-अवधी   **B.** बैठने की वस्तु-निकट
C. दशा-बड़ा कमरा   **D.** स्मरण-समझदार

Q.31 इनमें से समोच्चरित भिन्नार्थक शब्द का अर्थ हैं:
अंक-अंग
A. हंसी-दुःख   **B.** हल-हाल
C. संख्या-भाग   **D.** छत्र-छात्र

Q.32 निम्नलिखित में से किस में 'प्रगतिद्योतक पक्ष' है?
A. सीता खाती ही जा रही है।
B. अब दे ही डालो।
C. मुझे बोलने दो।
D. इनमें से कोई नहीं

Q.33 'राम अब तक काफी पी रहा है।' वाक्य किस पक्ष का उदाहरण है:
A. पूर्णतादयोतक पक्ष
B. प्रगतिदयोतक पक्ष
C. सातपय बोधक पक्ष
D. इनमें से कोई नहीं

Q.34 'अब बच्चा रोने लगा है।' वाक्य किस पक्ष का उदाहरण है:
A. प्रगतिदयोतक पक्ष
B. पूर्णता दयोतक पक्ष
C. आरंभदयोतक पक्ष
D. नित्यतादयोतक पक्ष

Q.35 "जिस पक्ष में क्रिया के निरंतर प्रगति का बोध हो" उसे कहते हैं?
A. पूर्णता दयोतक पक्ष
B. प्रगतिदयोतक पक्ष
C. सातपय बोधक पक्ष
D. नित्यता बोधक

Q.36 "जिस पक्ष में क्रिया की प्रक्रिया के चालू रहने का बोध हो" उसे कहते हैं?
A. सातपय बोधक पक्ष
B. पूर्णता दयोतक पक्ष
C. प्रगतिदयोतक पक्ष
D. नित्यतादयोतक पक्ष

Q.37 संज्ञा या सर्वनाम की मात्रा का बोध करने वाले शब्द कौन से विशेषण होते हैं?
A. संख्यावाचक
B. सार्वनामिक
C. तुलनाबोधक
D. परिमाणवाचक

Q.38 'अंटार्कटिका में बर्फ होती है।' में कौन सा विशेषण है?
A. सार्वनामिक विशेषण
B. परिमाणवाचक विशेषण
C. संख्यावाचक विशेषण
D. गुणवाचक विशेषण

Q.39 'तीक्ष्ण' में किस प्रकार का विशेषण है?
A. परिमाणवाचक विशेषण
B. संख्यावाचक विशेषण
C. गुणवाचक विशेषण
D. सार्वनामिक विशेषण

Q.40 निम्नलिखित प्रश्न में, चार विकल्पों में उस सही विकल्प का चयन करें जो बताता है कि वह विशेषण का प्रकार नहीं है।
A. गुणवाचक
B. संख्यावाचक
C. जातिवाचक
D. सार्वनामिक

Q.41 'कैनेडियन' में किस प्रकार का विशेषण है?
A. संख्यावाचक विशेषण
B. गुणवाचक विशेषण
C. परिमाणवाचक विशेषण
D. व्यक्तिवाचक विशेषण

Q.42 'मुझे थोड़ा सा दूध दे दो' में कौन सा विशेषण है?
A. संख्यावाचक विशेषण
B. परिमाणवाचक विशेषण
C. सार्वनामिक विशेषण
D. तुलनाबोधक विशेषण

Q.43 'सात अजूबों में से एक ताजमहल है।' इस वाक्य में प्रयुक्त विशेषण कौन सा है?
A. गुणवाचक विशेषण
B. संख्यावाचक विशेषण
C. संबंधवाचक विशेषण
D. तुलनाबोधक विशेषण

Q.44 'कुत्ते के जैसे भौंकों मत' वाक्य में प्रयुक्त विशेषण कौन सा है?
A. गुणवाचक विशेषण
B. सम्बन्धवाचक विशेषण
C. तुलनाबोधक विशेषण
D. सार्वनामिक विशेषण

Q.45 निम्नलिखित में से कौन सी भाववाचक संज्ञा सर्वनाम से बनी है?
A. एकता
B. ताजगी
C. दासता
D. चुनाव

Q.46 निम्नलिखित में से किस वाक्य में कर्तृवाच्य का प्रयोग हुआ है?
A. बैठा नहीं जाता।
B. रमेश पुस्तक लाओ।
C. मीनू स्कूल जाती है।
D. शायद वह गोपाल का भाई है।

Q.47 'वह आदमी है' इस वाक्य में कौन-सा सर्वनाम है?
A. पुरुषवाचक सर्वनाम
B. निश्चयवाचक सर्वनाम
C. अनिश्चयवाचक सर्वनाम
D. निजवाचक सर्वनाम

Q.48 'भीड़' जातिवाचक संज्ञा का कौन सा प्रकार है?
A. द्रव्यवाचक
B. समूहवाचक
C. भाववाचक
D. व्यक्तिवाचक

Q.49 दिए गए विकल्पों में कौन-सा शब्द व्यक्तिवाचक संज्ञा का उदाहरण नहीं है?
A. आगरा
B. कुरान
C. तेल
D. मोहन

Q.50 निम्नलिखित में से किस वाक्य में सर्वनाम का प्रयोग हुआ है?
A. आज बरसात होगी।
B. मैं कल दिल्ली जा रहा हूँ।
C. घर का काम कर लो।
D. सीमा और रीमा बहनें हैं।

Q.51 'पुनर्जन्म' शब्द में उपसर्ग बताइए।
A. पुन
B. पु
C. पू
D. पुनर

Q.52 वाक्य में क्रिया का फल या प्रभाव जिस संज्ञा या सर्वनाम पर पड़ता है, वहां कौन-सा कारक होगा?
A. कर्ता कारक
B. कर्म कारक
C. सम्प्रदान कारक
D. अपादान कारक

Q.53 'मीरा ने नृत्य किया।' इस वाक्य में कौन-सा कारक प्रयुक्त हुआ है?
A. करण कारक
B. कर्म कारक
C. संप्रदान कारक
D. कर्ता कारक

Q.54 'मेरे लिए सब्जी लेकर आओ।' वाक्य में कौन-सा कारक प्रयुक्त हुआ है?
A. कर्म कारक
B. कर्ता कारक
C. करण कारक
D. सम्प्रदान कारक

Q.55 निम्न में से कौन सा विकल्प कारक चिन्ह नहीं है?
A. ने
B. को
C. से
D. है

Q.56 'मोहन बाजार जा रहा है।' इस वाक्य में उद्देश्य ज्ञात करें।
A. मोहन
B. खरीदारी
C. धूमना
D. बाजार

Q.57 'बकरी घास चरती है' वाक्य में कौन-सा काल है?
A. पूर्ण वर्तमान काल
B. सामान्य वर्तमान काल
C. तात्कालिक वर्तमान काल
D. संदिग्ध वर्तमान काल

Q.58 निम्नलिखित में से कौन-सा विकल्प तात्कालिक वर्तमान काल का उदाहरण है?
A. वह गाती होगी।
B. पुजारी मंदिर जाता है।
C. पुजारी पूजा कर रहा है।
D. उसने खाया हो।

Q.59 काल के कितने भेद हैं?
A. तीन
B. दो
C. चार
D. पांच

Q.60 वर्तमान काल के कितने भेद हैं?
A. दो
B. चार
C. तीन
D. पाँच

Q.61 'वि' उपसर्ग से बना शब्द इनमे से कौन सा है?
A. कुपुत्र
B. सुगम
C. स्वतंत्र
D. विराग

Q.62 'बिला' उपसर्ग से बना शब्द इनमे से कौन सा है?
A. बेदाग़
B. बाकायदा
C. बदनाम
D. बिलाकसूर

Q.63 'अनुवाद' शब्द में प्रयुक्त उपसर्ग है:

A. अ   B. अन   C. अव   D. अनु

Q.64 किस शब्द में उपसर्ग का प्रयोग हुआ है?

A. उपकार   B. लाभदायक   C. पढ़ाई   D. अपनापन

Q.65 व्यवस्था से पूर्व कौन सा उपसर्ग लगायें कि उसका अर्थ विपरीत हो जाए?

A. अ   B. आ   C. अप   D. परी

Q.66 'आल' प्रत्यय से बना शब्द निम्न में से कौन-सा है?

A. अमावट   B. दयाला   C. ससुराल   D. खटोला

Q.67 'चौडान' शब्द में कौन-सा प्रत्यय का प्रयोग हुआ है?

A. आन   B. डान   C. डन   D. अन

Q.68 'कार' प्रत्यय का प्रयोग हुआ है?

A. जमींदार   B. चित्रकार   C. होनहार   D. पोषाहार

Q.69 'पन' प्रत्यय का प्रयोग हुआ है?

A. मानवता   B. ममता   C. अपनापन   D. अमावट

Q.70 'अच्छाई' शब्द में कौन-सा प्रत्यय का प्रयोग हुआ है?

A. ई   B. आई   C. अई   D. च्छाई

Q.71 निम्न में से कौन सा शब्द यण संधि नहीं है?

A. अत्याचार   B. इत्यादि   C. इत्यत्र   D. साक्षर

Q.72 निम्न में से कौन सा शब्द दीर्घ संधि है?

A. समुद्रोर्मी   B. परमार्थ   C. परमौषध   D. अत्यंत

Q.73 निम्न में से कौन सा शब्द वृद्धि संधि है?

A. हिमालय   B. उपेन्द्र   C. वनौषधि   D. देव्यागमन

Q.74 निम्न में से कौन सा शब्द गुण संधि का उदहारण है?

A. महोदय   B. विद्यालय   C. सदैव   D. यद्यपि

Q.75 निम्न में से कौन सा शब्द यण संधि का उदाहरण है?

A. रजनीश   B. अत्यधिक   C. देवेश   D. नाविक

Q.76 निम्न में से कौन सा शब्द अयादि संधि का उदहारण है?

A. हरीश   B. रमेन्द्र   C. नयन   D. स्वागत

Q.77 'सतसई' शब्द में कौन सा समास है?

A. तत्पुरुष समास   B. द्वन्द समास
C. द्विगु समास   D. अव्ययीभाव समास

Q.78 निम्न में से कौन सा कर्मधारय समास का उदाहरण है?

A. राजपुत्र   B. परमेश्वर   C. शिवालय   D. दानवीर

Q.79 निम्न में से किस शब्द में बहुव्रीहि समास नही है?

A. महावीर   B. पंकज   C. महात्मा   D. विषधर

Q.80 निम्न में से किस शब्द में तत्पुरुष समास नही है?

A. स्वर्गप्राप्त   B. तुलसीकृत   C. डाकगाड़ी   D. नरसिंह

Q.81 'चिड़ीमार' शब्द में कौन सा समास है?

A. कर्म तत्पुरुष   B. करण तत्पुरुष
C. सम्प्रदान तत्पुरुष   D. कर्मधारय समास

Q.82 निम्न में से कौन सा असंगत है?

A. अनुरूप - अव्ययीभाव समास
B. भाई-बहन - द्वन्द समास

C. निशाचर - बहुव्रीहि समास
D. चौलड़ी - अव्ययीभाव समास

Q.83 दिये गए विकल्पों में से 'गंगा लाभ होना' मुहावरे के अर्थ का चयन कीजिये।

A. मर जाना
B. सुनसान घर
C. अत्यन्त लज्जित होना
D. घर का खर्च चलाना या देखभाल करना

Q.84 दिये गए विकल्पों में से 'खटाई में डालना' मुहावरे के अर्थ का चयन कीजिये।

A. क्रोधित होना
B. बहुत क्रोध में होना
C. किसी काम को लटकाना
D. मारा-मारा फिरना

Q.85 दिये गए विकल्पों में से 'घर सिर पर उठाना' मुहावरे के अर्थ का चयन कीजिये।

A. बहुत शोर मचाना   B. लज्जित होना
C. शोभा बढ़ाना   D. धोखा देना

Q.86 दिये गए विकल्पों में से 'खून का घूँट पीना' मुहावरे के अर्थ का चयन कीजिये।

A. बहुत लज्जित होना
B. याद रखना
C. क्रोध को अन्दर ही अन्दर सहना
D. छोटा समझना

Q.87 दिये गए विकल्पों में से 'कुएँ में भाँग पड़ना' मुहावरे के अर्थ का चयन कीजिये।

A. सबकी बुद्धि मारी जाना
B. बहुत रोना
C. कम अनुभवी होना
D. असहनीय बात को सहना

Q.88 दिए गए विराम चिह्नों में से अर्द्ध विराम चिह्न ज्ञात कीजिए।

A. ,   B. :   C. :-   D. ;

Q.89 दिए गए वाक्य में उपयुक्त विराम चिह्न ज्ञात कीजिए।
तुम कब आओगे

A. | B. ,   C. :   D. ?

Q.90 दिए गए वाक्य में उपयुक्त विराम चिह्नों को ज्ञात कीजिए।
रवि ने अपने मित्र से कहा ___ मित्र ____ तुम पढ़ाई ठीक से क्यों नहीं करते
___

A. , | ?   B. , ! ?   C. : ! !   D. ! , ?

Q.91 दिए गए विराम चिह्नों में से विस्मयादिबोधक चिह्न ज्ञात कीजिए।

A. ,   B. : !   D. ;

Q.92 निम्नलिखित प्रश्न में, चार विकल्पों में से, उस सही विकल्प का चयन करें, जो विराम चिन्ह युक्त वाक्य का सही विकल्प हो।

A. कुछ खाया-पिया करो बहुत कमजोर हो गए हो।
B. कुछ खाया पिया करो; बहुत कमजोर हो गए हो।
C. कुछ खाया-पिया करो, 'बहुत कमजोर हो गए हो'।
D. कुछ खाया-पिया करो, बहुत कमजोर हो गए हो।

Q.93 'ALLOTMENT' का पारिभाषिक शब्द कौन सा नहीं है?

A. वितरण   B. विभाजन   C. आवंटन   D. प्रवर्तन

Q.94 'ACCUSE' का पारिभाषिक शब्द क्या है?

A. अभियोग   **B.** अधिभोक्ता   **C.** योग्यता   **D.** परित्याग

Q.95 'ETHOS' का पारिभाषिक शब्द क्या है?

A. लोकाचार   **B.** समझना
C. विशिष्ट   **D.** विकसित करना

Q.96 'ACCEDE' का पारिभाषिक शब्द क्या है?

A. चेतावनी   **B.** सम्मलित करना
C. उत्पन्न होना   **D.** मूल वेतन

Q.97 'स्मारक' के लिए अंग्रेजी पारिभाषिक शब्द क्या होगा?

A. Command   **B.** Commencement
C. Commenoration   **D.** Commission

Q.98 'बीमित' शब्द का अंग्रेजी पारिभाषिक शब्द क्या होगा?

A. Assured   **B.** Assignment
C. Agreement   **D.** Agent

Q.99 'तुलन-पत्र' शब्द का अंग्रेजी पारिभाषिक शब्द क्या होगा?

A. Borrowed   **B.** Bull
C. Boom   **D.** Balance-sheet

Q.100 'मंदी-रुख' शब्द का अंग्रेजी पारिभाषिक शब्द क्या होगा?

A. Bearish
B. Book-credit
C. Bull
D. Balance of payments

// स्मार्ट उत्तर पुस्तिका //

सही उत्तर — उन छात्रों के प्रतिशत को इंगित करता है जिन्होंने प्रश्नों का सही उत्तर दिया था।

छोड़ दिया — उन छात्रों के प्रतिशत को इंगित करता है जिन्होंने प्रश्नों को छोड़ दिया था।

प्रश्न संख्या	उत्तर	सही उत्तर / छोड़ दिया	प्रश्न संख्या	उत्तर	सही उत्तर / छोड़ दिया	प्रश्न संख्या	उत्तर	सही उत्तर / छोड़ दिया	प्रश्न संख्या	उत्तर	सही उत्तर / छोड़ दिया	प्रश्न संख्या	उत्तर	सही उत्तर / छोड़ दिया
1	D	43.78 % / 36.96 %	17	D	84.45 % / 13.88 %	33	A	78.36 % / 14.49 %	49	C	83.77 % / 15.84 %	65	A	56.72 % / 38.44 %
2	C	45.26 % / 49.05 %	18	A	64.28 % / 33.63 %	34	C	83.51 % / 11.79 %	50	B	78.35 % / 16.41 %	66	C	76.06 % / 19.9 %
3	C	69.83 % / 30.09 %	19	B	58.32 % / 37.58 %	35	B	77.29 % / 18.66 %	51	D	48.03 % / 43.79 %	67	A	60.76 % / 37.65 %
4	D	77.15 % / 20.47 %	20	A	50.02 % / 35.28 %	36	A	83.31 % / 15.25 %	52	B	42.06 % / 34.03 %	68	B	48.0 % / 35.8 %
5	D	78.58 % / 20.38 %	21	B	45.05 % / 51.16 %	37	D	85.01 % / 12.4 %	53	D	55.31 % / 44.44 %	69	C	83.98 % / 13.71 %
6	D	79.22 % / 10.01 %	22	A	60.46 % / 37.97 %	38	D	76.08 % / 15.01 %	54	D	68.25 % / 31.23 %	70	B	46.33 % / 35.11 %
7	A	60.47 % / 31.54 %	23	A	67.01 % / 32.06 %	39	C	88.31 % / 10.03 %	55	D	64.7 % / 33.68 %	71	D	62.14 % / 33.37 %
8	C	65.39 % / 30.84 %	24	B	48.62 % / 50.01 %	40	C	89.02 % / 10.53 %	56	A	68.22 % / 30.34 %	72	B	55.87 % / 38.89 %
9	B	49.23 % / 31.94 %	25	B	43.79 % / 52.22 %	41	D	76.71 % / 16.55 %	57	B	57.48 % / 39.49 %	73	C	68.28 % / 30.19 %
10	B	88.16 % / 11.35 %	26	C	68.9 % / 30.32 %	42	B	82.57 % / 12.87 %	58	C	63.7 % / 30.45 %	74	A	62.01 % / 32.03 %
11	D	42.73 % / 44.6 %	27	A	79.34 % / 10.42 %	43	B	89.55 % / 10.01 %	59	A	82.19 % / 11.18 %	75	B	53.56 % / 41.24 %
12	A	54.82 % / 32.37 %	28	A	68.41 % / 30.15 %	44	C	77.41 % / 17.97 %	60	C	86.75 % / 12.13 %	76	C	40.02 % / 38.23 %
13	C	79.58 % / 17.72 %	29	D	67.35 % / 32.17 %	45	A	44.08 % / 43.46 %	61	D	65.79 % / 32.93 %	77	C	65.85 % / 33.33 %
14	B	77.83 % / 12.65 %	30	B	55.55 % / 40.36 %	46	C	66.9 % / 32.56 %	62	D	79.59 % / 16.7 %	78	B	77.31 % / 11.16 %
15	C	42.67 % / 42.82 %	31	C	46.88 % / 41.57 %	47	B	84.94 % / 12.58 %	63	D	49.14 % / 41.07 %	79	C	88.71 % / 10.75 %
16	B	85.3 % / 13.22 %	32	A	54.71 % / 40.75 %	48	B	82.0 % / 13.73 %	64	A	56.83 % / 40.17 %	80	D	57.54 % / 34.64 %

प्रश्न संख्या	उत्तर	सही उत्तर / छोड़ दिया
81	A	55.91 %
		35.04 %
82	D	42.67 %
		45.82 %
83	A	64.38 %
		32.91 %
84	C	54.69 %
		32.13 %

प्रश्न संख्या	उत्तर	सही उत्तर / छोड़ दिया
85	A	77.51 %
		15.88 %
86	C	89.05 %
		10.86 %
87	A	46.82 %
		39.75 %
88	D	81.48 %
		13.61 %

प्रश्न संख्या	उत्तर	सही उत्तर / छोड़ दिया
89	D	79.26 %
		13.33 %
90	B	89.82 %
		10.07 %
91	C	82.29 %
		13.7 %
92	D	64.16 %
		33.58 %

प्रश्न संख्या	उत्तर	सही उत्तर / छोड़ दिया
93	D	68.95 %
		30.77 %
94	A	64.73 %
		31.19 %
95	A	67.11 %
		31.9 %
96	B	69.48 %
		30.29 %

प्रश्न संख्या	उत्तर	सही उत्तर / छोड़ दिया
97	C	60.13 %
		30.78 %
98	A	67.8 %
		31.51 %
99	D	42.31 %
		55.1 %
100	A	64.31 %
		32.63 %

कार्य विश्लेषण

औसत अंक (%)	**69.0%**
टॉपर्स स्कोर (%)	**71.0%**
आपका स्कोर	

//संकेत और समाधान//

1. 'अनधिकार' का अर्थ 'अधिकार रहित' है।

अन्य विकल्प:

अशुद्ध वर्तनी	शुद्ध वर्तनी
अतिथी	अतिथि
उन्नती	उन्नति
रेणू	रेणु

अतः विकल्प (D) सही है।

2. 'मांसाहारी' का अर्थ 'मांस भक्षी' है।

अन्य विकल्प:

शुद्ध वर्तनी	अशुद्ध वर्तनी	अर्थ
व्यापार	व्योपार	पेशा
सामग्री	सामिग्री	सामान
संधि	संधी	मेल

अतः विकल्प (C) सही है।

3. दिए गए विकल्पो में 'संगृहीत' शुद्ध वर्तनी है।

वर्तनी भाषा में शब्दों को वर्णों से अभिव्यक्त करने की क्रिया को कहते हैं।

वर्तनी को अंग्रेज़ी में स्पेलिंग और उर्दू में हिज्जे कहते हैं।

किसी लिपि के प्रतीक-चिन्ह (वर्ण आदि) को उचित क्रम में लिखकर जब कोई शब्द निरूपित किया जाता है, वह उसकी वर्तनी कहलाती है।

वर्तनी का सीधा सम्बन्ध भाषागत ध्वनियों के उच्चारण से है।

अतः विकल्प (C) सही है।

4. सीढ़ी में शुद्ध वर्तनी का प्रयोग किया गया है, अन्य विकल्पो में अशुद्ध वर्तनी है।

अन्य विकल्प:

अशुद्ध वर्तनी	शुद्ध वर्तनी
बतक	बतख
संतुष्ट	संतुष्ट
बलिष्ट	बलिष्ठ

अतः विकल्प (D) सही है।

5. 'शुश्रूषा' का अर्थ 'कर्तव्यपरायणता' है। 'शुश्रूषा' में से शुद्ध वर्तनी है।

अन्य विकल्प:

अशुद्ध वर्तनी	शुद्ध वर्तनी
रिमजिम	रिमझिम
मिष्ठान्न	मिष्टान्न
संशिलष्ट	संश्लिष्ट

अतः विकल्प (D) सही है।

6. सौंदर्यता का पर्यायवाची- सुंदरता, रमणी- यता, खूबसूरती आदि होता है।

इसका अर्थ- सुंदर होने की अवस्था या भाव है।

अतः विकल्प (D) सही है।

7. 'पुनर्जन्म' का अर्थ 'पुनः होने वाला जन्म' है। 'पुनर्जन्म' में शुद्ध वर्तनी है।

अन्य विकल्प:

अशुद्ध वर्तनी	शुद्ध वर्तनी

दिनाँक	दिनांक
आकषर्ण	आकर्षण
दशनीय	दर्शनीय

अतः विकल्प (A) सही है।

8. 'तिरस्कृत' का अर्थ 'अपमानित' है। 'तिरस्कृत' में शुद्ध वर्तनी है।

अन्य विकल्प:

अशुद्ध वर्तनी	शुद्ध वर्तनी
अनुग्रहीत	अनुगृहीत
ग्रहिणी	गृहिणी
जाग्रति	जागृति

अतः विकल्प (C) सही है।

9. "अकस्मात" शब्द तत्सम शब्द है। क्योंकि यह संस्कृत से ज्यों के त्यों प्रयोग में लिया जा रहा है। अन्य विकल्प असंगत हैं।

अन्य विकल्प:

तत्सम	तद्भव
अश्रु	आँसू
अम्लिका	इमली
भिक्षा	भीख

अतः विकल्प (B) सही है।

10. "अक्षि, शर्करा, इष्टिका" तीनो शब्द तत्सम शब्द है। क्योंकि यह तीनो संस्कृत से ज्यों के त्यों प्रयोग में लिए जा रहे हैं।

अन्य विकल्प:

तत्सम	तद्भव
ईर्ष्या	इरषा
हरिद्रा	हल्दी
उलूक	उल्लू

अतः विकल्प (B) सही है।

11. दिये गए विकल्पों में से **बहू** तद्भव शब्द है।

बहू का तत्सम **वधू** होगा।

अन्य विकल्प:

तत्सम शब्द	तद्भव शब्द
अंगुली	उंगली
कपाट	किवाड़
रात्रि	रात

अतः विकल्प (D) सही है।

12. दिए गए विकल्पों में 'अचरज' शब्द तद्भव है। अचरज का अर्थ है आश्चर्य। अतिरिक्त विकल्पों के प्रकार भिन्न हैं।

तद्भव शब्द: ऐसे शब्द जो संस्कृत से हिंदी में आने पर उनका रूप बदल गया।

- जैसे: आग, खीर, छत आदि।

अन्य विकल्प:

अदा	विदेशज/ आगत/ विदेशी शब्द	देना, चुकता
अजब	विदेशज/ आगत/ विदेशी शब्द	अनोखा

अतः विकल्प (A) सही है।

13. स्वेद शब्द का तद्भव शब्द पसीना होता है। अन्य विकल्प असंगत हैं।

श्वेत: सफ़ेद; उजला; धवल

साफ: धूल या मैल आदि से रहित; निर्मल; स्वच्छ

अतः विकल्प (C) सही है।

14. 'खिचड़ी' देशज शब्द का उदाहरण है।

खिचड़ी शब्द की व्युत्पत्ति क्षेत्रीय भाषाओं के प्रभाव से हुई है। इसलिए, 'खिचड़ी' शब्द देशज शब्द है।

अमीर, उम्र, अक्ल ये तीनों शब्द अरबी भाषा से लिए गये है। इसलिए, इन्हें विदेशज शब्द की श्रेणी में गिना जाता है।

अतः विकल्प (B) सही है।

15. दिए गए विकल्पों में से 'गड़ना' शब्द अकर्मक क्रिया है। अन्य सभी विकल्प सकर्मक क्रिया है।

गड़ना: अकर्मक क्रिया

अकर्मक क्रिया: जब क्रिया के साथ कर्म न हो, तो उसे अकर्मक क्रिया कहते हैं।

अतः विकल्प (C) सही है।

16. 'अलमारी' पुर्तगाली भाषा का शब्द है। अन्य विकल्प इसके अनुचित उत्तर हैं।

'अलमारी' के पर्यायवाची शब्द: शेल्फ़, आला, निधानी आदि।

अतः विकल्प (B) सही है।

17. चोर शब्द का तत्सम शब्द चौर है। अन्य विकल्प असंगत है।

चोर शब्द का तत्सम शब्द चौर होता है।

तत्सम शब्द: ऐसे शब्द जो हिंदी में संस्कृत में सीधे आ गए है और आज भी संस्कृत के मूल शब्द की ही भांति हिंदी में प्रयुक्त होते है। तत्सम शब्द कहते है।

भारतीय भाषाओं में तत्सम और तद्भव शब्दों का बाहुल्य है।

इसके अलावा इन भाषाओं के कुछ शब्द 'देशज' और अन्य कुछ 'विदेशी' हैं।

अतः विकल्प (D) सही है।

18. दिए गए विकल्पों में से बहिष्कृत विसर्ग संधि तथा इसका संधि विच्छेद बहिः + कृत है। अन्य विकल्प असंगत है।

विसर्ग संधि के नियम के अनुसार यदि विसर्ग से पहले 'इ' या 'उ' हो और बाद में क, ख, प, फ हो तो विसर्ग का 'ष्' हो जाता है। जैसे: बहिः + कृत = बहिष्कृत।

अतः विकल्प (A) सही है।

19. क्षणभंगुर के अन्य पर्यायवाची शब्द हैं - अस्थिर, अनित्य।

इन शब्दों में अर्थ की समानता होते हुए भी इनके प्रयोग एक तरह के नहीं हैं।

ये शब्द अपने में इतने पूर्ण हैं कि एक ही शब्द का प्रयोग सभी स्थितियों में और सभी स्थलों पर अच्छा नहीं लगता- कहीं कोई शब्द ठीक बैठता है और कहीं कोई।

प्रत्येक शब्द की महत्ता विषय और स्थान के अनुसार होती है।

अतः विकल्प (B) सही है।

20. शिकारी के अन्य पर्यायवाची शब्द हैं - आखेटक, लुब्धक, बहेलिया।

इन शब्दों में अर्थ की समानता होते हुए भी इनके प्रयोग एक तरह के नहीं हैं।

ये शब्द अपने में इतने पूर्ण हैं कि एक ही शब्द का प्रयोग सभी स्थितियों में और सभी स्थलों पर अच्छा नहीं लगता- कहीं कोई शब्द ठीक बैठता है और कहीं कोई।

प्रत्येक शब्द की महत्ता विषय और स्थान के अनुसार होती है।

अतः विकल्प (A) सही है।

21. विमल के अन्य पर्यायवाची शब्द हैं - स्वच्छ, निर्मल, पवित्र।

इन शब्दों में अर्थ की समानता होते हुए भी इनके प्रयोग एक तरह के नहीं हैं।

ये शब्द अपने में इतने पूर्ण हैं कि एक ही शब्द का प्रयोग सभी स्थितियों में और सभी स्थलों पर अच्छा नहीं लगता- कहीं कोई शब्द ठीक बैठता है और कहीं कोई।

प्रत्येक शब्द की महत्ता विषय और स्थान के अनुसार होती है।

अतः विकल्प (B) सही है।

22. दिए गए विकल्पों में से 'मंदार' का पर्यायवाची शब्द 'आदित्य' है।

आदित्य के अन्य पर्यायवाची शब्द हैं- दिनकर, दिवाकर, भानु, भास्कर, आक, दिनेश, मित्र, मार्तण्ड, पतंग, विहंगम, रवि, प्रभाकर, अरुण, अंशुमाली और सूरज भगत, दिनमणि, अर्क, हरि आदि।

अतः विकल्प (A) सही है।

23. अकाम का अर्थ: कामहीन

सकाम का अर्थ: सफल मनोरथ

अन्य विकल्प:

शब्द	विलोम
अकर्त्तव्य	कर्त्तव्य
अभिमान	निरभिमान
इष्ट	अनिष्ट

अतः विकल्प (A) सही है।

24. एकेश्वरवाद का अर्थ: वह सिद्धांत जिसमें एक ईश्वर को ही संसार का सृजन और नियमन करने वाली सर्वोच्च शक्ति माना गया है।

बहुदेववाद का अर्थ: अनेक देवी-देवताओं को माननेवाला धर्म।

अन्य विकल्प:

शब्द	विलोम
एकतंत्र	बहुतंत्र
एकता	अनेकता

अतः विकल्प (B) सही है।

25. अरुचि का अर्थ: इच्छा न होने का भाव

रुचि का अर्थ: इच्छा

अन्य विकल्प:

शब्द	विलोम
अपकीर्ति	सुकीर्ति
अल्पसंख्यक	बहुसंख्यक
इकट्ठा	अलग

अतः विकल्प (B) सही है।

26. 'अज्ञ' शब्द का विलोम 'विज्ञ' होता है। अन्य विकल्प असंगत है।

विलोम शब्द: जो शब्द किसी दूसरे शब्द का उल्टा अर्थ बताते हैं, उन्हें विलोम शब्द या विपरीतार्थक शब्द कहते है।

जैसे: आय-व्यय, आजादी-गुलाम, नवीन-प्राचीन

अन्य विकल्प:

शब्द	विलोम
अनघ	अनंत

वर्जन	वर्जन
अनंत	अंत

अतः विकल्प (C) सही है।

27. 'अवर' शब्द का विलोम 'प्रवर' है। अन्य विकल्प असंगत है।

विलोम शब्द: जो शब्द किसी दूसरे शब्द का उल्टा अर्थ बताते हैं, उन्हें विलोम शब्द या विपरीतार्थक शब्द कहते है।

जैसे: आय-व्यय, आजादी-गुलाम, नवीन-प्राचीन

अतः विकल्प (A) सही है।

28. 'शोभा-आँगन में' के अर्थ 'बहार-बाहर' है।

अन्य विकल्प:

शब्द	अर्थ
कृति-कृती	रचना-पुण्यात्मा
चर्म-चरम	चमड़ा-अत्यधिक
बुरा-बूरा	खराब-शक्कर

अतः विकल्प (A) सही है।

29. 'अभय - उभय' के अर्थ 'निडर - दोनों' है।

समोच्चरित शब्द: समोच्चरित शब्द उन शब्दों को कहा जाता है जिन्हें बोलने व सुनने पर एक जैसा प्रतीत होता है परन्तु अर्थ भिन्न होते है।

अतः विकल्प (D) सही है।

30. 'आसन-आसन्न' के अर्थ 'बैठने की वस्तु-निकट' है।

अन्य विकल्प:

शब्द	अर्थ
अवधि-अवधी	समय सीमा-भाषा विशेष
दशा-बड़ा कमरा	हाल-हॉल
स्मरण-समझदार	सुधि-सुधी

अतः विकल्प (B) सही है।

31. 'अंक-अंग' के अर्थ 'संख्या-भाग' है।

अन्य विकल्प:

शब्द	अर्थ
हंसी-दुःख	हंसनी-कष्ट
हल-हाल	समाधान-दशा
छत्र-छात्र	छाया-विद्यार्थी

अतः विकल्प (C) सही है।

32. सीता खाती ही जा रही है। वाक्य में सीता के निरंतर खाने की क्रिया हो रही है।

पक्ष: क्रिया के जिस रूप से क्रिया प्रक्रिया अर्थात क्रिया व्यापार का बोध होता है, उसे क्रिया का पक्ष कहते हैं।

पक्ष के प्रकार:

- आरंभद्योतक पक्ष
- सातपय बोधक पक्ष
- प्रगतिद्योतक पक्ष
- पूर्णताद्योतक पक्ष

प्रगतिद्योतक पक्ष: इससे क्रिया के निरंतर प्रगति का बोध होता है प्रगतिद्योतक पक्ष कहलाता है।

उदाहरण: भीड़ बढ़ती ही जा रही है।

अतः विकल्प (A) सही है।

33. दिए गए विकल्पों के अनुसार विकल्प (A) 'पूर्णताद्योतक पक्ष' वाक्य का सही उत्तर है अन्य विकल्प असंगत है। स्पष्ट है कि 'पूर्णताद्योतक पक्ष' विकल्प सटीक है।

पक्ष: क्रिया के जिस रूप से क्रिया प्रक्रिया अर्थत क्रिया व्यापार का बोध होता है, उसे क्रिया का पक्ष कहते हैं।

पक्ष के प्रकार:

- आरंभद्योतक पक्ष
- सातपय बोधक पक्ष
- प्रगतिद्योतक पक्ष
- पूर्णताद्योतक पक्ष

प्रगतिद्योतक पक्ष: इससे क्रिया के निरंतर प्रगति का बोध होता है प्रगतिद्योतक पक्ष कहलाता है।

उदाहरण: सीता कितना अच्छा गा रही है।

अतः विकल्प (A) सही है।

34. दिए गए विकल्पों के अनुसार विकल्प (C) 'आरंभद्योतक पक्ष' वाक्य का सही उत्तर है अन्य विकल्प असंगत है। इसलिए, स्पष्ट है कि 'आरंभद्योतक पक्ष' विकल्प सटीक है।

पक्ष: क्रिया के जिस रूप से क्रिया प्रक्रिया अर्थत क्रिया व्यापार का बोध होता है, उसे क्रिया का पक्ष कहते हैं।

- आरंभद्योतक पक्ष
- सातपय बोधक पक्ष
- प्रगतिद्योतक पक्ष
- पूर्णताद्योतक पक्ष

आरंभद्योतक पक्ष: इस पक्ष में क्रिया के आरंभ होने की स्थिति का बोध होता है आरंभद्योतक पक्ष कहलाता हैं।

उदाहरण: अब राम खेलने लगा है।

अतः विकल्प (C) सही है।

35. दिए गए विकल्पों के अनुसार विकल्प (B) 'प्रगतिद्योतक पक्ष' वाक्य का सही उत्तर है अन्य विकल्प असंगत है। स्पष्ट है कि 'प्रगतिद्योतक पक्ष' विकल्प सटीक है।

पक्ष: क्रिया के जिस रूप से क्रिया प्रक्रिया अर्थत क्रिया व्यापार का बोध होता है, उसे क्रिया का पक्ष कहते हैं।

पक्ष के प्रकार:

- आरंभद्योतक पक्ष
- सातपय बोधक पक्ष
- प्रगतिद्योतक पक्ष
- पूर्णताद्योतक पक्ष

प्रगतिद्योतक पक्ष: इससे क्रिया के निरंतर प्रगति का बोध होता है प्रगतिद्योतक पक्ष कहलाता है।

उदाहरण: भीड़ बढ़ती ही जा रही है।

अतः विकल्प (B) सही है।

36. दिए गए विकल्पों के अनुसार विकल्प (A) 'सातपय बोधक पक्ष' वाक्य का सही उत्तर है अन्य विकल्प असंगत है। अतः स्पष्ट है कि 'सातपय बोधक पक्ष' विकल्प सटीक है।

पक्ष: क्रिया के जिस रूप से क्रिया प्रक्रिया अर्थात क्रिया व्यापार का बोध होता है, उसे क्रिया का पक्ष कहते हैं।

पक्ष के प्रकार:

- आरंभद्योतक पक्ष
- सातपय बोधक पक्ष
- प्रगतिद्योतक पक्ष
- पूर्णताद्योतक पक्ष

सातपय बोधक: पक्ष जिस पक्ष में क्रिया की प्रक्रिया के चालू रहने का बोध होता है उसे सातपय बोधक पक्ष कहते है।

अतः विकल्प (A) सही है।

37. इसका सही उत्तर विकल्प (D) 'परिमाणवाचक' विशेषण होगा। अन्य विकल्प सही उत्तर नहीं हैं।

परिमाणवाचक विशेषण: परिमाणवाचक विशेषण ऐसे शब्द होते हैं जो संज्ञा या सर्वनाम की मात्रा का बोध कराते हैं।

जैसे: चार किलो, एक मीटर, दो लीटर, थोड़ा, बहुत आदि।

अतः विकल्प (D) सही है।

38. 'अंटार्कटिका में बर्फ होती है।' में गुणवाचक विशेषण है। अन्य विकल्प असंगत हैं।

गुणवाचक विशेषण: वे शब्द जो संज्ञा या सर्वनाम के गुण, धर्म, स्वाभाव आदि का बोध कराये।

उदाहरण: बलशाली, पुराण, नया, तीक्ष्ण, कमजोर, मोटा, दुर्बल, पठारी आदि।

अतः विकल्प (D) सही है।

39. 'तीक्ष्ण' शब्द 'गुणवाचक विशेषण' का उदाहरण है। अन्य विकल्प असंगत हैं।

गुणवाचक विशेषण: वे शब्द जो संज्ञा या सर्वनाम के गुण, धर्म, स्वाभाव आदि का बोध कराये।

उदाहरण: बलशाली, पुराण, नया, कमजोर, मोटा, दुर्बल, पठारी आदि।

अतः विकल्प (C) सही है।

40. उपरोक्त विकल्पों में 'गुणवाचक, संख्यावाचक, सार्वनामिक' ये विशेषण के प्रकार।

'जातिवाचक' संज्ञा का एक भेद है। इसलिए इसका सही उत्तर विकल्प 'जातिवाचक' है।

जातिवाचक संज्ञा एक ही जाति के सभी प्राणियों अथवा वस्तुओं का बोध कराने वाले शब्द जातिवाचक संज्ञा कहलाते हैं।

जैसे: बाजार, गली, पहाड़, खिड़की

अतः विकल्प (C) सही है।

41. 'कैनेडियन' शब्द 'व्यक्तिवाचक विशेषण' का उदाहरण है। अन्य विकल्प असंगत हैं।

व्यक्तिवाचक विशेषण: व्यक्तिवाचक संज्ञा से जिन विशेषण शब्दों की रचना होती है वे व्यक्तिवाचक विशेषण होते हैं।

उदाहरण: बनारसी (बनारस का रहने वाला) आदि।

अतः विकल्प (D) सही है।

42. 'मुझे थोड़ा सा दूध दे दो' वाक्य में 'परिमाणवाचक विशेषण' है। अन्य विकल्प असंगत हैं।

परिमाणवाचक विशेषण: परिमाणवाचक विशेषण ऐसे शब्द जो संज्ञा या सर्वनाम की मात्रा का बोध कराते हैं।

उदाहरण: चार किलो, एक मीटर, दो लीटर, थोड़ा, बहुत आदि।

अतः विकल्प (B) सही है।

43. 'सात अजूबों में से एक ताजमहल है।' वाक्य में 'संख्यावाचक विशेषण' है। अन्य विकल्प असंगत हैं।

संख्यावाचक विशेषण: ऐसे विशेषण शब्द जो किसी संज्ञा या सर्वनाम की संख्या का बोध कराते हैं, वे संख्यावाचक विशेषण कहलाते हैं।

उदाहरण: दो, तीनों, चार गुना, प्रत्येक आदि।

अतः विकल्प (B) सही है।

44. 'कुत्ते के जैसे भौंकों मत' वाक्य में 'तुलनाबोधक विशेषण' है। अन्य विकल्प असंगत हैं।

तुलनाबोधक विशेषण: जब वस्तुओं के गुण-दोष की तुलना आपस में की जाये।

उदाहरण: वह राधा से भी ज्यादा सुरीला गाती है।

अतः विकल्प (C) सही है।

45. एकता भाववाचक संज्ञा सर्वनाम से बनी है। अन्य विकल्प असंगत है।

जिन शब्दों से किसी प्राणी या पदार्थ के गुण, भाव, स्वभाव या अवस्था का बोध होता है, उन्हें भाववाचक संज्ञा कहते हैं।

अन्य उदाहरण:

शांत = शांति

सभ्य = सभ्यता

एक = एकता

अतः विकल्प (A) सही है।

46. 'मीनू स्कूल जाती है।' वाक्य में कर्तृवाच्य का प्रयोग हुआ है। अन्य विकल्प असंगत है।

कर्तृवाच्य: क्रिया के जिस रूप में कर्ता प्रधान हो, उसे कर्तृवाच्य कहते हैं।

उदाहरण:

रमेश केला खाता है।

दिनेश पुस्तक पढ़ता है।

अतः विकल्प (C) सही है।

47. 'वह आदमी है' वाक्य में 'वह' शब्द अन्य पुरुष को इंगित करता है। इसलिए, यह निश्चयवाचक सर्वनाम होगा।

निश्चयवाचक सर्वनाम: जो सर्वनाम शब्द किसी व्यक्ति, वस्तु आदि का निश्चयपूर्वक बोध कराते हैं वे निश्चयवाचक सर्वनाम कहलाते हैं।

उदाहरण: वे, यह, वह आदि।

अतः विकल्प (B) सही है।

48. जातिवाचक संज्ञा: जिस संज्ञा शब्द से किसी व्यक्ति, वस्तु, स्थान की संपूर्ण जाति का बोध हो उसे जातिवाचक संज्ञा कहते हैं।

जातिवाचक संज्ञा को दो प्रकारों में विभाजित किया गया है: द्रव्यवाचक और समूहवाचक

'भीड़' एक प्रकार के समूह का नाम है। इसलिए, वह समूहवाचक संज्ञा कहलाएगी। अन्य विकल्प असंगत हैं।

अतः विकल्प (B) सही है।

49. उपरोक्त विकल्पो में 'तेल' व्यक्तिवाचक संज्ञा नहीं है बल्कि यह 'द्रव्यवाचक संज्ञा' का उदाहरण है।

जो शब्द किसी ठोस, तरल, पदार्थ, धातु, अधातु या द्रव्य का बोध करते हैं, द्रव्यवाचक संज्ञा कहलाते हैं जबकि एक ही व्यक्ति, वस्तु का बोध करने वाले शब्द व्यक्तिवाचक संज्ञा हैं।

अन्य विकल्प आगरा, कुरान, मोहन व्यक्तिवाचक संज्ञा शब्द हैं।

अतः विकल्प (C) सही है।

50. उपरोक्त विकल्पो में 'मैं कल दिल्ली जा रहा हूँ।' वाक्य में सर्वनाम का प्रयोग हुआ है, अन्य विकल्प असंगत है।

'मैं कल दिल्ली जा रहा हूँ।' वाक्य में 'मैं' पुरुषवाचक (व्यक्तिवाचक) सर्वनाम हैं। जिस सर्वनाम का प्रयोग वक्ता द्वारा स्वयं के लिए या अन्य व्यक्ति के लिए किया जाता है।

पुरुषवाचक सर्वनाम: जिन सर्वनाम शब्दों का प्रयोग व्यक्तिवाचक संज्ञा के स्थान पर किया जाता है उन्हें पुरुषवाचक सर्वनाम कहते हैं।

जैसे: मैं, तुम, हम, आप, वे

अतः विकल्प (B) सही है।

51. 'पुनर्जन्म' शब्द में 'पुनर' उपसर्ग है। अन्य विकल्प असंगत है।

उपसर्ग: पुनर

अर्थ: फिर

उदाहरण: पुनर्जन्म, पुनर्लेखन, पुनर्जीवन, पुननिर्माण, पुनरागमन

उपसर्ग: शब्दांश या अव्यय जो किसी शब्द के पहले आकर उसका विशेष अर्थ प्रकट करते हैं, उपसर्ग कहलाते हैं।

अतः विकल्प (D) सही है।

52. क्रिया का प्रभाव जिस संज्ञा या सर्वनाम पर पड़ता हैं, वहां कर्म कारक होता है।

अन्य विकल्प:

कर्ता कारक (ने): जिस शब्द से क्रिया के करने का पता चलता है।

सम्प्रदान कारक (को), के लिए): कार्य को दर्शाने के लिए प्रयोग में लिया जाता है।

अपादान कारक (से (अलग होना)): संज्ञा के जिस रूप से किसी भी चीज के अलग होने का बोध हो।

अतः विकल्प (B) सही है।

53. 'मीरा ने नृत्य किया।' इस वाक्य में 'कर्ता कारक' प्रयुक्त हुआ है। शेष विकल्प अनुपयुक्त हैं।

कर्ता कारक संज्ञा या सर्वनाम के जिस रूप से क्रिया करने वाले का बोध होता है, उसे कर्ता कारक कहते हैं।

सरल शब्दों में "क्रिया करने वाले को कर्ता कहते हैं।" कर्त्ता कारक का चिह्न 'ने' है।

जैसे: मनोज ने पत्र लिखा, मोहन खाता है।

अतः विकल्प (D) सही है।

54. 'मेरे लिए सब्जी लेकर आओ।' वाक्य में 'सम्प्रदान कारक' प्रयुक्त हुआ है।

सम्प्रदान कारक: जिस शब्द से किसी के लिए कुछ करने या देने का बोध हो, इसकी विभक्ति 'को' और 'के लिए' है। जैसे: वह अरुण के लिए मिठाई लाया। अन्य विकल्प उपयुक्त नहीं हैं।

अतः विकल्प (D) सही है।

55. 'है' कोई कारक चिह्न नहीं है। जबकि 'ने, को, से' कारक चिह्न हैं।

समस्त कारक चिह्नों को नीचे दर्शाया गया है:

विभक्ति	कारक	चिन्ह/परसर्ग
प्रथम	कर्ता कारक	ने
द्वितीय	कर्म कारक	को
तृतीय	करण कारक	से, के द्वारा
चतुर्थी	सम्प्रदान कारक	को, के लिए (देने का भाव)
पंचमी	अपादान कारक	से, (अलग होने के लिए)
षष्ठी	संबंध कारक	का, की, के, रा, री, रे
सप्तमी	अधिकरण कारक	में, पर
अष्टमी	संबोधन	हे!, ओ!, अरे!

अतः विकल्प (D) सही है।

56. उद्देश्य: जिसके बारे में बात की जाये उसे उद्देश्य कहते हैं।

'मोहन बाजार जा रहा है।' इस वाक्य में 'मोहन' उद्देश्य है। शेष विकल्प असंगत हैं।

उद्देश्य (कर्ता): मोहन

कर्म: बाजार

क्रिया: जा रहा है।

अतः विकल्प (A) सही है।

57. 'बकरी घास चरती है' वाक्य में सामान्य वर्तमान काल है। इस वाक्य के अंत में 'ती' आया है इसीलिए यहाँ सामान्य वर्तमान काल है और क्रिया वर्तमान काल में सामान्य रूप से संपन्न हो रही है। शेष विकल्प असंगत हैं।

अतः विकल्प (B) सही है।

58. 'पुजारी पूजा कर रहा है।' यह तात्कालिक वर्तमान काल का उदाहरण है क्योंकि इसमें क्रिया वर्तमान काल में हो रही है। अन्य विकल्प उचित नहीं हैं।

तात्कालिक वर्तमान काल:

क्रिया के जिस रूप से यह पता चलता हो कि कार्य वर्तमान में हो रहा है, उसे तात्कालिक वर्तमान काल कहते हैं। इसमें बोलते समय क्रिया का व्यापार चलता रहता है। इसमें इसकी पूर्णता का पता नहीं चलता है।

जैसे: मैं पढ़ रहा हूँ।

वह जा रहा है।

अतः विकल्प (C) सही है।

59. काल: क्रिया के जिस रूप से किसी काम के होने के समय का बोध हो उसे काल कहते हैं।

काल के तीन भेद होते हैं:

- वर्तमान काल
- भूतकाल
- भविष्यत् काल

अतः विकल्प (A) सही है।

60. वर्तमान काल: क्रिया के जिस रूप से यह पता चले कि काम अभी चल रहा है उसे वर्तमान काल कहते हैं।

वर्तमान काल के तीन भेद होते हैं:

1. सामान्य वर्तमान
2. संदिग्ध वर्तमान
3. अपूर्ण वर्तमान

अतः विकल्प (C) सही है।

61. दिए गए विकल्पों में 'वि' उपसर्ग बना शब्द विराग है। अन्य विकल्प सटीक उत्तर नहीं है।

अन्य विकल्प:

शब्द	उपसर्ग
कुपुत्र	कु
सुगम	सु
स्वतंत्र	स्व

अतः विकल्प (D) सही है।

62. दिए गए विकल्पों में 'बिला' उपसर्ग बना शब्द बिलाकसूर है।

अन्य विकल्प:

शब्द	उपसर्ग
बेदाग	बे
बाकायदा	बा
बदनाम	बद

अतः विकल्प (D) सही है।

63. 'अनुवाद' शब्द में प्रयुक्त उपसर्ग 'अनु' है। अन्य विकल्प असंगत है।

उपसर्ग: शब्दांश या अव्यय जो किसी शब्द के पहले आकर उसका विशेष अर्थ प्रकट करते हैं, उपसर्ग कहलाते हैं।

अतः विकल्प (D) सही है।

64. उप + कार = उपकार

उपकार: संज्ञा पुलिंग [संस्कृत] [विशेषण उपकारक, उपकारी, उपकार्य, उपकृत]

लाभदायक संस्कृत [विशेषण] जो लाभ देने वाला हो; फ़ायदेमंद।

अपनापन [संज्ञा पुल्लिंग] आत्मीयता; घनिष्ठता

उपकार, शब्द में उपसर्ग का प्रयोग हुआ है। अन्य विकल्प में उपसर्ग का प्रयोग नहीं हुआ है।

अतः विकल्प (A) सही है।

65. वह शब्दांश या अव्यय, जो किसी शब्द के आरंभ में जुड़कर मूल शब्द के अर्थ में विशेषता ला दे या उसका अर्थ ही बदल दे।

व्यवस्था संस्कृत [संज्ञा स्त्रीलिंग] प्रबंध; इंतज़ाम

अव्यवस्था संस्कृत [संज्ञा स्त्रीलिंग] व्यवस्था का अभाव; व्यवस्थाहीनता

व्यवस्था से पूर्व 'अ' उपसर्ग लगायें कि उसका अर्थ विपरीत हो जाता है। अन्य विकल्प असंगत है।

अतः विकल्प (A) सही है।

66. ससुराल = ससुर + आल। इसमें संबंधवाचक तद्धित प्रत्यय है।

संबंधवाचक तद्धित प्रत्यय: जिन प्रत्ययों के लगने से संबंध का पता लगता है, उसे संबंध वाचक तद्धित प्रत्यय कहते हैं।

प्रत्यय: शब्द के उपरांत जिस शब्द का प्रयोग किया जाता है वह प्रत्यय है।

दिए गए सभी विकल्पों में 'ससुराल' शब्द में 'आल' प्रत्यय का योग है, अन्य सभी विकल्प का कोई सार्थक अर्थ न होने की वजह से वह गलत है।

अतः विकल्प (C) सही है।

67. चौडान = चौड़ा + आन। इसमें भाववाचक तद्धित प्रत्यय है।

भाववाचक तद्धित प्रत्यय: भाव का बोध कराने वाले प्रत्यय भाववाचक तद्धित प्रत्यय कहलाते हैं।

जैसे: ऊँचान, निचान आदि।

प्रत्यय: जो शब्दांश, शब्दों के अंत में जुड़कर अर्थ में परिवर्तन लाये, प्रत्यय कहलाते हैं। जैसे: पाठक, शक्ति, भलाई, मनुष्यता आदि।

दिए गए सभी विकल्पों में 'चौडान' शब्द में 'आन' प्रत्यय का योग है, अन्य सभी विकल्प का कोई सार्थक अर्थ न होने की वजह से वह गलत हैं।

अतः विकल्प (A) सही है।

68. चित्रकार = चित्र + कार। इसमें कर्तृवाचक तद्धित प्रत्यय है।

कर्तृवाचक तद्धित प्रत्यय: जिन प्रत्यय को जोड़ने से कार्य को करने वाले का बोध हो, उसे कर्तृवाचक तद्धित प्रत्यय कहते हैं।

जैसे: पत्रकार आदि।

जो शब्दांश, शब्दों के अंत में जुड़कर अर्थ में परिवर्तन लाये, प्रत्यय कहलाते हैं। जैसे: पाठक, शक्ति, भलाई, मनुष्यता आदि।

अतः विकल्प (B) सही है।

69. दिए गए सभी विकल्पों में 'अपनापन' शब्द में 'पन' प्रत्यय का योग है, अन्य सभी विकल्प का कोई सार्थक अर्थ न होने की वजह से वह गलत हैं।

अपनापन = अपना + पन। इसमें तद्धित प्रत्यय है।

तद्धित प्रत्यय: धातुओं को छोड़कर अन्य शब्दों में लगनेवाले प्रत्ययों को तद्धित कहते हैं।

जैसे: मैलापन, लड़कपन आदि।

जो शब्दांश, शब्दों के अंत में जुड़कर अर्थ में परिवर्तन लाये, प्रत्यय कहलाते हैं। जैसे: पाठक, शक्ति, भलाई, मनुष्यता आदि।

अतः विकल्प (C) सही है।

70. दिए गए सभी विकल्पों में 'अच्छाई' शब्द में 'आई' प्रत्यय का योग है, अन्य सभी विकल्प का कोई सार्थक अर्थ न होने की वजह से वह गलत हैं।

अच्छाई = अच्छा + आई। इसमें तद्धित प्रत्यय है।

तद्धित प्रत्यय: धातुओं को छोड़कर अन्य शब्दों में लगने वाले प्रत्ययों को तद्धित कहते हैं।

जैसे: विदाई, ठकुराई आदि।

जो शब्दांश, शब्दों के अंत में जुड़कर अर्थ में परिवर्तन लाये, प्रत्यय कहलाते हैं। जैसे: पाठक, शक्ति, भलाई, मनुष्यता आदि

अतः विकल्प (B) सही है।

71. साक्षर शब्द में यण संधि नहीं है। साक्षर शब्द में दीर्घ संधि है। अतिरिक्त सभी विकल्प 'यण संधि' के उदाहरण है।

यण संधि: जब संधि करते समय इ, ई के साथ कोई अन्य स्वर हो तो 'य' बन जाता है, जब उ, ऊ के साथ कोई अन्य स्वर हो तो 'व' बन जाता है, जब ऋ के साथ कोई अन्य स्वर हो तो 'र' बन जाता है।

अतः विकल्प (D) सही है।

72. दिए गए विकल्पों में से परमार्थ दीर्घ संधि है।

दीर्घ संधि: जब दो शब्दों की संधि करते समय (अ, आ) के साथ (अ, आ) हो तो 'आ' बनता है, जब (इ, ई) के साथ (इ, ई) हो तो 'ई' बनता है, जब (उ, ऊ) के साथ (उ, ऊ) हो तो 'ऊ' बनता है।

जैसे: परम + अर्थ = परमार्थ

अतः विकल्प (B) सही है।

73. दिए गए विकल्पों में से 'वनौषधि' वृद्धि संधि है, वृद्धि संधि अर्थात अ, आ का मेल ए, ऐ के साथ होने पर 'ऐ' तथा ओ, औ के साथ होने पर 'औ' में परिवर्तित हो जाता है, जैसे: वन + औषधि = वनौषधि। अतिरिक्त सभी विकल्प असंगत है।

अतः विकल्प (C) सही है।

74. दिए गए विकल्पों में से 'महोदय' गुण संधि का उदाहरण है, गुण संधि अर्थात अ, आ के साथ इ, ई का मेल होने पर 'ए'; उ, ऊ का मेल होने पर 'ओ'; तथा ऋ का मेल होने पर 'अर्' हो जाता है, जैसे: महा + उदय = महोदय। अन्य विकल्प असंगत है।

अतः विकल्प (A) सही है।

75. दिए गए विकल्पों में से 'अत्यधिक' यण संधि का उदाहरण है। यण संधि अर्थात इ, ई, उ, ऊ या ऋ का मेल यदि असमान स्वर से हो तो इ, ई का 'य'; उ, ऊ का 'व' और ऋ का 'र' हो जाता है, जैसे: अति + अधिक = अत्यधिक। अन्य विकल्प असंगत है।

अतः विकल्प (B) सही है।

76. दिए गए विकल्पों में से 'नयन' अयादि संधि का उदहारण है। अयादि संधि अर्थात ए, ऐ तथा ओ, औ का मेल किसी अन्य स्वर के साथ होने से क्रमशः ए का अय्, ऐ का आय्, ओ का अव् तथा औ का आव् हो जाता है, जैसे: ने + अयन = नयन। अन्य विकल्प असंगत है।

अतः विकल्प (C) सही है।

77. 'सतसई' शब्द में द्विगु समास है। अन्य विकल्प असंगत है।

सतसई: सात सौ दोहों का समूह

द्विगु समास: जिस समास का पहला पद संख्यावाची और दूसरा पद कोई संज्ञा हो अर्थात द्विगु समास का पहला पद संख्यावाचक होता है और सम्पूर्ण पद समूह का बोध कराता है।

अतः विकल्प (C) सही है।

78. 'परमेश्वर' शब्द कर्मधारय समास का उदाहरण है। अन्य विकल्प असंगत है।

कर्मधारय समास: वह समास जिसका पहला पद विशेषण एवं दूसरा पद विशेष्य होता है अथवा पूर्वपद एवं उत्तरपद में उपमान - उपमेय का सम्बन्ध माना जाता है कर्मधारग समास कहलाता है।

जैसे: चरणकमल = कमल के समान चरण

महापुरुष – महान है जो पुरुष

अतः विकल्प (B) सही है।

79. 'महात्मा' शब्द मे बहुव्रीहि समास नही है। अन्य विकल्प असंगत है।

बहुव्रीहि समास: जिस समास में दोनों पद प्रधान नहीं होते हैं और दोनों पद मिलकर किसी अन्य विशेष अर्थ की ओर संकेत कर रहे होते हैं।

जैसे- महावीर: जो वीर महान् है-हनुमान

पंकज: कीचड़ में उगता है जो (कमल)

विषधर: जो विष को धारण करता है-साँप

अतः विकल्प (C) सही है।

80. 'नरसिंह' शब्द में तत्पुरुष समास नही है। अन्य विकल्प असंगत है।

स्वर्गप्राप्त: स्वर्ग (को) प्राप्त

तुलसीकृत: तुलसी से कृत

डाकगाड़ी: डाक के लिए गाड़ी

तत्पुरुष समास: तत्पुरुष समास वह होता है, जिसमें उत्तरपद प्रधान होता है, अर्थात प्रथम पद गौण होता है एवं उत्तर पद की प्रधानता होती है व समास करते वक्त बीच की विभक्ति का लोप हो जाता है।

अतः विकल्प (D) सही है।

81. 'चिड़ीमार' शब्द में कर्म तत्पुरुष समास है। अन्य विकल्प असंगत है।

चिड़ीमार: चिड़ियों (को) मारने वाला

तत्पुरुष समास: तत्पुरुष समास वह होता है, जिसमें उत्तरपद प्रधान होता है, अर्थात प्रथम पद गौण होता है एवं उत्तर पद की प्रधानता होती है व समास करते वक्त बीच की विभक्ति का लोप हो जाता है।

कर्म तत्पुरुष समास: यह समास 'को' चिन्ह के लोप से बनता है।

जैसे:

यशप्राप्त: यश को प्राप्त, ग्रंथकार: ग्रन्थ को लिखने वाला, माखनचोर: माखन को चुराने वाला

अतः विकल्प (A) सही है।

82. चौलड़ी - अव्ययीभाव समास असंगत है। अन्य सभी विकल्प सही है।

चौलड़ी - चार है लड़ियाँ जिसमे (माला)

अव्ययीभाव समास: इस समास में पहला या पूर्वपद अव्यय होता है और उसका अर्थ प्रधान होता है। अव्यय के संयोग से समस्तपद भी अव्यय बन जाता है। इसमें पूर्वपद प्रधान होता है।

अतः विकल्प (D) सही है।

83. दिये गए विकल्पों में से 'गंगा लाभ होना' मुहावरे का उचित अर्थ 'मर जाना' है। अन्य विकल्प असंगत है।

मुहावरा: गंगा लाभ होना

अर्थ: मर जाना

वाक्य प्रयोग: चौधरी जी को दो दिन पूर्व ही गंगा लाभ हुआ है।

अतः विकल्प (A) सही है।

84. दिये गए विकल्पों में से 'खटाई में डालना' मुहावरे का उचित अर्थ 'किसी काम को लटकाना' है। अन्य विकल्प असंगत है।

मुहावरा: खटाई में डालना

अर्थ: किसी काम को लटकाना

वाक्य प्रयोग: उसने तो मेरा काम खटाई में डाल दिया। अब किसी और से कराना पड़ेगा।

अतः विकल्प (C) सही है।

85. दिये गए विकल्पों में से 'घर सिर पर उठाना' मुहावरे का उचित अर्थ 'बहुत शोर मचाना' है। अन्य विकल्प असंगत है।

मुहावरा: घर सिर पर उठाना

अर्थ: बहुत शोर मचाना

वाक्य प्रयोग: बच्चों ने तो घर सिर पर उठा लिया था।

अतः विकल्प (A) सही है।

86. दिये गए विकल्पों में से 'खून का घूँट पीना' मुहावरे का उचित अर्थ 'क्रोध को अन्दर ही अन्दर सहना' है। अन्य विकल्प असंगत है।

मुहावरा: खून का घूँट पीना

अर्थ: क्रोध को अन्दर ही अन्दर सहना

वाक्य प्रयोग: उसने इतनी जली कटी सुनाई लेकिन वह तो खून का घूँट पीकर रह गया।

अतः विकल्प (C) सही है।

87. दिये गए विकल्पों में से 'दौड़ धूप करना' मुहावरे का उचित अर्थ 'बहुत प्रयास करना' है। अन्य विकल्प असंगत है।

मुहावरा: कुएँ में भाँग पड़ना

अर्थ: सबकी बुद्धि मारी जाना

वाक्य प्रयोग: हम लोग किस-किस को समझाएं यहाँ पर यहाँ तो कुएं में ही भाँग पड़ी है।

अतः विकल्प (A) सही है।

88. ' ; ' अर्द्ध विराम चिह्न है।

विराम चिह्न: विराम चिह्न का अर्थ है ठहराव, विश्राम, रुकना। अर्थात वाक्य लिखते समय विराम को प्रकट करने के लिए लगाए जाने वाले चिह्न को विराम चिह्न कहते हैं।

हिंदी में प्रचलित प्रमुख विराम चिह्न निम्नलिखित है:

1. अल्प विराम (,)

2. अर्द्ध विराम (;)

3. पूर्ण विराम (।)

4. उप विराम (:)

5. विस्मयादिबोधक चिह्न (!)

6. प्रश्नवाचक चिह्न (?)

7. कोष्ठक [( )]

8. योजक चिह्न (-)

9. अवतरण चिह्न या उद्धरणचिह्न ("...")

10. लाघव चिह्न (०)

11. आदेश चिह्न/सूचना (:-)

12. रेखांकन चिह्न (_)

13. लोप चिह्न (...)

अतः विकल्प (D) सही है।

89. 'तुम कब आओगे' यहाँ प्रश्न किया गया है इसलिए, यहाँ '?' प्रश्नवाचक चिह्न आएगा।

विराम चिह्न: विराम चिह्न का अर्थ है ठहराव, विश्राम, रुकना। अर्थात वाक्य लिखते समय विराम को प्रकट करने के लिए लगाए जाने वाले चिह्न को विराम चिह्न कहते हैं।

अतः विकल्प (D) सही है।

90. विकल्प (B) ', ! ? ' इसका सही उत्तर है। अन्य विकल्प असंगत हैं।

रवि ने अपने मित्र से कहा, मित्र! तुम पढ़ाई ठीक से क्यों नहीं करते?

विराम चिह्न: विराम चिह्न का अर्थ है ठहराव, विश्राम, रुकना। अर्थात वाक्य लिखते समय विराम को प्रकट करने के लिए लगाए जाने वाले चिह्न को विराम चिह्न कहते हैं।

अतः विकल्प (B) सही है।

91. विकल्प (C) '!' इसका सही उत्तर है। अन्य असंगत उत्तर हैं।

'!' विस्मयादिबोधक चिह्न है। जहां आश्चर्य चकित करने वाले शब्द या वाक्य होते हैं वहाँ पर इस चिह्न का प्रयोग किया जाता है। जैसे: शाबाश!, ओह! आदि।

अतः विकल्प (C) सही है।

92. दिए गए इन विकल्पों में सही विकल्प 'कुछ खाया-पिया करो, बहुत कमजोर हो गए हो' है। अन्य विकल्प इसके सही उत्तर को प्रस्तुत नहीं करते हैं।

उपर्युक्त वाक्य में संयोजक या योजक चिह्न का प्रयोग हुआ है।

विराम चिन्ह: भाषा के लिखित रूप में विशेष स्थानों पर रुकने का संकेत करने वाले चिन्हों को विराम चिन्ह कहते हैं।

विराम चिन्ह का नाम: संयोजक या योजक चिन्ह

उदाहरण: मैं दिन-रात यही सोचता रहा।

विराम-चिन्ह: '-'

अतः विकल्प (D) सही है।

93. 'ALLOTMENT' का अर्थ है: आवंटन

'INFORCE' का अर्थ है: प्रवर्तन

ज्ञान की किसी विशेष विधा (कार्य क्षेत्र) में प्रयोग किये जाने वाले शब्दों की उनकी परिभाषा सहित सूची पारिभाषिक शब्दावली या पारिभाषिक शब्दकोश कहलाती है। पारिभाषिक शब्दों का प्रयोग जटिल विचारों की अभिव्यक्ति को सुचारु बनाता है।

अतः विकल्प (D) सही है।

94. 'ACCUSE' का अर्थ है: अभियोग। अन्य विकल्प इसके गलत उत्तर हैं।

अन्य विकल्प:

OCCUPENT	अधिभोक्ता
ABILITY	योग्यता
ABANDON	परित्याग

ज्ञान की किसी विशेष विधा (कार्य क्षेत्र) में प्रयोग किये जाने वाले शब्दों की उनकी परिभाषा सहित सूची पारिभाषिक शब्दावली या पारिभाषिक शब्दकोश कहलाती है। पारिभाषिक शब्दों का प्रयोग जटिल विचारों की अभिव्यक्ति को सुचारु बनाता है।

अतः विकल्प (A) सही है।

95. 'ETHOS' का अर्थ है: लोकाचार। अन्य विकल्प इसके गलत उत्तर हैं।

अन्य विकल्प:

RSUADE	समझना/मनाना
SPECIFIC	विशिष्ट
EVOLVED	विकसित करना

ज्ञान की किसी विशेष विधा (कार्य क्षेत्र) में प्रयोग किये जाने वाले शब्दों की उनकी परिभाषा सहित सूची पारिभाषिक शब्दावली या पारिभाषिक शब्दकोश कहलाती है। पारिभाषिक शब्दों का प्रयोग जटिल विचारों की अभिव्यक्ति को सुचारु बनाता है।

अतः विकल्प (A) सही है।

96. 'ACCEDE' का अर्थ है: सम्मिलित करना। अन्य विकल्प इसके गलत उत्तर हैं।

अन्य विकल्प:

ACCRUED	उत्पन्न होना/प्रोद्भुत
BASIC PAY	मूल वेतन
CAUTION	चेतावनी/सावधानी

ज्ञान की किसी विशेष विधा (कार्य क्षेत्र) में प्रयोग किये जाने वाले शब्दों की उनकी परिभाषा सहित सूची पारिभाषिक शब्दावली या पारिभाषिक शब्दकोश कहलाती है। पारिभाषिक शब्दों का प्रयोग जटिल विचारों की अभिव्यक्ति को सुचारु बनाता है।

अतः विकल्प (B) सही है।

97. Commenoration का हिन्दी अर्थ: स्मारक

Command का हिन्दी अर्थ: रक्षा, समादेश

Commencement का हिन्दी अर्थ: आरम्भ

Commission का हिन्दी अर्थ: आयोग, दलाली

ज्ञान की किसी विशेष विधा (कार्य क्षेत्र) में प्रयोग किए जाने वाले शब्दों की उनकी परिभाषा सहित सूची पारिभाषिक शब्दावली या पारिभाषिक शब्दकोश कहलाती है। पारिभाषिक शब्दों का प्रयोग जटिल विचारों की अभिव्यक्ति को सुचारु बनाता है।

अतः विकल्प (C) सही है।

98. 'Assured' का अर्थ है: बीमित। अन्य विकल्प इसके गलत उत्तर हैं।

अन्य विकल्प:

शब्द	अर्थ
समनुदेशन	Assignment
अनुबंध	Agreement
अभिकर्ता	Agent

अतः विकल्प (A) सही है।

99. 'Balance-sheet' का अर्थ है: 'तुलन-पत्र'। अन्य विकल्प इसके गलत उत्तर हैं।

अन्य विकल्प:

शब्द	अर्थ
जमानती-रुक्का	Borrowed
तेजडिया	Bull
तेजी	Boom

अतः विकल्प (D) सही है।

100. 'Bearish' का अर्थ है: मंदी-रुख। अन्य विकल्प इसके गलत उत्तर हैं।

अन्य विकल्प:

शब्द	अर्थ
खाता-धारक	Book-credit
तेजडिया	Bull
भुगतान-शेष	Balance of payments

अतः विकल्प (A) सही है।

Q.1 निम्नलिखित शब्दों में से शुद्ध -वर्तनी का चयन कीजिये।

A. अजमाइश   B. तत्कालिक   C. कालिदास   D. वाल्मीकि

Q.2 निम्नलिखित शब्दों में से शुद्ध -वर्तनी का चयन कीजिये।

A. आधीकारी   B. आधीन   C. आगामी   D. अथिथि

Q.3 निम्नलिखित शब्दों में से शुद्ध -वर्तनी का चयन कीजिये।

A. तिरोस्कार   B. तथास्त   C. तिरोभ्हाव   D. तिरस्कार

Q.4 निम्नलिखित में से अशुद्ध शब्द का चयन कीजिए।

A. असम्भव   B. यदि   C. पैदल   D. तीर्थ

Q.5 निम्नलिखित में से अशुद्ध शब्द का चयन कीजिए।

A. श्याम   B. चाँदी   C. झोपड़ी   D. पूर्णत:

Q.6 निम्नलिखित में से अशुद्ध शब्द का चयन कीजिए।

A. शुल्क   B. संख्या   C. अवधि   D. पपत्र

Q.7 निम्नलिखित में से एक 'तद्रव' शब्द है।

A. ताम्र   B. कुठार   C. सुहाग   D. शर्करा

Q.8 निम्नलिखित में एक शब्द तत्सम है वह शब्द पहचानिए?

A. अनगिनत   B. आमलक   C. इतवार   D. ईख

Q.9 निम्नलिखित में एक शब्द तत्सम है वह शब्द पहचानिए?

A. उलाहना   B. आग   C. अक्षय   D. अँधेरा

Q.10 'मौसम' को किस शब्द श्रेणी में रखा जाएगा? सही विकल्प का चयन कीजिए।

A. तत्सम   B. तद्भव   C. देशज   D. विदेशज

Q.11 निम्नलिखित में से विदेशी शब्द पहचानिए।

A. दुकाँ   B. कटरा   C. नींबू   D. खिड़की

Q.12 निम्नलिखित में से कौन-सा शब्द देशज है?

A. काजू   B. बहादुर   C. कमीज   D. भिण्डी

Q.13 निम्नलिखित में से कौन-सा शब्द देशज है?

A. अमीर   B. काका   C. अफ़सोस   D. कुली

Q.14 'पर्वत' शब्द के लिए सही पर्यायवाची वाली पंक्ति को चुनिए।

A. अचल, भूधर, तुंग   B. अचल, पतंग, तुंग

C. अचल, प्राज्ञ, तुंग   D. अचल, तनुज, द्विज

Q.15 'घड़ियाल' शब्द किसका उचित पर्यायवाची शब्द होगा?

A. मत्स्य   B. कच्छप   C. ग्राह   D. सर्प

Q.16 इनमें से 'शारदा' का पर्यायवाची शब्द क्या होगा?

A. वधू   B. लक्ष्मी   C. भगिनी   D. भारती

Q.17 इनमें से 'निकृष्ट' का विलोम शब्द क्या है?

A. अनैतिक   B. सार्थक

C. सचेष्ट   D. इनमें से कोई नहीं

Q.18 इनमें से 'खीजना' का विलोम शब्द क्या है?

A. रीझना   B. मुरझाना   C. सुकर्म   D. अनौदार्य

Q.19 इनमें से 'ग्राह्य' का विलोम शब्द क्या है?

A. चंचल   B. प्रकट   C. अनचाह   D. त्याज्य

Ques (20-23):निर्देश: दिए गए समश्रुत भिन्नार्थक शब्द का उचित अर्थ ज्ञात कीजिए।

Q.20 अभिसार - अभीसार

A.   प्रेमी से छिपकर मिलना - ढेर

B.   आकाश - ढेर

C.   प्रेमी से छिपकर मिलना - आक्रमण

D.   आकाश - आक्रमण

Q.21 अवलम्ब - अविलम्ब

A. कमल - सागर   B. सहारा - शीघ्र

C. जाननेवाला - अनजान   D. समाप्त - भय

Q.22 आँटी - आँठी

A. पंक्ति - गन्दा   B. बाल - एक नगरी

C. हवा - आग   D. सूत का लच्छा - गुठली

Q.23 अपत्य - अपथ्य

A.   निंदनीय - बध न करने योग्य

B.   इच्छा - निरादर

C.   सहारा - शीघ्र

D.   सन्तान - अहितकर

Q.24 'मैं अंग्रेजी के उपन्यास पढ़ने का आदि हूँ।' में किस प्रकार की संज्ञा है?

A. व्यक्तिवाचक संज्ञा   B. जातिवाचक संज्ञा

C. भाववाचक संज्ञा   D. द्रव्यवाचक संज्ञा

Q.25 'रमेश बाहर खेल रहा है।' में किस प्रकार की संज्ञा है?

A. जातिवाचक संज्ञा   B. व्यक्तिवाचक संज्ञा

C. भाववाचक संज्ञा   D. द्रव्यवाचक संज्ञा

Q.26 जिस संज्ञा शब्द से उस सामग्री या पदार्थ का बोध होता है जिससे कोई वस्तु बनी है, वह कौन सी संज्ञा है?

A. व्यक्तिवाचक   B. जातिवाचक

C. द्रव्यवाचक   D. समूहवाचक

Q.27 निम्न में से किस भाववाचक संज्ञा शब्द की निर्माण व्यक्तिवाचक संज्ञा से हुआ है?

A. मातृत्व   B. आवश्यकता

C. ऐश्वर्य   D. कैशोर्य

Q.28 'मुझे बहुत घबराहट हो रही है।' इस वाक्य में कौन-सा क्रिया-विशेषण अव्यय होगा?

A.   कालवाचक क्रियाविशेषण अव्यय

B.   रीतिवाचक क्रिया विशेषण अव्यय

C.   परिमाणवाचक क्रिया विशेषण अव्यय

D.   स्थानवाचक क्रिया-विशेषण अव्यय

Q.29 'दिन जल्दी-जल्दी ढल रहा है।' निम्नलिखित वाक्य में कौन सा क्रिया विशेषण है?

A.   रीतिवाचक क्रिया-विशेषण

B.   साधारण क्रिया-विशेषण

C.   यौगिक क्रिया-विशेषण

D. इनमें से कोई नहीं

Q.30 निम्नलिखित में किस वाक्य में पूर्वकालिक क्रिया का प्रयोग हुआ है?
A. मीरा बाई स्कूल चली गई।
B. राखी ने घर पहुँचकर फोन किया।
C. राजा ने ब्राह्मण को दान दिया।
D. इनमें से कोई नहीं

Q.31 निम्न में से कौन-सा उदाहरण 'पूर्वकालिक क्रिया' का है?
A. वह खाना खा कर सो गया।
B. राम पुस्तक पढ़ता है।
C. सतीश ने केले खरीदे।
D. चिड़िया उड़ रही है।

Q.32 'उस मैदान में दस लड़के खेल रहे हैं।' इसमें कौन-सा विशेषण है?
A. संख्यावाचक
B. गुणवाचक
C. सार्वनामिक विशेषण
D. परिमाणवाचक

Q.33 'मैं वहाँ बड़ा होकर हूँ'। वाक्य में अव्यय शब्द कौन सा है?
A. मैं
B. वहाँ
C. बड़ा
D. हूँ

Q.34 निम्न में से किस भाववाचक संज्ञा शब्द का निर्माण जातिवाचक संज्ञा से हुआ है?
A. मातृत्व
B. आवश्यकता
C. ऐश्वर्य
D. किसान

Q.35 निम्नलिखित में से कौन सा शब्द जातिवाचक संज्ञा का उदाहरण है?
A. ताजमहल
B. सब्जी
C. प्यास
D. परिवार

Q.36 'मधुर' विशेषण से बनी भाववाचक संज्ञा है:
A. माधुर्य
B. मधुरिमा
C. माधुरी
D. मधुरा

Q.37 अकर्मक क्रिया के सही विकल्प की पहचान कीजिए।
A. बाई ने मेज की सफाई की।
B. उसने खा लिया।
C. जी घबराता है।
D. बच्चा स्कूल जाता है।

Q.38 निम्नलिखित में से कौन सा वाक्य राकर्मक क्रिया का है?
A. पक्षी उड़ रहे हैं।
B. तुम सो रहे हो।
C. सीता हंस रही है।
D. मैं किताब लिख रहा हूँ।

Q.39 निम्न में से कौन सी सकर्मक क्रिया है?
A. लदना
B. लुटना
C. सँभलना
D. तोड़ना

Q.40 इनमें 'कर्तृवाच्य' से संबंधित वाक्य कौन सा है?
A. आरामशीन से लकड़ी काटी जा रही है।
B. वृद्ध से चला नहीं गया।
C. लोगों से वह करुण दृश्य नहीं देखा गया।
D. भारत ने एक नया उपग्रह छोड़ा।

Q.41 इनमें से किस वाक्य में 'कर्मवाच्य' नहीं है?
A. महिलाओं द्वारा गीत गाये जा रहे थे।
B. मोहन से रोया नहीं गया।
C. मुझसे पुस्तक नहीं पढ़ी गई।
D. बच्चों द्वारा पुस्तक पढ़ी जा रही थी।

Q.42 निम्न में से कौन-सा वाक्य कर्मवाच्य का है?
A. उससे खड़ा नहीं हुआ गया।
B. उस बेचारी से रोया भी नहीं जाता।
C. माँ द्वारा पुत्र के लिए खाना परोसा गया।

D. उपर्युक्त सभी

Q.43 बच्चा साँप को देखकर डर गया। वाक्य मे कौन सा कारक है।
A. कर्ता कारक
B. सम्प्रदान कारक
C. कर्म कारक
D. संबोधन कारक

Q.44 "वृक्ष से पत्ता गिरता है।" इस वाक्य में कौन-सा कारक है?
A. कर्ता
B. अधिकरण
C. कर्म
D. अपादान

Q.45 "रमा ने पुस्तक पढ़ी।" इस वाक्य में कौन-सा कारक है?
A. कर्ता
B. अधिकरण
C. कर्म
D. करण

Q.46 "शान्तम की किताब मेज पर है" इस वाक्य में रेखांकित शब्द में कौन सा कारक है?
A. कर्ता
B. अधिकरण
C. सम्बन्ध
D. कर्म

Q.47 दिए गए वाक्य का काल ज्ञात कीजिए।
महादेवी वर्मा ने संस्मरण लिखे थे।
A. संदिग्ध भूतकाल
B. अपूर्ण भूतकाल
C. सामान्य भूतकाल
D. पूर्ण भूतकाल

Q.48 किस शब्द में 'सब' उपसर्ग नहीं है?
A. सब-जज
B. सब-इंस्पेक्टर
C. सब-कमेटी
D. डिप्टी-मिनिस्टर

Q.49 किस शब्द में 'अ' उपसर्ग नहीं है?
A. सुफल
B. अछूता
C. अथाह
D. अटल

Q.50 किस शब्द में 'वाइस' उपसर्ग नहीं है?
A. विकास
B. वाइसराय
C. वाइस-चांसलर
D. वाइस-प्रेसीडेंट

Q.51 'परा' उपसर्ग बना शब्द इनमे से कौन सा है?
A. परिक्रमा
B. पराक्रम
C. प्रख्यात
D. प्रतिध्वनि

Q.52 निम्न में से किस शब्द में 'आ' प्रत्यय का योग नहीं है?
A. प्यासा
B. भूखा
C. शंकरा
D. तीलिया

Q.53 'प्रत्यय' का प्रयोग किया जाता है?
A. शब्द के अंत में
B. शब्द के मध्य में
C. शब्द के प्रारम्भ में
D. इनमें से कोई नहीं

Q.54 निम्न में से कौन-सा पद 'इक' प्रत्यय से नहीं बना है?
A. दैविक
B. सामाजिक
C. भौमिक
D. इनमें से कोई नहीं

Q.55 निः + कलंक का संधि रूप क्या होगा?
A. निष्लंक
B. निशकलानिक
C. नष्कलंक
D. निष्कलंक

Q.56 निम्न में से कौन सा व्यंजन सन्धि का उदाहरण नहीं है?
A. संसार
B. संरक्षा
C. सप्तर्षि
D. सज्जन

Q.57 यशस्वी शब्द में कौन सी संधि है?
A. स्वर संधि
B. विसर्ग संधि
C. व्यंजन संधि
D. गुण संधि

Q.58 किस शब्द का संधि-विच्छेद सही नहीं है?
A. शरासन = शर + असन
B. विवादास्पद = विवाद + आस्पद
C. षडानन = षट् + आनन
D. लोकैषणा = लोक + ऐषणा

Q.59 उल्लेख का उचित संधि-विच्छेद निम्न में से कौन सा है?
A. उत् + लेख
B. उट + लेख
C. उट् + लख
D. उटी + लेख

Q.60 इनमें से द्विगु समास किसमें है:
A. अठत्री
B. लंबोदर
C. गिरिधर
D. सद्गुण

Q.61 किसमें कर्मधारय समास नहीं है?
A. सत्संगति
B. महर्षि
C. विद्याधन
D. जलज

Q.62 निम्नलिखित में से किस विकल्प में तत्पुरुष समास है?
A. घोड़ागाड़ी
B. गिरिधर
C. गंगाजल
D. गगनांगन

Q.63 किस शब्द में अव्ययीभाव समास नहीं है?
A. प्रतिदिन
B. प्रत्यक्ष
C. प्रत्येक
D. परलोकगमन

Q.64 किस शब्द में द्वंद समास है?
A. नर-नारी
B. दीर्घ-बाहु
C. चौगुनी
D. महापुरुष

Q.65 किस शब्द में कर्मधारय समास नहीं है?
A. शाचिस्मिता
B. प्रधानाध्यापक
C. सुविचार
D. पंचनद

Q.66 किस शब्द में बहुब्रीहि समास है?
A. नरसिंह
B. मृत्युंजय
C. तिरंगा
D. जलवायु

Q.67 किस विकल्प में मुहावरे का भावार्थ सही है?
A. दो टूक बात कहना – बातों को तूल देना
B. दो दिन का मेहमान – स्पष्ट कह देना
C. नौ दो ग्यारह होना – जल्द मरने वाला
D. पौ बारह होना – खूब लाभ होना

Q.68 'अँगारों पर लोटना' मुहावरे का अर्थ बताइए।
A. अक्ल का दुश्मन
B. दुःख सहना
C. अंधे की लकड़ी
D. खून खौलना

Q.69 'पानी - पानी होना' मुहावरे का अर्थ बताइए।
A. अधिक लज्जित होना।
B. अपने पैरों पर खड़े होना।
C. कमर कसना।
D. ईंट से ईंट बजाना।

Q.70 'पानी में आग लगाना' मुहावरे का अर्थ बताइए।
A. अपनी खिचड़ी अलग पकाना।
B. असंभव कार्य करना।
C. खून सूखना।
D. गांठ पड़ना।

Q.71 'मुए बैल की बड़ी-बड़ी आँखें' इस लोकोक्ति का सटीक अर्थ क्या होगा? निम्नलिखित में से चयन कीजिये।
A. छोटी चीज का बड़े काम में लाना
B. जो चीज नहीं रही उसकी प्रशंसा
C. मुफ्त का माल सभी ले लेते हैं।
D. अच्छा माल चुन लेना

Q.72 'पगड़ी रख, घी चख' लोकोक्ति का अर्थ है।
A. मान सम्मान से ही जीवन का आनन्द है।
B. पढ़-लिख कर भी अनुभवहीन
C. निर्लज्ज होकर कुछ पाना

D. बदनामी से बुरा नेकनामी

Q.73 निम्नलिखित वाक्यों में संयुक्त-वाक्य कौन-कौन से है?
A. आप अन्दर आइये और बैठ जाइये।
B. जैसा उसका स्वभाव है वैसा ही आचरण।
C. अध्यापिका ने पाठ पढ़ाने के बाद प्रश्न पूछे।
D. इनमें से कोई नहीं

Q.74 निम्नलिखित वाक्यों में सरल-वाक्य कौन-सा है?
A. अच्छे लडके परिश्रमी होते है।
B. सालाना इम्तिहान हुआ और भाईसाहब फैल हो गए।
C. कैसे कह सकते है कि वह अवश्य आएगा।
D. इनमें से कोई नहीं

Q.75 निम्नलिखित वाक्यों में मिश्र-वाक्य कौन-सा है?
A. यदि आप झूठ बोलते है, तो आप झूठें हैं।
B. मेहनत न करने के कारण वह रह गया।
C. बच्चा मेहनत करता है और अवश्य सफल होता है।
D. इनमें से कोई नहीं

Q.76 दो विपरीतार्थक शब्दों के बीच किस चिन्ह का प्रयोग होता है?
A. योजक
B. विवरण
C. अल्प
D. संक्षेप चिन्ह

Q.77 किसी बड़े अंश का संक्षिप्त रूप दर्शाने के लिए किस चिन्ह का प्रयोग किया जाता है?
A. लाघव चिन्ह या संक्षेप सूचक चिन्ह
B. अल्प विराम
C. अर्ध विराम
D. कोष्ठक

Q.78 'गुणात्मक' का अंग्रेजी रूपांतरण है:
A. Process
B. Point
C. Qualitative
D. Pattern

Q.79 'निर्वाह' का अंग्रेजी रूपांतरण है:
A. Solemn
B. Session
C. Remit
D. Subsistence

Q.80 उद्धरण चिह्न संबंधी कौन सा विकल्प उचित है?
A. मैंने, तुलसीदास जी का रामचरितमानस पढ़ा है।
B. मैंने तुलसीदास जी का रामचरित-मानस पढ़ा है।
C. मैंने, तुलसीदास जी, का रामचरित-मानस पढ़ा है।
D. मैंने तुलसीदास जी का 'रामचरितमानस' पढ़ा है।

Q.81 Version का हिंदी अनुवाद होगा:
A. संस्करण
B. पदावधि
C. कथन
D. राजद्रोह

Q.82 'सर्वोच्च' के लिए अंग्रेजी का समानार्थक पारिभाषिक शब्द क्या होगा?
A. Veracity
B. Upper most
C. Voted
D. Verdict

Q.83 'Federation' अंग्रेजी शब्द का हिन्दी पारिभाषिक शब्द बताइए।
A. परिसंघ
B. बधाई देना
C. तथ्यपूर्ण
D. अंकित मूल्य

Q.84 'Initials' अंग्रेजी शब्द का हिन्दी पारिभाषिक शब्द बताइए।
A. पूर्व स्थिति
B. पूर्व-स्वीकृति
C. आद्यक्षर
D. प्राम्भिक स्थिति

Q.85 निम्न में से अशुद्ध वाक्य का चयन कीजिए।

A. मोहन कल रातभर जागता रहा।
B. उनका काम वस्तुतः श्रेष्ठ है।
C. उसने इतना बड़ा दुःख कैसे सहन किया?
D. नीलाकाश अति स्वच्छ है।

A. धरती	B. चाँद	C. हवा	D. रात

Q.86 निम्न में से अशुद्ध वाक्य पहचानिए।
A. उसने जल्दी घर जाना था।
B. जिन्हें करना है, वे पाप भी करके रहेंगे।
C. वे लोग जा रहे हैं।
D. इनमें से कोई नहीं

Q.87 निम्न में से कौन-सा विकल्प अशुद्ध है?
A. तुझे यहाँ किसने बुलाया है?
B. किरण और उसकी बहिन पढ़ने के लिए विद्यालय गई हैं।
C. वह तो गया किन्तु अपनी पुस्तकें नहीं ले गया।
D. इनमें से कोई नहीं

Q.88 निम्नलिखित में से अशुद्ध वर्तनी वाला शब्द है:
A. आगामी
B. आयु
C. अतिशयोक्ति
D. अध्ययन

Q.89 निर्देश: निम्नलिखित प्रश्न में, चार विकल्पों में से, उस विकल्प का चयन करें जो दिए गए वाक्य के काल का सही विकल्प हो।
अवनीश ने खाना खा लिया होगा।
A. सामान्य भूतकाल
B. हेतूहेतुमद भूतकाल
C. संदिग्ध भूतकाल
D. सामान्य भविष्यकाल

Q.90 निम्नलिखित में से कौन-सा शब्द 'इक' प्रत्यय से नहीं बना है?
A. सामाजिक **B.** भौमिक **C.** इक्यावन **D.** दैनिक

Q.91 निम्न में से अशुद्ध वर्तनी वाले शब्द का चयन कीजिए।
A. निर्वाचन **B.** स्वामीत्व **C.** आचरण **D.** व्यवसाय

Q.92 गंगा में स्नान = 'गंगा स्नान' यह कौन-सा समास है?
A. द्वन्द्व
B. अव्ययी भाव
C. बहुब्रीहि
D. तत्पुरूष

Q.93 निम्नलिखित में से 'पृथक' का विलोम शब्द क्या है?
A. निकट **B.** पठित **C.** दक्ष **D.** संयुक्त

Q.94 'हरि ग्रंथ पढेगा' इस वाक्य को कर्मवाच्य में लिखिए।
A. हरि से ग्रंथ पढ़ा गया। **B.** हरि से ग्रंथ पढ़ी जाएगी।
C. हरि से ग्रंथ पढ़ा जाएगा। **D.** हरि ने ग्रंथ पढ़ा।

Q.95 'प्रतिकूल' का विलोम शब्द है:
A. समान **B.** प्रतिदर्श **C.** अनुकूल **D.** अनुसार

Q.96 'प्राणप्रिय' शब्द में कौन सा समास है?
A. कर्मधारय समास
B. तत्पुरुष समास
C. बहुब्रीहि समास
D. द्वन्द्व समास

Q.97 निम्नलिखित में से सही वर्तनी का चयन कीजिए।
A. प्रतिक्रिया **B.** प्रतीक्रीया **C.** प्रतिक्रीया **D.** प्रतीक्रिया

Q.98 "मैंने अपना घर मटमैले रंग का रंगवाया है।" इसमें मटमैला शब्द क्या है?
A. विशेषण **B.** सर्वनाम **C.** विशेष्य **D.** संज्ञा

Q.99 निम्न शब्दों में से अशुद्ध शब्द पहचानिए।
A. रचियता **B.** पूजनीय **C.** आँख **D.** नरक

Q.100 दिए गए विकल्पों में से 'सुधाकर' किस शब्द का समानार्थी शब्द है?

// स्मार्ट उत्तर पुस्तिका //

सही उत्तर उन छात्रों के प्रतिशत को इंगित करता है जिन्होंने प्रश्नों का सही उत्तर दिया था।

छोड़ दिया उन छात्रों के प्रतिशत को इंगित करता है जिन्होंने प्रश्नों को छोड़ दिया था।

प्रश्न संख्या	उत्तर	सही उत्तर / छोड़ दिया	प्रश्न संख्या	उत्तर	सही उत्तर / छोड़ दिया	प्रश्न संख्या	उत्तर	सही उत्तर / छोड़ दिया	प्रश्न संख्या	उत्तर	सही उत्तर / छोड़ दिया	प्रश्न संख्या	उत्तर	सही उत्तर / छोड़ दिया
1	C	57.86 % / 32.74 %	17	C	56.29 % / 35.27 %	33	B	86.46 % / 11.5 %	49	A	67.82 % / 31.95 %	65	D	68.01 % / 30.29 %
2	C	40.24 % / 58.67 %	18	A	49.49 % / 39.62 %	34	A	66.11 % / 33.04 %	50	A	57.96 % / 31.53 %	66	B	67.04 % / 30.23 %
3	D	62.94 % / 34.63 %	19	D	87.21 % / 10.37 %	35	B	83.39 % / 12.06 %	51	B	56.15 % / 41.74 %	67	D	50.9 % / 47.37 %
4	B	51.67 % / 38.48 %	20	C	68.07 % / 31.46 %	36	A	49.09 % / 35.27 %	52	D	43.55 % / 45.27 %	68	B	69.96 % / 30.03 %
5	C	77.13 % / 16.0 %	21	B	43.68 % / 33.26 %	37	C	62.94 % / 34.49 %	53	A	69.2 % / 30.24 %	69	A	45.29 % / 41.3 %
6	D	45.0 % / 48.03 %	22	D	68.71 % / 30.5 %	38	D	83.12 % / 13.3 %	54	D	55.09 % / 38.34 %	70	B	52.66 % / 40.03 %
7	C	56.33 % / 40.09 %	23	D	44.22 % / 32.5 %	39	D	45.74 % / 35.28 %	55	D	57.85 % / 34.85 %	71	B	58.66 % / 39.32 %
8	B	66.1 % / 31.02 %	24	A	53.83 % / 33.46 %	40	D	42.25 % / 55.86 %	56	C	41.82 % / 57.45 %	72	A	56.12 % / 34.31 %
9	C	66.34 % / 30.72 %	25	B	57.61 % / 34.7 %	41	B	43.4 % / 50.74 %	57	B	85.83 % / 12.77 %	73	A	48.37 % / 43.99 %
10	D	61.9 % / 31.03 %	26	C	62.44 % / 31.52 %	42	C	80.19 % / 16.22 %	58	D	57.25 % / 38.79 %	74	A	66.51 % / 31.69 %
11	A	56.53 % / 36.41 %	27	A	60.31 % / 33.16 %	43	C	45.8 % / 52.58 %	59	A	53.8 % / 42.48 %	75	A	58.31 % / 41.09 %
12	D	57.91 % / 38.75 %	28	C	45.51 % / 32.78 %	44	D	45.25 % / 36.19 %	60	A	76.34 % / 18.52 %	76	A	47.46 % / 43.14 %
13	B	65.16 % / 31.93 %	29	A	45.29 % / 42.31 %	45	A	62.27 % / 30.98 %	61	D	50.1 % / 32.42 %	77	A	67.9 % / 31.92 %
14	A	50.57 % / 30.33 %	30	B	56.53 % / 37.47 %	46	C	89.78 % / 10.12 %	62	C	49.3 % / 30.89 %	78	C	62.15 % / 33.27 %
15	C	51.02 % / 39.72 %	31	A	48.0 % / 39.98 %	47	D	66.03 % / 32.11 %	63	D	63.93 % / 33.8 %	79	D	64.94 % / 33.04 %
16		61.35 % / 38.19 %	32	A	43.53 % / 37.87 %	48	D	67.68 % / 32.24 %	64	A	59.03 % / 40.44 %	80	D	54.6 % / 38.39 %

प्रश्न संख्या	उत्तर	सही उत्तर / छोड़ दिया
81	A	67.53 % / 32.38 %
82	B	57.4 % / 36.69 %
83	A	55.51 % / 30.81 %
84	C	42.13 % / 34.03 %

प्रश्न संख्या	उत्तर	सही उत्तर / छोड़ दिया
85	D	66.34 % / 30.83 %
86	A	58.99 % / 39.84 %
87	D	52.58 % / 32.06 %
88	C	82.41 % / 11.06 %

प्रश्न संख्या	उत्तर	सही उत्तर / छोड़ दिया
89	C	40.24 % / 53.63 %
90	C	62.75 % / 34.0 %
91	B	56.25 % / 38.72 %
92	D	44.12 % / 36.6 %

प्रश्न संख्या	उत्तर	सही उत्तर / छोड़ दिया
93	D	84.75 % / 12.07 %
94	C	64.85 % / 33.5 %
95	C	51.88 % / 42.74 %
96	A	47.58 % / 51.41 %

प्रश्न संख्या	उत्तर	सही उत्तर / छोड़ दिया
97	A	41.82 % / 43.28 %
98	A	56.39 % / 30.49 %
99	A	46.3 % / 48.45 %
100	B	40.68 % / 55.06 %

कार्य विश्लेषण

औसत अंक (%)	64.5%
टॉपर्स स्कोर (%)	65.0%
आपका स्कोर	

//संकेत और समाधान//

1. दिए गए विकल्पों में कालिदास शब्द में वर्तनी शुद्ध है। अन्य विकल्प असंगत है।

अन्य विकल्प:

शुद्ध वर्तनी	अशुद्ध वर्तनी
आजमाइश	अजमाइश
तात्कालिक	तत्कलिक
वल्मीकी	वाल्मीकि

अतः विकल्प (C) सही है।

2. दिए गए विकल्पों में आगामी शब्द में वर्तनी शुद्ध है। अन्य विकल्प असंगत है। प्रस्तुत शब्द में 'आ' से संबंधित अशुद्धि है।

अन्य विकल्प:

शुद्ध वर्तनी	अशुद्ध वर्तनी
अधिकारी	आधीकारी
अधीन	आधीन
अतिथि	अधिथि

अतः विकल्प (C) सही है।

3. दिए गए विकल्पों में तिरस्कार शब्द में वर्तनी शुद्ध है। अन्य विकल्प असंगत है।

तिरस्कार का अर्थ- अपमान

अन्य विकल्प:

अशुद्ध वर्तनी	शुद्ध वर्तनी
तिरोस्कार	तिरस्कार
तथास्त	तठस्थ
तिरोभ्हाव	तिरोभाव

अतः विकल्प (D) सही है।

4. यदि यहाँ सही विकल्प है, अन्य सभी विकल्प असंगत है। यदि की वर्तनी अशुद्ध है।

शुद्ध शब्द: यदि

अतः विकल्प (B) सही है।

5. झोपड़ी यहाँ सही विकल्प है, अन्य सभी विकल्प असंगत है। झोपड़ी की वर्तनी अशुद्ध है।

शुद्ध शब्द: झोपड़ी

अतः विकल्प (C) सही है।

6. पपत्र यहाँ सही विकल्प है, अन्य सभी विकल्प असंगत है। पपत्र की वर्तनी अशुद्ध है।

शुद्ध शब्द: प्रपत्र

अतः विकल्प (D) सही है।

7. सुहाग शब्द का तत्सम रूप सुभाग होता है।

तत्सम शब्दों में समय और परिस्थियों के कारण कुछ परिवर्तन होने से जो शब्द बने हैं उन्हें तद्भव (तत् + भव = उससे उत्पन्न) कहते हैं।

भारतीय भाषाओं में तत्सम और तद्भव शब्दों का बाहुल्य है।

इसके अलावा इन भाषाओं के कुछ शब्द 'देशज' और अन्य कुछ 'विदेशी' हैं।

अतः विकल्प (C) सही है।

8. दिए गए विकल्पों में 'आमलक' का तत्सम शब्द है। इसका तद्भव रूप आँवला है।

आमलक का तद्भव रूप आँवला है।

अन्य विकल्प:

तत्सम	तद्भव
अगणित	अनगिनत
आदित्यवार	इतवार
इक्षु	ईख

अतः विकल्प (B) सही है।

9. दिए गए विकल्पों में 'अक्षय' एक तत्सम शब्द है। इसका तद्भव रूप आखा है।

'अक्षय' का तद्भव रूप आखा होगा।

अतः विकल्प (C) सही है।

10. 'मौसम' अरबी भाषा का शब्द है इसलिए यह एक विदेशज शब्द ही होगा।

विशेष:

शब्द	परिभाषा	उदाहरण
तत्सम शब्द	ऐसे शब्द जो संस्कृत से हिंदी में ज्यों-के-त्यों ले लिए गए हैं।	आम्र, उष्ण, ऐश्वर्य, षष्ठी आदि
तद्भव शब्द	ऐसे शब्द जो संस्कृत से हिंदी में आने पर उनका रूप बदल गया।	आग, खीर, छत आदि
देशज शब्द	ऐसे शब्द जो देश की अन्य या क्षेत्रीय भाषा से हिंदी में सम्मिलित हुए हैं।	थैला, खिचड़ी आदि
विदेशज/ आगत	अन्य देश की भाषा से आए हुए शब्द जो हिंदी भाषा में सम्मिलित हुए हैं।	अदालत, हज़म, अदा, अमीर आदि

अतः विकल्प (D) सही है।

11. दिए गए विकल्पों में से दुकाँ विदेशी (फ़ारसी) शब्द है, हिन्दी में इसका अर्थ दुकान है। अन्य विकल्प असंगत है।

देशज शब्द	ऐसे शब्द जो देश की अन्य या क्षेत्रीय भाषा से हिंदी में सम्मिलित हुए	जैसे – थैला, लोटा, टाँग, पगड़ी आदि।
विदेशज/ आगत/विदेशी शब्द	अन्य देश की भाषा से आये हुए शब्द जो हिंदी भाषा में सम्मिलित हुए। इन विदेशी भाषाओं में मुख्यतः अरबी, फारसी, तुर्की, उर्दू, अंग्रेजी व पुर्तगाली शामिल है।	जैसे - अदालत, ऑफिसर, बुखार, हज़म आदि।

अतः विकल्प (A) सही है।

12. उपर्युक्त विकल्पों में से 'भिण्डी' एक देशज शब्द है। अन्य विकल्पों के शब्द विदेशज हैं।

विदेशज	अर्थ
काजू (फ्रेंच)	एक प्रकार का सूखा मेवा
बहादुर (तुर्की)	वीर, शूर, सूरमा, योद्धा, साहसी, निडर
कमीज (पुर्तगाली)	कफ एवं कालरदार वस्त्र

अतः विकल्प (D) सही है।

13. उपर्युक्त विकल्पों में से 'काका' एक देशज शब्द है। अन्य विकल्पों के शब्द विदेशज हैं।

देशज शब्द	वे शब्द जो क्षेत्रीय भाषा में प्रयुक्त होते है तथा ये देश की विभिन्न बोलियों से लिए जाते है, वे शब्द देशज शब्द कहलाते है। इन्हें आवश्यकता अनुसार उपयोग किया जाता है और ये बाद में प्रचलन में आकर हमारी भाषा का हिस्सा बन जाते हैं।

उदाहरण - उटपटांग, काका, खटपट

अतः विकल्प (B) सही है।

14. 'अचल, भूधर, तुंग' इस पंक्ति के सभी शब्द 'पर्वत' शब्द के पर्यायवाची शब्द हैं।

अतः विकल्प (A) सही है।

15. 'घड़ियाल' शब्द का उचित पर्यायवाची शब्द 'ग्राह' है।

इसके अन्य पर्यायवाची शब्द होंगे- मगरमच्छ, मगर, झषराज, नक्र आदि।

अतः विकल्प (C) सही है।

16. 'शारदा' शब्द का उचित पर्यायवाची शब्द 'भारती' है।

इसके अन्य पर्यायवाची शब्द होंगे- सरस्वती, वाग्देवी, वीणावादिनी, विद्या, वागेश्वरी, वागीशा आदि।

अतः विकल्प (D) सही है।

17. निश्चेष्ट का अर्थ: चेष्टा न करने वाला

सचेष्ट का अर्थ: चेष्टा युक्त

अतः विकल्प (C) सही है।

18. खीजना का अर्थ: क्रोधित होना

रीझना का अर्थ: प्रसन्न होना

अतः विकल्प (A) सही है।

19. ग्राह्य का अर्थ: ग्रहण करने योग्य

त्याज्य का अर्थ: छोड़ने योग्य

अतः विकल्प (D) सही है।

20. अभिसार का अर्थ - आगे बढ़ना / प्रेमी से छिपकर मिलना

अभीसार का अर्थ - बुरा/ आक्रमण

शब्द	परिभाषा	उदाहरण
समश्रुत शब्द	कुछ शब्द ऐसे होते हैं जिनमें स्वर, मात्रा अथवा व्यंजन में थोड़ा-सा अन्तर होता है। वे बोलचाल में लगभग एक जैसी लगते हैं, परन्तु उनके अर्थ में भिन्नता होती है। ऐसे शब्द 'समश्रुत/श्रुतिसम भिन्नार्थक शब्द' कहलाते हैं।	जैसे- घन और धन दोनों के उच्चारण में कोई खास अन्तर महसूस नहीं होता परन्तु अर्थ में भिन्नता है। घन-बादल धन-सम्पत्ति

अतः विकल्प (C) सही है।

21. अवलम्ब का अर्थ - आश्रय/ सहारा

अविलम्ब का अर्थ - तुरंत/ शीघ्र

अतः विकल्प (B) सही है।

22. आँटी का अर्थ - सूत का लच्छा/घास का छोटा गट्ठा

आँठी का अर्थ - गुठली

अतः विकल्प (D) सही है।

23. अपत्य का अर्थ - सन्तान/वंशज

अपथ्य का अर्थ - बुरा/अहितकर

अतः विकल्प (D) सही है।

24. जिस वाक्य में विशेष व्यक्ति, वस्तु या स्थान के नाम का बोध होता है वे वाक्य व्यक्तिवाचक संज्ञा के अंतर्गत आते हैं।

उपर्युक्त वाक्य में अंग्रेजी दुनिया में बोली जाने वाली सारी भाषाओं का बोध न कराकर किसी विशेष भाषा का बोध करा रही हैं, इसलिए ये व्यक्तिवाचक संज्ञा की श्रेणी में आती हैं।

व्यक्तिवाचक संज्ञा: जो शब्द केवल एक व्यक्ति, वस्तु या स्थान का बोध कराते हैं उन शब्दों को व्यक्तिवाचक संज्ञा कहते हैं। जैसे- भारत, चीन (स्थान), किताब, साइकिल (वस्तु), सुरेश, रमेश, महात्मा गाँधी (व्यक्ति) आदि।

अतः विकल्प (A) सही है।

25. व्यक्तिवाचक संज्ञा:

जो शब्द केवल एक व्यक्ति, वस्तु या स्थान का बोध कराते हैं उन शब्दों को व्यक्तिवाचक संज्ञा कहते हैं। जैसे- भारत, चीन (स्थान), किताब, साइकिल (वस्तु), सुरेश, रमेश, महात्मा गाँधी (व्यक्ति) आदि।

व्यक्तिवाचक संज्ञा के उदाहरण-

- रमेश बाहर खेल रहा है।
- महेंद्र सिंह धोनी क्रिकेट खेलते हैं।
- मैं भारत में रहता हूँ।
- महाभारत एक महान ग्रन्थ है।
- अमिताभ बच्चन कलाकार हैं।

ऊपर दिए गए वाक्यों में रमेश, महेंद्र सिंह धोनी, भारत, महाभारत, व अमिताभ बच्चन संज्ञा शब्द कहलायेंगे क्योंकि ये शब्द किसी विशेष व्यक्ति, वस्तु या स्थान का बोध कराते हैं।

व्यक्तिवाचक संज्ञा के बारे में विस्तार से पढ़ने के लिए यहाँ क्लिक करें – व्यक्तिवाचक संज्ञा।

अतः विकल्प (B) सही है।

26. जिस संज्ञा शब्द से उस सामग्री या पदार्थ का बोध होता है जिससे कोई वस्तु बनी है।

जैसे- सोना, चाँदी, पानी

अतः विकल्प (C) सही है।

27. दिए गए विकल्पों में से मातृत्व शब्द भाववाचक संज्ञा शब्द की निर्मिती व्यक्तिवाचक संज्ञा से की गयी थी।

- यहाँ मातृत्व माँ की भाव को प्रकट करती है, अर्थात् व्यक्ति की भाव को प्रकट किया गया है, इसलिए यहाँ भाववाचक संज्ञा का निर्माण व्यक्तिवाचक संज्ञा से हुआ है।

अतः विकल्प (A) सही है।

28. 'मुझे बहुत घबराहट हो रही है।' इस वाक्य में 'बहुत' शब्द से घबराहट की मात्रा के ओर इंगित कर रहा है, इसलिए इसका उपयुक्त 'परिमाणवाचक क्रिया-विशेषण अव्यय' है।

जहां पर थोड़ा, काफी, ठीक, थक, बहुत, कम, अत्यंत, अतिशय, बहुधा, थोड़ा-थोड़ा, अधिक, अल्प, कुछ, पर्याप्त, प्रभूत, न्यून, बूंद-बूंद, स्वल्प, केवल, प्रायः, अनुमानतः, सर्वथा, उतना, जितना, खूब, तेज, कितना, भरी, लगभग, क्रमशः, बस, इतना, जरा, बड़ा आदि शब्द आए, वहां परिमाणवाचक क्रिया-विशेषण अव्यय होता है।

अतः विकल्प (C) सही है।

29. दिए गए विकल्पों के अनुसार 'रीतिवाचक क्रिया-विशेषण' वाक्य का सही उत्तर है।

क्रिया: जिस शब्द के द्वारा किसी कार्य के करने या होने का बोध होता है उसे क्रिया कहते है।

- जैसे: पढ़ना, खाना, पीना, जाना इत्यादि।

रीतिवाचक: जो शब्द किसी क्रिया के करने के तरीके/रीति का बोध कराए, वह रीतिवाचक क्रियाविशेषण कहलाते है।

- जैसे: धीरे–धीरे,जल्दी,रोज़,आदि।

अतः विकल्प (A) सही है।

30. राखी ने घर पहुँचकर फोन किया।

उपर्युक्त वाक्य में फोन किया मुख्य क्रिया है। इससे पहले पहुंचकर क्रिया हुई है। अतः ये पूर्वकालिक क्रिया है।

पूर्वकालिक क्रिया: "जब कोई कर्ता एक क्रिया समाप्त करके दूसरी क्रिया करता है तब पहली क्रिया 'पूर्वकालिक क्रिया' कहलाती है।

अतः विकल्प (B) सही है।

31. दिए गये विकल्पों में 'वह खाना खा कर सो गया' विकल्प पूर्वकालिक क्रिया का द्योतक है।

अन्य तीनों विकल्प सकर्मक क्रिया के उदाहरण हैं।

सकर्मक क्रिया: सकर्मक क्रिया में कर्म होता है। इसमें कार्य का प्रभाव किसी अन्य व्यक्ति, वस्तु या कर्म पर पड़ता है।

- राम पुस्तक पढ़ता है।
- सतीश ने केले खरीदे।
- चिड़िया उड़ रही है।

अतः विकल्प (A) सही है।

32. वह विशेषण, जो अपने विशेष्यों की निश्चित या अनिश्चित संख्याओं का बोध कराए, 'संख्यावाचक विशेषण' कहलाता है।

जैसे: उस मैदान में पाँच लड़के खेल रहे हैं।

संख्यावाचक विशेषण दो तरह के होते है।

1. निश्चित संख्यावाचक विशेषण और
2. अनिश्चित संख्यावाचक विशेषण

अतः विकल्प (A) सही है।

33. अव्यय: अव्यय का शाब्दिक अर्थ होता है – जो व्यय न हो। जिनके रूप में लिंग, वचन, पुरुष, कारक, काल आदि की वजह से कोई परिवर्तन नहीं होता उसे अव्यय शब्द कहते हैं।

उदाहरण: जब, तब, अभी, अगर, वह, वहाँ

अव्यय पांच प्रकार के होते हैं:

1. क्रिया-विशेषण अव्यय
2. संबंधबोधक अव्यय
3. समुच्चयबोधक अव्यय
4. विस्मयादिबोधक अव्यय
5. निपात अव्यय

अतः विकल्प (B) सही है।

34. मातृत्व माँ की भाव को प्रकट करती है, अर्थात व्यक्ति की भाव को प्रकट किया गया है, इसलिए यहाँ भाववाचक संज्ञा की निर्मिति व्यक्तिवाचक संज्ञा से हुई है।

अतः विकल्प (A) सही है।

35. जातिवाचक संज्ञा: जो शब्द किसी व्यक्ति, वस्तु या स्थान की संपूर्ण जाति का बोध कराते हैं, उन शब्दों को जातिवाचक संज्ञा कहते हैं।

जैसे: मोबाइल, टीवी (वस्तु), गाँव, स्कूल (स्थान), आदमी, जानवर (प्राणी) आदि।

उपर्युक्त विकल्पों में सब्ज़ी शब्द हमें किसी एक विशेष सब्ज़ी के बारे में न बताकर ये शब्द सब्ज़ीयो की पूरी जाति का बोध करा रहे हैं।

ताजमहल: व्यक्तिवाचक संज्ञा

प्यास: भाववाचक संज्ञा

परिवार: समूहवाचक

अतः विकल्प (B) सही है।

36. 'मधुर' विशेषण से बनी भाववाचक संज्ञा 'माधुर्य' है। यहाँ पर माधुर्य शब्द से किसी भाव, अवस्था, गुण, दोष, दशा आदि का पता चल रहा है, अतः माधुर्य शब्द भाववाचक संज्ञा है।

जो शब्द पदार्थों की अवस्था , गुण, दोष, धर्म, दशा, स्वभाव आदि का बोध कराते हैं उन्हें भाववाचक संज्ञा कहते हैं। जैसे:- बुढ़ापा, मिठास, बचपन, चढ़ाई, थकावट, मोटापा, मानवता, चतुराई, जवानी, लम्बाई, मित्रता, मुस्कुराहट, अपनापन, परायापन, भूख, प्यास, चोरी, क्रोध, सुन्दरता आदि।

अतः विकल्प (A) सही है।

37. 'जी घबराता है।' यह वाक्य अकर्मक क्रिया का है।

अकर्मक क्रिया वहां पर होती है जहां कर्ता द्वारा किया गया कार्य किसी अन्य चीज को प्रभावित नहीं करता है।

अकर्मक क्रिया: जिस क्रिया का फल कर्म पर नहीं करता पर पड़ता है, उसे अकर्मक क्रिया कहते हैं।

अतः विकल्प (C) सही है।

38. 'मैं किताब लिख रहा हूँ' में लिखने की क्रिया का प्रभाव किताब पर पड़ रहा है। इस प्रकार यहाँ 'लिखना' सकर्मक क्रिया है।

सकर्मक क्रिया: 'सकर्मक' मतलब कर्म उपस्थित है। जब किसी वाक्य में कर्ता हो और क्रिया भी हो लेकिन कर्म हो तो वहां पर सकर्मक क्रिया होती है।

अतः विकल्प (D) सही है।

39. तोड़ना - सकर्मक क्रिया

सकर्मक क्रिया में कर्म, कर्ता और फल तीनों की आवश्यकता होती है।

अतः विकल्प (D) सही है।

40. 'भारत ने एक नया उपग्रह छोड़ा।' कर्तृवाच्य से संबंधित है।

वाच्य: क्रिया के उस परिवर्तन को वाच्य कहते हैं, जिसके द्वारा इस बात का बोध होता है कि वाक्य के अन्तर्गत कर्ता, कर्म या भाव में से किसकी प्रधानता है।

वाच्य के तीन प्रकार हैं:

1. कर्तृवाच्य
2. कर्मवाच्य
3. भाववाच्य

कर्तृवाच्य: कर्ता की प्रधानता क्रिया का प्रयोगकर्ता के अनुसार होता है।

उदाहरण:

- मोहन गाना गाता है।
- सीता किताब पढ़ती है।

अतः विकल्प (D) सही है।

41. दिए गए विकल्पों में 'मोहन से रोया नहीं गया' वाक्य में 'कर्म वाच्य नहीं हैं। "मोहन से रोया नहीं गया।" वाक्य में 'भाववाच्य' है।

कर्मवाच्य: कर्म की प्रधानता क्रिया का प्रयोग कर्म के आधार पर होता है।

उदाहरण:

- रावण को मारा गया।
- सीता के द्वारा अख़बार पढ़ा जाता है।

भाववाच्य: क्रिया की प्रधानता अधिकतर अकर्मक क्रिया का प्रयोग अधिकतर असमर्था दिखाने वाले वाक्य अधिकतर नकरात्मक वाक्य होते है।

उदाहरण:

- उनसें अब दौडा नहीं जाता है।
- पक्षियों सें उड़ा नहीं जाता है।

अतः विकल्प (B) सही है।

42. यहाँ दिए गये विकल्पों में माँ द्वारा पुत्र के लिए खाना परोसा गया सही विकल्प है।

क्रिया के जिस रूप में न तो कर्ता की प्रधानता हो न कर्म की, बल्कि क्रिया का भाव ही प्रधान हो, वहाँ भाववाच्य होता है।

क्रिया के जिस रूप में कर्म प्रधान हो, उसे कर्मवाच्य कहते हैं।

क्रिया के जिस रूप में कर्ता प्रधान हो, उसे कर्तृवाच्य कहते हैं।

अतः विकल्प (C) सही है।

43. बच्चा साँप को देखकर डर गया। वाक्य मे कर्म कारक है। अन्य विकल्प असंगत है।

अतः विकल्प (C) सही है।

44. अपादान का अर्थ अलग होने से लिया जाता है। जिस संज्ञा या सर्वनाम से किसी वस्तु का अलग होने का बोध हो उसे अपादान कारक कहते है।

इसका चिन्ह करण कारक की भांति ही 'से' है।

अपादान कारक: वाक्य में जो शब्द अलग होने के अर्थ में आता है, इसकी विभक्ति 'से' है। जैसे: राम घोड़े से गिर गया।

अतः विकल्प (D) सही है।

45. 'रमा ने पुस्तक पढ़ी।' इस वाक्य में कर्ता कारक है, अन्य विकल्प असंगत है।

रमा ने पुस्तक पढ़ी। इस वाक्य में <u>ने</u> कर्ता कारक को दर्शाता है।

कर्ता कारक: वाक्य में जो शब्द काम करने वाले के अर्थ में आता है, इसकी विभक्ति 'ने' है।

जैसे:

- मनोज ने पत्र लिखा।
- मोहन खाता है।

जहाँ 'क्रिया' के लिंग, वचन और पुरुष कर्ता के अनुसार न होकर 'कर्म' के अनुसार होते है, वहाँ 'ने' विभक्ति लगती है।

जैसे: मोहन ने मिठाई खाई। यहाँ क्रिया 'खाई' कर्म 'मिठाई' के अनुसार होकर 'स्त्रीलिंग' शब्द बन गया है।

अतः विकल्प (A) सही है।

46. रेखांकित शब्द में सम्बन्ध कारक है।

जिस संज्ञा या सर्वनाम से किसी एक वस्तु का सम्बन्ध दूसरी वस्तु से होने का बोध हो उसे सम्बन्ध कारक कहते है। इसकी पहचान है – का, की, के आदि।

जैसे: साधना का घर वहां स्थित है।

अतः विकल्प (C) सही है।

47. संदिग्ध भूतकाल' जिस क्रिया से अनिश्चितता प्रकट हो जैसे 'मोहन ने खाया होगा', 'अपूर्ण भूतकाल' जिस क्रिया से ये ज्ञात हो की भूतकाल में कार्य संपन्न नहीं हुआ जैसे 'मोहन खा रहा था', 'सामान्य भूतकाल' जिस क्रिया से विशेष समय का ज्ञान न हो जैसे 'मोहन ने खाया' तथा 'पूर्ण भूतकाल' जिस क्रिया में समाप्ति के समय का स्पष्ट बोध हो 'मोहन ने खाया था'।

इसलिए, 'महादेवी वर्मा ने संस्मरण लिखे थे' के लिए 'पूर्ण भूतकाल' सही विकल्प है।

अतः विकल्प (D) सही है।

48. दिए गए विकल्पों में से 'डिप्टी-मिनिस्टर' शब्द में 'सब' उपसर्ग नहीं है। अन्य सभी विकल्पों में 'सब' उपसर्ग का प्रयोग है।

डिप्टी-मिनिस्टर = डिप्टी + मिनिस्टर

'डिप्टी' उपसर्ग से बनने वाले अन्य शब्द - डिप्टी-कलेक्टर, डिप्टी-रजिस्ट्रार आदि।

'डिप्टी' का अर्थ – सहायक

अतः विकल्प (D) सही है।

49. दिए गए विकल्पों में से 'सुफल' शब्द में 'अ' उपसर्ग नहीं है। अन्य सभी विकल्पों में 'अ' उपसर्ग का प्रयोग है।

सुफल = सु + फल

'सु' उपसर्ग से बनने वाले अन्य शब्द - सुडौल, सुजान आदि।

'सु' का अर्थ – अच्छा

अतः विकल्प (A) सही है।

50. दिए गए विकल्पों में से 'विकास' शब्द में 'वाइस' उपसर्ग नहीं है। अन्य सभी विकल्पों में 'वाइस' उपसर्ग का प्रयोग है।

विकास = वि + कास

'वि' उपसर्ग से बनने वाले अन्य शब्द - विकार, विमुख, विनय आदि।

'ति' का अर्थ – भिन्नता, हीनता, असमानता, निशेषता

अतः विकल्प (A) सही है।

51. 'पराक्रम' शब्द में 'परा' उपसर्ग का प्रयोग हुआ है।

शब्द	अर्थ
परा	उल्टा/ विपरीत

अन्य विकल्प:

उपसर्ग	शब्द
परि	परिक्रमा
प्र	प्रख्यात
प्रति	प्रतिध्वनि

अतः विकल्प (B) सही है।

52. दिए गए सभी विकल्पों में 'तीलिया' शब्द में 'आ' प्रत्यय का योग नहीं है।अन्य सभी विकल्पों में 'आ' प्रत्यय का योग है।

तीलिया = तिल + इया। इसमें कृत् प्रत्यय है।

कृत् प्रत्यय - जो प्रत्यय क्रिया के मूल रूप (धातु) से जोड़े जाते हैं, कृत् प्रत्यय कहलाते हैं।

अतः विकल्प (D) सही है।

53. प्रत्यय अर्थात शब्द निर्माण के लिए शब्दों के अंत में जो शब्दांश जोड़े जाते हैं। जैसे - पठ + अक= पाठक और शक + ति= 'शक्ति। इसलिए, सही विकल्प 'शब्द के अंत में है।

अतः विकल्प (A) सही है।

54. दैविक = देव + इक

सामाजिक = समाज + इक

भौमिक = भूमि + इक

इस आधार पर हम कह सकते हैं कि सभी विकल्प 'इक' प्रत्यय से बना है।

अतः विकल्प (D) सही है।

55. विसर्ग से पहले इ, उ और बाद में क, ख, ट, ठ, प, फ में से कोई वर्ण हो तो विसर्ग का ष हो जाता है। जैसे-

* निः + कलंक = निष्कलंक
* चतुः + पाद = चतुष्पाद
* निः + फल = निष्फल

निष्कलंक में संधि का प्रकार: विसर्ग संधि

विसर्ग संधि: विसर्ग के साथ स्वर अथवा व्यंजन के मिलने से जो विकार उत्पन्न होता है, उसे विसर्ग संधि कहते हैं।

उदाहरण: शिरोमणि = शिर: + मणि

अतः विकल्प (D) सही है।

56. सप्तर्षि, व्यंजन सन्धि का उदाहरण नहीं है।

व्यंजन सन्धि: एक व्यंजन से दूसरे व्यंजन या स्वर के मेल से विकार उत्पन्न होता है।

* जैसे: अहम् + कार = अहंकार
* उत् + लास = उल्लास

अन्य विकल्प:

सप्तर्षि	सप्त + ऋषि	गुण संधि
संसार	सम् + सार	व्यंजन सन्धि
संरक्षा	सम् + रक्षा	व्यंजन सन्धि
सज्जन	सत् + जन	व्यंजन सन्धि

अतः विकल्प (C) सही है।

57. यशस्वी, विसर्ग संधि का उदाहरण है।

यशस्वी	यश:+ स्वी	विसर्ग संधि

अतः विकल्प (B) सही है।

58. शुद्ध संधि विच्छेद: लोकैषणा = लोक + एषणा

संधि: वृद्धि संधि

अतः विकल्प (D) सही है।

59. दिये गए विकल्पों में से 'उल्लेख' का उचित संधि-विच्छेद 'उत् + लेख' है।

नियम: त् सम्बन्धी नियम

त् का परिवर्तन च्, द्, ल्, ट्, ड्, ज् में हो जाता है।

संधि: दो शब्दों के मेल से जो विकार (परिवर्तन) होता है, उसे संधि कहते हैं।

संधि के तीन प्रकार हैं: 1. स्वर, 2. व्यंजन और 3. विसर्ग

अतः विकल्प (A) सही है।

60. 'अठन्नी' में द्विगु समास होगा।

'अठन्नी' का समास विग्रह 'आठ आनों का समूह' है।

इसमें पूर्वपद संख्यावाचक विशेषण है। इसलिए इसमें द्विगु समास होगा। जिस समास का पहला पद संख्यावाची विशेषण होता है तथा समस्तपद किसी समूह या फिर किसी समाहार का बोध करता है तो वह द्विगु समास कहलाता है।

अतः विकल्प (A) सही है।

61. जलज में कर्मधारय समास नहीं है। शेष विकल्प असंगत हैं।

'जलज' का समास विग्रह होगा 'जल में उत्पन्न = कमल'

इसलिए, इसमें 'बहुव्रीहि समास' है।

अतः विकल्प (D) सही है।

62. इसका समास विग्रह 'गंगा का जल' होगा तथा इसमें 'का' का लोप होने से ये 'संबंध तत्पुरुष समास' है।

अन्य विकल्पों का समास विग्रह निम्न प्रकार है:

शब्द	समास विग्रह	समास का नाम
घोड़ागाड़ी	घोडा और गाड़ी	द्वंद्व समास
गिरिधर	गिरी को धारण करने वाला - कृष्ण	बहुव्रीहि समास
गगनांगन	गगन रुपी आँगन	कर्मधारय समास

अतः विकल्प (C) सही है।

63. उपर्युक्त विकल्पों में से 'परलोकगमन' में अव्ययीभाव समास नहीं है। इसका समास विग्रह 'दूसरे लोक में गमन करने वाला' होगा तथा इसमें 'को' का लोप होने से ये 'कर्म तत्पुरुष समास' है।

अव्ययीभाव समास: जिस समास में पहला पद प्रधान हो और समस्त शब्द अव्यय का काम करे।

उदाहरण: प्रति + दिन = प्रतिदिन, एक + एक = एकाएक

अतः विकल्प (D) सही है।

64. उपर्युक्त विकल्पों में से 'नर-नारी' में द्वंद समास है। इसका समास विग्रह 'नर और नारी' होगा तथा इसमें 'और' का लोप होगा।

शब्द	समास विग्रह	समास का नाम
दीर्घ - बाहु	लम्बी भुजाओं वाला - व्यक्ति विशेष	बहुव्रीहि समास
चौगुनी	चार गुना	द्विगु समास
महापुरुष	महान है जो पुरुष	कर्मधारय समास

अतः विकल्प (A) सही है।

65. 'पंचनद' में कर्मधारय समास नहीं है। शेष विकल्प असंगत हैं।

कर्मधारय समास (Oppositional Determinative Compound)

जिसका पहला पद विशेषण और दूसरा पद विशेष्य अथवा एक पद उपमान तथा दूसरा पद उपमेय हो तो, वह 'कर्मधारय समास' कहलाता है।

विशेषण-विशेष्य:

* नीलकमल – नीला है जो कमल
* पुरुषोत्तम – पुरुषों में है जो उत्तम

उपमान–उपमेय:

* देहलता – लता रूपी देह
* चंद्रमुख – चंद्र के समान मुख

'पंचनद' का समास विग्रह होगा 'पांच नदियों का समूह'। इसलिए, इसमें 'द्विगु समास' है।

अतः विकल्प (D) सही है।

66. 'मृत्युंजय' अर्थात 'मृत्यु को जीतने वाला अर्थत शिव'।

यह 'बहुब्रीहि समास' का उदाहरण है। क्योंकि इसमें 'शिव' एक विशेष अर्थ है।

बहुब्रीहि समास: जिस समास में दोनों पद प्रधान नहीं होते हैं और दोनों पद मिलकर किसी अन्य विशेष अर्थ की ओर संकेत कर रहे होते हैं।

उदाहरण: तीन आँखों वाला = त्रिलोचन अर्थात शिव

अतः विकल्प (B) सही है।

67. 'पौ बारह होना' मुहावरे का अर्थ 'खूब लाभ होना' है।

वाक्य प्रयोग - अगर तुम उसके साथ काम करोगे तो तुम्हारे पौ बाहर हो जाएंगे।

अन्य विकल्प:

- दो टूक बात कहना – स्पष्ट कह देना
- दो दिन का मेहमान – जल्द मरने वाला
- नौ दो ग्यारह होना – चम्पत होना या भाग जाना

अतः विकल्प (D) सही है।

68. 'अँगारों पर लोटना' मुहावरे का सही अर्थ है दुःख सहना।

मुहावरे	अर्थ	वाक्य प्रयोग
अँगारों पर लोटना	दुःख सहना	अब वह तीनों चचेरे भाई अंगारों पर लोट रहे हैं, मगर मुँह फुलाए हाथ मलकर रह जाते हैं, कैसे क्या करें।

अतः विकल्प (B) सही है।

69. 'पानी - पानी होना' मुहावरे का सही अर्थ है अधिक लज्जित होना।

मुहावरे	अर्थ	वाक्य प्रयोग
पानी - पानी होना	अधिक लज्जित होना	अध्यापक ने जब कक्षा में रोहन को नक़ल करते पकड़ा तो वह पानी-पानी हो गया।

अन्य विकल्प:

मुहावरे	अर्थ	वाक्य प्रयोग
अपने पैरों पर खड़े होना	स्वाबलंबी होना	दिनेश शहर जाकर अपने पैरों पर खड़ा हो गया उसकी माँ को और क्या चाहिए।
कमर कसना	तैयार होना	शत्रुओं से लड़ने के लिए भारतीयों को कमर कसकर तैयार हो जाना चाहिए।
ईंट से ईंट बजाना	नए कर देना	शिवाजी ने मुगलों की ईंट से ईंट बजा कर रख दी।

अतः विकल्प (A) सही है।

70. 'पानी में आग लगाना' मुहावरे का सही अर्थ है असंभव कार्य करना।

मुहावरे	अर्थ	वाक्य प्रयोग
पानी में आग लगाना।	असंभव कार्य करना	हमारे देश की युवा पीढ़ी में हर क्षेत्र में सफलता प्राप्त कर पानी में आग लगाने की क्षमता है।

अन्य विकल्प:

मुहावरे	अर्थ	वाक्य प्रयोग
अपनी खिचड़ी अलग पकाना	अलग रहना	यदि सभी अपनी खिचड़ी अलग पकाने लगें, तो देश और समाज की उत्रति होने से रही।
खून सूखना	अधिक डर जाना	सामने डाकुओं के हाथ में बंदूकें देख कर ठाकुर हमीर सिंह का खून सूख गया।
गांठ पड़ना	द्वेष का स्थाई होना	अजित ऊपर से फुसलाए रहते हैं, भीतर तो गाँठ पड़ी हुई है।

अतः विकल्प (B) सही है।

71. लोकोक्ति: मुए बैल की बड़ी-बड़ी आँखे

अर्थ: जो चीज नहीं रही उसकी प्रशंसा

वाक्य: दादी जब जिंदा थी तो चाचा से उनकी बिल्कुल नहीं बनती थी लेकिन जायदाद का ज्यादा हिस्सा मिलने पर अब वो उनकी तारीफ करते नहीं थकते। सही कहा है - मुए बैल की बड़ी-बड़ी आंखे।

अतः विकल्प (B) सही है।

72. 'पगड़ी रख, घी चख' लोकोक्ति का सही अर्थ मान सम्मान से ही जीवन का आनन्द है है।

लोकोक्ति: पगड़ी रख, घी चख, अर्थ: मान सम्मान से ही जीवन का आनन्द है।

वाक्य: आज इतना पढ़ लिख कर राम बड़ा अफसर बन गया है अब वह पगड़ी रख, घी चख का जीवन जी रहा है।

अन्य विकल्प इसके अनुचित अर्थ हैं।

अतः विकल्प (A) सही है।

73. 'आप अन्दर आइये और बैठ जाइये' एक संयुक्त-वाक्य है।

संयुक्त वाक्य: जिस वाक्य में दो या दो से अधिक उपवाक्य मिले हों, परन्तु सभी वाक्य प्रधान हो तो ऐसे वाक्य को संयुक्त वाक्य कहते है।

उदाहरण: चाय तैयार कर दो।

अतः विकल्प (A) सही है।

74. 'अच्छे लडके परिश्रमी होते है।' एक सरल वाक्य है।

सरल वाक्य: ऐसे वाक्य जिनमें एक ही क्रिया एवं एक ही कर्ता होता है या जिस वाक्य में एक ही उद्देश्य एवं एक ही विधेय होता है, वे वाक्य सरल वाक्य कहलाते हैं। इसमें कर्ता एक से अधिक हो सकते हैं लेकिन मुख्य क्रिया एक ही होगी।

अतः विकल्प (A) सही है।

75. 'यदि आप झूठ बोलते है, तो आप झूठें हैं।' एक मिश्र वाक्य है।

मिश्र वाक्य: जिस वाक्य में एक से अधिक वाक्य मिले हों, किन्तु एक प्रधान उपवाक्य तथा शेष आश्रित उपवाक्य हों, मिश्रित वाक्य कहलाता है।

उदाहरण: शीला ने एक पुस्तक मांगी और वह उसे मिल गई।

अतः विकल्प (A) सही है।

76. गोजक निन्ह (-) अर्थात जिसका प्रयोग दो तिलोम शब्द के बीच, द्वंद्व समास के बीच, समानार्थी शब्दों के बीच इत्यादि किया जाता है।

उदाहरण: 'निर्मम-मार्मिक'

अतः विकल्प (A) सही है।

77. किसी बड़े अंश का संक्षिप्त रूप दर्शाने के लिए 'लाघव चिह्न या संक्षेप सूचक चिह्न' का प्रयोग किया जाता है।

विराम चिह्न का नाम	उदाहरण	विराम - चिह्न
लाघव चिह्न	डॉक्टर – डॉ०, प्रोफेसर – प्रो०	०
अल्प विराम चिह्न	राकेश, मोहन, शीतल **और** पंकज ने यह चित्र बनाया है।	,
अर्ध विराम चिह्न	मुख्य अतिथि आ गए हैं; वह शीघ्र चले जाएंगे।	;
कोष्ठक चिह्न	दशहरे के दिन दशानन (**रावण**) का दहन किया जाता है।	[{()}]

अतः विकल्प (A) सही है।

78. 'गुणात्मक' शब्द का अंग्रेजी रूपांतरण Qualitative होगा।

'गुणात्मक' के पर्यायवाची - प्रतिष्ठित, गौरवपूर्ण, गुण-संबंधी हैं।

अन्य विकल्प:

विराम चिह्न का नाम	उदाहरण	विराम - चिह्न
लाघव चिह्न	डॉक्टर – डॉ०, प्रोफेसर – प्रो०	०
अल्प विराम चिह्न	राकेश, मोहन, शीतल **और** पंकज ने यह चित्र बनाया है।	,
अर्ध विराम चिह्न	मुख्य अतिथि आ गए हैं; वह शीघ्र चले जाएंगे।	;
कोष्ठक चिह्न	दशहरे के दिन दशानन **(रावण)** का दहन किया जाता है।	[{()}]

अतः विकल्प (C) सही है।

79. निर्वाह' शब्द का अंग्रेजी रूपांतरण Subsistence होगा।

'निर्वाह' के पर्यायवाची: गुज़र बसर , जीविका, आजीविका, निबाह, निर्वहन, निर्वहण हैं।

अन्य विकल्प:

अंग्रेजी शब्द	हिंदी शब्द
Solemn	गंभीर
Session	अधिवेशन
Remit	छोड़ना

अतः विकल्प (D) सही है।

80. दिया गया विकल्प 'मैंने तुलसीदास जी का 'रामचरितमानस' पढ़ा है।' उद्धरण चिह्न से सम्बंधित है।

उद्धरण चिह्न दो प्रकार के होते हैं: इकहरे चिह्न ('....') और दोहरे चिह्न ("....") .. उद्धरण चिह्नों का प्रयोग कई स्थितियों में होता है।

विराम चिह्न: विराम का अर्थ होता है - ठहराव अर्थत लिखते समय या बोलते समय यदि विराम न हो, तो पाठक या श्रोता को भाषा के सम्यक् ज्ञान में कठिनाई होती है। एक ही वाक्य के कई अर्थ निकल सकते हैं। वह भ्रमित हो सकता है।

अतः विकल्प (D) सही है।

81. 'Version' का हिंदी अनुवाद 'संस्करण' होगा।

अन्य विकल्प:

अंग्रेजी शब्द	हिंदी शब्द
Term of office	पदावधि
Statement	कथन
Treason	राजद्रोह

अतः विकल्प (A) सही है।

82. 'सर्वोच्च' शब्द का अंग्रेजी रूपांतरण Upper most होगा।

'सर्वोच्च' के पर्यायवाची - अधिकतम, सर्वोच्च, सबसे ऊँचा, सबसे बड़ा हैं।

अन्य विकल्प:

अंग्रेजी शब्द	हिंदी शब्द
Veracity	सच्चाई
Voted	मतदाता
Verdict	निर्णय

अतः विकल्प (B) सही है।

83. दिए गये शब्द Federation' का अर्थ है 'परिसंघ'। इस संदर्भ में सबसे उपयुक्त शब्द परिसंघ है। अतिरिक्त विकल्पों के अर्थ भिन्न हैं।

ज्ञान की किसी विशेष विधा (कार्य क्षेत्र) में प्रयोग किये जाने वाले शब्दों की उनकी परिभाषा सहित सूची पारिभाषिक शब्दावली या पारिभाषिक शब्दकोश कहलाती है।

पारिभाषिक शब्दों का प्रयोग जटिल विचारों की अभिव्यक्ति को सुचारु बनाता है।

अतः विकल्प (A) सही है।

84. दिए गये शब्द 'Initials' का अर्थ है 'पथ कर'। इस संदर्भ में सबसे उपयुक्त शब्द पथकर है। अतिरिक्त विकल्पों के अर्थ भिन्न हैं।

अन्य विकल्प:

शब्द	अर्थ
पूर्व स्थिति	Pre position
पूर्व -स्वीकृति	Pre-approval
प्राम्भिक स्थिति	Previous status

अतः विकल्प (C) सही है।

85. यहाँ दिए गये विकल्पों में एक विकल्प अशुद्ध है। यहाँ 'नीलाकाश अति स्वच्छ है' विकल्प शुद्ध नहीं है। इसका शुद्ध रूप 'आकाश अति स्वच्छ है' होगा।

- यहाँ विशेषण सम्बन्धी अशुद्धि है।
- यहाँ 'नीला आकाश' के स्थान पर 'आकाश' शब्द का प्रयोग उचित है।

अतः विकल्प (D) सही है।

86. यहाँ दिए गये विकल्पों में एक विकल्प अशुद्ध है। यहाँ 'उसने जल्दी घर जाना था' विकल्प शुद्ध नहीं है। इसका शुद्ध रूप 'उसे जल्दी घर जाना था' होगा।

- यहाँ सर्वनाम सम्बन्धी अशुद्धि है।
- यहाँ 'उसने' के स्थान पर 'उसे' शब्द का प्रयोग उचित है।

अतः विकल्प (A) सही है।

87. यहाँ दिए गये विकल्पों में सभी विकल्प शुद्ध हैं। यहाँ किसी भी विकल्प में कोई अशुद्धि नहीं है।

अतः विकल्प (D) सही है।

88. अतिशयोक्ति विकल्प सही है, क्योंकि अतिशयोक्ति शब्द उच्चारण और वर्तनी की दृष्टि से अशुद्ध है।

- अशुद्ध शब्द: अतिशयोक्ति
- शुद्ध शब्द: अतिश्योक्ति

अतः विकल्प (C) सही है।

89. 'अवनीश ने खाना खा लिया होगा' वाक्य भूतकाल का बोध करा रहा है, साथ ही यहाँ 'होगा' शब्द का प्रयोग है जिससे यह स्पष्ट हो रहा है कि वह निश्चित नहीं है।

संदिग्ध भूतकाल अर्थत भूतकाल की जिस क्रिया से कार्य होने में अनिश्चितता अथवा संदेह प्रकट हो, उसे संदिग्ध भूतकाल कहते हैं।

अतः विकल्प (C) सही है।

90. इक्यावन शब्द 'इक' प्रत्यय से नहीं बना है। अन्य शब्द 'इक' प्रत्यय से बने है।

प्रत्यय: जो शब्दांश, शब्दों के अंत में जुड़कर अर्थ में परिवर्तन लाये, प्रत्यय कहलाते है।

शब्द 'सामाजिक' का प्रत्यय 'समाज +इक' है।

उदाहरण: जैविक, प्राकृतिक आदि।

अतः विकल्प (C) सही है।

91. दिए गये विकल्पों में अशुद्ध वर्तनी वाला शब्द 'स्वामीत्व' है। अन्य सभी की वर्तनी शुद्ध है।

- 'स्वामीत्व' का शुद्ध रूप 'स्वामित्व' है।
- 'स्वामित्व' अर्थात 'प्रभुत्व, मालिकपन'

अतः विकल्प (B) सही है।

92. 'गंगा स्नान' शब्द में तत्पुरुष समास है।

शब्द	समास	समास विग्रह
गंगा स्नान	तत्पुरुष	गंगा में स्नान

अतः विकल्प (D) सही है।

93. 'पृथक' अर्थात 'अलग' तथा 'संयुक्त' अर्थात 'साथ में'।

जो शब्द किसी दूसरे शब्द का उल्टा अर्थ बताते हैं, उन्हें विलोम शब्द या विपरीतार्थक शब्द कहते है।

अतः विकल्प (D) सही है।

94. इन वाक्यों में क्रिया का लिंग विषय के अनुसार या क्रिया के अनुसार या भाव के अनुसार होगा।

क्रिया के जिस रूप में कर्म प्रधान हो, उसे कर्मवाच्य कहते हैं।

इन वाक्य में क्रियाएँ कर्ता के अनुसार रूपान्तररित न होकर कर्म के अनुसार परिवर्तित होती हैं।

अंग्रेजी की तरह हिन्दी में कर्ता के रहते हुए कर्मवाच्य का प्रयोग नहीं होता; जैसे- 'मैं दूध पीता हूँ' के स्थान पर 'मुझसे दूध पीया जाता है' लिखना गलत होगा। हाँ, निषेध के अर्थ में यह लिखा जा सकता है- मुझसे पत्र लिखा नहीं जाता; उससे पढ़ा नहीं जाता।

अतः विकल्प (C) सही है।

95. 'प्रतिकूल' का सही विलोम शब्द 'अनुकूल' है।

अन्य विकल्प:

शब्द	विलोम
समान	असमान
अनुसार	विरुद्ध

नोट: 'प्रतिदर्श' का प्रचलित विलोम शब्द नहीं है, किन्तु प्रतिदर्श का अर्थ - 'नमूना/अंश' होता है, उस अनुसार 'प्रतिदर्श' का विलोम शब्द - सम्पूर्ण हो सकता है।

अतः विकल्प (C) सही है।

96. 'प्राणप्रिय' शब्द में कर्मधारय समास है।

प्राणप्रिय: प्रिय है जो प्राणों को

कर्मधारय समास: जिस समास के दोनों शब्दों के बीच विशेषण-विशेष्य अथवा उपमान-उपमेय का सम्बन्ध हो।

उदाहरण: कमल के समान नयन = कमलनयन, चन्द्र जैसे मुख = चंद्रमुख आदि।

अतः विकल्प (A) सही है।

97. दिए गए विकल्पों में प्रतिक्रिया शब्द की वर्तनी शुद्ध है।

'प्रतिक्रिया' का अर्थ 'क्रिया के विरोध में होने वाली घटना' है।

वर्तनी: लिखने की रीति को वर्तनी कहते हैं। 'वर्तनी' शब्द का अर्थ उच्चारित होने वाले शब्द के लेखन में प्रयोग होने वाले लिपि चिह्नों के व्यवस्थित रूप को वर्तनी कहा जाता है।

अतः विकल्प (A) सही है।

98. "मैने अपना घर मटमैले रंग का रंगवाया है।" इसमें मटमैला शब्द विशेषण है।

विशेषण: जो शब्द संज्ञा या सर्वनाम शब्द की विशेषता बताते है उन्हें विशेषण कहते है।

विशेषण निम्नलिखित पाँच प्रकार होते है:

1. गुणवाचक विशेषण
2. संख्यावाचक विशेषण
3. परिमाणवाचक विशेषण
4. संकेतवाचक या सार्वनामिक विशेषण
5. व्यक्तिवाचक विशेषण
6. संबंधवाचक विशेषण

अतः विकल्प (A) सही है।

99. रचियता अशुद्ध शब्द है। अन्य सभी शब्द शुद्ध है।

- रचयिता व्याकरण की दृष्टि से सही शब्द है।
- रचना शब्द से बना है।
- अर्थात रचना करने वाला।

अतः विकल्प (A) सही है।

100. 'सुधाकर' चाँद शब्द का समानार्थी शब्द है।

शब्द	पर्यायवाची
चाँद	मयंक, विधु, सुधाकर, कलानिधि, निशापति, शशांक, चंद्रमा
धरती	वसुधा, ज़मीन, पृथ्वी, भू भूमि, धरणी, वसुंधरा, अचला
हवा	समीर, वात, मारुत, अनिल, पवमान, प्रभंजन, प्रवात
रात	रात्रि, रैन, रजनी, निशा, यामिनी, तमी, निशि, त्रियामा

अतः विकल्प (B) सही है।

Q.1 निम्न में से शुद्ध वर्तनी का चयन कीजिये-
A. अरपन   B. संगृहीत   C. अनभिग्य   D. अहार

Q.2 निम्नलिखित में से शुद्ध वर्तनी का चयन कीजिए:
A. छुहाड़ा   B. टोकड़ी   C. घबड़ाना   D. पिंजरा

Q.3 नीचे दिए गए विकल्पों में से शुद्ध वर्तनी का चयन कीजिए –
A. प्रतियोगीता   B. प्रातियोगिता
C. प्रतियोगिता   D. प्रतीयोगिता

Q.4 निम्न में से शुद्ध वर्तनी का चयन कीजिये-
A. मैथली   B. व्यंग   C. प्रसंसा   D. उद्देश

Q.5 निम्न में से शुद्ध शब्द का चयन कीजिये-
A. प्रशन्न   B. प्रत्यछ   C. अनुत्तर   D. प्रतीमा

Q.6 निम्नलिखित में से शुद्ध वर्तनी का चयन कीजिए:-
A. कवियत्री   B. कवयित्री   C. दिवाली   D. दिपावली

Q.7 निम्नलिखित में से शुद्ध वर्तनी है-
A. अन्तभाव   B. आर्युवेद   C. प्रर्वतक   D. दुर्व्यसन

Q.8 निम्नलिखित में से शुद्ध वर्तनी है-
A. हंसी   B. पहुंच   C. मुहर्रम   D. उर्तीण

Q.9 निम्नलिखित विकल्पों में से तत्सम शब्द कौनसा है?
A. पड़ोसी   B. पूरा   C. पाटी   D. पुष्कर

Q.10 निम्नलिखित में से आसार शब्द है-
A. तत्सम   B. विदेशज   C. तन्द्रव   D. देशज

Q.11 निम्नलिखित में से तत्सम शब्द समूह का चयन कीजिये।
A. सींग, हाथी, व्यथा   B. हिय, शुष्क, हाथी
C. शुष्क, होलिका, व्यथा   D. सींग, हिय, होलिका

Q.12 निम्नलिखित विकल्पों में से तत्सम शब्द कौनसा है?
A. भगत   B. फण   C. पसीना   D. मयूर

Q.13 'प्रहर' का तन्द्रव -
A. समय   B. दोपहर   C. पहर   D. चौकीदार

Q.14 निम्नलिखित में से कौन-सा शब्द देशज है?
A. सरसों   B. भिन्डी
C. फुनगी   D. उपरोक्त सभी

Q.15 निम्नलिखित में कौन सा शब्द संकर हैं।
A. गीध   B. गांठ
C. कवि दरबार   D. गोबर

Q.16 निम्नलिखित में कौन सा संकर शब्द है।
A. अग्र   B. जांचकर्ता   C. उलूक   D. कटु

Q.17 निम्न विकल्पों में से कौन- सा शब्द विदेशी शब्द है?
A. बहस   B. लोटा   C. जगमग   D. घोटाला

Q.18 'योम' का पर्यायवाची शब्द नहीं है -
A. सूर्यकाल   B. दिवस   C. अह   D. काल

Q.19 'मंजुल' का पर्यायवाची शब्द नहीं है -
A. मोहक   B. प्रवाल   C. मनोहर   D. आकर्षक

Q.20 'फलतः' का पर्यायवाची शब्द नहीं है -
A. आख़िरकार   B. इसके बाद
C. अंततः   D. इसलिए

Q.21 'परिपाटी' का पर्यायवाची शब्द नहीं है -
A. सीमित   B. शैली   C. ढंग   D. पद्धति

Q.22 'पाशविक' का पर्यायवाची शब्द नहीं है -
A. अमानवीय   B. बर्बर   C. पाहुन   D. क्रूर

Q.23 'रुग्ण' का विपरीत क्या होगा?
A. रक   B. मठ   C. प्रकट   D. नीरोग

Q.24 'विशालकाय' का विपरीत क्या होगा?
A. सम्मुख   B. लघुकाय   C. क्षीणकाय   D. स्वीकार

Q.25 'सुभग' शब्द का विपरीत क्या होगा?
A. दुभग   B. निर्विकार   C. सूक्ष्म   D. सम

Q.26 'संग' शब्द का विलोम क्या होगा?
A. निःसंग   B. असंकोच
C. विशिष्ट   D. इनमें से कोई नहीं

Q.27 'आध्यात्मिक' शब्द का विलोम क्या होगा?
A. गमन   B. बाह्य
C. अस्त   D. आधिभौतिक

Q.28 'दारा - द्वारा' श्रुतिसम भिन्नार्थक शब्द का क्या अर्थ है?
A. काटना - दाँत   B. दिवस - गरीब
C. स्त्री - मार्फत   D. धरोहर - दिनांक

Q.29 'फल - फाल' श्रुतिसम भिन्नार्थक शब्द का क्या अर्थ है?
A. मान/मर्यादा - चरम सीमा
B. प्रान्त - विदेश
C. वस्त्र - तख्ती
D. खाने वाला फल- हल की नोंक

Q.30 'बहन- वहन' श्रुतिसम भिन्नार्थक शब्द का क्या अर्थ है?
A. वार्ता - वायु   B. यान - गहरी
C. सहोदर - ढोना   D. डरा हुआ - दीवार

Q.31 'जुड़ा- जूड़ा' श्रुतिसम भिन्नार्थक शब्द का क्या अर्थ है?
A. अल्प - बुढ़ापा   B. संलग्न - केशों का बन्धन
C. बूढ़ा - पेट   D. लोहे का बर्तन - ढाँचा

Q.32 निम्नलिखित में किस वाक्य में अकर्मक क्रिया का प्रयोग हुआ है?
A. मैं खुशी से हँसता हूँ   B. गौरव सोता है
C. श्याम फिल्म देख रहा है   D. इनमें से कोई नहीं

Q.33 किस विकल्प में क्रिया के "सातप्यबोधक पक्ष" का प्रयोग हुआ है?
A. अली पुस्तक पढ़ रहा है।
B. मोहन अपनी कक्षा में पढ़ रहा है।
C. वह अब तक काफी खेल चुका है।

D. चुपचाप बैठ जाओ।

Q.34 किस विकल्प में क्रिया के 'आरंभद्योतक पक्ष' का प्रयोग हुआ है?
A. बच्चा विद्यालय से लौट आया
B. माता जी बाजार से आ गईं
C. अब राम खेलने लगा है
D. इनमें से कोई नहीं

Q.35 किस विकल्प में क्रिया के "सातप्यबोधक पक्ष" का प्रयोग हुआ है?
A. वह मुश्किल से सोने पाया; जाने न पाया
B. हमें गरीबों को अपनाना चाहिए
C. वह पढ़ने लगा
D. राम कितना अच्छा खेल रहा है

Q.36 "जिस पक्ष में क्रिया पक्ष में क्रिया के पूरी तरह समाप्त होने का बोध हो" उसे कहते हैं?
A. प्रगतिद्योतक पक्ष
B. सातप्य बोधक पक्ष
C. पूर्णता द्योतक पक्ष
D. इनमें से कोई नहीं

Q.37 उद्देश्य विशेषण का प्रयोग किस वाक्य में हुआ है?
A. उसने मीठा सेब खाया
B. वह बहुत सुन्दर है
C. वह अच्छा आदमी नहीं है
D. वह सुन्दर लिखना चाहता है

Q.38 'भारत का हर एक सैनिक शेर है।'- इस वाक्य में प्रयुक्त विशेषण कौन सा है?
A. संख्यावाचक विशेषण
B. संबंधवाचक विशेषण
C. तुलनाबोधक विशेषण
D. सार्वनामिक विशेषण

Q.39 कौन सा विकल्प सही नहीं है?
A. सुंदर-गुणवाचक विशेषण
B. कौन- संबंधवाचक विशेषण
C. सारे-संख्यावाचक विशेषण
D. थोड़ा- परिमाणवाचक विशेषण

Q.40 'पठार' शब्द किस प्रकार का विशेषण है?
A. परिमाणवाचक विशेषण
B. संख्यावाचक विशेषण
C. सार्वनामिक विशेषण
D. गुणवाचक विशेषण

Q.41 'दुर्बल' किस प्रकार का विशेषण है?
A. सार्वनामिक विशेषण
B. परिमाणवाचक विशेषण
C. संख्यावाचक विशेषण
D. गुणवाचक विशेषण

Q.42 'थोड़ा' में किस प्रकार का विशेषण है?
A. संख्यावाचक विशेषण
B. गुणवाचक विशेषण
C. परिमाणवाचक विशेषण
D. संबंधवाचक विशेषण

Q.43 'मैं तुम से प्रेम करता हूँ।' में किस प्रकार की संज्ञा है?
A. जातिवाचक संज्ञा
B. द्रव्यवाचक संज्ञा
C. समुदायवाचक संज्ञा
D. भाववाचक संज्ञा

Q.44 'अपनी **चाय** में स्वादानुसार **चीनी** डाल सकते हैं।' में किस प्रकार की संज्ञा है?
A. भाववाचक संज्ञा
B. समूहवाचक संज्ञा
C. द्रव्यवाचक संज्ञा
D. व्यक्तिवाचक संज्ञा

Q.45 'मुझे तुम पर काफी **गुस्सा** आ रहा है।' में किस प्रकार की संज्ञा है?
A. समूहवाचक संज्ञा
B. व्यक्तिवाचक संज्ञा
C. जातिवाचक संज्ञा
D. भाववाचक संज्ञा

Q.46 निम्नलिखित में से कौन सा शब्द द्रव्यवाचक संज्ञा का उदाहरण है?
A. वेद-पुराण
B. लंदन
C. अंग्रेजी
D. मोबाइल

Q.47 निम्नलिखित में से कौन सा शब्द व्यक्तिवाचक संज्ञा का उदाहरण है?
A. टीवी
B. कोहिनूर
C. पक्षी
D. थकावट

Q.48 निम्नलिखित में से कौन सा शब्द भाववाचक संज्ञा का उदाहरण है?
A. लम्बाई
B. कुत्ते
C. गाडी
D. नदियों

Q.49 निम्नलिखित में से कौन सा वाक्य अशुद्ध है?
A. क्या आप जाएँगे?
B. भीड़ में पटना के चार व्यक्ति भी थे।
C. छात्रों ने मुख्य अतिथि को एक फूलों की माला पहनाई।
D. बैंक के कई कर्मचारियों ने प्रदर्शन किया।

Q.50 निम्नलिखित में से कौन सा वाक्य अशुद्ध है?
A. वहाँ घना अँधेरा छाया था।
B. हमें यह सावधानी बरतनी होगी।
C. अपना हस्ताक्षर कर दो।
D. उपस्थित लोगों ने संकल्प लिया।

Q.51 निम्न में से कौन सी संयुक्त क्रिया है?
A. प्रियंका ने दूध पी लिया।
B. पिताजी अख़बार पढ़ चुके हैं।
C. राम लक्ष्मण को गणित सिखाता है।
D. रमा सब्जी बनाती है।

Q.52 "अतीत में भारत पर्याप्त समृद्ध था।" वाक्य में कौन सा कारक है?
A. संबोधन कारक
B. अधिकरण कारक
C. संबंध कारक
D. कर्ता कारक

Q.53 "राम माँ के लिए दवाई लाओ।" वाक्य में कौन सा कारक है?
A. करण कारक
B. कर्म कारक
C. सम्प्रदान कारक
D. अपादान कारक

Q.54 किस वाक्य में अधिकरण कारक (परसर्ग) का प्रयोग किया गया है?
A. मंजू ने पुस्तक पढ़ रही है
B. उसने पेंसिल से चित्र बनाया
C. गीता को बुखार है
D. घर पर बैठो

Q.55 किस वाक्य में अपादान कारक (परसर्ग) का प्रयोग किया गया है?
A. मेरा घर यहाँ से दूर है
B. राम मोहन का मित्र है
C. हम ट्रेन से आये है
D. मोहन लिख रहा है

Q.56 किस वाक्य में करण कारक (परसर्ग) का प्रयोग किया गया है?
A. रीना पुस्तक पढ़ रहा है - कर्म
B. रोहन दिल्ली गया है
C. मनोज दिन-रात मेहनत करता है
D. मैं मोहन के द्वारा सन्देश भेज दूँगा

Q.57 निम्नलिखित में कौन सा विकल्प '**संभाव्य भविष्यतकाल**' को सूचित करता है?
A. शायद कुछ ही दिनों में वर्षा आए
B. ईश्वर हम सब को देखता होगा
C. शरण्या नाच रही थी
D. राहुल पढ़ता है

Q.58 '**मै यहाँ से निकल जाऊँगा**' इस वाक्य में कौन-सा काल है?
A. पूर्ण भूतकाल
B. सामान्य वर्तमानकाल

C. संदिग्ध भूतकाल   **D.** सामान्य भविष्यतकाल

Q.59 'दया खाना खा रहा है' इस वाक्य में कौन-सा काल है?
A. सामान्य वर्तमानकाल   **B.** अपूर्ण वर्तमानकाल
C. पूर्ण भूतकाल   **D.** सामान्य भूतकाल

Q.60 'श्याम ने गाना गाया होगा'। वाक्य में प्रयुक्त है?
A. आसन्नभूत   **B.** संदिग्धभूत
C. पूर्णभूत   **D.** सामान्यभूत

Q.61 निम्न विकल्पो में से **'अत्यन्त'** का उपसर्ग बताइए।
A. अ   **B.** अत   **C.** अत्य   **D.** अति

Q.62 किस शब्द में **'अति'** उपसर्ग नहीं है?
A. अतिकाल   **B.** अत्याचार   **C.** अनुचर   **D.** अतिकर्मण

Q.63 'सब' उपसर्ग बना शब्द इनमे से कौन सा है ?
A. सहपाठी   **B.** सत्कर्म
C. सबइंस्पेक्टर   **D.** सरपंच

Q.64 निर्वाह में प्रयुक्त उपसर्ग है :
A. नि   **B.** नि:   **C.** निर   **D.** निरि

Q.65 'सदाचार' शब्द में कौन-सा उपसर्ग का प्रयोग हुआ है?
A. सत्   **B.** आ   **C.** अव   **D.** अन

Q.66 'तिया' प्रत्यय से बना शब्द निम्न में से कौन-सा है?
A. कलकतिया   **B.** पटनिया
C. बंगाली   **D.** टुकड़ी

Q.67 दिए गए खटोला शब्द में कौन सा प्रत्यय है?
A. वाला   **B.** ओला   **C.** ईला   **D.** इक

Q.68 'या' प्रत्यय से बना शब्द निम्न में से कौन-सा है?
A. अपनायत   **B.** बोया   **C.** अच्छाई   **D.** पण्डिताई

Q.69 निम्नलिखित में 'ईला' प्रत्यय से बना कौन सा शब्द है?
A. रमणीय   **B.** नागरिक   **C.** सजीला   **D.** क्रोधित

Q.70 निम्नलिखित में 'डी' प्रत्यय से बना कौन सा शब्द है?
A. पगड़ी   **B.** डिबिया   **C.** पहाड़   **D.** खटिया

Q.71 'निराशा' शब्द किस संधि का उदाहरण है।
A. दीर्घ संधि   **B.** गुण संधि
C. विसर्ग संधि   **D.** यण संधि

Q.72 अयादि संधि का उदाहरण है।
A. ज्ञानोपदेश   **B.** प्रत्युपकार   **C.** धर्मार्थ   **D.** पवित्र

Q.73 यण संधि का उदाहरण है।
A. गायिका   **B.** गिरीश   **C.** सप्तर्षि   **D.** उपर्युक्त

Q.74 गुण संधि का उदाहरण है।
A. ज्ञानोपदेश   **B.** एकैक   **C.** इत्यादि   **D.** नयन

Q.75 निम्न में से कौन सा शब्द **दीर्घ संधि** नहीं है?
A. धर्मार्थ   **B.** अत्यावश्क   **C.** रवीन्द्र   **D.** विद्यार्थी

Q.76 निम्न में से कौन सा शब्द **गुण संधि** नहीं है?
A. परोपकार   **B.** नरेश   **C.** नद्यर्पण   **D.** देवर्षि

Q.77 'अनजाने' का समास-विग्रह क्या होगा?
A. जिसको जाना गया   **B.** जाना जाने वाला

C. जाने बिना   **D.** जो जाना चाहे

Q.78 निम्न में से कौनसा **बहुव्रीहि समास** का उदाहरण है?
A. मृगनयनी   **B.** दाल-चावल
C. यथासंभव   **D.** दुअत्री

Q.79 निम्न में से किस शब्द में **करण तत्पुरुष** समास है?
A. आशातीत   **B.** कपड़छना   **C.** हथकड़ी   **D.** सभाभवन

Q.80 जिस समस्त-पद के दोनों पद प्रधान हो तथा विग्रह करने पर 'और', 'अथवा', 'या' लगता हो -
A. द्विगु समास   **B.** कर्मधारय समास
C. द्वन्द्व समास   **D.** अव्ययीभाव समास

Q.81 निम्न में से कौनसा **द्विगु समास** का उदाहरण नही है?
A. त्रिलोक   **B.** पंचतंत्र   **C.** पंजाब   **D.** अधमरा

Q.82 जिसमें समस्त-पद का उत्तरपद प्रधान हो तथा पूर्वपद व उत्तरपद में विशेषण-विशेष्य संबंध हो, कौनसा समास कहलाता है?
A. तत्पुरुष समास   **B.** कर्मधारय समास
C. अव्ययीभाव समास   **D.** द्विगु समास

Q.83 दिये गए विकल्पों में से **'उसका कोई सानी न होना'** मुहावरे के अर्थ का चयन कीजिये।
A. उल्टा दोष देना   **B.** ऊपरी दिखावा करना
C. बहुत होशियार होना   **D.** तोड़फोड़ करना

Q.84 दिये गए विकल्पों में से 'दौड़ धूप करना' मुहावरे के अर्थ का चयन कीजिये।
A. घबरा जाना   **B.** बहुत लाभ होना
C. बहुत प्रयास करना   **D.** बात को घुमाकर कहना

Q.85 दिये गए विकल्पों में से **'पराजित करना'** कौन-से मुहावरे के अर्थ है।
A. दांत खट्टे करना   **B.** दम भरना
C. थैली खोलना   **D.** इनमें से कोई नहीं

Q.86 दिये गए विकल्पों में से **अपना उल्लू सीधा करना'** मुहावरे के अर्थ का चयन कीजिये।
A. अपना स्वार्थ पूरा करना   **B.** समय पर धोखा देना
C. मूर्ख   **D.** बुद्धि नष्ट होना

Q.87 'आसमान टूट पड़ना' मुहावरे का उचित अर्थ बताइये।
A. तेजी से तरक्की करना
B. मौके की तलाश में रहना
C. बोलबाला होना
D. अचानक घोर विपत्ति आ जाना

Q.88 किस वाक्य में विराम-चिन्ह का गलत प्रयोग हुआ है ?
A. पिता-पुत्र झगड़ा हो गया।
B. उसके पास कपड़ा-लत्ता कुछ है भी, या नहीं।
C. बुद्ध ने घर-घर जाकर उपदेश दिए।
D. मेरे-तुम्हारे बीच कोई झगड़ा नहीं हुआ है।

Q.89 जिस विकल्प में विराम-चिन्हों का प्रयोग सही हुआ, उसका चयन कीजिए।
A. राम की पत्नी दोनों बच्चे और नौकर घुमने गए है।
B. राम की पत्नी, दोनों बच्चे और नौकर घुमने गए है।
C. राम की पत्नी : दोनों बच्चे : और नौकर घुमने गए है।
D. राम, की पत्नी दोनों, बच्चे और नौकर, घुमने गए है।

Q.90 निम्नलिखित विकल्पों में से ("... ") कौन सा चिह्न है?

A. योजक चिह्न
B. अवतरण चिह्न
C. आदेश चिह्न
D. रेखांकन चिह्न

Q.91 दिए गए वाक्य में उपयुक्त विराम चिह्नों को ज्ञात कीजिए।
भिक्षुक के पेट ___ पीठ एक हो गए ____
A. - ?   B. , ।   C. - ।   D. ! ।

Q.92 दिए गए विराम चिह्नों में से लोप चिह्न ज्ञात कीजिए।
A. ,   B. :   C. ....   D. ;

Q.93 ' EXECUTIVE' का पारिभाषिक शब्द क्या है?
A. व्याख्यात्मक
B. कार्यकारी
C. सतर्कता
D. प्रति- नियुक्ति

Q.94 'INTERCEPTION' का पारिभाषिक शब्द क्या है?
A. मौलिक
B. रख-रखाव
C. अवरोध
D. याचिका

Q.95 'प्रवर्तन में लाया जाना' के लिए अंग्रेजी पारिभाषिक शब्द क्या होगा?
A. Come into affect
B. Come into force
C. Come into operation
D. Condition

Q.96 'EMIGRANT' का पारिभाषिक शब्द क्या है?
A. उत्प्रवासी
B. अधिग्रहण
C. अंतरिम सरकार
D. छात्रवृत्तिका

Q.97 'TENURE' का पारिभाषिक शब्द क्या है?
A. अवधि
B. प्रशासन
C. प्रतिवेदन
D. खोज करना

Q.98 'CASE' का पारिभाषिक शब्द कौन सा नहीं है?
A. प्रकरण   B. मामला   C. विषय   D. निष्पादन

Q.99 'ENDORCEMENT' का पारिभाषिक शब्द क्या है?
A. पदेन
B. लम्बित
C. प्रथम दृष्ट्या
D. पृष्ठांकन

Q.100 'प्राधिकारी' शब्द का अंग्रेजी पारिभाषिक शब्द ____ होगा।
A. Authority
B. Lord
C. Officer
D. Amendment

// स्मार्ट उत्तर पुस्तिका //

सही उत्तर उन छात्रों के प्रतिशत को इंगित करता है जिन्होंने प्रश्नों का सही उत्तर दिया था।

छोड़ दिया उन छात्रों के प्रतिशत को इंगित करता है जिन्होंने प्रश्नों को छोड़ दिया था।

प्रश्न संख्या	उत्तर	सही उत्तर / छोड़ दिया	प्रश्न संख्या	उत्तर	सही उत्तर / छोड़ दिया	प्रश्न संख्या	उत्तर	सही उत्तर / छोड़ दिया	प्रश्न संख्या	उत्तर	सही उत्तर / छोड़ दिया	प्रश्न संख्या	उत्तर	सही उत्तर / छोड़ दिया
1	B	64.83 % / 30.86 %	17	A	82.25 % / 14.73 %	33	B	58.08 % / 32.95 %	49	C	89.73 % / 10.0 %	65	A	49.06 % / 50.57 %
2	D	69.84 % / 30.03 %	18	D	51.49 % / 41.48 %	34	C	49.6 % / 42.94 %	50	D	46.46 % / 42.34 %	66	A	84.49 % / 15.46 %
3	C	87.65 % / 11.64 %	19	B	58.89 % / 36.96 %	35	D	41.88 % / 43.48 %	51	A	58.17 % / 32.47 %	67	B	65.4 % / 32.59 %
4	B	58.74 % / 35.93 %	20	B	68.62 % / 30.28 %	36	C	51.93 % / 41.31 %	52	B	59.78 % / 40.14 %	68	B	78.16 % / 20.95 %
5	C	67.19 % / 30.29 %	21	A	87.38 % / 10.25 %	37	A	52.94 % / 45.13 %	53	C	68.27 % / 30.7 %	69	C	47.06 % / 51.21 %
6	B	62.66 % / 30.91 %	22	C	43.22 % / 42.31 %	38	A	41.19 % / 38.21 %	54	D	82.16 % / 17.2 %	70	A	60.13 % / 35.3 %
7	D	47.45 % / 35.33 %	23	D	78.62 % / 13.24 %	39	B	57.09 % / 36.78 %	55	A	40.41 % / 36.94 %	71	C	45.56 % / 50.54 %
8	C	78.42 % / 20.17 %	24	B	62.09 % / 32.4 %	40	D	49.29 % / 42.46 %	56	D	79.34 % / 20.39 %	72	D	60.15 % / 35.11 %
9	D	88.02 % / 10.2 %	25	A	88.7 % / 10.73 %	41	D	50.66 % / 47.11 %	57	A	82.21 % / 12.13 %	73	D	49.66 % / 33.87 %
10	B	40.5 % / 32.11 %	26	A	78.14 % / 15.03 %	42	C	58.14 % / 32.47 %	58	D	52.91 % / 45.61 %	74	A	66.59 % / 30.8 %
11	C	50.76 % / 34.2 %	27	D	62.84 % / 33.32 %	43	D	63.43 % / 32.33 %	59	B	41.19 % / 39.48 %	75	B	40.74 % / 57.19 %
12	D	55.77 % / 38.47 %	28	C	50.01 % / 35.96 %	44	C	46.87 % / 31.91 %	60	B	57.62 % / 35.67 %	76	C	78.08 % / 17.76 %
13	C	40.55 % / 59.2 %	29	D	59.13 % / 33.5 %	45	D	68.84 % / 30.33 %	61	D	79.87 % / 16.78 %	77	C	88.34 % / 11.1 %
14	D	40.54 % / 33.48 %	30	C	87.89 % / 11.13 %	46	D	67.95 % / 30.8 %	62	C	53.35 % / 38.3 %	78	A	81.97 % / 12.35 %
15	C	47.47 % / 48.74 %	31	B	78.83 % / 19.3 %	47	B	61.23 % / 31.67 %	63	C	87.37 % / 12.48 %	79	B	53.84 % / 42.96 %
16	B	66.85 % / 31.84 %	32	B	58.35 % / 30.01 %	48	A	51.91 % / 47.05 %	64	C	62.1 % / 37.3 %	80	C	64.5 % / 31.28 %

प्रश्न संख्या	उत्तर	सही उत्तर / छोड़ दिया
81	D	54.26 %
		30.34 %
82	B	41.31 %
		30.25 %
83	C	84.8 %
		13.01 %
84	C	52.55 %
		30.6 %

प्रश्न संख्या	उत्तर	सही उत्तर / छोड़ दिया
85	A	53.52 %
		40.56 %
86	A	42.19 %
		56.36 %
87	D	54.97 %
		44.16 %
88	D	76.27 %
		20.07 %

प्रश्न संख्या	उत्तर	सही उत्तर / छोड़ दिया
89	B	80.74 %
		15.16 %
90	B	62.37 %
		33.59 %
91	C	82.2 %
		10.49 %
92	C	53.25 %
		36.94 %

प्रश्न संख्या	उत्तर	सही उत्तर / छोड़ दिया
93	B	81.35 %
		17.66 %
94	C	85.68 %
		11.79 %
95	C	44.22 %
		30.91 %
96	A	60.74 %
		31.5 %

प्रश्न संख्या	उत्तर	सही उत्तर / छोड़ दिया
97	A	47.72 %
		52.05 %
98	D	85.77 %
		14.1 %
99	D	45.51 %
		42.46 %
100	A	41.66 %
		48.39 %

कार्य विश्लेषण	
औसत अंक (%)	53.0%
टॉपर्स स्कोर (%)	58.0%
आपका स्कोर	

||संकेत और समाधान||

1. उपरोक्त विकल्पों में से शुद्ध वर्तनी- संगृहीत है।

अन्य विकल्प वर्तनीगत अशुद्ध हैं।

अन्य विकल्प:

अशुद्ध शब्द	शुद्ध शब्द
अरपन	अर्पण
अनभिज्ञ	अनभिज्ञ
अहार	आहार

अतः विकल्प (B) सही है।

2. दिए गए विकल्पों में पिंजरा शब्द की वर्तनी शुद्ध है। इसलिए सही विकल्प (D) 'पिंजरा' है। अन्य सभी शब्दों की वर्तनी त्रुटि पूर्ण हैं।

'पिंजरा' का अर्थ 'ऐसा स्थान जहां मुक्त होना प्रायः असंभव हो' होता है।

उपरोक्त सभी विकल्पों में 'र' और 'ड' सम्बन्धी त्रुटियां इंगित की गई हैं।

अतः विकल्प (D) सही है।

3. प्रतियोगिता शब्द वर्तनीगत शुद्ध शब्द है। अन्य विकल्प वर्तनीगत अशुद्ध हैं। इसलिए इसका सही उत्तर विकल्प (C) 'प्रतियोगिता' है।

प्रतियोगिता शब्द का अर्थ प्रतिद्वंदिता या होड़ होता है।

वर्तनी भाषा में शब्दों को वर्णों से अभिव्यक्त करने की क्रिया को कहते हैं। वर्तनी का सीधा सम्बन्ध भाषागत ध्वनियों के उच्चारण से है।

अतः विकल्प (C) सही है।

4. दिये गए विकल्पों में से 'व्यंग' शब्द शुद्ध है।

व्यंग का अर्थ 'शब्दों की व्यंजना से निकला अर्थ, तानायुक्त वाक्य' होता है।

अन्य विकल्प:

अन्य विकल्प वर्तनीगत अशुद्ध हैं।

अशुद्ध शब्द	शुद्ध शब्द
मैथली	मैथिली
प्रसंसा	प्रशंसा
उद्देश	उद्देश्य

अतः विकल्प (B) सही है।

5. 'अनुत्तर' शब्द वर्तनीगत शुद्ध है। 'उत्तर' शब्द में 'अन' उपसर्ग जुड़कर 'अनुत्तर' शब्द बना है।

ऐसे शब्दांश जो किसी शब्द के पूर्व जुड़कर उसके अर्थ में परिवर्तन कर देते हैं।

जैसे- प्रति + क्षण = प्रतिक्षण, सम् + गम = संगम

अतः विकल्प (C) सही है।

6. दिए गए विकल्पों में कवयित्री शब्द की वर्तनी शुद्ध है। इसलिए, सही विकल्प (B) 'कवयित्री' है। अन्य सभी शब्दों की वर्तनी त्रुटि पूर्ण हैं।

कवयित्री - संस्कृत [संज्ञा स्त्रीलिंग]

1. वह स्त्री जो कविताएँ रचती हो

2. स्त्री-कवि।

अतः विकल्प (B) सही है।

7. दिए गए विकल्पों में दुर्व्यसन शब्द की वर्तनी शुद्ध है। इसलिए, सही विकल्प (D) 'दुर्व्यसन' है। अन्य सभी शब्दों की वर्तनी त्रुटि पूर्ण हैं।

'दुर्व्यसन' का अर्थ 'बुरी आदत' है।

अन्य विकल्प –

अशुद्ध वर्तनी	शुद्ध वर्तनी
अन्त्रभाव	अन्तर्भाव
आयुर्वेद	आयुर्वेद
प्रवर्तक	प्रवर्तक

अतः विकल्प (D) सही है।

8. दिए गए विकल्पों में मुहर्रम शब्द की वर्तनी शुद्ध है। इसलिए, सही विकल्प (C) 'मुहर्रम' है। अन्य सभी शब्दों की वर्तनी त्रुटि पूर्ण हैं।

'मुहर्रम' का अर्थ 'इस्लामी वर्ष का पहला महीना' है।

अन्य विकल्प –

अशुद्ध वर्तनी	शुद्ध वर्तनी
हंसी	हँसी
पहुंच	पहुँच
उत्तीर्ण	उत्तीर्ण

अतः विकल्प (C) सही है।

9. "पुष्कर" शब्द तत्सम शब्द है। क्योंकि यह संस्कृत से ज्यों के ल्यों प्रयोग में लिया जा रहा है। अन्य विकल्प असंगत हैं।

तत्सम	तद्भव
पार्श्व	पड़ोसी
पूर्ण	पूरा
पट्टिका	पाटी

अतः विकल्प (D) सही है।

10. 'आसार' शब्द विदेशज शब्द है, अन्य सभी विकल्प असंगत हैं।

विदेशज: विदेशी भाषाओं से हिंदी में आये शब्दों को विदेशी शब्द कहा जाता है। इन विदेशी भाषाओं में मुख्यतः अरबी, फारसी, तुर्की, अंग्रेजी व पुर्तगाली शामिल है। जैसे- अदा, अजब, अजीब, अमीर आदि।

अतः विकल्प (B) सही है।

11. "शुष्क, होलिका, व्यथा" तीनो शब्द तत्सम शब्द है। क्योंकि यह तीनो संस्कृत से ज्यों के ल्यों प्रयोग में लिए जा रहे हैं।

शब्द	परिभाषा	उदाहरण
तत्सम	जिन शब्दों को संस्कृत से बिना किसी परिवर्तन के ले लिया जाता है, उन्हें तत्सम शब्द कहते हैं।	अग्नि, आम्र, अमूल्य, चंद्र, क्षेत्र, अज्ञान, अन्धकार आदि।
तद्भव	तत्सम शब्दों में समय और परिस्थितियों के कारण कुछ परिवर्तन होने से जो शब्द बने हैं उन्हें तद्भव कहते हैं।	मुख से मुँह, ग्राम से गाँव

अतः विकल्प (C) सही है।

12. "मयूर" शब्द तत्सम शब्द है। क्योंकि यह संस्कृत से ज्यों के ल्यों प्रयोग में लिया जा रहा है। अन्य विकल्प असंगत हैं।

तत्सम	तद्भव
भक्त	भगत
फणि	फण
प्रस्वेद	पसीना

अतः विकल्प (D) सही है।

13. 'प्रहर' का तद्भव शब्द पहर होता है। अन्य विकल्प असंगत है।

दोपहर - दिन के बारह बजे और उसके आसपास का समय, मध्याह्न।

चौकीदार - पहरा देने वाला

अतः विकल्प (C) सही है।

14. उपर्युक्त विकल्पों में से 'उपरोक्त सभी' देशज हैं।

शब्द	परिभाषा	उदाहरण
तत्सम शब्द	ऐसे शब्द जिन्हें बिना किसी परिवर्तन के संस्कृत से हिन्दी में शामिल कर लिया गए हों।	जैसे - आम्र, उष्ट्र, ऐश्वर्य, षष्ठी आदि।
तद्भव शब्द	ऐसे शब्द जो संस्कृत से हिंदी में आने पर उनका रूप बदल गया।	जैसे - आग, खीर, छत आदि।
देशज शब्द	ऐसे शब्द जो देश की अन्य या क्षेत्रीय भाषा से हिंदी में सम्मिलित हुए।	जैसे – थैला, लोटा, टाँग, पगड़ी आदि।
विदेशज/ आगत/ विदेशी शब्द	अन्य देश की भाषा से आये हुए शब्द जो हिंदी भाषा में सम्मिलित हुए। इन विदेशी भाषाओं में मुख्यतः अरबी, फारसी, तुर्की, उर्दू, अंग्रेजी व पुर्तगाली शामिल हैं।	जैसे - अदालत, ऑफिसर, बुखार, हज़म आदि।
संकर शब्द	हिंदी में वे शब्द जो अलग-अलग भाषाओं के शब्दों को मिलाकर बनाए गए हैं, संकर शब्द कहलाते हैं।	जैसे - उप-बोली, भोजन-घर, छायादार, फलदार इत्यादि

अतः विकल्प (D) सही है।

15. इसका सही उत्तर विकल्प (C) 'कवि दरबार' होगा। अन्य विकल्प सही उत्तर नहीं हैं।

'कवि दरबार', संकर शब्द है।

हिंदी भाषा में वे शब्द जो अलग-अलग भाषाओं के शब्दों को मिलाकर बना लिए गए हैं, संकर शब्द कहलाते हैं।

जैसे- अग्नि बोट= अग्नि (संस्कृत) + बोट (अंग्रेजी)

घर = टिकट (अंग्रेजी) + घर (हिंदी)

गैस = आँसू (हिंदी) + गैस (अंग्रेजी)

अतः विकल्प (C) सही है।

16. इसका सही उत्तर विकल्प (B) 'जांचकर्ता' होगा। अन्य विकल्प सही उत्तर नहीं हैं।

'जांचकर्ता' संकर शब्द है।

हिंदी भाषा में वे शब्द जो अलग-अलग भाषाओं के शब्दों को मिलाकर बना लिए गए हैं, संकर शब्द कहलाते हैं।

जैसे - अग्नि बोट= अग्नि (संस्कृत) + बोट (अंग्रेजी)

घर = टिकट (अंग्रेजी) + घर (हिंदी)

गैस = आँसू (हिंदी) + गैस (अंग्रेजी)

अतः विकल्प (B) सही है।

17. 'बहस' विदेशी शब्द है, अन्य विकल्प असंगत है। इसलिए, विकल्प (A) "बहस" सही उत्तर होगा।

बहस 'अरबी' भाषा का शब्द है। अत: यह विदेशी शब्द की श्रेणी में आता है।

लोटा, जगमग, घोटाला ये सभी शब्द देशज शब्द है।

अतः विकल्प (A) सही है।

18. दिए गए विकल्पों में काल 'योम' शब्द का पर्यायवाची शब्द नहीं है। इसलिए, विकल्प (D) इसका सही विकल्प है, अन्य विकल्प असंगत हैं।

योम के अन्य पर्यायवाची शब्द हैं - दिनमान, दिन।

अतः विकल्प (D) सही है।

19. दिए गए विकल्पों में प्रवाल 'मंजुल' शब्द का पर्यायवाची शब्द नहीं है। अतः विकल्प (B) इसका सही विकल्प है, अन्य विकल्प असंगत हैं।

मंजुल के अन्य पर्यायवाची शब्द हैं -शोभनीय, सुंदर।

अतः विकल्प (B) सही है।

20. दिए गए विकल्पों में इसके बाद 'फलतः' शब्द का पर्यायवाची शब्द नहीं है। अतः विकल्प (B) इसका सही विकल्प है, अन्य विकल्प असंगत हैं।

फलतः के अन्य पर्यायवाची शब्द हैं -फलस्वरुप, परिणामतः।

अतः विकल्प (B) सही है।

21. दिए गए विकल्पों में सीमित 'परिपाटी' शब्द का पर्यायवाची शब्द नहीं है। इसलिए, विकल्प (A) इसका सही विकल्प है, अन्य विकल्प असंगत हैं।

परिपाटी के अन्य पर्यायवाची शब्द हैं -क्रम, सिलसिला, श्रेणी, रीति।

अतः विकल्प (A) सही है।

22. दिए गए विकल्पों में पाहुन 'पाशविक' शब्द का पर्यायवाची शब्द नहीं है। इसलिए, विकल्प (C) इसका सही विकल्प है, अन्य विकल्प असंगत हैं।

पाशविक के अन्य पर्यायवाची शब्द हैं -अमानुषिक, पैशाचिक।

अतः विकल्प (C) सही है।

23. उपर्युक्त विकल्पों में से विकल्प (D) 'नीरोग' इसका सही उत्तर है। अन्य विकल्प इसके सही उत्तर नहीं हैं।

रुग्ण का अर्थ – बीमार

नीरोग का अर्थ – स्वस्थ

अतः विकल्प (D) सही है।

24. उपर्युक्त विकल्पों में से विकल्प (B) 'लघुकाय' इसका सही उत्तर है। अन्य विकल्प इसके सही उत्तर नहीं हैं।

विशालकाय का अर्थ – विशाल शरीरवाला।

लघुकाय का अर्थ – दुर्बल शरीरवाला।

अतः विकल्प (B) सही है।

25. उपर्युक्त विकल्पों में से विकल्प (A) 'दुभग' इसका सही उत्तर है। अन्य विकल्प इसके सही उत्तर नहीं हैं।

सुभग का अर्थ – भाग्यवान्

दुभग का अर्थ – दुर्भग्यवान

अतः विकल्प (A) सही है।

26. उपर्युक्त विकल्पों में से विकल्प (A) 'निःसंग' इसका सही उत्तर है। अन्य विकल्प इसके सही उत्तर नहीं हैं।

संग का अर्थ – साथ रहने की अवस्था या भाव

निःसंग का अर्थ – किसी से संबंध या लगाव न रखने वाला

अतः विकल्प (A) सही है।

27. उपर्युक्त विकल्पों में से विकल्प (D) 'आधिभौतिक' इसका सही उत्तर है। अन्य विकल्प इसके सही उत्तर नहीं हैं।

आध्यात्मिक का अर्थ – परमात्मा और आत्मा से संबंध रखनेवाला।

आधिभौतिक का अर्थ – पंचभूतों से संबंधित या उनसे उत्पन्न

अतः विकल्प (D) सही है।

28. 'दारा - द्वारा' का अर्थ है 'स्त्री - मार्फत'। अतः सही विकल्प (C) 'स्त्री - मार्फत' है।

'दारा' का अर्थ – स्त्री

'द्वारा' का अर्थ – मार्फत

अतः विकल्प (C) सही है।

29. 'फल - फाल' का अर्थ है 'खाने वाला फल- हल की नोंक'। इसलिए, सही विकल्प (D) 'खाने वाला फल- हल की नोंक' है।

'फल' का अर्थ – खाने वाला फल

'फाल' का अर्थ – हल की नोंक

अतः विकल्प (C) सही है।

30. 'बहन- वहन' का अर्थ है 'सहोदर - ढोना'। इसलिए, सही विकल्प (C) 'सहोदर - ढोना' है।

'बहन' का अर्थ – सहोदर

'वहन' का अर्थ – ढोना

अतः विकल्प (C) सही है।

31. सही उत्तर विकल्प (B) 'संलग्न - केशों का बन्धन' है।

'जुड़ा' का अर्थ – संलग्न

'जूड़ा' का अर्थ – केशों का बन्धन

अतः विकल्प (B) सही है।

32. दिए गए विकल्पों में से 'गौरव सोता है।' वाक्य अकर्मक क्रिया का है। अन्य सभी विकल्प अनुचित है। इसलिए, इसका सही उत्तर विकल्प (B) 'गौरव सोता है।' है।

सोता - अकर्मक क्रिया

शब्द	परिभाषा	उदाहरण
क्रिया	जिन शब्दों में किसी कार्य का करना या होना था, किसी घटना में घटित होने का संज्ञान होता है, उसे क्रिया कहते हैं। क्रिया के दो भेद माने गए हैं - अकर्मक और सकर्मक।	मोर नाचता है = अकर्मक अनुराग ने फल खाए = सकर्मक
अकर्मक क्रिया - जिस क्रिया का फल कर्म पर नहीं करता पर पड़ता है उसे अकर्मक क्रिया कहते हैं।		
सकर्मक क्रिया - जिस क्रिया का फल कर्म पर पड़ता है तथा जिसके प्रयोग में कर्म की अनिवार्यता बनी रहती है, उसे सकर्मक क्रिया कहते हैं।		

अतः विकल्प (B) सही है।

33. दिए गए विकल्पों में से 'मोहन अपनी कक्षा में पढ़ रहा है' वाक्य में क्रिया के 'सातप्यबोधक पक्ष' का प्रयोग हुआ है। अन्य सभी विकल्प असंगत है। इसलिए, इसका सही उत्तर विकल्प (B) 'मोहन अपनी कक्षा में पढ़ रहा है' है।

मोहन अपनी कक्षा में पढ़ रहा है। वाक्य में मोहन के पढ़ने की प्रक्रिया का चालू रहने का बोध है।

इसलिए, यह क्रिया का सातप्यबोधक पक्ष है।

अतः विकल्प (B) सही है।

34. दिए गए विकल्पों में से 'अब राम खेलने लगा है।' वाक्य में क्रिया के 'आरंभदयोतक पक्ष' का प्रयोग हुआ है। अन्य सभी विकल्प असंगत है। इसलिए, इसका सही उत्तर विकल्प (C) 'अब राम खेलने लगा है।' है।

अब राम खेलने लगा है। वाक्य में राम के खेलने की क्रिया के आरम्भ होने की स्थिति का बोध है।

इसलिए, यह क्रिया का आरंभदयोतक पक्ष है।

अतः विकल्प (C) सही है।

35. दिए गए विकल्पों में से 'राम कितना अच्छा खेल रहा है।' वाक्य में क्रिया के 'सातपय बोधक पक्ष' का प्रयोग हुआ है। अन्य सभी विकल्प असंगत है। इसलिए, इसका सही उत्तर विकल्प (D) 'राम कितना अच्छा खेल रहा है।' है।

राम कितना अच्छा खेल रहा है। वाक्य में राम के खेलने की प्रक्रिया का चालू रहने का बोध है।

इसलिए, यह क्रिया का सातपय बोधक पक्ष है।

अतः विकल्प (D) सही है।

36. दिए गए विकल्पों के अनुसार विकल्प (C) 'पूर्णता दयोतक पक्ष' वाक्य का सही उत्तर है अन्य विकल्प असंगत है। इसलिए, स्पष्ट है कि 'पूर्णता दयोतक पक्ष' विकल्प सटीक है।

इस क्रिया पक्ष में क्रिया के पूरी तरह समाप्त होने का बोध होता है पूर्णता दयोतक पक्ष कहलाता हैं।

अतः विकल्प (C) सही है।

37. इसका सही उत्तर विकल्प (A) 'उसने मीठा सेब खाया' होगा। अन्य विकल्प सही उत्तर नहीं हैं।

वे विशेषण शब्द जो विशेष्य के पहले प्रयुक्त होते है, उद्देश्य विशेषण कहलाते है।

रमेश सफल कलाकार है। (यहाँ सफल विशेषण तथा कलाकार विशेष्य है।)

अतः विकल्प (A) सही है।

38. इसका सही उत्तर विकल्प (A) होगा। अन्य विकल्प सही उत्तर नहीं हैं।

'भारत का हर एक सैनिक शेर है।'–वाक्य में 'संख्यावाचक विशेषण' है।

इस वाक्य में 'हर एक' शब्द संख्यावाचक विशेषण है। इसलिए इसे संख्यावाचक विशेषणयुक्त वाक्य माना गया है।

ऐसे शब्द जो संज्ञा या सर्वनाम की संख्या का बोध कराते हैं, संख्या वाचक विशेषण कहलाते हैं।

जैसे- दो, तीनों, चार गुना, प्रत्येक आदि।

अतः विकल्प (A) सही है।

39. इसका सही उत्तर विकल्प (B) होगा। अन्य विकल्प सही नहीं हैं।

'कौन' शब्द संबंधवाचक विशेषण का उदाहरण नहीं है।

यह प्रश्नवाचक विशेषण है।

ऐसे शब्द जिनका संज्ञा या सर्वनाम में जानने के लिए प्रयोग होता है,प्रश्नवाचक विशेषण कहलाते हैं।

जैसे- कहाँ, कौन आदि।

अतः विकल्प (B) सही है।

40. इसका सही उत्तर विकल्प (D) होगा। अन्य विकल्प सही उत्तर नहीं हैं।

- 'पठार' शब्द 'गुणवाचक विशेषण' का उदाहरण है।

विशेषण	परिभाषा	उदाहरण

गुणवाचक विशेषण	वे शब्द जो संज्ञा या सर्वनाम के गुण, धर्म, स्वभाव आदि का बोध कराये।	बलशाली, पुराण, नया, तीक्षण, कमजोर, मोटा, दुर्बल आदि।

अतः विकल्प (D) सही है।

41. इसका सही उत्तर विकल्प (D) होगा। अन्य विकल्प सही उत्तर नहीं हैं।

- 'दुर्बल' शब्द 'गुण वाचक विशेषण' है।

विशेषण	परिभाषा	उदाहरण
गुणवाचक विशेषण	वे शब्द जो संज्ञा या सर्वनाम के गुण, धर्म, स्वभाव आदि का बोध कराये।	बलशाली, पुराण, नया, तीक्षण, कमजोर, मोटा, दुर्बल, पठारी आदि।

अतः विकल्प (D) सही है।

42. इसका सही उत्तर विकल्प (C) होगा। अन्य विकल्प सही उत्तर नहीं हैं।

- 'थोड़ा' शब्द 'परिमाणवाचक विशेषण' का उदाहरण है।

विशेषण	परिभाषा	उदाहरण
परिमाणवाचक विशेषण	ऐसे शब्द जो संज्ञा या सर्वनाम की मात्रा का बोध कराते हैं।	चार किलो, एक मीटर, दो लीटर, थोड़ा, बहुत आदि।

अतः विकल्प (C) सही है।

43. दिए गए विकल्पों में से विकल्प (D) भाववाचक सही उत्तर है। अन्य विकल्प असंगत है। मैं तुम से प्रेम करता हूँ।, में भाववाचक संज्ञा होगी।

- जिस वाक्य में किसी धातु, द्रव या पदार्थ को छू नहीं सकते हैं; केवल अनुभव कर सकते हैं। वे वाक्य भाववाचक संज्ञा के अंतर्गत आते हैं।
- उपर्युक्त वाक्य में 'प्रेम' एक भाव यानी अनुभव को जताता है, जिसकी वजह से यह भाववाचक है।

भाववाचक संज्ञा	जो शब्द किसी चीज़ या पदार्थ की अवस्था, दशा या भाव का बोध कराते हैं, उन शब्दों को भाववाचक संज्ञा कहते हैं। जैसे- बचपन, बुढ़ापा, मोटापा, मिठास आदि।

अतः विकल्प (D) सही है।

44. दिए गए विकल्पों में से विकल्प (C) द्रव्यवाचक संज्ञा सही उत्तर है। अन्य विकल्प असंगत है। अपनी चाय में स्वादानुसार चीनी डाल सकते हैं।, में द्रव्यवाचक संज्ञा होगी।

- जिस वाक्य में किसी धातु, द्रव या पदार्थ का बोध हो होता है वे वाक्य द्रव्यवाचक संज्ञा के अंतर्गत आते हैं।
- उपर्युक्त वाक्य में चाय एवं चीनी को संख्याओं में नहीं माप सकते हैं बल्कि इनका उल्लेख हम किलो या लीटर में करते हैं।

द्रव्यवाचक संज्ञा	जिन संज्ञा शब्दों से किसी धातु, द्रव या पदार्थ का बोध हो, उन्हें द्रव्यवाचक संज्ञा कहते हैं। जैसे-सोना, लोहा आदि।

अतः विकल्प (C) सही है।

45. दिए गए विकल्पों में से विकल्प (D) भाववाचक संज्ञा सही उत्तर है। अन्य विकल्प असंगत है। मुझे तुम पर काफी गुस्सा आ रहा है।, में भाववाचक संज्ञा होगी।

- जिस वाक्य में किसी धातु, द्रव या पदार्थ को छू नहीं सकते हैं; केवल अनुभव कर सकते हैं। वे वाक्य भाववाचक संज्ञा के अंतर्गत आते हैं।
- उपर्युक्त वाक्य में गुस्सा आना एक भाव को प्रदर्शित करता है, इस कारण यह भाववाचक संज्ञा का उदाहरण है।

भाववाचक संज्ञा	जो शब्द किसी चीज़ या पदार्थ की अवस्था, दशा या भाव का बोध कराते हैं, उन शब्दों को भाववाचक संज्ञा कहते हैं। जैसे- बचपन, बुढ़ापा, मोटापा, मिठास आदि।

अतः विकल्प (D) सही है।

46. दिए गए विकल्पों में से विकल्प (D) मोबाइल सही उत्तर है। अन्य विकल्प असंगत है। मोबाइल, द्रव्यवाचक संज्ञा का उदाहरण है।

- उपर्युक्त विकल्पों में 'मोबाइल' द्रव्यवाचक संज्ञा का उदाहरण है, क्योंकि मोबाइल हमें किसी ठोस द्रव्य का बोध करा रहा है।

द्रव्यवाचक संज्ञा	जो शब्द किसी धातु या द्रव्य का बोध करते हैं, द्रव्यवाचक संज्ञा कहलाते हैं। जैसे- कोयला, पानी, तेल, घी आदि।

अतः विकल्प (D) सही है।

47. दिए गए विकल्पों में से विकल्प (B) कोहिनूर सही उत्तर है। अन्य विकल्प असंगत है। कोहिनूर, व्यक्तिवाचक संज्ञा का उदाहरण है।

- उपर्युक्त वाक्य में कोहिनूर सभी हीरो का बोध न कराकर विशेष हीरे का बोध करा रहा हैं अतः ये व्यक्तिवाचक संज्ञा की श्रेणी में आएगा।

व्यक्तिवाचक संज्ञा	जो शब्द केवल एक व्यक्ति, वस्तु या स्थान का बोध कराते हैं उन शब्दों को व्यक्तिवाचक संज्ञा कहते हैं। जैसे- भारत, चीन (स्थान), किताब, साइकिल (वस्तु), सुरेश,रमेश,महात्मा गाँधी (व्यक्ति) आदि।

अतः विकल्प (B) सही है।

48. दिए गए विकल्पों में से विकल्प (A) लम्बाई सही उत्तर है। अन्य विकल्प असंगत है। लम्बाई, भाववाचक संज्ञा का उदाहरण है।

- कुत्ते, गाडी, नदियाँ आदि शब्द जातिवाचक संज्ञा के उदाहरण हैं।
- लम्बाई शब्द से लम्बा होने के भाव का बोध हो रहा है। इसलिए, लम्बाई एक भाववाचक संज्ञा है

भाववाचक संज्ञा	जो शब्द किसी चीज़ या पदार्थ की अवस्था, दशा या भाव का बोध कराते हैं, उन शब्दों को भाववाचक संज्ञा कहते हैं। जैसे- बचपन, बुढ़ापा, मोटापा, मिठास आदि।

अतः विकल्प (A) सही है।

49. दिये गए विकल्पों में से 'छात्रों ने मुख्य अतिथि को एक फूलों की माला पहनाई।' अशुद्ध वाक्यरूप है। अतः इसका सही उत्तर विकल्प (C) 'छात्रों ने मुख्य अतिथि को एक फूलों की माला पहनाई।' है। अन्य विकल्प सही उत्तर नहीं हैं।

- 'छात्रों ने मुख्य अतिथि को एक फूलों की माला पहनाई।' अशुद्ध वाक्य है क्योंकि इसमें पदक्रम संबंधी त्रुटि है।

अशुद्ध वाक्य	शुद्ध वाक्य
छात्रों ने मुख्य अतिथि को एक फूलों की माला पहनाई।	छात्रों ने मुख्य अतिथि को फूलों की एक माला पहनाई।

अतः विकल्प (C) सही है।

50. दिये गए विकल्पों में से 'उपस्थित लोगों ने संकल्प लिया।' अशुद्ध वाक्यरूप है। इसलिए, इसका सही उत्तर विकल्प (D) 'उपस्थित लोगों ने संकल्प लिया।' है। अन्य विकल्प सही उत्तर नहीं हैं।

- 'उपस्थित लोगों ने संकल्प लिया।' अशुद्ध वाक्य है क्योंकि इसमें क्रिया संबंधी त्रुटि है।

अशुद्ध वाक्य	शुद्ध वाक्य
उपस्थित लोगों ने संकल्प लिया।	उपस्थित लोगों ने संकल्प किया।

अतः विकल्प (D) सही है।

51. दिए गए विकल्पों में से 'प्रियंका ने दूध पी लिया।' शब्द सयुंक्त क्रिया है। अन्य विकल्प इसके त्रुटिपूर्ण उत्तर होंगे। इसलिए, इसका सही उत्तर विकल्प (A) 'प्रियंका ने दूध पी लिया।' है।

प्रियंका ने दूध पी लिया- सयुंक्त क्रिया

हिंदी में संयुक्त क्रिया कभी एक पद द्वारा प्रकट होती है और कभी एक से अधिक पदों द्वारा।

अतः विकल्प (A) सही है।

52. दिए गए विकल्पों में "अतीत में भारत पर्याप्त समृद्ध था।" वाक्य में अधिकरण कारक है। अन्य विकल्प असंगत है। इसलिए, सही विकल्प (B)- अधिकरण कारक है।

कारक का अर्थ होता है किसी कार्य को करने वाला। यानी जो भी क्रिया को करने में भूमिका निभाता है, वह कारक कहलाता है।

कारक के मुख्यतः आठ भेद होते हैं :

1. कर्ता कारक – ने
2. कर्म कारक – को
3. करण कारक – से
4. सम्प्रदान कारक – के लिए
5. अपादान कारक – से
6. संबंध कारक – का, के, की
7. अधिकरण कारक – में, पर
8. संबोधन कारक – हे,हो,अरे,वाह

अतः विकल्प (B) सही है।

53. दिए गए विकल्पों में "राम माँ के लिए दवाई लाओ। "वाक्य में सम्प्रदान कारक है। अन्य विकल्प असंगत है। इसलिए, सही विकल्प (C)- सम्प्रदान कारक है।

अन्य विकल्प :

कारक	परिभाषा
कर्ता कारक	वाक्य में जो शब्द काम करने वाले के अर्थ में आता है, इसकी विभक्ति 'ने' है। जैसे – मनोज ने पत्र लिखा, मोहन खाता है। विशेष : जहाँ 'क्रिया' के लिंग, वचन और पुरुष कर्ता के अनुसार न होकर 'कर्म' के अनुसार होते है, वहाँ 'ने' विभक्ति लगती है। जैसे – मोहन ने मिठाई खाई। यहाँ क्रिया 'खाई' कर्म 'मिठाई' के अनुसार होकर 'स्त्रीलिंग' शब्द बन गया है।
कर्म कारक	वाक्य में क्रिया का फल जिस शब्द पर पड़े, इसकी विभक्ति 'को' है। जैसे – माँ बच्चे को सुला रही है।
करण कारक	जिस वस्तु की सहायता 'से' या जिसके 'द्वारा' कोई काम किया जाता है। जैसे – वह कुल्हाड़ी से पेड़ काटता है।
सम्प्रदान कारक	जिस शब्द से किसी के लिए कुछ करने या देने का बोध हो, इसकी विभक्ति 'को' और 'के लिए' है। जैसे – वह अरुण के लिए मिठाई लाया।
अपादान कारक	जिससे किसी वस्तु के अलग होने का बोध हो, इसकी विभक्ति 'से' है। जैसे – दूल्हा घोड़े से गिर पड़ा, चूहा बिल से बाहर निकला।
सम्बन्ध कारक	संज्ञा या सर्वनाम के जिस रूप से किसी अन्य शब्द के साथ संबंध का बोध हो, इसकी विभक्ति 'का', 'की', और 'के' है। जैसे – सीता का भाई आया है, राम की किताब।
अधिकरण कारक	शब्द के जिस रूप से क्रिया के आधार का ज्ञान हो, इसकी विभक्ति 'में' और 'पर' है। जैसे – मोहन मैदान में खेल रहा है, मनोज छत पर पढ़ रहा है।
संबोधन कारक	संज्ञा के जिस रूप से किसी के पुकारने या संकेत करने के भाव का बोध हो, इसकी विभक्ति 'अरे' और 'हे' है। जैसे – हे श्याम! इधर आओ!

अतः विकल्प (C) सही है।

54. विकल्प (D) घर पर बैठो। अधिकरण कारक का उदाहरण है।

जिस शब्द से क्रिया के आधार का बोध हो, उसे अधिकरण कारक कहते हैं।अधिकरण कारक में अधिकरण का अर्थ होता है- आधार या आश्रय संज्ञा का वह रूप जिससे क्रिया के आधार का बोध हो उसे अधिकरण कारक कहते हैं।

अतः विकल्प (D) सही है।

55. विकल्प (A) मेरा घर यहाँ से दूर है। अपादान कारक का उदाहरण है।

जब संज्ञा या सर्वनाम के किसी रूप से किन्हीं दो वस्तुओं के अलग होने का बोध होता है, उसे अपादान कारक कहते हैं। अपादान कारक का भी विभक्ति चिन्ह 'से' होता है।

उदाहरण: पेड़ से आम नीचे गिर गया।

अतः विकल्प (A) सही है।

56. विकल्प (D) मैं मोहन के द्वारा सन्देश भेज दूँगा। करण कारक का उदाहरण है. अत: सही उत्तर विकल्प (D) 'मैं मोहन के द्वारा सन्देश भेज दूँगा।' है।

मैं मोहन के द्वारा सन्देश भेज दूँगा। करण कारक

मैं मोहन के द्वारा सन्देश भेज दूँगा।

अतः विकल्प (D) सही है।

57. दिए गये विकल्पों में 'शायद कुछ ही दिनों में वर्षा आए' संभाव्य भविष्यतकाल को सूचित करता है क्योंकि संभाव्य भविष्यतकाल अर्थात इस काल से काम के आगे होने की सम्भावना व्यक्त होती है। इसलिए, सही विकल्प 'शायद कुछ ही दिनों में वर्षा आए' है।

अन्य विकल्प

वाक्य	काल
ईश्वर हम सब को देखता होगा।	संदिग्ध वर्तमानकाल
शरण्या नाच रही थी।	अपूर्ण भूतकाल
राहुल पढ़ता है।	सामान्य वर्तमानकाल

अतः विकल्प (A) सही है।

58. दिए गये वाक्य में 'ऊँगा' का प्रयोग है। इसका अर्थ है यह कार्य आनेवाले समय में होगा। सामान्य भविष्यतकाल अर्थात क्रिया के जिस रूप से यह पता चले कि इसका आनेवाली समय में सामान्य रूप से प्रकट होगा। जैसे – लड़का जाएगा, उनके विवाह में जाऊँगा। इसलिए, सही विकल्प 'सामान्य भविष्यतकाल' है।

अन्य विकल्प

काल	परिभाषा
पूर्ण भूतकाल	इससे यह ज्ञात होता है कि क्रिया के हुए बहुत समय बीत गए। उसने श्याम को मारा था।
सामान्य वर्तमानकाल	जिससे क्रिया के जिस रूप में वर्तमान में सामान्य से होने का पता चलता है। जैसे- बच्चा खिलौनों से खेलता है।
संदिग्ध भूतकाल	भूतकाल की जिस क्रिया से कार्य होने में अनिश्चितता अथवा संदेह प्रकट हो। जैसे – बस छुट गई होगी।

अतः विकल्प (D) सही है।

59. दिए गये वाक्य में 'रहा है' का प्रयोग है। इसका अर्थ है यह कार्य हो रहा है। अपूर्ण वर्तमानकाल अर्थात क्रिया के जिस रूप से वर्तमान काल में उसके पूर्ण न होने का बोध हो। जैसे – लड़का पढ़ रहा है, रम्या नाच रही है। इसलिए, सही विकल्प 'अपूर्ण वर्तमानकाल' है।

अन्य विकल्प

काल	परिभाषा
सामान्य वर्तमानकाल	जिससे क्रिया के जिस रूप में वर्तमान में सामान्य से होने का पता चलता है। जैसे – बच्चा खिलौने से खेलता है।
पूर्ण भूतकाल	इससे यह ज्ञात होता है कि क्रिया को हुए बहुत समय बीत गए। जैसे – रघु मर चुका था।
सामान्य भूतकाल	यह सिर्फ बीते हुए समय का ज्ञात करता, पर यह नहीं पता चलता कि कब समाप्त हुआ। जैसे - मोहन गाँव

	आया।

अतः विकल्प (B) सही है।

60. क्रिया के जिस रूप से बीते हुए समय में कार्य के पूर्ण होने या न होने में संदेह हो, संदिग्धभूत कहलाता है। यहाँ वाक्य में 'होगा' से अंत किया गया है जो कि 'संदिग्ध' की ओर संकेत किया गया है। इसलिए, सही विकल्प 'संदिग्धभूत' है।

अतः विकल्प (B) सही है।

61. 'अत्यन्त' शब्द में अति उपसर्ग है। अन्य विकल्प असंगत है। इसलिए सही उत्तर विकल्प (D) अति होगा।

उपसर्ग	अर्थ	उदाहरण
अति	अधिक, ऊपर, उस पार	अतिकाल, अत्याचार, अतिकर्मण, अतिरिक्त, अतिशय, अत्यन्त, अत्युक्ति, अतिक्रमण, इत्यादि ।

अतः विकल्प (D) सही है।

62. दिए गए विकल्पों में से 'अनुचर' शब्द में 'अति' उपसर्ग नहीं है। अन्य सभी विकल्पों में 'अति' उपसर्ग का प्रयोग है। अत: इसका सही उत्तर विकल्प (C) 'अनुचर' है।

अनुचर = अनु + चर

'अनु' उपसर्ग से बनने वाले अन्य शब्द - अनुशासन, अनुज, अनुपात आदि।

'अनु' का अर्थ – पीछे, समानता, क्रम, पश्चात

अतः विकल्प (C) सही है।

63. दिए गए विकल्पों में 'सब' उपसर्ग बना शब्द सबइंस्पेक्टर है। अन्य विकल्प सटीक उत्तर नहीं है।

अन्य विकल्प:

उपसर्ग	शब्द
सह	सहपाठी
सत	सत्कर्म
सर	सरपंच

अतः विकल्प (C) सही है।

64. निर्वाह, शब्द में निर उपसर्ग है। अन्य विकल्प असंगत है। इसलिए, सही उत्तर विकल्प (C) निर होगा।

निर्वाह- संज्ञा पुलिंग [संस्कृत]

1. किसी क्रम या परंपरा का चला चलना।

किसी बात का जारी रहना । निबाह।

जैसे, प्रीति का निर्वाह, कार्य का निर्वाह।

2. किसी बात के अनुसार बराबर आचरण । पालन।

जैसे, प्रतिज्ञा का निर्वाह, वचन का निर्वाह।

अतः विकल्प (C) सही है।

65. 'सदाचार' शब्द में 'सत्' उपसर्ग का प्रयोग हुआ है। इसलिए, सही विकल्प 'सदाचार' है।

उपसर्ग	उदाहरण
आ	आरोहरण ,आगमन आदि।
अव	अवसाद , अवगत आदि।
अन	अनगिनत ,अनायास आदि।

अतः विकल्प (A) सही है।

66. दिए गए सभी विकल्पों में 'कलकतिया' शब्द में 'तिया' प्रत्यय का योग है, अन्य सभी विकल्प का कोई सार्थक अर्थ न होने की वजह से वह गलत हैं। इसलिए, विकल्प (A) 'कलकतिया' इसका सही उत्तर है।

कलकतिया = कलक + तिया। इसमें स्थानवाचक तद्धित प्रत्यय है।

स्थानवाचक तद्धित प्रत्यय - ऐसे प्रत्यय जिनसे हमें किसी स्थान का बोध हो वे प्रत्यय स्थानवाचक तद्धित प्रत्यय कहलाते हैं।

जैसे- तिरहुतिया।

अतः विकल्प (A) सही है।

67. दिए गए सभी विकल्पों में 'खटोला' शब्द में 'ओला' प्रत्यय का योग है, अन्य सभी विकल्प का कोई सार्थक अर्थ न होने की वजह से वह गलत हैं। इसलिए, विकल्प (B) 'ओला' इसका सही उत्तर है।

खटोला = खाट + ओला। इसमें ऊनवाचक तद्धित प्रत्यय है।

ऊनवाचक तद्धित प्रत्यय - ऐसे प्रत्यय जिनसे हमें किसी वास्तु व्यक्ति आदि कि लघुता, प्रियता, हीनता आदि का बोध हो वह प्रत्यय ऊनवाचक तद्धित प्रत्यय कहलाते हैं।

जैसे- संपोला आदि।

अतः विकल्प (B) सही है।

68. दिए गए सभी विकल्पों में 'बोया' शब्द में 'या' प्रत्यय का योग है, अन्य सभी विकल्प का कोई सार्थक अर्थ न होने की वजह से वह गलत हैं। इसलिए, विकल्प (B) 'बोया' इसका सही उत्तर है।

बोया = बो + या। इसमें क्रियावाचक कृदंत प्रत्यय है।

क्रियावाचक कृदंत प्रत्यय - ऐसे प्रत्यय से बने हुए शब्द जिनसे क्रिया के होने का पता चले तो वह क्रियावाचक कृदंत प्रत्यय कहलाते हैं।

जैसे- खोया।

अतः विकल्प (B) सही है।

69. दिए गए सभी विकल्पों में 'सजीला' शब्द में 'ईला' प्रत्यय का योग है, अन्य सभी विकल्प का कोई सार्थक अर्थ न होने की वजह से वह गलत हैं। इसलिए, विकल्प (C) 'सजीला' इसका सही उत्तर है।

राजीला = सज । ईला। इसमें गुणवाचक तद्धित प्रत्यय है।

गुणवाचक तद्धित प्रत्यय - ऐसे प्रत्यय जो शब्द में लगने के बाद शब्द को गुणवाचक बना दे, वे प्रत्यय गुणवाचक तद्धित प्रत्यय कहलाते हैं।

जैसे- चमकीला , भड़कीला आदि।

अतः विकल्प (C) सही है।

70. दिए गए सभी विकल्पों में 'पगड़ी' शब्द में 'डी' प्रत्यय का योग है, अन्य सभी विकल्प का कोई सार्थक अर्थ न होने की वजह से वह गलत हैं। इसलिए, विकल्प (A) 'पगड़ी' इसका सही उत्तर है।

पगड़ी = पाग + डी। इसमें ऊनवाचक तद्धित प्रत्यय है।

ऊनवाचक तद्धित प्रत्यय - ऐसे प्रत्यय जिनसे हमें किसी वास्तु व्यक्ति आदि कि लघुता, प्रियता, हीनता आदि का बोध हो वह प्रत्यय ऊनवाचक तद्धित प्रत्यय कहलाते हैं।

जैसे- टुकड़ी , टंगड़ी आदि।

अतः विकल्प (A) सही है।

71. दिए गए विकल्पों में उचित उत्तर विकल्प (C) 'विसर्ग संधि' है। अन्य विकल्प अनुचित उत्तर हैं।

'निराशा' शब्द का उचित संधि-विच्छेद 'निः + आशा'। यह विसर्ग संधि का उदाहरण है। विसर्ग से पहले अ, आ को छोड़कर कोई स्वर हो और बाद में

कोई स्वर हो, वर्ग के तीसरे, चौथे, पाँचवें वर्ण अथवा य, र, ल, व, ह में से कोई हो तो विसर्ग का र या र् हो जाता ह। विसर्ग के साथ 'श' के मेल पर विसर्ग के स्थान पर भी 'श्' बन जाता है।

संधि	परिभाषा	उदाहरण
विसर्ग संधि	विसर्ग के बाद स्वर व व्यंजन के आने पर विसर्ग में जो परिवर्तन या विकार उत्पन्न होता है, उसे विसर्ग-संधि कहते हैं।	निः + आहार = निराहार

अतः विकल्प (C) सही है।

72. दिए गए विकल्पों में उचित उत्तर विकल्प (D) 'पवित्र' है। अन्य विकल्प अनुचित उत्तर हैं।

'पवित्र' शब्द का उचित संधि-विच्छेद 'पो + इत्र' (ओ+ इ = अवि)। यह अयादि संधि का उदाहरण है।

संधि	परिभाषा	उदाहरण
अयादि संधि	जब संधि करते समय ए, ऐ, ओ, औ के साथ कोई अन्य स्वर हो तो (ए का अय), (ऐ का आय), (ओ का अव), (औ का आव) बन जाता है। यही अयादि संधि कहलाती है।	गो + इनि = गविनी

अतः विकल्प (D) सही है।

73. दिए गए विकल्पों में उचित उत्तर विकल्प (D) 'उपर्युक्त' है। अन्य विकल्प अनुचित उत्तर हैं।

'उपर्युक्त' शब्द का उचित संधि-विच्छेद 'उपरि + उक्त' (इ + उ = यु)। यह यण संधि का उदाहरण है।

संधि	परिभाषा	उदाहरण
यण संधि	जब संधि करते समय इ, ई के साथ कोई अन्य स्वर हो तो 'य' बन जाता है, जब उ, ऊ के साथ कोई अन्य स्वर हो तो 'व्' बन जाता है, जब ऋ के साथ कोई अन्य स्वर हो तो 'र' बन जाता है।	अति + आचार = अत्याचार

अतः विकल्प (D) सही है।

74. दिए गए विकल्पों में उचित उत्तर विकल्प (A) 'ज्ञानोपदेश' है। अन्य विकल्प अनुचित उत्तर हैं।

'ज्ञानोपदेश' शब्द का उचित संधि- ज्ञान + उपदेश (अ + उ = ओ)। यह गुण संधि का उदाहरण है।

संधि	परिभाषा	उदाहरण
गुण संधि	जब संधि करते समय (अ, आ) के साथ (इ, ई) हो तो 'ए' बनता है, जब (अ, आ) के साथ (उ, ऊ) हो तो 'ओ' बनता है, जब (अ, आ) के साथ (ऋ) हो तो 'अर' बनता है तो यह गुण संधि कहलाती है।	नर + इंद्र = नरेन्द्र

अतः विकल्प (A) सही है।

75. अत्यावश्यक शब्द में दीर्घ संधि नहीं है। अत्यावश्यक शब्द में यण संधि है। अतिरिक्त सभी विकल्प 'दीर्घ संधि' के उदाहरण है, दीर्घ संधि अर्थात दो सवर्ण, हस्व या दीर्घ, स्वरों के मेल होने पर दीर्घ स्वर बन जाता है, जैसे – विद्या + अर्थी = विद्यार्थी। इसलिए, सही विकल्प (B) 'अत्यावश्यक' है।

अतः विकल्प (B) सही है।

76. नद्यर्पण शब्द में गुण संधि नहीं है। नद्यर्पण शब्द में यण संधि है। अतिरिक्त सभी विकल्प 'गुण संधि' के उदाहरण है, गुण संधि अर्थित अ, आ के साथ इ, ई का मेल होने पर 'ए'; उ, ऊ का मेल होने पर 'ओ'; तथा ऋ का मेल होने पर 'अर' हो जाता है, जैसे – देव + ऋषि = देवर्षि। इसलिए, सही विकल्प (C) 'नद्यर्पण' है।

अतः विकल्प (C) सही है।

77. इसका सही उत्तर विकल्प (C) है। अन्य विकल्प सही उत्तर नहीं हैं।

'अनजाने' का समास-विग्रह- 'जाने बिना' होगा।

इसमें अव्ययीभाव समास है।

जिस समास में पहला पद प्रधान हो और समस्त शब्द अव्यय का काम करे। वह अव्ययीभाव समास कहलाता है।

अन्य विकल्प सही उत्तर नहीं हैं।

अतः विकल्प (C) सही है।

78. मृगनयनी शब्द बहुव्रीहि समास का उदाहरण है। अन्य विकल्प असंगत है। इसलिए, सही उत्तर विकल्प (A) मृगनयनी होगा।

अन्य विकल्प:-

- दाल-चावल - दाल और चावल
- यथासंभव -जहाँ तक संभव हो सके
- दुअत्री - दो आनों का समाहार

अतः विकल्प (A) सही है।

79. कपड़छना शब्द में करण तत्पुरुष समास है। अन्य विकल्प असंगत है। इसलिए सही उत्तर विकल्प (B) कपड़छना होगा।

- कपड़छना - कपड़े से छना हुआ

समास	परिभाषा	उदाहरण
तत्पुरुष समास	जिस समास में उत्तरपद प्रधान हो तथा समास करने के उपरांत विभक्ति (कारक चिन्ह) का लोप हो।	जैसे – धर्म का ग्रन्थ = धर्मग्रन्थ, तुलसीदास द्वारा कृत = तुलसीदासकृत।

अतः विकल्प (B) सही है।

80. जिस समस्त-पद के दोनों पद प्रधान हो तथा विग्रह करने पर 'और', 'अथवा', 'या' लगता हो द्वन्द्व समास कहलाता है। अन्य विकल्प असंगत है। इसलिए, सही उत्तर विकल्प (C) द्वन्द्व समास होगा।

समास	परिभाषा	उदाहरण
द्वन्द्व समास	जिस समास में दोनों पद प्रधान हो तथा विग्रह करने पर उनके बीच 'तथा', 'या', 'अथवा', 'एवं' या 'और' का प्रयोग होता हो।	जैसे – अन्न और जल = अन्न-जल, अपना और पराया = अपना-पराया

अतः विकल्प (C) सही है।

81. अधमरा , द्विगु समास का उदाहरण नही है। अन्य विकल्प में द्विगु समास है। इसलिए, सही उत्तर विकल्प (D) अधमरा होगा।

त्रिलोक -तीनों लोको का समाहार

पंचतंत्र - पाँच तंत्रों का समूह

पंजाब - पाँच आबों (नदियों) का समूह

अतः विकल्प (D) सही है।

82. जिसमें समस्त-पद का उत्तरपद प्रधान हो तथा पूर्वपद व उत्तरपद में विशेषण-विशेष्य संबंध हो, कर्मधारय समास कहलाता है। अन्य विकल्प असंगत है। इसलिए, सही उत्तर विकल्प (B) कर्मधारय समास होगा।

अतः विकल्प (B) सही है।

83. दिये गए विकल्पों में से 'दौड़ धूप करना' मुहावरे का उचित अर्थ 'बहुत प्रयास करना' है। अन्य विकल्प सही उत्तर नहीं हैं।

मुहावरा	अर्थ	वाक्य प्रयोग
उसका कोई सानी न होना	बहुत होशियार होना	उसको काम करने में महारथ हांसिल है उसका दिनेश अपने की कोई सानी नहीं है।

अतः विकल्प (C) सही है।

84.

दिये गए विकल्पों में से 'दौड़ धूप करना' मुहावरे का उचित अर्थ 'बहुत प्रयास करना' है। अन्य विकल्प सही उत्तर नहीं हैं।

मुहावरा	अर्थ	वाक्य प्रयोग
दौड़ धूप करना	बहुत प्रयास करना	उसने बहुत दौड़ धूप की पर उसे नौकरी नहीं मिली।

अतः विकल्प (C) सही है।

85. दिये गए विकल्पों में से 'दांत खट्टे करना' मुहावरे का उचित अर्थ 'पराजित करना' है। अन्य विकल्प सही उत्तर नहीं हैं।

मुहावरा	अर्थ	वाक्य प्रयोग
दाँत खट्टे करना	पराजित करना	महारानी लक्ष्मीबाई ने युद्ध में अंग्रेजों के दांत खट्टे कर दिए।

अतः विकल्प (A) सही है।

86. दिये गए विकल्पों में से 'अपना उल्लू सीधा करना' मुहावरे का उचित अर्थ 'अपना स्वार्थ पूरा करना' है। अन्य विकल्प सही उत्तर नहीं हैं।

मुहावरा	अर्थ	वाक्य प्रयोग
अपना उल्लू सीधा करना	अपना स्वार्थ पूरा	अरुण को तो अपना उल्लू सीधा करना था, अब वह तुषार से बात भी नहीं करता।

अतः विकल्प (A) सही है।

87. 'आसमान टूट पड़ना' मुहावरे का अर्थ- 'अचानक घोर विपत्ति आ जाना' होगा।

वाक्य प्रयोग- कोरोना काल में कई लोगों पर तो आसमान ही टूट पड़ा जब उनके पास न कुछ खाने को था न पहनने को और न ही रहने को घर था।

अतः विकल्प (D) सही है।

88. भित्र-भित्र प्रकार के भावों और विचारों को स्पष्ट करने के लिए जिन चिह्नों का प्रयोग वाक्य के बीच या अंत में किया जाता है, उन्हें 'विराम चिह्न' कहते है।

यदि विराम-चिह्न का प्रयोग न किया जाए तो अर्थ का अनर्थ हो जाता है।

जैसे-

(1)रोको मत जाने दो।

(2)रोको, मत जाने दो।

(3)रोको मत, जाने दो।

उपर्युक्त उदाहरणों में पहले वाक्य में अर्थ स्पष्ट नहीं होता, जबकि दूसरे और तीसरे वाक्य में अर्थ तो स्पष्ट हो जाता है लेकिन एक-दूसरे का उल्टा अर्थ मिलता है जबकि तीनो वाक्यों में वही शब्द है। दूसरे वाक्य में 'रोको' के बाद अल्पविराम लगाने से रोकने के लिए कहा गया है जबकि तीसरे वाक्य में 'रोको मत' के बाद अल्पविराम लगाने से किसी को न रोक कर जाने के लिए कहा गया हैं।

अतः विकल्प (D) सही है।

89. भित्र-भित्र प्रकार के भावों और विचारों को स्पष्ट करने के लिए जिन चिह्नों का प्रयोग वाक्य के बीच या अंत में किया जाता है, उन्हें 'विराम चिह्न' कहते है।

यदि विराम-चिह्न का प्रयोग न किया जाए तो अर्थ का अनर्थ हो जाता है।

जैसे-

(1) रोको मत जाने दो।

(2) रोको, मत जाने दो।

(3) रोको मत, जाने दो।

उपर्युक्त उदाहरणों में पहले वाक्य में अर्थ स्पष्ट नहीं होता, जबकि दूसरे और तीसरे वाक्य में अर्थ तो स्पष्ट हो जाता है लेकिन एक-दूसरे का उल्टा अर्थ मिलता है जबकि तीनो वाक्यों में वही शब्द है। दूसरे वाक्य में 'रोको' के बाद अल्पविराम लगाने से रोकने के लिए कहा गया है जबकि तीसरे वाक्य में 'रोको मत' के बाद अल्पविराम लगाने से किसी को न रोक कर जाने के लिए कहा गया हैं।

अतः विकल्प (B) सही है।

90. ("...") यह अवतरण चिह्न है। किसी वाक्य में किसी खास शब्द पर जोर देने के लिए अवतरण या उद्धरण चिन्ह (' ') का प्रयोग किया जाता है। किसी और के द्वारा लिखे या कहे गए वाक्य या शब्दों को ज्यों-का-त्यों लिखने के लिए अवतरण चिह्न या उद्धरण चिन्ह (" ") का प्रयोग किया जाता है।

अतः विकल्प (B) सही है।

91. विकल्प (C) '- ।' इसका सही उत्तर है। अन्य विकल्प असंगत हैं

'भिक्षुक के पेट-पीठ एक हो गए।' पेट और पीठ के बीच योजक चिह्न (-) और अंत में पूर्ण विराम (।) होगा। इसलिए विकल्प 3 सही है।

विराम चिह्न: विराम चिह्न का अर्थ है ठहराव, विश्राम, रुकना। अर्थात वाक्य लिखते समय विराम को प्रकट करने के लिए लगाए जाने वाले चिह्न को विराम चिह्न कहते हैं।

हिंदी में प्रचलित प्रमुख विराम चिह्न निम्नलिखित है:–

(1) अल्प विराम (,)

(2) अर्द्ध विराम (;)

(3) पूर्ण विराम (।)

(4) उप विराम [:]

(5) विस्मयादिबोधक चिह्न (!)

(6) प्रश्नवाचक चिह्न (?)

(7) कोष्ठक (())

(8) योजक चिह्न (-)

(9) अवतरण चिह्न या उद्धरणचिह्न ("...")

(10) लाघव चिह्न (०)

(11) आदेश चिह्न/सूचना (:-)

(12) रेखांकन चिह्न (_)

(13) लोप चिह्न (...)

अतः विकल्प (C) सही है।

92. विकल्प (C) '....' इसका सही उत्तर है। अन्य असंगत उत्तर हैं।

'....' लोप चिह्न है। जिस वाक्य को लिखते समय किसी शब्द या वाक्य का लोप हो जाता है या करना पड़ता है वहाँ इस चिह्न का प्रयोग किया जाता है।

विराम चिह्न: विराम चिह्न का अर्थ है ठहराव, विश्राम, रुकना। अर्थात वाक्य लिखते समय विराम को प्रकट करने के लिए लगाए जाने वाले चिह्न को विराम चिह्न कहते हैं।

हिंदी में प्रचलित प्रमुख विराम चिह्न निम्नलिखित है:–

(1) अल्प विराम (,)

(2) अर्द्ध विराम (;)

(3) पूर्ण विराम (।)

(4) उप विराम [:]

(5) विस्मयादिबोधक चिह्न (!)

(6) प्रश्नवाचक चिह्न (?)

(7) कोष्ठक (())

(8) योजक चिह्न (-)

(9) अवतरण चिह्न या उद्धरणचिह्न ("... ")

(10) लाघव चिह्न) (०)

(11) आदेश चिह्न/सूचना (:-)

(12) रेखांकन चिह्न (_)

(13) लोप चिह्न (...)

अतः विकल्प (C) सही है।

93. दिए गए विकल्पों में से सही उत्तर विकल्प (B) 'कार्यकारी ' है। 'कार्यकारी ' का अर्थ है – स्थानापन्न कार्य करनेवाला. अन्य विकल्प इसके गलत उत्तर हैं।

अतः विकल्प (B) सही है।

94. दिए गए विकल्पों में से सही उत्तर विकल्प (C) 'अवरोध' है। 'अवरोध' का अर्थ है – रुकावट, बाधा आदि। अन्य विकल्प इसके गलत उत्तर हैं।

अतः विकल्प (C) सही है।

95. दिए गए विकल्पों में सही उत्तर विकल्प (C) 'Come into operation' है। अन्य विकल्प इसके अनुचित उत्तर हैं।

Come into affect का हिन्दी अर्थ – प्रभावशाली होना

Come into force का हिन्दी अर्थ – लागू होना

Come into operation का हिन्दी अर्थ – प्रवर्तन में लाया जाना

Condition का हिन्दी अर्थ - शर्त

अतः विकल्प (C) सही है।

96. दिए गए विकल्पों में से सही उत्तर विकल्प (A) 'उत्प्रवासी' है। 'उत्प्रवासी' का अर्थ है – अन्य देश में जाकर रहने वाला. अन्य विकल्प इसके गलत उत्तर हैं।

अतः विकल्प (A) सही है।

97. दिए गए विकल्पों में से सही उत्तर विकल्प (A) 'अवधि' है। 'अवधि' का अर्थ है – काल, समय आदि। अन्य विकल्प इसके गलत उत्तर हैं।

अतः विकल्प (A) सही है।

98. दिए गए विकल्पों में से सही उत्तर विकल्प (D) 'निष्पादन' है। 'निष्पादन' का अर्थ है – पूरा करना, निष्पन्न करना अन्य विकल्प इसके गलत उत्तर हैं।

निष्पादन - DISPOSAL

अतः विकल्प (D) सही है।

99. दिए गए विकल्पों में से सही उत्तर विकल्प (D) 'पृष्ठांकन' है। 'पृष्ठांकन' का अर्थ है – हस्ताक्षर करना आदि। अन्य विकल्प इसके गलत उत्तर हैं।

अतः विकल्प (D) सही है।

100. प्राधिकारी' शब्द का अंग्रेजी रूपांतरण Authority होगा। अन्य विकल्प असंगत हैं।

- प्राधिकारी के पर्यायवाची-अधिकार, प्राधिकरण, प्रभुत्ता हैं।

अन्य विकल्प:

अंग्रेजी शब्द	हिंदी शब्द

Lord	भगवान
Officer	अफसर
Amendment	सुधार

अतः विकल्प (A) सही है।

Q.1 'तुम्हारे कहे अनुसार आज मुझे बेटी हुई, तुम्हारी जीभ पर सरस्वती बसती है।' वाक्य में प्रयुक्त मुहावरे का उचित अर्थ नहीं है-
A. महान पंडित होना
B. कवि या वक्ता होना
C. कहा सच होना
D. मूर्ख होना

Q.2 'मेरा बेटा आशीष मेरी आंखों का तारा है।' वाक्य में प्रयुक्त मुहावरे का उचित अर्थ नहीं है-
A. बहुत प्यारा
B. लाडला होना
C. बहुत उतावला होना
D. सर्वाधिक प्रिय

Q.3 'आज मेरे पास पहले ही पैसे की कमी है ऊपर से अब हाथ खुजला रहा है' वाक्य में प्रयुक्त मुहावरे का उचित अर्थ नहीं है-
A. किसी की पिटाई करने को जी चाहना
B. लाभ या हानि की आशंका
C. पैसा खर्च होने की आशंका
D. याचना करना

Q.4 "चित्रकार द्वारा चित्र बनाया जाता है।" यह किस वाच्य का उदाहरण है?
A. भाववाच्य
B. कर्मवाच्य
C. कर्तृवाच्य
D. इनमें से कोई नहीं

Q.5 "कुमकुम खाना खाकर सो गई।" यह किस वाच्य का उदाहरण है?
A. भाववाच्य
B. कर्मवाच्य
C. कर्तृवाच्य
D. इनमें से कोई नहीं

Q.6 किसी पद, उपवाक्य आदि की विशेषता दिखाने के लिए शब्द के नीचे एक रेखा खींचते हैं उसे कहते हैं:
A. प्रश्नवाचक चिह्न
B. अधोरेखा चिह्न
C. कोष्ठक चिह्न
D. तिर्यक चिह्न

Q.7 राम अयोध्या के राजा थे।, में कौन चिह्न प्रयुक्त है?
A. अल्पविराम
B. पूर्ण विराम
C. हंस पद
D. रेखिका

Q.8 जहाँ वाक्य की गति अन्तिम रूप ले ले, विचार के तार टूट जाएँ, वहाँ किस चिन्ह का प्रयोग किया जाता है?
A. योजक
B. अल्पविराम
C. उद्धरण चिन्ह
D. पूर्ण विराम

Q.9 संज्ञा की द्विरूक्ति हो तो उनके बीच कौन-सा चिह्न रहता है?
A. अवतरण
B. योजक
C. कोष्ठक
D. निर्देशक

Q.10 '=' विराम चिह्न प्रयुक्त होता है-
A. विवरण चिह्न
B. तुल्यतासूचक
C. लाघव चिह्न
D. संयोजक चिह्न

Q.11 शुद्ध शब्द कौन-सा है?
A. चिन्ह
B. कृप्या
C. दवाईयाँ
D. निर्भर

Q.12 अशुद्ध शब्द है:
A. अनसूया
B. ऐनक
C. सन्कट
D. संशय

Q.13 दिए गए शब्दों में शुद्ध वर्तनी वाला शब्द है-
A. सर्वोतम
B. संसरिक
C. सच्चिदानंद
D. कीर्ती

Q.14 शुद्ध शब्द है?
A. अनाधिकार
B. अहिल्या
C. अन्तर्ध्यान
D. उपर्युक्त

Q.15 मानव मात्र को गीता के <u>माहात्म्य</u> से परिचित होना अनिवार्य है। रेखांकित शब्द को शुद्ध करें-
A. माहात्मय
B. माहात्य
C. महात्य
D. महात्तम्य

Q.16 निम्नलिखित में से कौन सा शब्द द्रव्यवाचक संज्ञा है?
A. खटाई
B. मिठाई
C. दूध
D. ठण्ड

Q.17 निम्नलिखित विशेषणों में से संज्ञा को पहचानिए:
A. आसमानी
B. नियमित
C. पाश्चात्य
D. अनुशासन

Q.18 'राज्यपाल' में कौन सी संज्ञा है-
A. व्यक्तिवाचक
B. जातिवाचक
C. भाववाचक
D. समूहवाचक

Q.19 निम्नलिखित में से कौन-सा शब्द जातिवाचक संज्ञा नहीं है?
A. जवान
B. बालक
C. सुन्दर
D. मनुष्य

Q.20 '<u>बुढ़ापा</u> एक प्रकार का अभिशाप है।' रेखांकित शब्द की संज्ञा:
A. जातिवाचक
B. भाववाचक
C. व्यक्तिवाचक
D. समूहवाचक

Q.21 हिन्दी में कुल कितने सर्वनाम है?
A. 9
B. 10
C. 11
D. 12

Q.22 निम्न में सर्वनाम शब्द है:
A. नींद
B. रोग
C. सफाई
D. कौन

Q.23 जो करेगा सो भरेगा। रेखांकित शब्द क्या है?
A. क्रिया विशेषण
B. संकेत वाचक सर्वनाम
C. संबंध वाचक सर्वनाम
D. गुण वाचक सर्वनाम

Q.24 'शीला अपने कपड़े <u>स्वयं</u> धोती है।' रेखांकित शब्द सर्वनाम शब्द का उचित भेद है-
A. पुरुषवाचक सर्वनाम
B. निजवाचक सर्वनाम
C. निश्चयवाचक सर्वनाम
D. इनमें से कोई नहीं

Q.25 कौन सा सर्वनाम का भेद नहीं है?
A. पुरुवाचक
B. गुणवाचक
C. निजवाचक
D. प्रश्नवाचक

Q.26 'गिलास में <u>थोड़ा</u> दूध है।'- वाक्य में रेखांकित शब्द विशेषण के किस भेद के अंतर्गत आएगा?
A. परिमाणवाचक
B. संख्यावाचक
C. संकेतवाचक
D. गुणवाचक

Q.27 'उत्कर्ष एक कुशाग्र विद्यार्थी हैं'- यहाँ कुशाग्र कौन-सा विशेषण है?
A. परिमाणबोधक
B. सार्वनामिक
C. संख्यावाचक
D. गुणवाचक

Q.28 विशेषण शब्द जिस संज्ञा या सर्वनाम की विशेषता बतलाते हैं, उसे कहते हैं -
A. क्रिया विशेषण
B. विशेष्य
C. प्रविशेषण
D. उपमान

Q.29 'यह दृश्य बहुत सुन्दर हैं' में 'बहुत सुंदर' में कौन सा विशेषण है?
A. गुणवाचक
B. परिमाणवाचक
C. सार्वनामिक
D. प्रविशेषण

Q.30 'पर्वतीय' कौन सा विशेषण है?

[UPSSSC Village Development Officer, 2018]

A. गुणवाचक विशेषण
B. संख्यावाचक विशेषण
C. परिमाणवाचक विशेषण
D. सार्वनामिक विशेषण

Q.31 दु:+ कर किस शब्द का संधि विच्छेद है?
A. दुश्कर
B. दुस्कर
C. दुषकर
D. दुष्कर

Q.32 हथियाना, चिकनाना किस प्रकार की क्रिया है?
A. नामधातु क्रिया
B. प्रेरणार्थक क्रिया
C. यौगिक क्रिया
D. संयुक्त क्रिया

Q.33 निम्नलिखित में से किस वाक्य में अकर्मक क्रिया है?
A. पानी बरस रहा है।
B. मैं गेहूँ पिसवाता हूँ।
C. श्याम निबंध लिखता है।
D. राम मोहन को रूला रहा है।

Q.34 'राम लक्ष्मण से पत्र लिखवाता है'-इस वाक्य में क्रिया का कौन सा रूप है?

[UP Police Sub Inspector, 2021]

A. पूर्णकालिक क्रिया
B. प्रेरणार्थक क्रिया
C. संयुक्त क्रिया
D. अपूर्ण क्रिया

Q.35 'बालक इस पुस्तकालय में पढ़ रहा है।' वाक्य में.......... क्रिया है।
A. संयुक्त
B. सहायक
C. अकर्मक
D. सकर्मक

Q.36 'वह एक सप्ताह बाद आया'- इस वाक्य में कौन सा शब्द क्रिया विशेषण है?

[UPSSSC Village Development Officer, 2018]

A. वह
B. एक
C. बाद
D. आया

Q.37 'पुस्तकें धड़ाधड़ बिक रही हैं' में 'धड़ाधड़' शब्द का कौन सा रुप है?
A. क्रिया-विशेषण
B. विशेषण
C. क्रिया
D. प्रविशेषण

Q.38 कौन सा पद विकृत नहीं होता?
A. संज्ञा
B. अव्यय
C. विशेषण
D. क्रिया

Q.39 'अवलि - आविल' श्रुतिसम भिन्नार्थक शब्द का क्या अर्थ है?
A. संग्रह - पूजा
B. पंक्ति - गन्दा
C. ललाट - झूठा
D. टिकठी/झाँजी - चाहने वाला

Q.40 'वह क्यों नहीं आया? क्योंकि वह बीमार था।' यहाँ 'क्योंकि' से क्या बोध होता है?
A. अथवा
B. जोड़ने का
C. कारण
D. और

Q.41 निम्नलिखित में से कौन-सा शब्द स्त्रीलिंग है?
A. देश
B. नगर
C. द्वीप
D. झील

Q.42 निम्नलिखित में से पुल्लिंग शब्द छाँटिए:
A. चाहत
B. रंगत
C. मेहनत
D. आहार

Q.43 निम्नलिखित विकल्पों में से कौन सा वचन जोड़ा सही नहीं है?
A. सोना-सोना
B. धेनु-धुनुएँ
C. छात्र-छात्रगण
D. आटा-आटे

Q.44 कौन सा वाक्य आसन्न भूत काल में है?
A. तू आता तो मैं जाता।
B. वह आया था।
C. मोहन आया, सीता गयी
D. मैंने आम खाया है।

Q.45 श्याम को पुस्तक पढ़नी है। यह किस वाच्य में है?
A. भाव वाच्य
B. कर्तृ वाच्य
C. कर्तृ और कर्म वाच्य
D. कर्म वाच्य

Q.46 'वह मुझसे अलग रहता हैं।' रेखांकित शब्द के आधार पर बताइए कि यहाँ कौन सा कारक हैं?
A. सम्प्रदान
B. अपादान
C. करण
D. अधिकरण

Q.47 'कुर्सी पर मास्टर जी बैठे हैं' इस वाक्य में 'कुर्सी' शब्द किस कारक में है?
A. करण कारक
B. सम्प्रदान
C. संबंध
D. अधिकरण

Q.48 'राजा सेवक को कम्बल देता है', वाक्य में रेखांकित पद में कौन-सा कारक है?

[UPSSSC Rajasva Lekhpal, 2015]

A. सम्प्रदान कारक
B. कर्ता कारक
C. कर्म कारक
D. सम्बन्ध कारक

Q.49 "राम सीता से सुंदर है।" इस वाक्य में कौन-सा कारक है?
A. करण कारक
B. अपादान कारक
C. संप्रदान कारक
D. संबंध कारक

Q.50 वाक्य में जिस शब्द से क्रिया के संबंध का बोध होता है, उसे क्या कहते हैं?
A. संबंध कारक
B. अपादान कारक
C. करण कारक
D. संप्रदान कारक

Q.51 निम्न में कौन सा शब्द तत्सम है?
A. क्षेत्र
B. गधा
C. गाय
D. घर

Q.52 'तिक्त' शब्द का तद्भव है -
A. तीता
B. तीक्ष्ण
C. तीखा
D. तख्त

Q.53 "चौकी"' का तत्सम शब्द है-
A. चौपाया
B. चतुष्पद
C. चतुष्पादिका
D. चतुष्कोण

Q.54 निम्न में कौन सा शब्द तद्भव है?
A. यौवन
B. निर्झर
C. जीभ
D. स्थान

Q.55 नीचे दिये 'तत्सम-तद्भव' शब्दों के युग्म में से कौन-सा युग्म त्रुटिपूर्ण है?
A. क्षीर - खीर
B. दहि - दही
C. दुग्ध - दूध
D. घृत - घी

Q.56 निम्न में योगरूढ़ शब्द है:
A. पीला
B. जलज
C. पर
D. दूधवाला

Q.57 'अधिकारी' में उपसर्ग कौन सा है?
A. अ
B. अधि
C. री
D. ई

Q.58 "उन्नीस" शब्द में उपसर्ग है-
A. उत्
B. उत
C. उन
D. उन्

Q.59 'विचार' में 'इक' प्रत्यय लगाने से बनता शब्द:

A.वेचारिक   B.विचारिक   C.विचौरिक   D. वैचारिक

Q.60 भलाई में प्रत्यय है-

A.ई   B.आई   C. लाई   D. भ

Q.61 'औपचारिक' शब्द में प्रत्यय लगा है:

A. अ   B. क   C. इक   D. ईक

Q.62 'श्रद्धानंद' का संधि विच्छेद क्या है?

A. श्रद्धा+ नंद   B. श्रद्धा + आनंद

C. श्र + द्वनंद   D. श्रद्ध + आनंद

Q.63 निम्नलिखित में से कौन सा व्यंजन संधि का उदाहरण नहीं है?

A.जगदम्बा   B. विद्यालय   C.संतोष   D.अहंकार

Q.64 'यशोदा' में प्रयुक्त संधि का नाम है -

A. स्वर   B. व्यंजन

C. विसर्ग   D. इनमें से कोई नहीं

Q.65 'मनोहर' शब्द में संधि है-

A. स्वर संधि   B. विसर्ग संधि

C. व्यंजन संधि   D. दीर्घ संधि

Q.66 'अत्युक्ति' शब्द में संधि है:

A. दीर्घ   B. गुण   C. यण्   D. अयादि

Q.67 निम्न में कौन सा शब्द देशज है?

A. गोबर   B. घोड़ा   C. हल्दी   D. कटोरा

Q.68 खिड़की किस प्रकार का शब्द है?

A.तद्भव   B. विदेशज   C. देशज   D. वर्णसंकर

Q.69 निम्न में कौन सा शब्द विदेशज है?

[UPSSSC Village Development Officer, 2018]

A.रिक्शा   B.जूता   C.तेंदुआ   D. नव

Q.70 कौन सा शब्द तुर्की भाषा का नहीं है?

A. पैगम्बर   B.बेगम   C. चेचक   D. बारूद

Q.71 निम्नलिखित शब्दों में निपात नग उदाहरण कौन सा शब्द है?

A.ठीक   B. निकट   C.इधर   D. कल

Q.72 निम्न में अव्यय है-

A. भारत   B. श्याम   C. आह   D. दक्षिण

Q.73 "खूँटी" शब्द का बहुवचन बताइए।

[UPSSSC Rajasva Lekhpal, 2015]

A. खूँटिया   B. खूँटियों   C. खूँटियाँ   D. खूँटियों

Q.74 निम्नलिखित में से "रूढ़" शब्द कौन सा है?

A. पंकज   B. विद्यालय   C. जलज   D. कमल

Q.75 'परमेश्वर' में कौन सा समास है?

[UPSSSC Village Development Officer, 2018]

A. द्वंद्व   B. कर्मधारय

C. अव्ययीभाव   D. तत्पुरूष

Q.76 अव्ययीभाव समास का उदाहरण है:

A. पल - पल   B. अन्न - जल

C. अंत - अनंत   D. धर्म - धर्म

Q.77 निम्न में से कौन सा विलोम शब्द सुमेलित नहीं है-

A. पौराणिक - प्राचीन   B. कनिष्ठ - जेष्ठ

C. उग्र - सौम्य   D. ध्वंस - निर्माण

Q.78 'ऋजु' का विलोम है?

A. सरल   B. सीधा   C. तिर्यक   D. वक्र

Q.79 उन्मूलन का सही विपरीतार्थक शब्द चुनिए -

A. आरोपण   B. प्रत्यारोपण   C. निरोपण   D. रोपण

Q.80 'वागेश्वरी' का पर्यायवाची शब्द क्या है?

A. कमला   B. शारदा   C. सुखदा   D. प्रेमदा

Q.81 'पक्षी' का पर्यायवाची है:

A. भूधर   B. मीन   C. वृन्द   D. विहग

Q.82 "नौका" का विकल्पों में से सही पर्यायवाची शब्द चुनिए-

A.तरिणी   B. आपगा   C. जलयान   D. तरंगिनी

Q.83 कुंदन का पर्यायवाची होगा:

A. हेम   B. दुश्मन   C. मतंग   D. स्वजन

Q.84 सैंधव का आशय निम्न में से कौन नहीं है-

A. नमक   B. सोना   C. घोड़ा   D. समुद्र

Q.85 'द्विज' के अनेकार्थी शब्दों में से निम्नलिखित में से कौन सा एक शब्द नहीं आता?

A. ब्राह्मण   B. पक्षी   C. दाँत   D. विदेह

Q.86 निम्नलिखित शब्दों में से एक का अर्थ 'तेल' भी है-

A. प्रणय   B. प्रीति   C. स्नेह   D. अनुराग

Q.87 निम्नलिखित में से कौन सा शब्द 'पानी' का भी अर्थ देता है?

A. जंगल   B. वन   C. आरण्य   D. कानन

Q.88 युग्म शब्द की कौन-सी जोड़ी सही है?

A. न्याय - अन्याय   B. धरा - पृथ्वी

C. अचल - अचला   D. मान - अपमान

Q.89 श्रुति सम भित्रार्थक शब्द के जोड़े को पहचानिए:

A. अपेक्षा-उपेक्षा   B. संसार-जगत

C. शाम-संध्या   D. दिन-दिवस

Q.90 'जिस पर आक्रमण हो'- वाक्यांश के लिए उचित शब्द चुनें।

A.आक्रमण   B.आक्रामक   C.आक्रांत   D.आत्मघाती

Q.91 'अनिल-अनल' शब्द युगम का सही अर्थ है-

A. आग-हवा   B. हवा-आग

C. हवा-जंगल   D. जंगल-आग

Q.92 निम्नलिखित वाक्य में कौन सा वाक्य संभाव्य भविष्य काल है ?

A. शायद आज वर्षा होगी

B. आप लोगों ने खाना खा लिया

C. संचित पढता होगा

D. उस समय मैं सोया होऊँगा

Q.93 दिए गए वाक्य के लिए एक शब्द चुनिए।

पृथ्वी के तीन ओर पानी वाला स्थान -

A. द्वीप   B. प्रायद्वीप

C. महाद्वीप   D. उपरोक्त कोई नहीं

Q.94 सभी चिट्ठियां डाक से भेजी गई। इसमें कर्ता है:

A. डाक   B. भेजी गई   C.सभी   D.चिट्ठियाँ

Q.95 'नीली कमीज वाले छात्र को यह कलम दे दो।' रचना के आधार पर वाक्य का सही भेद पहचानिए।

A. सरल वाक्य

B. संयुक्त वाक्य

C. मिश्र वाक्य

D. आज्ञावाचक वाक्य

Q.96 'सदा सच बोलना चाहिए' यह किस प्रकार का वाक्यभेद है?

A. संदेहवाचक

B. इच्छावाचक

C. आज्ञावाचक

D. संकेतवाचक

Q.97 निम्नलिखित में से अनुपयुक्त शब्द प्रयोग संबंधी अशुद्धि किस वाक्य में है?

A. उसने आसन ग्रहण किया।

B. पूज्यनीय पिताजी आ गए।

C. आज बेहद गर्मी है।

D. उसकी जन्मतिथि क्या है?

Q.98 'Facsimile' अंग्रेजी शब्द का हिन्दी पारिभाषिक शब्द बताइए।

A. आकृति   **B.** सुकृति   **C.** प्रकृति   **D.** प्रतिकृति

Q.99 सुसंगत शब्द प्रयोग में कौन सा वाक्य सर्वाधिक उपयुक्त है?

A. दुष्ट को सजा मिलनी चाहिए।

B. अपराधी को सजा मिलनी चाहिए।

C. अशिष्ट को सजा मिलनी चाहिए।

D. शत्रु को सजा मिलनी चाहिए।

Q.100 कौन सा वाक्य शुद्ध है?

A. यह आँखों से देखी घटना है।

B. यह आँखों देखी घटना है।

C. यह आँखों द्वारा देखी गई घटना है।

D. यह आँखों द्वारा देखी सुनी-सुनी घटना है।

// स्मार्ट उत्तर पुस्तिका //

सही उत्तर उन छात्रों के प्रतिशत को इंगित करता है जिन्होंने प्रश्नों का सही उत्तर दिया था।

छोड़ दिया उन छात्रों के प्रतिशत को इंगित करता है जिन्होंने प्रश्नों को छोड़ दिया था।

प्रश्न संख्या	उत्तर	सही उत्तर / छोड़ दिया	प्रश्न संख्या	उत्तर	सही उत्तर / छोड़ दिया	प्रश्न संख्या	उत्तर	सही उत्तर / छोड़ दिया	प्रश्न संख्या	उत्तर	सही उत्तर / छोड़ दिया	प्रश्न संख्या	उत्तर	सही उत्तर / छोड़ दिया
1	D	59.41 % / 36.17 %	17	D	64.68 % / 33.56 %	33	A	30.82 % / 67.25 %	49	B	21.68 % / 68.09 %	65	B	61.16 % / 38.48 %
2	C	87.66 % / 10.14 %	18	B	84.11 % / 10.2 %	34	B	21.69 % / 68.48 %	50	C	23.62 % / 74.61 %	66	C	55.81 % / 38.97 %
3	D	69.76 % / 30.11 %	19	C	77.86 % / 13.85 %	35	D	46.01 % / 39.79 %	51	A	82.82 % / 16.81 %	67	D	76.05 % / 17.95 %
4	B	41.24 % / 55.66 %	20	B	50.17 % / 43.93 %	36	C	28.6 % / 69.74 %	52	A	68.4 % / 31.09 %	68	C	59.99 % / 34.24 %
5	C	77.03 % / 19.5 %	21	C	77.48 % / 18.35 %	37	A	60.47 % / 33.96 %	53	C	84.78 % / 13.37 %	69	A	24.31 % / 74.1 %
6	B	88.33 % / 11.21 %	22	D	85.91 % / 13.75 %	38	B	78.14 % / 14.09 %	54	C	61.78 % / 34.85 %	70	A	82.75 % / 12.86 %
7	B	55.36 % / 39.03 %	23	C	30.24 % / 68.53 %	39	B	11.23 % / 82.69 %	55	B	23.5 % / 69.54 %	71	A	63.8 % / 35.53 %
8	D	14.36 % / 67.82 %	24	B	41.04 % / 50.32 %	40	C	88.84 % / 10.87 %	56	B	14.61 % / 75.1 %	72	C	85.94 % / 10.77 %
9	B	29.19 % / 68.65 %	25	B	86.78 % / 12.55 %	41	D	88.93 % / 10.12 %	57	B	76.48 % / 18.69 %	73	C	88.7 % / 10.84 %
10	B	84.56 % / 15.25 %	26	A	27.17 % / 69.97 %	42	D	61.81 % / 35.52 %	58	C	49.73 % / 40.13 %	74	D	88.15 % / 10.14 %
11	D	86.0 % / 12.51 %	27	D	53.75 % / 36.94 %	43	D	12.97 % / 84.93 %	59	D	82.03 % / 14.66 %	75	B	66.0 % / 33.93 %
12	C	76.83 % / 18.66 %	28	B	87.13 % / 10.59 %	44	D	24.2 % / 70.58 %	60	B	83.61 % / 10.08 %	76	A	13.28 % / 77.07 %
13	C	51.32 % / 40.47 %	29	D	58.64 % / 39.39 %	45	D	19.19 % / 67.29 %	61	C	80.56 % / 19.25 %	77	A	29.11 % / 67.75 %
14	D	30.46 % / 67.8 %	30	A	86.37 % / 13.59 %	46	B	43.38 % / 46.57 %	62	B	63.93 % / 33.3 %	78	D	81.33 % / 12.16 %
15	B	45.2 % / 32.93 %	31	D	84.22 % / 15.64 %	47	D	63.52 % / 33.29 %	63	B	29.75 % / 70.05 %	79	D	64.25 % / 33.7 %
16	C	26.43 % / 69.0 %	32	A	50.9 % / 41.53 %	48	A	16.62 % / 72.62 %	64	C	43.82 % / 40.33 %	80	B	87.07 % / 11.08 %

प्रश्न संख्या	उत्तर	सही उत्तर / छोड़ दिया
81	D	54.57 % / 45.42 %
82	A	13.28 % / 68.58 %
83	A	30.72 % / 67.87 %
84	B	62.33 % / 36.85 %

प्रश्न संख्या	उत्तर	सही उत्तर / छोड़ दिया
85	D	78.53 % / 12.63 %
86	C	49.91 % / 32.92 %
87	B	59.57 % / 33.93 %
88	C	21.51 % / 71.14 %

प्रश्न संख्या	उत्तर	सही उत्तर / छोड़ दिया
89	A	67.04 % / 31.37 %
90	C	66.35 % / 32.96 %
91	B	56.48 % / 30.64 %
92	A	84.7 % / 13.01 %

प्रश्न संख्या	उत्तर	सही उत्तर / छोड़ दिया
93	B	41.7 % / 51.25 %
94	D	11.69 % / 67.47 %
95	C	87.15 % / 11.41 %
96	B	68.98 % / 30.61 %

प्रश्न संख्या	उत्तर	सही उत्तर / छोड़ दिया
97	B	46.01 % / 49.23 %
98	D	88.75 % / 11.03 %
99	B	79.36 % / 13.57 %
100	B	53.89 % / 35.04 %

कार्य विश्लेषण

औसत अंक (%)	46.5%
टॉपर्स स्कोर (%)	74.0%
आपका स्कोर	

//संकेत और समाधान//

1. 'जीभ पर सरस्वती बसना' मुहावरे के उचित अर्थ हैं – महान पंडित होना, कवि या वक्ता होना, कहा सच होना। 'मूर्ख होना' इसका सही अर्थ नहीं है। इसलिए सही विकल्प 'मूर्ख होना' है।

अतः विकल्प (D) सही है।

2. 'आंख का तारा' मुहावरे के उचित अर्थ हैं – बहुत प्यार, सर्वाधिक प्रिय, लाडला होना। 'बहुत उतावला होना' इसका सही अर्थ नहीं है। इसलिए सही विकल्प 'बहुत उतावला होना' है।

अतः विकल्प (C) सही है।

3. 'हाथ खुजलाना' मुहावरे के उचित अर्थ हैं – पैसा खर्च होने की आशंका, किसी की पिटाई करने को जी चाहन, लाभ या हानि होने की आशंका। 'याचना करना' इसका सही अर्थ नहीं है। इसलिए सही विकल्प 'याचना करना' है।

अतः विकल्प (D) सही है।

4. "चित्रकार द्वारा चित्र बनाया जाता है।" यह कर्मवाच्य वाच्य का उदाहरण है।

जिस वाक्य में कर्म की प्रधानता होती है तथा क्रिया का प्रयोग कर्म के लिंग, वचन और पुरुष के अनुसार होता है और कर्ता की स्थिति में स्वयं कर्म होता है, वहाँ कर्मवाच्य होता है।

अतः विकल्प (B) सही है।

5. "कुमकुम खाना खाकर सो गई।" यह कर्तृवाच्य का उदाहरण है।

क्रिया के जिस रुप से वाक्य के उद्देश्य क्रिया के कर्त्ता का बोध हो वह कर्तृवाच्य कहलाता है।

अतः विकल्प (C) सही है।

6. किसी पद, उपवाक्य आदि की विशेषता दिखाने के लिये शब्द के नीचे एक रेखा खींची जाती है, जिसे अधेरेखा चिह्न कहा जाता है।

प्रश्नवाचक चिह्न (?) का प्रयोग प्रश्न बोधक वाक्य के अन्त में किया जाता है। कोष्ठक चिह्नों ( ), { }, [ ] का प्रयोग शब्द को स्पष्ट करने, कुछ अधिक जानकारी बताने आदि के लिये किया जाता है।

अतः विकल्प (B) सही है।

7. वाक्य के पूर्ण होने पर पूर्ण विराम का प्रयोग किया जाता है। दिये गये वाक्य में 'पूर्ण विराम चिन्ह' का प्रयोग है।

जब किसी वाक्य या वाक्यांश में कोई शब्द या अक्षर लिखने में छूट जाता है तो उसे लिखने के लिये 'हंस पद या त्रुटिबोधक चिन्ह' का प्रयोग करते हैं।

अतः विकल्प (B) सही है।

8. जहाँ वाक्य की गति अंतिम रूप ले ले और विचारों के तार टूट जाएं वहाँ पर 'पूर्ण विराम (।)' का प्रयोग किया जाता है।

इस चिन्ह का प्रयोग प्रश्नवाचक तथा विस्मयसूचक वाक्यों को छोडकर अन्य सभी प्रकार के वाक्यों के अन्त में किया जाता है।

योजक चिन्हों का प्रयोग सामाजिक पदों या पुनरुक्त और युग्म शब्दों के मध्य किया जाता है। अल्पविराम (,) का प्रयोग वहाँ किया जाता है, जहाँ अद्धविराम (;) की तुलना में थोड़ा कम रूकना होता है।

अतः विकल्प (D) सही है।

9. संज्ञा की द्विरुक्ति होने पर उनके मध्य 'योजक चिह्न' को प्रयोग किया जाता है।

अन्य विकल्पों में से, 'अवतरण चिह्न' का प्रयोग किसी वाक्य में किसी विशेष शब्द पर बल देने के लिये अथवा किसी और के द्वारा कहे हुये या लिखे हुये कथनों को ज्यों का ल्यों लिखने के लिये किया जाता है।

कोष्ठक चिह्न' का प्रयोग किसी शब्द को स्पष्ट करने तथा कुछ विशेष जानकारी प्रदान करने के लिये किया जाता है।

'निर्देशक चिह्न' का प्रयोग विषय, विवाद सम्बन्धी प्रत्येक शीर्षक के आगे, उदाहरण के पश्चात तथा कथोपकथन के नाम के आगे किया जाता है।

अतः विकल्प (B) सही है।

10. '=' तुल्यतासूचक विराम चिह्न है और इसका उपयोग वाक्यों में तुलना के लिए किया जाता है।

जबकि (:-) - विवरण चिह्न, (-) - संयोजक चिह्न तथा (.) लाघव चिह्न हैं।

अतः विकल्प (B) सही है।

11. उपर्युक्त विकल्पों में से 'निर्भर' शब्द शुद्ध है। शेष शब्द अशुद्ध हैं, जिनका शुद्ध रूप इस प्रकार है-

चिन्ह - चिह्न, कृप्या - कृपया, दवाईयाँ - दवाइयाँ

अतः विकल्प (D) सही है।

12. उपर्युक्त विकल्पों में से वर्तनी की दृष्टि से अशुद्ध शब्द 'सन्कट' है, इसका शुद्ध रूप 'संकट' होगा। अन्य विकल्प अनसूया, ऐनक, संशय वर्तनी की दृष्टि से शुद्ध हैं।

अतः विकल्प (C) सही है।

13. सच्चिदानन्द' शुद्ध वर्तनी वाला शब्द है, जबकि सर्वोतम का सर्वोत्तम, संसरिक का सांसारिक तथा कीर्ती का कीर्ति शुद्ध वर्तनी शब्द होगा।

अतः विकल्प (C) सही है।

14. शुद्ध शब्द 'उपर्युक्त' है।

अन्य शब्दों का शुद्ध रूप इस प्रकार हैं - 'अनधिकार', 'अहल्या', 'अन्तर्धान'।

अतः विकल्प (D) सही है।

15. मानव मात्र को गीता के <u>माहातम्य</u> के परिचित होना अनिवार्य है।

रेखांकित शब्द के स्थान पर 'माहात्य' शब्द प्रयुक्त होगा। यह वर्तनी की दृष्टि से शुद्ध है।

अतः विकल्प (B) सही है।

16. जिस सज्ञा से नाप-तोल वाली वस्तु का बोध हीं, उसे 'द्रव्यवाचक सज्ञा' कहते हैं। जैसे- लोहा, सोना, चाँदी, दूध, पानी, तेल इत्यादि। द्रव्यवाचक संज्ञायें सदैव एकवचन में प्रयुक्त होती हैं।

दिये गये विकल्पों में से दूध द्रव्यवाचक संज्ञा है। शेष खटाई, मिठाई और ठंड भाववाचक संज्ञायें हैं। खटाई, मिठाई का तात्पर्य क्रमशः खटास, मिठास से है।

अतः विकल्प (C) सही है।

17. निम्नलिखित विशेषणों में से अनुशासन संज्ञा है। जबकि- आसमानी, नियमित और पाश्चात्य विशेषण शब्द हैं।

किसी व्यक्ति या वस्तु के नाम को 'संज्ञा' कहते हैं। जैसे- राम, श्याम, मोहन, हिमालय, इलाहाबाद इत्यादि और जो संज्ञा, सर्वनाम की विशेषता बतलाए उसे 'विशेषण' कहते हैं। जैसे- श्याम की गाय <u>काली</u> है। इसमें काली विशेषण पद है।

अतः विकल्प (D) सही है।

18. 'राज्यपाल' जातिवाचक संज्ञा शब्द है। जिन संज्ञाओं से एक ही प्रकार की वस्तुओं अथवा व्यक्तियों का बोध हो, उन्हें 'जातिवाचक संज्ञा' कहते हैं।

विभिन्न संबंधियों, व्यवसायों, पदों और कार्यों का नाम जातिवाचक संज्ञा होती है। जैसे- बहन, भाई, अध्यापक, मंत्री, चोर आदि।

अतः विकल्प (B) सही है।

19. जवान, बालक, मनुष्य, गाय, कोयल, भूकम्प, वर्षा, दवात आदि इन सभी शब्दों से एक जाति का बोध होता है, इसलिए ये 'जातिवाचक संज्ञा' हैं, जबकि सुन्दर शब्द किसी व्यक्ति, वस्तु की विशेषता को बताता है, जैसे - कलम बहुत सुन्दर है, इसलिए 'सुन्दर' शब्द विशेषण है।

अतः विकल्प (C) सही है।

20. 'बुढ़ापा' भाववाचक संज्ञा है। जिस शब्द से एक ही व्यक्ति या वस्तु का बोध हो उसे 'व्यक्तिवाचक संज्ञा' कहा जाता है, जैसे- राम, गंगा, पटना, रामायण।

जिस शब्द से अनेक वस्तुओं या प्राणियों के समूह का बोध हो उसे 'समूहवाचक संज्ञा' कहा जाता है, जैसे- परिवार, संघ, ढेर।

जिस शब्द से व्यक्तियों या वस्तुओं की पूरी जाति का बोध हो उसे 'जातिवाचक संज्ञा' कहा जाता है, जैसे- लड़का, गाय, घर, शिक्षक, मंत्री।

अतः विकल्प (B) सही है।

21. हिंदी में मान्य सर्वनामों की संख्या 11 है जो इस प्रकार हैं- मैं, तू, आप, यह, वह, जो, सो, कोई, कुछ, कौन, क्या।

अतः विकल्प (C) सही है।

22. दिये गये शब्दों में 'कौन' शब्द प्रश्नवाचक सर्वनाम है। जबकि अन्य 'नींद', रोग' तथा 'सफाई' संज्ञा शब्द है। प्रश्नवाचक सर्वनाम के अन्य प्रमुख उदाहरण- कौन, क्या आदि है।

अतः विकल्प (D) सही है।

23. 'जो करेगा सो भरेगा' में सम्बन्ध वाचक सर्वनाम है।

जिस सर्वनाम द्वारा किसी दूसरे सर्वनाम से सम्बन्ध स्थापित हो जाए, उसे संबंधवाचक सर्वनाम कहते हैं। जैसे - जो, सो।

अतः विकल्प (C) सही है।

24. "शीला अपने कपड़े स्वयं धोती है।"

वाक्य रेखांकित शब्द 'स्वयं' निजवाचक सर्वनाम है। जो सर्वनाम शब्द कर्ता के स्वयं के लिए प्रयुक्त होते है उन्हें निजवाचक सर्वनाम कहते हैं। जैसे-स्वयं, आप ही, खुद, स्वतः आदि।

अतः विकल्प (B) सही है।

25. गुणवाचक सर्वनाम का भेद नहीं है। यह विशेषण का भेद है। सर्वनाम के छ: भेद होते हैं।

1. पुरुषवाचक

2. निश्चयवाचक

3. अनिश्चयवाचक

4. संबंधवाचक

5. प्रश्नवाचक

6. निजवाचक वाचक सर्वनाम

अतः विकल्प (B) सही है।

26. परिमाणवाचक विशेषण किसी वस्तु की नाप-तौल का बोध कराता है। अतः वाक्य में रेखांकित शब्द परिमाणवाचक विशेषण के अन्तर्गत आएगा। अन्य परिमाणवाचक विशेषण हैं - बहुत, अनेक, कुछ, चार किलो, दो मीटर इत्यादि।

संख्यावाचक विशेषण- हर एक, प्रत्येक, एक-एक, दोनों, तीनों, चारों, दूना, तिगुना, आधा, दो, एक तीन।

गुणवाचक विशेषण- दुर्बल, स्वस्थ, मोटा, हरा, लाल, सुन्दर, विद्वान. शान्त इत्यादि।

27. 'उत्कर्ष एक कुशाग्र विद्यार्थी हैं'- यहाँ कुशाग्र गुणवाचक विशेषण है।

वह विशेषण जो संज्ञा अथवा सर्वनाम के गुण धर्म, स्वभाव का बोध कराते हैं, गुणवाचक विशेषण कहलाते हैं। जैसे कुशाग्र, नया, पुराना, मोटा, पतला, भला, बुरा, झूठा, सच्चा इत्यादि।

अतः विकल्प (D) सही है।

28. विशेषण शब्द जिस संज्ञा या सर्वनाम की विशेषता बतलाते हैं, उसे विशेष्य कहते है। जैसे- बाहर कोई व्यक्ति घंटी बजा रहा है। यहाँ कोई (विशेषण) द्वारा व्यक्ति (विशेष्य) की विशेषता बतलायी जा रही है।

अतः विकल्प (B) सही है।

29. 'यह दृश्य बहुत सुन्दर है' में 'बहुत सुन्दर' प्रविशेषण है। वे शब्द जो विशेषणों की विशेषता बतलाते हैं प्रविशेषण कहे जाते हैं।

अतः विकल्प (D) सही है।

30. 'पर्वतीय' शब्द में गुणवाचक विशेषण है। विशेषण के जिस रूप में किसी संज्ञा या सर्वनाम का गुण-दोष, रूप-रंग, आकार-प्रकार, सम्बन्ध, दशा आदि का पता चले, उसे 'गुणवाचक विशेषण कहते हैं। जैसे-विद्वान, दुष्ट, सुन्दर, हरी, मोटा, दुर्बल, पठारीय, स्वस्थ आदि।

अतः विकल्प (A) सही है।

31. दिए गए विकल्पों में से 'दुः+कर' दुष्कर का संधि विच्छेद है, अर्थात् विसर्ग संधि है। अन्य विकल्प असंगत है।

विसर्ग संधि के अनुसार यदि विसर्ग के पहले वाले वर्ण में 'अ' या 'आ' के अतिरिक्त अन्य कोई स्वर हो तथा विसर्ग के साथ मिलने वाले शब्द का प्रथम वर्ण क, ख, प, फ में से कोई भी हो तो विसर्ग के स्थान पर 'ष्' बन जाता है। जैसे – आवि: + कार = आविष्कार।

अतः विकल्प (C) सही है।

32. हथियाना, चिकनाना नामधातु क्रिया है।

नामधातु क्रिया:- संज्ञा, सर्वनाम तथा विशेषण से मिलकर बनने वाली क्रिया नामधातु क्रिया कहलाती है जैसे- हाथ से हथियाना, बात से बतियाना, चिकना से चिकनाना आदि।

अतः विकल्प (A) सही है।

33. जिस क्रिया के व्यापार का फल कर्ता पर पड़ता है तथा कर्म साथ में नहीं होता उसे अकर्मक क्रिया कहते है। इसलिए, 'पानी बरस रहा है' में अकर्मक क्रिया है।

अतः विकल्प (A) सही है।

34. प्रश्नगत वाक्य में प्रयुक्त क्रिया "प्रेरणार्थक" है। प्रेरणार्थक क्रिया से तात्पर्य कर्ता द्वारा स्वयं न कार्य करके किसी दूसरे को तत्सम्बन्धी कार्य करने हेतु प्रेरित कर करना होता है।

उपर्युक्त दिये गये वाक्य "राम लक्ष्मण से पत्र लिखवाता है", में राम स्वयं पत्र न लिखकर लक्ष्मण से इसे लिखवाता है। इस प्रकार दिया हुआ वाक्य प्रेरणार्थक क्रिया का उदाहरण है।

अतः विकल्प (B) सही है।

35. 'बालक इस पुस्तकालय में पढ़ रहा है।' वाक्य में सकर्मक क्रिया है। वे क्रिया जिनको करने के लिए कर्म की आवश्यकता होती है (अर्थात् इन क्रियाओं का असर सीधा कर्म पर पड़ता है) सकर्मक क्रिया कहलाती है। जैसे-राम फल खाता है, अंकित टी.वी. देख रहा है।

अतः विकल्प (D) सही है।

36. 'वह एक सप्ताह बाद आया' वाक्य में 'बाद' शब्द क्रिया-विशेषण है। जिन शब्दों से क्रिया की विशेषता का ज्ञान होता है, उन्हें क्रिया विशेषण कहते हैं।

जैसे- यह कल अवश्य आयेगा। इस वाक्य में 'आयेगा' क्रिया है और 'अवश्य' उसकी विशेषता; इसलिए, 'अवश्य' शब्द क्रिया-विशेषण है। कुछ प्रमुख क्रिया विशेषण शब्द हैं- धीरे-धीरे, कब, बाद, पर्याप्त, अवश्य आदि।

अतः विकल्प (C) सही है।

37. 'पुस्तकें धड़ाधड़ बिक रही हैं' में 'धड़ाधड़' शब्द क्रिया-विशेषण है। जो शब्द किसी क्रिया की विशेषता बताते हैं, उन्हें क्रिया-विशेषण कहते हैं। यहाँ 'धड़ाधड़' शब्द 'बिकना' क्रिया की विशेषता बता रहा है।

अतः विकल्प (A) सही है।

38. अव्यय पद विकृत नहीं होता। अव्यय ऐसे शब्द होते हैं जिनके रूप में लिंग, वचन, पुरुष, काल, कारक इत्यादि के कारण कोई विकार नहीं होता। जैसे-जब, इधर, उधर, किन्तु, परन्तु, अतः, इसलिए आदि।

अतः विकल्प (B) सही है।

39. 'अवलि - आविल' श्रुतिसम भिन्नार्थक शब्द का अर्थ है 'पंक्ति - गन्दा'।

- 'अवलि' का अर्थ – पंक्ति
- 'आविल' का अर्थ – गन्दा

श्रुतिसम भिन्नार्थक शब्द - कुछ शब्द ऐसे होते हैं जिनमें स्वर, मात्रा अथवा व्यंजन में थोड़ा-सा अन्तर होता है। वे बोलचाल में लगभग एक जैसे लगते हैं, परन्तु उनके अर्थ में भिन्नता होती है। ऐसे शब्द 'श्रुतिसम भिन्नार्थक शब्द' कहलाते हैं।

अतः विकल्प (B) सही है।

40. दिया गया वाक्य 'वह क्यों नहीं आया? क्योंकि वह बीमार था।', में 'क्योंकि' से कारण का बोध हो रहा है। शेष विकल्प उपयुक्त नहीं हैं।

अतः विकल्प (C) सही है।

41. दिए गए विकल्प में विकल्प (D) 'झील' सीलिंग शब्द है। भौगोलिक जल और स्थल आदि के नाम प्रायः पुल्लिंग होते हैं, जैसे- देश, नगर, रेगिस्तान, द्वीप, पर्वत, समुद्र, सरोवर, पाताल, वायुमण्डल, नभोमण्डल, प्रान्त, देश इत्यादि। किन्तु अपवाद स्वरूप पृथ्वी, झील, घाटी सीलिंग के रूप में प्रयुक्त होते हैं।

अतः विकल्प (D) सही है।

42. उपर्युक्त विकल्पों में से 'आहार' शब्द पुल्लिंग, शेष शब्द चाहत, रंगत, मेहनत सीलिंग शब्द है।

कुछ अन्य पुल्लिंग शब्द: कान, मुँह, दाँत, पाँव, मोती, माणिक, पत्ता, हीरा, जवाहर, मूँगा, जौ, गेहूँ, चावल, बाजरा, पीपल, बड़, देवदार इत्यादि।

अतः विकल्प (D) सही है।

43. दिये गये विकल्पों में से 'आटा-आटे, वचन जोड़ा सही नहीं है। आटा द्रव्यवाचक संज्ञा है और द्रव्यवाचक संज्ञायें सदैव एकवचन में रहती हैं, इनका बहुवचन नहीं बनाया जा सकता। शेष विकल्प सही है।

अतः विकल्प (D) सही है।

44. मैनें आम खाया है- वाक्य आसन्न भूतकाल में है। इस काल में क्रिया के व्यापार की समाप्ति की निकटता स्पष्ट होती है।

अन्य विकल्पों में, तू आता तो मैं जाता- हेतुहेतुमद् भूतकाल, वह आया था- पूर्ण भूतकाल, मोहन आया, सीता गयी- सामान्य भूतकाल है।

अतः विकल्प (D) सही है।

45. 'श्याम को पुस्तक पढ़नी है' वाक्य में कर्मवाच्य। क्रिया के जिस रूपान्तर से वाक्य में कर्म की प्रधानता का बोध हो उसे कर्मवाच्य कहते हैं। भाववाच्य क्रिया से वाक्य में भाव की प्रधानता का बोध होता है। कर्तृवाच्य में कर्ता की प्रधानता होती है।

अतः विकल्प (D) सही है।

46. 'वह मुझसे अलग रहता है।' वाक्य में रेखांकित शब्द में अपादान कारक है क्योंकि यहाँ अपादान कारक का परसर्ग 'से' प्रयुक्त हुआ है।

अतः विकल्प (B) सही है।

47. कुर्सी पर मास्टर जी बैठे हैं' इस वाक्य में 'कुर्सी' शब्द अधिकरण कारक में है।

संज्ञा के जिस रूप से क्रिया के आधार का बोध होता है। वह अधिकरण कारक कहलाता है। इसे 'में, पर, भीतर' चिन्हों द्वारा प्रकट करते हैं। जैसे-

- कुर्सी पर मास्टर जी बैठे हैं।
- मै पाँच मिनट में आ रहा हूँ।

अतः विकल्प (D) सही है।

48. राजा सेवक को कम्बल देता है। इसमें राजा से कम्बल अलग हो कर सेवक के पास जाता है अर्थात् सम्प्रदान कारक है।

अतः विकल्प (A) सही है।

49. "राम सीता से सुन्दर है।" इस वाक्य में अपादान कारक हैं। संज्ञा के जिस रूप से तुलना, समानता, अलगाव का भाव प्रकट हो, उसे अपादान कारक कहते हैं। जैसे-

(1) हिमालय से गंगा निकलती है।

(2) वह घर से बाहर आया।

अतः विकल्प (B) सही है।

50. वाक्य में जिस शब्द से क्रिया के संबंध का बोध होता है उसे करण कारण कहते हैं।

संबंध कारक- संज्ञा या सर्वनाम का वह रूप जो हमें किन्हीं दो वस्तुओं के बीच संबंध का बोध कराता है वह संबंध कारक कहलाता है। इसका विभक्ति चिह्न का, की, के, रा, री, रे है, जैसे- यह साहिल का बैग है।

अपादान कारक- संज्ञा या सर्वनाम से किसी वस्तु के अलग होने का भाव उत्पत्र हो गा बोध हो उसे अपादान कारक कहते हैं। इसका विभक्ति चिह्न 'से' है। उदाहरण- पेड़ 'से' पत्ता नीचे गिर गया।

सम्प्रदान कारक- जिसके लिए क्रिया की जाती है, इसका विभक्ति चिह्न 'के लिए', 'हेतु' होता है। अर्थात् जिसे कुछ दिया जाए या जिसके लिए कुछ किया जाए उसका बोध कराने वाले संज्ञा के रूप को सम्प्रदान कारक कहते हैं। उदाहरण- अध्यापक विद्यार्थियों के लिए पुस्तकें लाया।

अतः विकल्प (C) सही है।

51. दिये गये शब्दों में 'क्षेत्र' तत्सम शब्द है। इसका तद्भव शब्द 'खेत' होता है, जबकि 'गधा', 'गाय' एवं 'घर' तद्भव शब्द हैं, इनका तत्सम शब्द क्रमशः- 'गर्दभ', 'गो' एवं 'गृह' होता है।

अतः विकल्प (A) सही है।

52. 'तिक्त' तत्सम शब्द है जिस का तद्भव है 'तीता'।

अन्य विकल्प

तीक्षण का अर्थ 'तेज़ नोकवाला'।

तीखा का अर्थ है 'कटु'।

तख्त का अर्थ है 'राजसिंहासन'।

अतः विकल्प (A) सही है।

53. 'चौकी' का तत्सम शब्द 'चतुष्पादिका' है। संस्कृत के ऐसे शब्द जिसे हम ज्यों का त्यों प्रयोग में लाते हैं, तत्सम शब्द कहलाते हैं।

अतः विकल्प (C) सही है।

54. दिये गये शब्दों में 'जीभ' तद्भव शब्द है। इसका तत्सम शब्द 'जिह्वा' होता है जबकि 'यौवन', 'निर्झर', तथा 'स्थान' तत्सम शब्द हैं। इनके तद्भव शब्द क्रमशः 'जोबन', 'झरना' तथा 'जगह' होते हैं।

अतः विकल्प (C) सही है।

55. दिये गये विकल्पों में क्षीर का खीर, दुग्ध का दूध और घृत का घी तत्सम होता है, जबकि दही का दधि तत्सम रूप होता है न कि दहि।

अतः विकल्प (B) सही है।

56. वे शब्द जो यौगिक तो होते है, परन्तु जिनका अर्थ रूढ़ (विशेष अर्थ) हो जाता है अर्थात् ये सामान्य अर्थ न प्रकट कर किसी विशेष अर्थ को प्रकट करते है, योगरूढ़ शब्द कहलाते हैं। जैसे-

- जलज: जल में उत्पन्न होने वाला - कमल
- लम्बोदर: लम्बा है उदर जिसका - गणेश
- नीलकंठ: नीला है कंठ जिसका - शंकर

अतः विकल्प (B) सही है।

57. 'अधिकारी' में 'अधि' उपसर्ग है। अधि उपसर्ग से निर्मित अन्य शब्द हैं- अधिराज्य, अधिलाभ, अधिगत, अधिकरण आदि।

संस्कृत एवं संस्कृत से उत्पन्न भाषाओं में उस अव्यय या शब्द को उपसर्ग कहते हैं जो कुछ शब्दों के आरम्भ में लगकर उनके अर्थों का विस्तार करता है अथवा उनमें कोई विशेषता उत्पन्न करता है।

अतः विकल्प (B) सही है।

58. 'उन्नतीस' में 'उन' उपसर्ग है।

उन उपसर्ग से निर्मित अन्य शब्द- उनसठ, उनचालीस, उनतीस, उन्नासी आदि।

अतः विकल्प (C) सही है।

59. 'विचार' में 'इक' प्रत्यय लगाने से 'वैचारिक' शब्द बनेगा।

प्रत्यय का अर्थ है 'पीछे लगना' अर्थात् वे शब्द जो किसी शब्द में पीछे जुड़कर नये शब्द बनाते हैं, प्रत्यय कहलाते हैं।

अतः विकल्प (D) सही है।

60. जो शब्दांश शब्दों के अंत में जुड़कर उनके अर्थ विशेषता या परिवर्तन ला देते हैं, प्रत्यय कहलाते हैं, जैसे-भलाई, पढ़ाई, सिलाई शब्दों में 'आई' प्रत्यय लगा है।

अतः विकल्प (B) सही है।

61. 'औपचारिक' शब्द में इक प्रत्यय लगा है।

उपचार+इक = औपचारिक

अन्य प्रत्यय अ, क, ईक असंगत हैं।

अतः विकल्प (C) सही है।

62. 'श्रद्धानंद' शब्द का संधि विच्छेद है- श्रद्धा+आनंद

यह दीर्घ स्वर संधि का उदाहरण है। दीर्घ स्वर संधि में 'अ', आ, इ, ई, उ, ऊ और ऋ के बाद समान स्वर (हृस्व या दीर्घ) आने पर, दोनो मिलकर क्रमशः आ, ई, ऊ और ऋ हो जाते हैं।

इसके कुछ अन्य उदाहरण हैं- शिवालय, गिरीश, महीन्द्र, पितृण आदि।

अतः विकल्प (B) सही है।

63. व्यंजन का व्यंजन से अथवा किसी स्वर से मेल होने पर जो परिवर्तन होता है उसे व्यंजन संधि कहते हैं। जगदम्बा, संतोष तथा अहंकार व्यंजन संधि का उदाहरण है तथा विद्यालय स्वर संधि का उदाहरण है।

अतः विकल्प (B) सही है।

64. यशोदा = यशः + दा, विसर्ग संधि है।

इसमे यदि विसर्ग के पहले अ हो और उसके बाद वर्ग के प्रथम तथा द्वितीय वर्ण को छोड़कर अन्य कोई वर्ण अथवा य, र, ल, व, ह हो तो अ और विसर्ग मिलकर 'ओ' हो जाता है।

अतः विकल्प (C) सही है।

65. 'मनोहर' शब्द में विसर्ग संधि है।

यदि विसर्ग के पहले 'अ' और बाद में सघोष व्यंजन अथवा 'य', 'र', 'ल', 'व', 'ह', हो तब विसर्ग का 'ओ' हो जाता हैं। जैसे-

- मनः + हर = मनोहर
- मनः + योग = मनोयोग
- पयः + धन = पयोधन
- पयः + द = पयोद

अतः विकल्प (B) सही है।

66. 'अत्युक्ति' शब्द में यण् संधि होगा।

अत्युक्ति = अति + उक्ति

यदि इ, ई, उ, ऊ, ऋ के बाद भिन्न स्वर आए इ, ई, क य, उ, ऊ का व तथा ऋ का र हो जाता है। जैसे-

- अति + अधिक = अत्यधिक
- अनु + एषण = अन्वेषण
- मातृ + आज्ञा = मात्राज्ञा

अतः विकल्प (C) सही है।

67. निम्नलिखित शब्दों में 'कटोरा' 'देशज' शब्द है, जबकि गोबर, घोड़ा और हल्दी तद्भव शब्द है।

वे शब्द जिनकी उत्पत्ति के मूल का पता न हो परन्तु वे प्रचलन में हों। ऐसे शब्द देशज शब्द कहलाते हैं।

अतः विकल्प (D) सही है।

68. 'खिड़की' देशज शब्द है। देशज का अर्थ है 'देश में उत्पन्न'। विभिन्न क्षेत्रीय बोलियों एवं उपभाषाओं के शब्द जो कि हिन्दी में शामिल कर लिए गये हैं देशज शब्द कहलाते हैं। जैसे- जूता, खिड़की, रोटी, घोंसला, झाड़ू, थप्पड़ आदि। देशज शब्दों की उत्पत्ति का पता नहीं चलता है; परन्तु ये लोक जीवन में व्यवहुत होने वाला शब्द है।

अतः विकल्प (C) सही है।

69. दिये गये विकल्पों में 'रिक्शा' विदेशज (जापानी) शब्द है, जबकि 'जूता', तेंदुआ अंग्रेजी देशज शब्द हैं। 'नव' तत्सम शब्द है। इसका तद्भव नया होता है।

अतः विकल्प (A) सही है।

70. पैगम्बर शब्द तुर्की भाषा का नहीं है बल्कि यह अरबी भाषा का शब्द है। पैगम्बर का अर्थ होता है पैगाम देने वाला। जबकि बेगम, चेचक तथा बारूद शब्द तुर्की भाषा के शब्द हैं।

अतः विकल्प (A) सही है।

71. शब्द 'ठीक' निपात का उदाहरण है।

निपात अव्यय होते हैं जो किसी शब्द या पद के बाद जुड़कर उसके अर्थ में विशेष प्रकार का बल भर देते हैं। लगभग, करीब, तो ही, तक, सा, पर, सिर्फ, केवल, क्या, काश, मत, क्या, जी नहीं इत्यादि निपात के अन्तर्गत आते हैं।

अतः विकल्प (A) सही है।

72. ऐसे शब्द जिनमें लिंग, वचन, पुरुष, कारक आदि के कारण कोई विकार नहीं आता, अव्यय कहलाते हैं, जैसे- आह, हाय, वाह, शाबाश, हाँ, और, किन्तु जब, तब, अतः इत्यादि।

अतः विकल्प (C) सही है।

73. खूँटी शब्द का बहुवचन खूँटियाँ है।

शब्दों के जिस रूप से एक से अधिक का बोध होता है बहुवचन कहलाता है।

अतः विकल्प (C) सही है।

74. रूढ़ शब्द 'कमल' है। पंकज, जलज 'योगरूढ़' शब्द है। 'विद्यालय' शब्द यौगिक शब्द है।

जो शब्द हमेशा किसी विशेष अर्थ को प्रकट करते हो तथा जिनके खण्डों का कोई अर्थ न निकले, उन्हें 'रूढ़' कहते है।

अतः विकल्प (D) सही है।

75. 'परमेश्वर-परम ईश्वर' में कर्मधारय समास है। इस समास में उत्तर पद प्रधान होता है तथा पूर्व पद व उत्तर पद में उपमान-उपमेय अथवा विशेषण-विशेष्य का सम्बन्ध होता है।

अतः विकल्प (B) सही है।

76. 'पल-पल' अव्ययीभाव समास का उदाहरण है। अन्न-जल में इतरेतर द्वंद्व समास, अंत-अनंत तथा धर्म-धर्म में वैकल्पिक द्वंद्व समास है।

अतः विकल्प (A) सही है।

77. दिये गये विकल्पों में से 'पौराणिक-प्राचीन' सुमेलित नहीं है। पौराणिक का विलोम अपौराणिक तथा प्राचीन का विलोम अर्वाचीन होगा। शेष विकल्प के विलोम शब्द सुमेलित हैं।

अतः विकल्प (A) सही है।

78. 'ऋजु' का विलोम 'वक्र', 'सरल' का विलोम 'कुटिल' या 'कठिन' तथा 'सीधा' का विलोम टेढ़ा या उल्टा होता है।

अतः विकल्प (D) सही है।

79. उन्मूलन का विपरीतार्थक शब्द 'रोपण' है। 'उन्मूलन' शब्द का अर्थ है- 'जड़ से उखाड़ना' जबकि रोपण का अर्थ है 'स्थापित करना'।

अतः विकल्प (D) सही है।

80. 'वागेश्वरी' का पर्यायवाची 'शारदा' है। कमला लक्ष्मी का पर्याय शब्द है। वागेश्वरी के अन्य पर्यायवाची शब्द हैं- भारती, वीणा, गिरा, इला, वगीशा, निधात्री, आदि ।

अतः विकल्प (B) सही है।

81. 'पक्षी' का पर्यायवाची शब्द 'विहग' होता है, जबकि भूधर- पर्वत का, मीन- मछली का तथा वृन्द- समूह (गण) का पर्यायवाची शब्द है।

पक्षी के अन्य पर्यायवाची शब्द- खग, पखेरू, परिन्दा, द्विज, पतंग आदि हैं।

अतः विकल्प (D) सही है।

82. "नौका" का सही पर्यायवाची शब्द 'तरिणी' है। इसके अन्य पर्याय हैं - नाव, नैया, किश्ती, बेड़ा, डोंगी, तरी आदि, जबकि आपगा, तरंगनी, नदी के पर्यायवाची हैं तथा 'जलयान' जहाज का पर्यायवाची है।

अतः विकल्प (A) सही है।

83. कुंदन का पर्यायवाची हेम होगा।

कुंदन के अन्य पर्यायवाची शब्द-सोना, स्वर्ण, कंचन, कनक, हेम।

दुश्मन का पर्यायवाची- अरि, विपक्षी, दुश्मन, बैरी, शत्रु

मतंग का पर्यायवाची- गज, हाथी, कुम्भी, मदकल

स्वजन का पर्यायवाची- स्नेही, सुहृदय, साथी, दोस्त

अतः विकल्प (A) सही है।

84. सैन्धव का आशय नमक, सिन्धु देश का घोड़ा एवं समुद्र से है जबकि सोना का इससे कोई सम्बन्ध नहीं।

अतः विकल्प (B) सही है।

85. विदेह शब्द द्विज का अनेकार्थी रूप नहीं है जबकि इसके अन्य रूप इस प्रकार हैं - ब्राह्मण, दाँत, अंडज, पक्षी, चन्द्रमा आदि।

अतः विकल्प (D) सही है।

86. दिए गए विकल्पों में 'स्नेह' का एक अर्थ 'तेल' होता है। प्रीति, प्रणय, अनुराग तथा स्नेह सभी प्रेम के पर्यायवायी शब्द हैं।

अतः विकल्प (C) सही है।

87. दिए गए विकल्पों में 'वन' 'पानी' का भी अर्थ देता है। शेष शब्द जंगल को व्यक्त करते हैं।

अतः विकल्प (B) सही है।

88. दिये गये विकल्पों में से 'अचल-अचला' युग्म शब्द की जोड़ी सही है। अचल का अर्थ है- 'स्थिर' तथा अचला का अर्थ है- 'पृथ्वी'।

न्याय-अन्याय का विलोम है तथा मान-अपमान का विलोम शब्द है। धरा 'पृथ्वी' का पर्याय शब्द है।

अतः विकल्प (C) सही है।

89. श्रुति सम भिन्नार्थक शब्द 'अपेक्षा-उपेक्षा' है। अपेक्षा का अर्थ-आस या इच्छा होता है तथा उपेक्षा का अर्थ- अवहेलना या निरादर होता है।

अतः विकल्प (A) सही है।

90. जिस पर आक्रमण हो - आक्रांत

जो अपनी हत्या आप करे - आत्मघाती

आक्रमण करने वाला - आक्रामक

सीमा का बलात उल्लंघन या हमला करना- आक्रमण

अतः विकल्प (C) सही है।

91. 'अनिल-अनल' समोच्चरित भिन्नार्थक शब्द हैं, जिसमें 'अनिल' का अर्थ है- हवा तथा 'अनल' का अर्थ है- आग।

अतः विकल्प (B) सही है।

92. दिए गए विकल्पों में संभाव्य भविष्य काल का उदाहरण विकल्प –" शायद आज वर्षा होगी।" अतः स्पष्ट है कि है विकल्प शायद आज वर्षा होगी सटीक विकल्प है। अन्य विकल्प असंगत है।

क्रिया के जिस रूप से उसके भविष्य में काम के पूर्ण होने के बारे में संदेह हो या सम्भावना पाई जाती, उसे संभाव्य भविष्य काल कहते है।

अतः विकल्प (A) सही है।

93. पृथ्वी के तीन ओर पानी वाला स्थान प्रायद्वीप कहलाता है।

समुद्र तल से ऊपर उठे हुये पृथ्वी के विशाल भूखंड को 'महाद्वीप' कहते हैं।

स्थलखंड के ऐसे भाग, जिसके चारों ओर जल पाया जाता है उन्हें द्वीप कहते हैं।

अतः विकल्प (B) सही है।

94. "सभी चिट्ठियां डाक से भेजी गईं।" इस वाक्य में डाक- करण कारक, भेजी गईं- क्रिया, सभी-विशेषण तथा चिट्ठियां-कर्ता (स्त्रीलिंग शब्द) हैं।

अतः विकल्प (D) सही है।

95. 'नीली कमीज़ वाले छात्र को यह कलम दे दो।' यह वाक्य रचना के आधार पर एक मिश्र वाक्य है।

जिन वाक्यों में एक प्रधान उपवाक्य हो और अन्य आश्रित उपवाक्य हो उसे मिश्रित वाक्य कहते हैं।

अतः विकल्प (C) सही है।

96. 'सदा सच बोलना चाहिए' वाक्य 'इच्छा वाचक' है।

जिस वाक्य में संदेह का बोध हो संदेह वाचक कहलाता है। जैसे - वह मोहन है कि श्याम। जिस वाक्य में आज्ञा का बोध हो आज्ञा वाचक कहलाता है। जैसे - 'राम घर जाओ'।

अतः विकल्प (B) सही है।

97. 'पूज्यनीय पिताजी आ गए', में अनुपयुक्त शब्द प्रयोग संबंधी अशुद्धि है। शेष विकल्प शुद्ध है।

शुद्ध वाक्य: पूजनीय पिताजी आ रहे हैं।

अतः विकल्प (B) सही है।

98. दिए गये शब्द Facsimile' का अर्थ है 'प्रतिकृति '। इस संदर्भ में सबसे उपयुक्त शब्द प्रतिकृति है। अतिरिक्त विकल्पों के अर्थ भिन्न हैं।

अतः विकल्प (D) सही है।

99. दिये गये विकल्पों में दुष्ट को सजा मिलनी चाहिए या अशिष्ट को सजा मिलनी चाहिए या शत्रु को सजा मिलनी चाहिए ये तीनों वाक्य अशुद्ध हैं, 'अपराधी को सजा मिलनी चाहिए' यही वाक्य शुद्ध वाक्य है।

अतः विकल्प (B) सही है।

100. विकल्प (B) यह आँखों देखी घटना है, शुद्ध वाक्य है।

ध्यातव्य हो कि आंखों की उपयोगिता देखने में ही होती है। अतएव इसके साथ किसी भी कारक विभक्ति का प्रयोग उचित नहीं है।

अतः विकल्प (B) सही है।

Q.1 ब्राह्मी परिवार की लिपियों में लिखी जाने वाली भाषा है:

A. पंजाबी **B.** पालि

C. नेपाली **D.** इनमें से कोई नहीं

Q.2 निम्नलिखित में से शुद्ध वर्तनी का चयन कीजिए:

A. चाक्षुष **B.** कालंदी **C.** एच्छिक **D.** ईमारत

Q.3 निम्नलिखित में से शुद्ध वर्तनी का चयन कीजिए:

A. छुद्र **B.** चर्मोत्कर्ष **C.** कँटीला **D.** गर्भिणी

Q.4 निम्नलिखित में से शुद्ध वर्तनी का चयन कीजिए:

A. भंगन **B.** रागिनी **C.** भोगोलिक **D.** मत्सेन्द्र

Q.5 निम्नलिखित में से अशुद्ध वर्तनी का चयन कीजिए:

A. प्रामाणिक **B.** प्रर्दशन **C.** परमात्मा **D.** प्रवीण

Q.6 निम्नलिखित में से अशुद्ध वर्तनी का चयन कीजिए:

A. प्राण **B.** प्राचीनतम **C.** प्रोढ़ **D.** प्रविष्ट

Q.7 निम्नलिखित में से अशुद्ध वर्तनी का चयन कीजिए:

A. बढ़ोतरी **B.** बेइमान **C.** बाकायदा **D.** बाजार

Q.8 निम्नलिखित में एक शब्द तत्सम है वह शब्द पहचानिए?

A. खांसी **B.** कुत्ता **C.** ग्रंथि **D.** कोख

Q.9 निम्नलिखित में एक शब्द तत्सम है वह शब्द पहचानिए?

A. कपाट **B.** केला **C.** कैंची **D.** काठ

Q.10 निम्नलिखित में एक शब्द तत्सम है वह शब्द पहचानिए?

A. आयस **B.** अमचूर **C.** ऊँट **D.** अंचल

Q.11 निम्नलिखित में एक शब्द तद्भव है वह शब्द पहचानिए?

A. सिंह **B.** चीता **C.** व्याघ्र **D.** मूषक

Q.12 'मोहन वहां पढ़ता है' वाक्य में 'वहां' है?

A. स्थानवाचक क्रिया विशेषण

B. कालवाचक क्रिया विशेषण

C. रीतिवाचक क्रिया विशेषण

D. परिमाणवाचक क्रिया विशेषण

Q.13 निम्नलिखित में से देशज शब्द का चयन कीजिए।

A. मुगल **B.** बेगम **C.** सुराग **D.** डिबिया

Q.14 देशज शब्द कौन सा है?

A. बहादुर **B.** तलाश **C.** तोप **D.** टोपी

Q.15 समुद्रजा, चंचला निम्न में से किसके पर्यायवाची हैं?

A. यामिनी **B.** विद्या

C. रमा **D.** इनमें से कोई नहीं

Q.16 इनमें से 'पहेली' किसका पर्यायवाची शब्द है?

A. पटु **B.** बुझौवल **C.** प्राज्ञ **D.** परिताप

Q.17 इनमें से 'नगपति' किसका पर्यायवाची शब्द है?

A. नजीर **B.** ध्वस्त **C.** शैलेन्द्र **D.** धृष्ट

Q.18 इनमें से 'धन्यवाद' किसका पर्यायवाची शब्द है?

A. शाबासी **B.** धात्री **C.** दोगला **D.** दूर

Q.19 दिए गए विकल्पों में से 'आतप' का विलोम क्या होगा?

A. साथ **B.** अनावृत **C.** अनातप **D.** विमुख

Q.20 इनमें से 'उत्थान' का विलोम शब्द क्या है?

A. बंजर **B.** पतन **C.** प्रतीची **D.** उद्घाटन

Q.21 'पतनोन्मुख' का विलोम शब्द बताइये?

A. विकासोन्मुख **B.** मूर्ख

C. अपना **D.** गुप्त

Q.22 'बेगम' का विलोम शब्द बताइये?

A. वृद्ध **B.** बादशाह **C.** सभ्य **D.** सिमटा

Q.23 निर्देश: दिए गए शब्द-युग्म शब्द का उचित अर्थ ज्ञात कीजिए।

छर - झर

A. छरों के वेग से निकलने का शब्द - पानी गिरने का स्थान

B. छोटीनाव - पाखंडी

C. वृक्ष की शाखा - रक्षक

D. संलग्न - केशों का बंधन

Q.24 निर्देश: निम्नलिखित प्रश्न में शब्द-युग्म के सही अर्थ-भेद का चयन कीजिए।

अँगना - अंगना

A. घर का आँगन - स्त्री **B.** अनाज - दूसरा

C. अथक - अकथ **D.** हवा - आग

Q.25 निर्देश: निम्नलिखित प्रश्न में शब्द-युग्म के सही अर्थ-भेद का चयन कीजिए।

डीठ - ढीठ

A. जल्दी - तालाब **B.** सूर्य - नाव

C. दृष्टि - निडर **D.** अभिज्ञ - अनभिज्ञ

Q.26 'औपचारिक' शब्द के लिए वाक्यांश है:

A. जो व्यावहारिक दृष्टि से अनुचित हो

B. जो मात्र शिष्टाचार, व्यावहारिकता के लिए न हो

C. जो मात्र शिष्टाचार, व्यावहारिकता के लिए हो

D. जो व्यावहारिक दृष्टि से उचित हो

Q.27 'लुब्ध' शब्द के लिए वाक्यांश उपयुक्त है?

A. जो लकड़ी काटकर जीवन बिताता हो

B. जिसका वंश लुप्त हो गया हो

C. लोभी स्वभाव वाला

D. जिसे देखकर रोंगटे खड़े हो जाएँ

Q.28 जिसे जाना ना जा सके वाक्यांश के लिए एक शब्द है:

A. अभिज्ञ **B.** अनजान **C.** अज्ञेय **D.** अजीब

Q.29 जिसे कठिनाई से जीता जा सके वाक्यांश के लिए एक शब्द है:

A. अज्ञात **B.** दुर्जेय **C.** अजेय **D.** विजय

Q.30 'जो गणना करने योग्य न हो' वाक्यांश के लिए एक शब्द है:

A. गण्य **B.** अगण्य

C. अटल **D.** इनमे से कोई नहीं

Q.31 'वीर पुत्र को जन्म देने वाली स्त्री' के लिए एक शब्द है:
A. विमाता B. वीरप्रसू C. जननी D. वसुंधरा

Q.32 किस विकल्प में क्रिया के 'प्रगतिद्योतक पक्ष' का प्रयोग हुआ है?
A. सीता कितना अच्छा गा रही है।
B. भीड़ बढ़ती ही जा रही है।
C. अब राम खेलने लगा है।
D. सूर्य पूर्व में निकलता है।

Q.33 निम्नलिखित में किस वाक्य में सकर्मक क्रिया का प्रयोग हुआ है?
A. कुत्ता भौंकता है। B. पेड़ से पत्ते गिर रहे हैं।
C. घर जाओ। D. भूपेन्द्र दूध पी रहा है।

Q.34 दिए गए किस वाक्य में सकर्मक क्रिया है?
A. गीता सितार बजा रही है।
B. वह अब तक काफी खेल चुका है।
C. पृथ्वी गोल है।
D. इनमें से कोई नहीं

Q.35 निम्नलिखित में किस वाक्य में अकर्मक क्रिया का प्रयोग हुआ है?
A. अध्यापक छात्रों को कंप्यूटर सिखा रहे हैं।
B. वह पेड़ से पत्ते गिरा रहा है।
C. कविता हँसती है।
D. बच्चे विद्यालय गये।

Q.36 'प्रियंका ने दूध पी लिया।' इस वाक्य में कौन सी क्रिया है?
A. पूर्णकालिक क्रिया B. संयुक्त क्रिया
C. प्रेरणार्थक क्रिया D. कृदंत क्रिया

Q.37 'जिस पक्ष में क्रिया के सदा बने रहने का बोध हो' उसे कहते हैं?
A. पूर्णता द्योतक पक्ष B. प्रगतिद्योतक पक्ष
C. सातपय बोधक पक्ष D. नित्यता बोधक पक्ष

Q.38 अपूर्ण क्रिया के कितने भेद होते है?
A. तीन B. दो C. पांच D. सात

Q.39 निम्न में कौन-सी सकर्मक क्रिया है?
A. कढ़ना B. उखड़ना C. बिगाड़ना D. सँभलना

Q.40 निम्नलिखित में से प्रेरणार्थक क्रिया कौन सी है?
A. काढ़ना B. उखाड़ना C. सँभालना D. लिखवाना

Q.41 निम्नलिखित में से कृदंत क्रिया कौन सी है?
A. जिलवाना B. लिखवाना
C. हँसता D. इनमें से कोई नहीं

Q.42 'बूढ़ी माँ चल नहीं सकती।' यह किस वाच्य का उदाहरण है?
A. भाववाच्य B. कर्मवाच्य
C. कर्तृवाच्य D. इनमें से कोई नहीं

Q.43 'वह दिन में फल खाता है।' यह किस वाच्य का उदाहरण है?
A. भाववाच्य B. कर्मवाच्य
C. कर्तृवाच्य D. इनमें से कोई नहीं

Q.44 'रमेश खाना खा कर चला गया' इसमें कौन-सा वाच्य होगा?
A. कर्तृवाच्य B. कर्मवाच्य
C. भाववाच्य D. क्रिया वाच्य

Q.45 'हम गर्मियों में छत पर सोते हैं।' यह किस वाच्य का उदाहरण है?
A. कर्तृवाच्य B. कर्मवाच्य
C. भाववाच्य D. इनमें से कोई नहीं

Q.46 'पुलिस ने अपराधी को पकड़ा।' यह किस वाच्य का उदाहरण है?
A. भाववाच्य B. कर्मवाच्य
C. कर्तृवाच्य D. इनमें से कोई नहीं

Q.47 'पीतल' शब्द में कौन सी संज्ञा है?
A. समूहवाचक संज्ञा B. द्रव्यवाचक संज्ञा
C. भाववाचक संज्ञा D. इनमें से कोई नहीं

Q.48 'वह मेरा घर कब बनाएगा?' शब्द में कौन सा सर्वनाम है?
A. पुरूष वाचक B. अनिश्चय वाचक
C. प्रश्नवाचक D. निजवाचक

Q.49 'कुछ' किस प्रकार का विशेषण है?
A. गुणवाचक B. निश्चित संख्यावाचक
C. अनिश्चित संख्यावाचक D. सार्वनामिक

Q.50 'मैं पत्र द्वारा सूचित कर दूँगा।' वाक्य में कारक है:
A. कर्ता कारक B. कर्म कारक
C. करण कारक D. सम्प्रदान कारक

Q.51 'वीरों ने देश के हेतु बलिदान दे दिया।' में कौन-सा कारक है?
A. करण कारक B. अपादान कारक
C. सम्प्रदान कारक D. कर्ता कारक

Q.52 **निर्देश:** सही विकल्प को चुनकर निम्नलिखित वाक्य के रिक्त स्थान की पूर्ति कीजिए।
हिंदी व्याकरण में कारकों की संख्या _____ है।
A. पांच B. सात C. आठ D. नौ

Q.53 'मैं कलम से किताब लिखता हूँ।' में कौन सा कारक हैं?
A. कर्म कारक B. करण कारक
C. अपादान कारक D. सम्बन्ध कारक

Q.54 'मैं जाती हूँ' यह वाक्य _____ काल का है।
A. वर्तमान काल B. भूतकाल
C. भविष्य काल D. उपरोक्त सभी

Q.55 'वह केवल सजाकर रखने की वस्तु है।' इस वाक्य में उचित निपात को बताइए।
A. वह B. की C. रखने D. केवल

Q.56 'स' उपसर्ग से मिलकर कौन सा शब्द नहीं बना है?
A. सप्रेम B. सहानुभूति C. सजीव D. सघन

Q.57 'अनगिनत' शब्द में कौन-सा उपसर्ग का प्रयोग हुआ है?
A. अन B. अनु C. अप D. अव

Q.58 'उत' उपसर्ग से बना शब्द इनमे से कौन सा है?
A. उत्थान B. उनतीस C. उनतालीस D. अनुकरण

Q.59 'परि' उपसर्ग से बना शब्द निम्न में से कौन सा नहीं है?
A. पिंजरा B. परित्यक्त C. परिश्रम D. परिमाण

Q.60 'बे' उपसर्ग से बना शब्द निम्न में से कौन सा है?
A. बदनाम B. बेशक C. बतकल्लुफ़ D. बदकार

Q.61 'इयत' प्रत्यय से बना शब्द निम्न में से कौन सा है?
A. इंसानियत B. मेहनताना C. शर्मनाक D. तोपखाना

Q.62 'आऊ' प्रत्यय से बना शब्द निम्न में से कौन सा है?
A. पढ़ाकू B. घुमक्कड़ C. देनदार D. बिकाऊ

Q.63 'गायक' शब्द का शुद्ध सन्धि विच्छेद निम्न में से कौन सा है?
A. गा + अक
B. गै + अक
C. गा + यक
D. ग + आयक

Q.64 निम्नलिखित में 'निस्सार' का संधि-विच्छेद है:
A. निः + सार
B. नि + सार
C. नि + स्सार
D. इनमें से कोई नहीं

Q.65 'भोजनालय' का संधि-विच्छेद है:
A. भोज + नालय
B. भोज + आलय
C. भोजन + आलय
D. भोजा + नालय

Q.66 निम्नलिखित में से 'दिग्दर्शन' का उचित संधि-विच्छेद है:
A. दी + अर्शन
B. दि + दर्शन
C. दिग + दर्शन
D. दिक् + दर्शन

Q.67 'देवेश' का सही संधि-विच्छेद है:
A. देवे + इस
B. देव + ईश
C. देव + एश
D. देव + इस

Q.68 कौन सा सन्धि विच्छेद सही है?
A. उल्लास = उल + लास
B. महांल्लाभ = महा + लाभ
C. अहंकार = अहम् + कार
D. जगदीश = जगत + दीश

Q.69 किस शब्द का संधि विच्छेद सही नहीं है?
A. जगत्राथ = जगत् + नाथ
B. उत्रति = उत् + नति
C. षण्मास = षट् + मास
D. वाग्घरि = वाक् + घरि

Q.70 निम्नलिखित में से कौन सा शब्द तत्पुरुष समास का उदाहरण नहीं है?
A. डाकगाड़ी
B. रचना करने वाला
C. वनगमन
D. भुखमरी

Q.71 निम्नलिखित में से कौन सा शब्द बहुब्रीहि समास का उदाहरण है?
A. अन्याय
B. निर्जन
C. राजा-रंक
D. चौलड़ी

Q.72 निम्नलिखित में से कौन सा शब्द अव्ययीभाव समास का उदाहरण है?
A. ऊपर-नीचे
B. बेखबर
C. दत्तभोजन
D. आहार निंद्रा

Q.73 निम्नलिखित में से कौन सा शब्द नञ समास का उदाहरण है?
A. अयोग्य
B. भरपेट
C. सत्यासत्य
D. बेरहम

Q.74 निम्नलिखित में से कौन सा शब्द कर्म तत्पुरुष समास का उदाहरण है?
A. मुँहमाँगा
B. सभाभवन
C. सिरतोड़
D. देशनिकाला

Q.75 किस विकल्प में मुहावरे का भावार्थ सही नहीं है?
A. अंडे का शाहजादा - अनुभवहीन
B. अड़ियल टट्टू - रूक-रूक कर काम करना
C. अन्धों में काना राजा - अज्ञानियों में अल्पज्ञान वाले का सम्मान होना
D. अलादीन का चिराग - कल्पनाएँ करना

Q.76 किस विकल्प में मुहावरे का भावार्थ सही है?
A. ऊँट के गले में बिल्ली बाँधना - व्यर्थ कार्य करना
B. ऊँट के मुँह में जीरा - अपमान करना
C. ऊँच-नीच समझाना - सबके साथ एक जैसा व्यवहार करना
D. ऊसर में बीज बोना - व्यर्थ कार्य करना

Q.77 जितेन्द्रिय में कौन सा समास है?
A. द्वंद्व समास
B. बहुब्रीहि समास
C. तत्पुरुष समास
D. द्विगु समास

Q.78 'अठखेलियाँ सूझना' मुहावरे का अर्थ है:
A. व्यंग्य करना
B. युक्ति सफल होना
C. मजाक उड़ाना
D. ईर्ष्या करना

Q.79 'पाँवों में मेंहदी लगना' मुहावरे का उचित अर्थ है:
A. कहीं जाने में अशक्त होना
B. अपने पैरों पर खड़ा होना
C. तारे गिनना
D. पाँव तले जमीन निकल जाना

Q.80 किस विकल्प में मुहावरे का भावार्थ सही है?
A. अलाउद्दीन का चिराग - अज्ञानियों में अल्पज्ञान वाले का सम्मान होना
B. अपनी राम कहानी सुनाना - किसी की न सुनना
C. अक्ल का अजीर्ण होना - आवश्यकता से अधिक अक्ल होना
D. अन्तर के पट खोलना - चकित होना

Q.81 'घोड़े की दम बढ़ेगी तो अपनी ही मक्खियाँ उड़ाएगा' लोकोक्ति का भावार्थ:
A. हानि के समय सुअवसर-कुअवसर पर ध्यान न देना
B. अपनी बुराई नहीं दीखती
C. उन्नति करके आदमी अपना ही भला करता है
D. किसी की प्रकृति में पूर्ण परिवर्तन न होना

Q.82 चमड़ी जाए पर _____ न जाये।
A. इज़्ज़त
B. पैसा
C. पगड़ी
D. दमड़ी

Q.83 अपनी टांग उघारिये आपहि मरिए लाज लोकोक्ति का भावार्थ:
A. स्वार्थी और मजबूर व्यक्ति अनचाहा कार्य भी करता है।
B. हममें ही कमजोरी हो तो बताने वालों का क्या दोष
C. अपना दोष न देखकर दूसरों का दोष देखना
D. अपने घर की बात दूसरों से कहने पर बदनामी होती है।

Q.84 निम्नलिखित वाक्यों में संयुक्त वाक्य कौन-सा है?
A. रावन भूमंडल का स्वामी था।
B. ये वजीर अली आदमी है या भूत
C. गाय ही ऐसा पशु है, जो हिन्दुओं के लिए आदरणीय है।
D. इनमें से कोई नहीं

Q.85 निम्नलिखित वाक्यों में संयुक्त-वाक्य कौन-सा है?
A. जो कृपण होता है उसे उदारता अधिक शोभती है।
B. रात्रि के आठ बजे और मैंने पढ़ना बंद कर दिया।
C. उसके स्टेशन पहुँचते ही गाडी चल दी।
D. इनमें से कोई नहीं

Q.86 निम्नलिखित वाक्यों में मिश्र-वाक्य कौन-सा है?
A. मेरे स्टेशन जाते ही गाडी छूट गई।
B. अभी-अभी एक लड़का आया है, इसलिए उसे पानी पिलाओ।
C. जो कर्म करने वाले है, उन्हें फल की इच्छा नहीं करनी चाहिए।
D. इनमें से कोई नहीं

Q.87 निम्नलिखित वाक्यों में मिश्र-वाक्य कौन-सा है?
A. सूर्य निकला और प्रकाश हो गया।
B. जो छात्र प्रथम आया है, वह वास्तव में प्रतिभावान है।
C. कार्य पूरा करके मजदूर घर चले गए।
D. इनमें से कोई नहीं

Q.88 निम्नलिखित में से किस वाक्य में व्याकरण दोष नहीं है?
A. वह लगभग दौड़ रहा था।
B. उस पर घड़ों पानी गिर गया।
C. उसकी अक्ल चकरा गई।
D. तुम क्या काम करता हो।

Q.89 निम्नलिखित में से किस वाक्य में व्याकरण दोष नहीं है?

A. सिंह बड़ा भयानक होता है।

B. उसे भरी दुःख हुआ।

C. सब लोग अपना काम करो।

D. मैं दर्शन देने आया था।

Q.90 निम्नलिखित में से किस वाक्य में व्याकरण दोष नहीं है?

A. पेड़ो पर तोता बैठा है।

B. मैं पुस्तक पढता हूँ।

C. मैं रविवार के दिन तुम्हारे घर आऊँगा।

D. क्या यह संभव हो सकता है?

Q.91 निम्नलिखित में से किस वाक्य में व्याकरण दोष नहीं है?

A. यह काम नहीं किया हूँ मैं।

B. गीता आई और कहा।

C. वह धीमी स्वर में बोला।

D. राम और सीता वन को गए।

Q.92 निम्नलिखित में से किस वाक्य में व्याकरण दोष नहीं है?

A. आज मौसम अच्छी नहीं है।

B. महाभारत अठारह दिनों तक चलता रहा।

C. देश की स्थिति अच्छी नहीं है।

D. मुझे बहुत आनन्द आती है।

Q.93 निम्नलिखित में से किस वाक्य में व्याकरण दोष नहीं है?

A. बुढ़ापे उसके लिए रोग बन गया।

B. श्रीमती गांधी भारत की प्रधानमंत्री थी।

C. वह सायंकाल के समय आया था।

D. मैं चार घंटे से पढ़ता रहा हूँ।

Q.94 अल्प विराम संबंधी कौन सा विकल्प उचित है?

A. रमेश = सुरेश - महेश और वीरेन्द्र घूमने गए।

B. रमेश, सुरेश, महेश और वीरेन्द्र घूमने गए।

C. रमेश - सुरेश - महेश और वीरेन्द्र घूमने गए।

D. रमेश; सुरेश - महेश और वीरेन्द्र घूमने गए।

Q.95 विराम चिन्ह का क्या अर्थ है?

A. रुकना या ठहराव

B. भागना

C. चलना

D. इनमें से कोई नहीं

Q.96 'Counter-charge' के लिए कौन सा हिंदी शब्द उपयुक्त है?

A. प्रत्यारोप

B. उपशमन अवधि

C. दोष सिद्धि

D. संपुष्टि करना

Q.97 'Compensation' के लिए कौन सा हिंदी शब्द उपयुक्त है?

A. मुआवजा

B. मानार्थ

C. संपीडन

D. अनिवार्य-परिसमापन

Q.98 OFFENCE का पारिभाषिक शब्द क्या है?

A. घोषणा पत्र

B. अपराध

C. अधिसूचना

D. शपथ

Q.99 'CONFISCATE' का पारिभाषिक शब्द क्या है?

A. अनुदान

B. असामनता

C. शर्त

D. अधिग्रहण

Q.100 'ADJOURN' का पारिभाषिक शब्द क्या है?

A. प्रतिपूर्ति करना

B. प्रारम्भिक

C. स्थगित

D. अकादमी

// स्मार्ट उत्तर पुस्तिका //

सही उत्तर — उन छात्रों के प्रतिशत को इंगित करता है जिन्होंने प्रश्नों का सही उत्तर दिया था।

छोड़ दिया — उन छात्रों के प्रतिशत को इंगित करता है जिन्होंने प्रश्नों को छोड़ दिया था।

प्रश्न संख्या	उत्तर	सही उत्तर / छोड़ दिया	प्रश्न संख्या	उत्तर	सही उत्तर / छोड़ दिया	प्रश्न संख्या	उत्तर	सही उत्तर / छोड़ दिया	प्रश्न संख्या	उत्तर	सही उत्तर / छोड़ दिया	प्रश्न संख्या	उत्तर	सही उत्तर / छोड़ दिया
1	B	66.04 % / 30.46 %	17	C	43.07 % / 56.91 %	33	D	88.54 % / 10.53 %	49	C	88.96 % / 10.5 %	65	C	59.93 % / 37.79 %
2	A	63.15 % / 35.17 %	18	A	40.39 % / 44.96 %	34	A	82.95 % / 15.62 %	50	C	76.14 % / 16.92 %	66	D	67.97 % / 31.94 %
3	C	50.62 % / 41.84 %	19	C	45.89 % / 51.59 %	35	C	57.92 % / 37.74 %	51	C	67.76 % / 32.2 %	67	B	58.07 % / 37.15 %
4	B	53.63 % / 34.46 %	20	B	55.79 % / 42.45 %	36	B	67.68 % / 31.08 %	52	C	84.65 % / 11.28 %	68	C	50.09 % / 42.35 %
5	B	83.13 % / 12.8 %	21	A	51.46 % / 46.8 %	37	D	25.32 % / 67.61 %	53	B	58.22 % / 30.64 %	69	D	46.92 % / 32.13 %
6	C	54.68 % / 42.31 %	22	B	46.05 % / 36.39 %	38	B	46.89 % / 44.97 %	54	A	77.71 % / 18.48 %	70	B	56.17 % / 36.23 %
7	B	51.12 % / 46.37 %	23	A	64.53 % / 35.23 %	39	C	48.03 % / 37.64 %	55	D	55.3 % / 30.29 %	71	D	65.95 % / 33.57 %
8	C	44.51 % / 49.14 %	24	A	66.19 % / 32.88 %	40	D	57.07 % / 37.06 %	56	B	68.28 % / 30.45 %	72	B	68.48 % / 30.97 %
9	A	65.95 % / 31.96 %	25	C	68.78 % / 30.21 %	41	C	60.47 % / 36.38 %	57	A	41.55 % / 46.96 %	73	A	52.01 % / 43.1 %
10	D	47.3 % / 46.84 %	26	C	46.67 % / 43.75 %	42	C	62.13 % / 35.65 %	58	A	43.26 % / 41.58 %	74	C	86.67 % / 10.42 %
11	B	43.97 % / 39.82 %	27	C	56.59 % / 39.99 %	43	C	58.18 % / 34.8 %	59	A	43.62 % / 48.06 %	75	B	56.96 % / 36.36 %
12	A	56.41 % / 43.14 %	28	C	69.36 % / 30.11 %	44	A	63.72 % / 32.79 %	60	B	49.12 % / 46.02 %	76	D	46.8 % / 34.5 %
13	D	46.74 % / 42.36 %	29	B	52.69 % / 39.39 %	45	A	56.35 % / 43.32 %	61	A	46.85 % / 37.4 %	77	B	55.57 % / 37.54 %
14	D	43.94 % / 40.58 %	30	B	50.46 % / 37.74 %	46	C	84.52 % / 14.27 %	62	D	65.26 % / 30.59 %	78	C	64.31 % / 30.7 %
15	C	82.97 % / 15.14 %	31	B	47.89 % / 51.35 %	47	B	81.83 % / 17.88 %	63	B	49.42 % / 34.09 %	79	A	45.98 % / 44.31 %
16	B	78.3 % / 12.42 %	32	B	41.02 % / 42.04 %	48	C	77.8 % / 12.44 %	64	A	44.83 % / 34.13 %	80	C	55.72 % / 39.86 %

प्रश्न संख्या	उत्तर	सही उत्तर / छोड़ दिया
81	C	56.99 % / 41.78 %
82	D	69.94 % / 30.04 %
83	D	63.35 % / 32.55 %
84	B	45.31 % / 48.59 %

प्रश्न संख्या	उत्तर	सही उत्तर / छोड़ दिया
85	B	48.75 % / 36.71 %
86	C	61.66 % / 33.22 %
87	B	57.67 % / 30.29 %
88	C	46.19 % / 39.62 %

प्रश्न संख्या	उत्तर	सही उत्तर / छोड़ दिया
89	A	89.67 % / 10.06 %
90	B	40.47 % / 42.68 %
91	D	47.93 % / 34.24 %
92	C	49.76 % / 31.68 %

प्रश्न संख्या	उत्तर	सही उत्तर / छोड़ दिया
93	B	63.7 % / 30.66 %
94	B	40.64 % / 45.17 %
95	A	40.79 % / 40.98 %
96	A	40.03 % / 47.73 %

प्रश्न संख्या	उत्तर	सही उत्तर / छोड़ दिया
97	A	57.25 % / 37.11 %
98	B	47.1 % / 42.44 %
99	D	67.19 % / 32.28 %
100	C	41.88 % / 50.79 %

कार्य विश्लेषण

औसत अंक (%)	50.0%
टॉपर्स स्कोर (%)	72.0%
आपका स्कोर	

//संकेत और समाधान//

1. पालि प्राचीन भारत की एक भाषा थी। यह हिन्द-यूरोपीय भाषा-परिवार की एक बोली या प्राकृत है। पालि का शाब्दिक अर्थ, पवित्र रचना है। इसको बौद्ध त्रिपिटक की भाषा के रूप में भी जाना जाता है।

पालि, ब्राह्मी परिवार की लिपियों में लिखी जाती थी।

पालि साहित्य में मुख्यत: बौद्ध धर्म के संस्थापक भगवान बुद्ध के उपदेशों का संग्रह है किंतु इसका कोई भाग बुद्ध के जीवनकाल में व्यवस्थित या लिखित रूप धारण कर चुका था, यह कहना कठिन है।

अतः विकल्प (B) सही है।

2. दिए गए विकल्पों में चाक्षुष शब्द की वर्तनी शुद्ध है।

'चाक्षुष' का अर्थ 'नेत्र संबंधी' है।

अन्य विकल्प:

शुद्ध वर्तनी	अशुद्ध वर्तनी	अर्थ
कालिन्दी	कालंदी	यमुना नदी
ऐच्छिक	एच्छिक	स्वेच्छा से किया जानेवाला
इमारत	ईमारत	मकान

अतः विकल्प (A) सही है।

3. दिए गए विकल्पों में कँटीला शब्द की वर्तनी शुद्ध है।

'कँटीला' का अर्थ 'जिसमें काँटे लगे हुए हों' है।

अन्य विकल्प:

शुद्ध वर्तनी	अशुद्ध वर्तनी	अर्थ
क्षुद्र	छुद्र	नीच
चरमोत्कर्ष	चर्मोत्कर्ष	चरम बिंदु
गर्भिणी	गर्भिणी	गर्भवती

अतः विकल्प (C) सही है।

4. दिए गए विकल्पों में रागिनी शब्द की वर्तनी शुद्ध है।

'रागिनी' का अर्थ 'संगीत में राग की पत्नी' है।

अन्य विकल्प:

शुद्ध वर्तनी	अशुद्ध वर्तनी	अर्थ
भंगिन	भंगन	मेहतर की पत्नी
भौगोलिक	भोगोलिक	भूगोल संबंधी
मत्स्येन्द्र	मत्सेन्द्र	मछलियों का राजा

अतः विकल्प (B) सही है।

5. उपरोक्त विकल्पों में 'प्रर्दशन' शब्द वर्तनीगत अशुद्ध है।

इसका शुद्ध रूप है: 'प्रदर्शन'

जिसका अर्थ होता है: दिखाना

अतः विकल्प (B) सही है।

6. उपरोक्त विकल्पों में 'प्रोढ' शब्द वर्तनीगत अशुद्ध है।

इसका शुद्ध रूप है: 'प्रौढ़'

जिसका अर्थ होता है: मध्य अवस्था को प्राप्त

अतः विकल्प (C) सही है।

7. उपरोक्त विकल्पों में 'बइमान' शब्द वर्तनीगत अशुद्ध है।

इसका शुद्ध रूप है: 'बेईमान'

जिसका अर्थ होता है: अनाचार या छल कपट करने वाला

अतः विकल्प (B) सही है।

8. दिए गए विकल्पों में 'ग्रंथि' तत्सम शब्द है इसका तदभव रूप गाँठ है

अन्य विकल्प:

तद्भव	तत्सम
खांसी	कास
कुत्ता	कुक्कुर
कोख	कुक्षि

अतः विकल्प (C) सही है।

9. दिए गए विकल्पों में 'कपाट' एक तत्सम शब्द है। इसका तद्भव रूप किवाड़ है।

अन्य विकल्प:

तद्भव	तत्सम
केला	कदली
कैंची	कर्तरी
काठ	काष्ठ

अतः विकल्प (A) सही है।

10. दिए गए विकल्पों में 'अंचल' का तत्सम शब्द है। इसका तद्भव रूप आँचल है।

अन्य विकल्प:

तत्सम	तद्भव
उष्ट्र	ऊँट
आम्रचूर्ण	अमचूर
आदेश	आयसु

अतः विकल्प (D) सही है।

11. दिए गए विकल्पों में 'चीता' एक तद्भव शब्द है। इसका तत्सम रूप चित्रक है।

अन्य विकल्प:

तत्सम	तद्भव
सिंह	शेर
व्याघ्र	बाघ
मूषक	चूहा

अतः विकल्प (B) सही है।

12. 'मोहन वहां पढ़ता है' वाक्य में 'वहां' स्थानवाचक क्रिया विशेषण है।

स्थानवाचक क्रिया विशेषण वे शब्द होते हैं जो क्रिया के होने वाली जगह का बोध कराते हैं। अर्थात जहां क्रिया हो रही है उस जगह का बोध कराने वाले शब्द ही स्थानवाचक क्रिया विशेषण कहलाते हैं।

अतः विकल्प (A) सही है।

13. उपर्युक्त विकल्पों में 'डिबिया' देशज शब्द है। अतिरिक्त विकल्प विदेशज शब्द के उदाहरण हैं।

देशज शब्द: वे शब्द जिनकी उत्पत्ति के मूल का पता न हो परन्तु वे प्रचलन में हों। ऐसे शब्द देशज शब्द कहलाते हैं। ये शब्द आम तौर पर क्षेत्रीय भाषा में प्रयोग किये जाते हैं।

विदेशज शब्द: विदेशी भाषाओं से हिंदी में आये शब्दों को विदेशी शब्द कहा जाता है। इन विदेशी भाषाओं में मुख्यतः अरबी, फारसी, तुर्की, अंग्रेजी व पुर्तगाली शामिल है।

अन्य विकल्प:

शब्द	शब्द प्रकार
मुग़ल	तुर्की
बेगम	तुर्की
सुराग	तुर्की

अतः विकल्प (D) सही है।

14. 'टोपी' देशज शब्द है। अन्य विकल्प देशज शब्द नहीं है।

देशज शब्द: वे शब्द जिनकी उत्पत्ति के मूल का पता न हो परन्तु वे प्रचलन में हों। ऐसे शब्द देशज शब्द कहलाते हैं। ये शब्द आम तौर पर क्षेत्रीय भाषा में प्रयोग किये जाते हैं।

अन्य विकल्प:

शब्द	शब्द प्रकार
बहादुर	तुर्की
तलाश	तुर्की
तोप	तुर्की

अतः विकल्प (D) सही है।

15. दिए गए विकल्पों में समुद्रजा, चंचला 'रमा' शब्द के पर्यायवाची हैं।

रमा के अन्य पर्यायवाची शब्द हैं: कमला, इन्दिरा, लक्ष्मी, हरिप्रिया

अन्य विकल्प:

शब्द	पर्यायवाची शब्द
यामिनी	निशा, रजनी
विद्या	इल्म, सरस्वती

अतः विकल्प (C) सही है।

16. 'पहेली' का पर्यायवाची बुझौवल है। पहेली के अन्य पर्यायवाची शब्द- प्रहेलिका, मुअम्मा, मुकरी, कूटप्रश्न।

अन्य विकल्प:

शब्द	पर्यायवाची
पटु	कुशल, चतुर, चालक
प्राज्ञ	विद्वान, महाज्ञानी, बुद्धिमान
परिताप	जलन, ताप, गर्मी, दुःख

अतः विकल्प (B) सही है।

17. 'नगपति' का पर्यायवाची शैलेन्द्र है। नगपति के अन्य पर्यायवाची शब्द- हिमालय, पर्वतराज, पर्वतेश्वर, नगेश।

अन्य विकल्प:

शब्द	पर्यायवाची
नजीर	मिसाल, दृष्टांत, उदाहरण
ध्वस्त	चिन्ह, निशान, अंक
धृष्ट	निर्लज्ज, बेहया, ढीठ

अतः विकल्प (C) सही है।

18. 'धन्यवाद' का पर्यायवाची शाबासी है। धन्यवाद के अन्य पर्यायवाची शब्द- आभार, शुक्रिया, मेहरबानी, वाहवाही, प्रशंसा।

अन्य विकल्प:

शब्द	पर्यायवाची
धात्री	धाय, उपमाता, आया
दोगला	संकर, वर्णसंकर, हरामी
दूर	परे, पृथक, अलग

अतः विकल्प (A) सही है।

19. 'आतप' का विलोम शब्द 'अनातप' है।

आतप का अर्थ: गरमी

अनातप का अर्थ: छाया

अन्य विकल्प:

शब्द	विलोम
आवृत	अनावृत
अकेला	साथ
अभिमुख	विमुख

अतः विकल्प (C) सही है।

20. 'उत्थान' का विलोम शब्द 'पतन' है।

उत्थान का अर्थ: उठाना

पतन का अर्थ: गिरने वाला

अन्य विकल्प:

शब्द	विलोम
उपजाऊ	बंजर
उदीची	प्रतीची
समापन	उद्घाटन

अतः विकल्प (B) सही है।

21. 'पतनोन्मुख' का विलोम शब्द 'विकासोन्मुख' है।

पतनोन्मुख का अर्थ: जो पतन की ओर उन्मुख हो।

विकासोन्मुख का अर्थ: किसी विशेष दिशा या स्थिति की ओर जाता हुआ।

अन्य विकल्प:

शब्द	विलोम
पंडित	मूर्ख
पराया	अपना
प्रकट	गुप्त

अतः विकल्प (A) सही है।

22. 'बेगम' का विलोम शब्द 'बादशाह' है।

बेगम का अर्थ: बादशाह की बीवी

बादशाह का अर्थ: सम्राट्

अन्य विकल्प:

शब्द	विलोम
बालक	वृद्ध
बर्बर	सभ्य
फैला	सिमटा

अतः विकल्प (B) सही है।

23. 'छर - झर' का सही अर्थ: छरों के वेग से निकलने का शब्द - पानी गिरने का स्थान है।

छर का अर्थ है: छरों के वेग से निकलने का शब्द तथा झर का अर्थ है: पानी गिरने का स्थान है।

अन्य विकल्प:

शब्द युग्म	अर्थ
डोंगी-ढोंगी	छोटीनाव-पाखंडी
डाल- ढाल	वृक्ष की शाखा-रक्षक
जुडा-जूडा	संलग्न-केशों का बंधन

अतः विकल्प (A) सही है।

24. अँगना शब्द का अर्थ 'घर का आँगन' तथा अंगना शब्द का अर्थ 'स्त्री' है, इस आधार पर 'अँगना-अंगना' शब्द-युग्म का सही अर्थ-भेद घर का आँगन-स्त्री है।

अन्य विकल्प:

शब्द-युग्म	अर्थ
अन्न-अन्य	अनाज-दूसरा
अथक-अकथ	बिना थके हुए-जो कहा न जाय
अनिल-अनल	हवा-आग

अतः विकल्प (A) सही है।

25. डीठ शब्द का अर्थ 'दृष्टी' है तथा ढीठ शब्द का अर्थ 'निडर' है, इस आधार पर 'डीठ-ढीठ' शब्द-युग्म का सही अर्थ-भेद 'दृष्टी-निडर' है।

अन्य विकल्प:

शब्द-युग्म	अर्थ
तड़ाक - तड़ाग	जल्दी - तालाब
तरणि - तरणी	सूर्य - नाव
अभिज्ञ - अनभिज्ञ	जानने वाला - अनजान

अतः विकल्प (C) सही है।

26. 'औपचारिक' शब्द के लिए वाक्यांश 'जो मात्र शिष्टाचार, व्यावहारिकता के लिए हो' है। अन्य विकल्प अनुचित हैं।

(ऐसा आचरण या व्यवहार) जो वास्तविक या हार्दिक न हो, परन्तु केवल दिखाने भर के किया गया हो अथवा किसी नियम या रीति आदि के पालन स्वरूप किया गया हो।

अतः विकल्प (C) सही है।

27. 'लुब्ध' शब्द के लिए वाक्यांश 'लोभी स्वभाव वाला' है। अन्य विकल्प अनुपयुक्त हैं।

अन्य विकल्प:

वाक्यांश	एक शब्द
जो लकड़ी काटकर जीवन बिताता हो	लकड़हारा
जिसका वंश लुप्त हो गया हो	लुप्तवंश
जिसे देखकर रौंगटे खड़े हों जाएँ	लोमहर्षक

अतः विकल्प (C) सही है।

28. 'जिसे जाना ना जा सके' को 'अज्ञेय' कहा जाता है।

'अज्ञेय' विशेषण शब्द है।

अन्य विकल्प:

वाक्यांश	एक शब्द
जो किसी कार्य को करने में विशेष योग्यता रखता हो	अभिज्ञ
जो पहले से परिचित न हो	अनजान
जो अपनी सामान्य स्थिति से चकित कर दे	अजीब

अतः विकल्प (C) सही है।

29. 'जिसे कठिनाई से जीता जा सके' को दुर्जेय कहा जाता है।

'दुर्जेय' संज्ञा पुल्लिंग का शब्द है।

अन्य विकल्प:

वाक्यांश	एक शब्द
जिसे कुछ ज्ञात न हो	अज्ञात
जो जीता न जा सके	अजेय
युद्ध आदि में प्राप्त सफलता	विजय

अतः विकल्प (B) सही है।

30. 'जो गणना करने योग्य न हो' को 'अगण्य' कहा जाता है।

'अगण्य' विशेषण शब्द है।

अन्य विकल्प:

वाक्यांश	एक शब्द
जो गणना करने योग्य हो	गण्य
जो अपनी बात से टले नही	अटल

अतः विकल्प (B) सही है।

31. 'वीर पुत्र को जन्म देने वाली स्त्री' को वीरप्रसू कहा जाता है।

वीरप्रसू संज्ञा स्त्रीलिंग शब्द है।

अन्य विकल्प:

वाक्यांश	एक शब्द
सौतेली माँ	विमाता
जन्म देने वाली स्त्री	जननी
सौर जगत का वह ग्रह जिस पर हम लोग निवास करते हैं	वसुंधरा

अतः विकल्प (B) सही है।

32. 'भीड़ बढ़ती ही जा रही है।' वाक्य में क्रिया के 'प्रगतिद्योतक पक्ष' का प्रयोग हुआ है।

'भीड़ बढ़ती ही जा रही है।' वाक्य में भीड़ के निरंतर बढ़ने की क्रिया हो रही है।

इसलिए, यह क्रिया का प्रगतिद्योतक पक्ष है।

क्रिया: जिन शब्दों में किसी कार्य का करना या होना था, किसी घटना में घटित होने का संज्ञान होता है, उसे क्रिया कहते हैं। क्रिया के दो भेद माने गए हैं: अकर्मक और सकर्मक।

अतः विकल्प (B) सही है।

33. 'भूपेन्द्र दूध पी रहा है।' वाक्य में सकर्मक क्रिया का प्रयोग हुआ है।

इस वाक्य में भूपेन्द्र जो कि एक 'कर्ता' है और 'पीना' क्रिया कर रहा है, लेकिन इसका प्रभाव दूध पर पड़ रहा है इसलिए यहाँ सकर्मक क्रिया होगी।

सकर्मक क्रिया उस प्रकार की क्रिया होती है जिसमें कर्ता द्वारा किया गया कार्य किसी अन्य चीज को प्रभावित करता है, तो वहां पर सकर्मक क्रिया होती है।

अतः विकल्प (D) सही है।

34. 'गीता सितार बजा रही है। वाक्य सकर्मक क्रिया' का उदाहरण है।

इस वाक्य में गीता जो कि एक 'कर्ता' है और 'बजाना' क्रिया कर रही है, लेकिन इसका प्रभाव सितार पर पड़ रहा है इसलिए यहाँ सकर्मक क्रिया होगी।

सकर्मक क्रिया: उस प्रकार की क्रिया होती है जिसमें कर्ता द्वारा किया गया कार्य किसी अन्य चीज को प्रभावित करता है, तो वहां पर सकर्मक क्रिया होती है।

अतः विकल्प (A) सही है।

35. दिए गए विकल्पों में से 'कविता हँसती है।' वाक्य अकर्मक क्रिया का है।

हँसती: अकर्मक क्रिया

अकर्मक क्रिया में कर्म की आवश्यकता नहीं होती।

अकर्मक क्रिया: जब किसी वाक्य में कर्ता हो और क्रिया भी हो लेकिन कर्म ना हो तो वहां पर अकर्मक क्रिया होती है।

अतः विकल्प (C) सही है।

36. 'प्रियंका ने दूध पी लिया।' वाक्य में संयुक्त क्रिया है।

'प्रियंका ने दूध पी लिया।' वाक्य में 'पी + लिया' दो धातुओं के योग से बनी क्रिया है। इसलिए, यहाँ संयुक्त क्रिया है।

संयुक्त क्रिया: जो क्रिया दो या दो से अधिक धातुओं के योग से बनकर नया अर्थ देती है यानी किसी एक ही क्रिया का काम करती है, वह 'संयुक्त क्रिया' कहलाती है।

उदाहरण: खा लिया, चल दिया, आदि।

37. 'जिस पक्ष में क्रिया के सदा बने रहने का बोध हो' वाक्य में 'नित्यता बोधक' पक्ष है।

जिस पक्ष में क्रिया के नित्य अर्थात सदा बने रहने का बोध हो उसे नित्यता बोधक पक्ष कहते है।

क्रिया का पक्ष: क्रिया के जिस रुप से क्रिया प्रक्रिया का बोध होता है उसे क्रिया का पक्ष कहते हैं।

अतः विकल्प (D) सही है।

38. अपूर्ण क्रिया: जब क्रिया के होते हुए तथा क्रिया और कर्म के रहते हुए भी अकर्मक और सकर्मक क्रिया स्पष्ट अर्थ न दें वहाँ पर अपूर्ण क्रिया होती है।

अपूर्ण क्रिया के दो भेद होते है:

- अपूर्ण अकर्मक क्रिया
- अपूर्ण सकर्मक क्रिया

अतः विकल्प (B) सही है।

39. 'बिगाड़ना' सकर्मक क्रिया का उदाहरण है। अन्य सभी विकल्प अकर्मक क्रिया के उदाहरण है।

सकर्मक क्रिया: जिस क्रिया का फल कर्म पर पड़ता है तथा जिसके प्रयोग में कर्म की अनिवार्यता बनी रहती है, उसे सकर्मक क्रिया कहते हैं।

अकर्मक क्रिया: अकर्मक क्रिया वहां पर होती है जहां कर्ता द्वारा किया गया कार्य किसी अन्य चीज को प्रभावित नहीं करता है।

दूसरे शब्दों में जैसे नाम से ही पता चल रहा है 'अकर्मक' अर्थ कर्म उपस्थित नहीं है। जब किसी वाक्य में कर्ता हो और क्रिया भी हो लेकिन कर्म ना हो तो वहां पर अकर्मक क्रिया होती है।

अतः विकल्प (C) सही है।

40. 'लिखवाना' प्रेरणार्थक क्रिया का उदाहरण है। अन्य विकल्प असंगत है।

प्रेरणार्थक क्रिया: जिस क्रिया से ज्ञान हो कि कर्ता स्वयं कार्य को न करके किसी अन्य को कार्य करने की प्रेरणा देता है वह प्रेरणार्थक क्रिया कहलाती है। जैसे: सुरेंदर राधा से खाना पकवाता है।

अतः विकल्प (D) सही है।

41. 'हँसता' कृदंत क्रिया का उदाहरण है। अन्य विकल्प असंगत है।

कृदंत क्रिया: कृत प्रत्ययों को जोड़कर जो क्रिया बनाई जाती है उसे कृदंत क्रिया कहते हैं अथार्त जब किसी क्रिया में प्रत्यय जोड़कर उसका एक नया क्रिया रूप बनाया जाता है उसे कृदंत प्रत्यय कहते हैं। जैसे: चलता, भागता, दौड़ता।

अतः विकल्प (C) सही है।

42. 'बूढ़ी माँ चल नहीं सकती।' वाक्य में कर्तृवाच्य है। अन्य विकल्प इसके अनुचित उत्तर है।

कर्तृवाच्य: क्रिया के जिस रुप से वाक्य के उद्देश्य क्रिया के कर्त्ता का बोध हो वह कर्तृवाच्य कहलाता है।

इसमें लिंग एवं वचन प्रायः कर्ता के अनुसार होते हैं।

वाच्य: जिससे वाक्य के अंतर्गत क्रिया के द्वारा परिवर्तन से कर्ता, कर्म या भाव की प्रधानता का बोध हो उसे वाच्य कहते हैं।

ये तीन प्रकार के होते हैं: 1. कर्तृवाच्य, 2. कर्मवाच्य और 3. भाववाच्य

अतः विकल्प (C) सही है।

43. 'वह दिन में फल खाता है।' वाक्य में 'कर्तृवाच्य' है। अन्य विकल्प इसके अनुचित है।

वाच्य: जिससे वाक्य के अंतर्गत क्रिया के द्वारा परिवर्तन से कर्ता, कर्म या भाव की प्रधानता का बोध हो उसे वाच्य कहते हैं।

ये तीन प्रकार के होते हैं: 1. कर्तृवाच्य, 2. कर्मवाच्य और 3. भाववाच्य

कर्तृवाच्य: क्रिया के जिस रूप से वाक्य में कर्ता की प्रधानता का बोध हो उसे कर्तृवाच्य कहते हैं।

अतः विकल्प (C) सही है।

44. 'रमेश खाना खा कर चला गया' यह 'कर्तृवाच्य' का उदाहरण है।

कर्तृवाच्य में कर्ता के लिंग, वचन और पुरुष के अनुसार क्रिया का प्रयोग होता है।

- जैसे: रमेश केला खाता है।
- लड़का पुस्तक पढ़ता है।

अतः विकल्प (A) सही है।

45. 'हम गर्मियों में छत पर सोते हैं।' यह कर्तृवाच्य का उदाहरण है।

इसका कर्मवाच्य वाक्य होगा: हमसे गर्मियों में छत पर सोया नहीं जाता।

क्रिया के जिस रूप में कर्ता प्रधान हो और सकर्मक और अकर्मक दोनों क्रियाए हो, उसे कर्तृवाच्य कहते हैं।

अतः विकल्प (A) सही है।

46. 'पुलिस ने अपराधी को पकड़ा।' वाक्य में कर्तृवाच्य है। अन्य विकल्प इसके अनुचित उत्तर है।

क्रिया के जिस रुप से वाक्य के उद्देश्य क्रिया के कर्त्ता का बोध हो वह कर्तृवाच्य कहलाता है।

इसमें लिंग एवं वचन प्रायः कर्ता के अनुसार होते हैं।

अतः विकल्प (C) सही है।

47. 'पीतल' शब्द में द्रव्यवाचक संज्ञा है।

द्रव्यवाचक संज्ञा: जिन संज्ञा शब्दों से किसी धातु, द्रव या पदार्थ का बोध हो, उन्हें द्रव्यवाचक संज्ञा कहते हैं।

जैसे: सोना, लोहा आदि।

अतः विकल्प (B) सही है।

48. 'वह मेरा घर कब बनाएगा?' शब्द में प्रश्नवाचक सर्वनाम है।

सर्वनाम: संज्ञा के स्थान पर प्रयुक्त होने वाले शब्दों को सर्वनाम कहते हैं। जैसे: मैं, वह, वे, उन्हें, अपने तुम, हम आदि।

सर्वनाम के छः भेद हैं:

1. निश्चयवाचक सर्वनाम
2. पुरुषवाचक (व्यक्तिवाचक) सर्वनाम
3. निजवाचक सर्वनाम
4. प्रश्नवाचक सर्वनाम
5. अनिश्चयवाचक सर्वनाम

6.   सम्बन्ध वाचक सर्वनाम

अतः विकल्प (C) सही है।

49. 'कुछ' में अनिश्चित संख्यावाचक विशेषण है।

अनिश्चित संख्यावाचक: जिन विशेषण शब्दों से अनिश्चित संख्या का बोध होता है, उन्हें अनिश्चित संख्यावाचक विशेषण कहते हैं।

जैसे: थोड़े आदमी, कुछ रुपए आदि।

अतः विकल्प (C) सही है।

50. 'मैं पत्र द्वारा सूचित कर दूँगा।' वाक्य में करण कारक है। अन्य विकल्प असंगत है।

कारक: संज्ञा या सर्वनाम के जिस रूप से उनका (संज्ञा या सर्वनाम का) क्रिया से सम्बन्ध सूचित हो, उस रूप को 'कारक' कहते हैं।

करण कारक: जिस वस्तु की सहायता से या जिसके द्वारा कोई काम किया जाता है, उसे करण कारक कहते है।

- उदाहरण: वह कुल्हाड़ी से वृक्ष काटता है।
- मुझे अपनी कमाई से खाना मिलता है।
- साधुओं की संगति से बुद्धि सुधरती है।

अतः विकल्प (C) सही है।

51. 'वीरों ने देश के हेतु बलिदान दे दिया।' वाक्य में सम्प्रदान कारक है। अन्य विकल्प असंगत है।

कारक: संज्ञा या सर्वनाम के जिस रूप से उनका (संज्ञा या सर्वनाम का) क्रिया से सम्बन्ध सूचित हो, उस रूप को 'कारक' कहते हैं।

सम्प्रदान कारक: जिसके लिए कोई क्रिया (काम) की जाती है, उसे सम्प्रदान कारक कहते है।

- उदाहरण: शिष्य ने अपने गुरु के लिए सब कुछ किया।
- गरीब को धन दीजिए।
- वह अरुण के लिए मिठाई लाया।

अतः विकल्प (C) सही है।

52. हिंदी व्याकरण में कारको की संख्या आठ है।

- कर्त्ता कारक
- कर्म कारक
- करण कारक
- सम्प्रदान कारक
- अपादान कारक
- संबंध कारक
- अधिकरण कारक
- सम्बोधन कारक

अतः विकल्प (C) सही है।

53. 'मैं कलम से किताब लिखता हूँ।' में 'करण कारक' है। करण कारक अर्थात जिस वस्तु की सहायता 'से' या जिसके 'द्वारा' कोई काम करने का बोध हो। जैसे: वह कुल्हाड़ी से पेड़ काटता है।

अतः विकल्प (B) सही है।

54. 'मैं जाती हूँ' वाक्य में तात्कालिक स्वभाव का बोध हो रहा है। यह क्रिया तुरंत की जा रही है या यूँ कहें कि वर्तमान में की जा रही है। इसीलिए, यह वर्तमान काल का वाक्य है।

काल: क्रिया के जिस रूप से कार्य करने या होने के समय का ज्ञान होता है उसे 'काल' कहते है।

काल के तीन भेद होते है:

1.   वर्तमान काल
2.   भूतकाल
3.   भविष्य काल

अतः विकल्प (A) सही है।

55. यहाँ दिए गये वाक्य में 'केवल' का प्रयोग किया गया है जो कि निपात है।

निपात: जो अव्यय किसी शब्द के बाद लगकर उसके अर्थ को बल प्रदान करते हैं, वे निपात कहलाते हैं। निपात को अवधारक भी कहते हैं। यह शब्द किसी बात पर जोर देने के लिए प्रयोग किये जाते हैं। यहाँ 'केवल' का प्रयोग वाक्य पर जोर देने के लिए किया गया है।

निपात शब्द: भी, तो, तक, केवल, ही, मात्र आदि।

उदाहरण: मै **भी** साथ चलूँगा।

अतः विकल्प (D) सही है।

56. 'सहानुभूति' शब्द में 'स' उपसर्ग नहीं है।

इसमें 'सह' उपसर्ग लगा है।

इसमें 'अनुभूति' मूल शब्द है।

'सह+अनुभूति' शब्द योग से यह शब्द बना है।

इसका अर्थ 'संवेदना' होता है।

उपसर्ग: वह शब्दांश जो किसी शब्द के पूर्व अथवा पहले लगकर उस शब्द का अर्थ बदल देते हैं अथवा उसमें नई विशेषता उत्पन्न कर देते हैं उपसर्ग कहलाते हैं. अथवा लघुत्तम सार्थक शब्द खंड जो अन्य शब्दों के आदि में जुड़ कर उनका अर्थ बदल देते हैं उपसर्ग कहलाते हैं।

अतः विकल्प (B) सही है।

57. 'अनगिनत' शब्द में 'अन' उपसर्ग का प्रयोग हुआ है।

अन्य विकल्प:

उपसर्ग	उदाहरण
अनु	अनुराग आदि।
अप	अपनत्व, आदि।
अव	अवसाद आदि।

अतः विकल्प (A) सही है।

58. 'उत' उपसर्ग से बना शब्द 'उत्थान' है।

अन्य विकल्प:

उपसर्ग	शब्द
उन	उनतीस
उन	उनतालीस
अनु	अनुकरण

अतः विकल्प (A) सही है।

59. 'परि' उपसर्ग से बना शब्द 'पिंजरा' है।

'परि' उपसर्ग से बनने वाले अन्य शब्द: परिक्रमा, परिजन, परिणाम

अन्य विकल्प:

उपसर्ग	उदाहरण
प्रति	प्रतिष्ठा, प्रतिदान

उप	उपवन, उपकूल
अभि	अभिमुख, अभ्यागत

अतः विकल्प (A) सही है।

60. 'बे' उपसर्ग से बना शब्द 'बेशक' है।

'बे' उपसर्ग से बनने वाले अन्य शब्द: बेबुनियाद, बेईमान, बेवक्त, बेरहम, बेतरह, बेइज़्ज़त।

अन्य विकल्प:

उपसर्ग	उदाहरण
बा	बाकायदा, बाकलम
बिला	बिलावज़ह, बिलालिहाज़
बर	बरकरार, बरवक्त

अतः विकल्प (B) सही है।

61. दिए गए विकल्पों में 'इयत' प्रत्यय से बना शब्द इंसानियत है।

अन्य विकल्प:

प्रत्यय	शब्द
आना	मेहनताना
नाक	शर्मनाक
खाना	तोपखाना

अतः विकल्प (A) सही है।

62. दिए गए विकल्पों में 'आऊ' प्रत्यय से बना शब्द बिकाऊ है।

अन्य विकल्प:

उपसर्ग	शब्द
आकू	पढ़ाकू
अक्कड़	घुमक्कड़
दार	देनदार

अतः विकल्प (D) सही है।

63. 'गायक' का शुद्ध संधि-विच्छेद है: गै + अक

'गायक' में अयादि संधि है।

गै + अक = गायक (ऐ + अ = य), यहाँ 'ए' और 'अ' के मेल से 'अय' बना है।

जब संधि करते समय ए, ऐ, ओ, औ के साथ कोई अन्य स्वर हो तो (ए का अय), (ऐ का आय), (ओ का अव), (औ का आव) बन जाता है। यही अयादि संधि कहलाती है।

संधि: दो शब्दों के मेल से जो विकार (परिवर्तन) होता है उसे संधि कहते हैं।

संधि के तीन प्रकार हैं: 1. स्वर, 2. व्यंजन और 3. विसर्ग

अतः विकल्प (B) सही है।

64. 'निस्सार' शब्द का उचित संधि-विच्छेद 'निः + सार' होगा।

यह विसर्ग संधि है।

विसर्ग (:) के बाद स्वर या व्यंजन आने पर विसर्ग में जो विकार (परिवर्तन) होता है उसे विसर्ग-संधि कहते हैं।

अतः विकल्प (A) सही है।

65. 'भोजनालय' का संधि-विच्छेद है: भोजन + आलय

'भोजनालय' में दीर्घ संधि है।

भोजन + आलय = भोजनालय (अ + आ= आ), यहाँ "अ' और 'आ' के मेल से 'आ' बना है।

दीर्घ संधि: जब दो शब्दों की संधि करते समय (अ, आ) के साथ (अ, आ) हो तो 'आ' बनता है, जब (इ, ई) के साथ (इ, ई) हो तो 'ई' बनता है, जब (उ, ऊ) के साथ (उ, ऊ) हो तो 'ऊ' बनता है।

अतः विकल्प (C) सही है।

66. 'दिग्दर्शन' शब्द का उचित संधि-विच्छेद 'दिक् + दर्शन' होगा।

यह व्यंजन संधि का उदाहरण है।

व्यंजन संधि: व्यंजन के बाद यदि किसी स्वर या व्यंजन के आने से उस व्यंजन में जो विकार/परिवर्तन उत्पन्न होता है वह व्यंजन संधि कहलाता है।

अतः विकल्प (D) सही है।

67. 'देवेश' शब्द का उचित संधि विच्छेद 'देव + ईश (अ + ई = ए)' होगा।

यह गुण संधि का उदाहरण है।

जब संधि करते समय (अ, आ) के साथ (इ, ई) हो तो 'ए' बनता है, जब (अ, आ) के साथ (उ, ऊ) हो तो 'ओ' बनता है, जब (अ, आ) के साथ (ऋ) हो तो 'अर' बनता है तो यह गुण संधि कहलाती है।

यह स्वर संधि का एक भेद है।

दो स्वरों के आपस में मिलने से जो विकार या परिवर्तन होता है, उसे स्वर संधि कहते हैं, जैसे: देव + इंद्र = देवेंद्र

स्वर संधि के पाँच भेद हैं:

1. दीर्घ संधि
2. गुण संधि
3. वृद्धि संधि
4. यण संधि
5. अयादि संधि

अतः विकल्प (B) सही है।

68. अहंकार = अहम् + कार सन्धि विच्छेद सही है। अन्य विकल्प में शब्द की संधि सही नहीं है।

अन्य विकल्प सही सन्धि विच्छेद:

- उल्लास = उत् + लास
- महांल्लाभ = महान् + लाभ
- जगदीश = जगत् + ईश

अतः विकल्प (C) सही है।

69. वाग्घरि शब्द का संधि विच्छेद सही नहीं है। अन्य विकल्प में शब्द का संधि विच्छेद सही है।

वाग्घरि का सही संधि विच्छेद:

- वाग्घरि = वाक् + हरि (व्यंजन संधि)

अतः विकल्प (D) सही है।

70. 'रचना करने वाला' शब्द में तत्पुरुष समास नहीं है। अन्य विकल्प असंगत है।

अन्य विकल्प:

शब्द	समास
डाकगाड़ी	सम्प्रदान तत्पुरुष समास
वनगमन	कर्म तत्पुरुष समास
भुखमरी	करण तत्पुरुष समास

अतः विकल्प (B) सही है।

71. 'चौलड़ी' शब्द में बहुब्रीहि समास है।

बहुब्रीहि समास: जिस समास में पूर्वपद तथा उत्तरपद- दोनों में से कोई भी पद प्रधान न होकर कोई अन्य पद ही प्रधान हो, वह बहुब्रीहि समास कहलाता है।

अन्य विकल्प:

शब्द	समास
राजा-रंक	द्वंद्व समास
निर्जन	प्रादी बहुब्रीहि समास
अन्याय	नञ समास

अतः विकल्प (D) सही है।

72. 'बेखबर' शब्द में अव्ययीभाव समास है। अन्य विकल्प असंगत है।

अव्ययीभाव समास: जिस समास का पहला पद (पूर्वपद) अव्यय तथा प्रधान हो, उसे अव्ययीभाव समास कहते है।

अन्य विकल्प:

शब्द	समास
ऊपर-नीचे	द्वंद्व समास
दत्तभोजन	समानाधिकरण बहुब्रीहि समास
आहार निंद्रा	समाहार द्वंद्व समास

अतः विकल्प (B) सही है।

73. 'अयोग्य' शब्द में नञ समास है। अन्य विकल्प असंगत है।

जिस समास में पहला पद निषेधात्मक हो उसे नञ तत्पुरुष समास कहते हैं।

अन्य विकल्प:

शब्द	समास
भरपेट	अव्ययीभाव समास
सत्यासत्य	वैकल्पिक द्वंद्व
बेरहम	प्रादि बहुब्रीहि

अतः विकल्प (A) सही है।

74. 'सिरतोड़' शब्द में कर्म तत्पुरुष समास है। अन्य विकल्प असंगत है।

कर्म तत्पुरुष समास: जिसके पहले पद के साथ कर्म कारक के चिह्न (को) लगे हों। उसे कर्म तत्पुरुष कहते हैं।

अन्य विकल्प:

शब्द	समास
मुँहमाँगा	करण तत्पुरुष
सभाभवन	सम्प्रदान तत्पुरुष
देशनिकाला	सम्प्रदान तत्पुरुष

अतः विकल्प (C) सही है।

75. मुहावरा: अड़ियल टट्टू

मुहावरे का हिंदी में अर्थ: जिद्दी

वाक्य प्रयोग: लाला हरदयाल का नौकर भोलु एकदम अड़ियल टट्टू है, चाहे जितना डांट लो, काम करेगा अपनी ही मर्जी से।

मुहावरा: मुहावरा का शाब्दिक अर्थ 'अभ्यास' है। मुहावरा शब्द अरबी भाषा का शब्द है। हिन्दी में ऐसे वाक्यांशों को मुहावरा कहा जाता है, जो अपने साधारण अर्थ को छोड़कर विशेष अर्थ को व्यक्त करते हैं।

अतः विकल्प (B) सही है।

76. मुहावरा: ऊसर में बीज बोना

मुहावरे का हिंदी में अर्थ: व्यर्थ कार्य करना

वाक्य प्रयोग: मैंने कौशिक से कहा कि अपने घर में दुकान खोलना तो ऊसर में बीज डालना हैं, कोई और स्थान देखो।

अतः विकल्प (D) सही है।

77. जितेन्द्रिय शब्द में बहुब्रीहि समास है।

जिसमें समस्तपदों में से कोई भी पद प्रधान नहीं होता एवं दोनों पद मिलकर किसी तीसरे पद की और संकेत करते हैं वह समास बहुब्रीहि समास कहलाता है।

'जितेन्द्रिय' का समास विग्रह होगा 'जिसने सारी इंद्रियों को जीत लिया है वह जितेंद्रिय अर्थात भगवान बुद्ध'।

इसमें 'भगवान बुद्ध' के सांकेतिक अर्थ को इंगित किया गया है।

अतः विकल्प (B) सही है।

78. दिए गए विकल्पों में से 'अठखेलियाँ सूझना' मुहावरे का अर्थ: मज़ाक उड़ाना।

उदाहरण: तुझे अठखेलियँ सूझी है हम बेकार बैठे हैं।

अतः विकल्प (C) सही है।

79. 'पाँवों में मेंहदी लगना': कहीं जाने में अशक्त होना

वाक्य प्रयोग: सृष्टि झल्लाकर अपने भाई से बोली, सारा काम पिताजी ही करें तुम्हारे पाँव में तो मेहंदी लगी है जो तुम नही जाओगे।

अतः विकल्प (A) सही है।

80. मुहावरा: अक्ल का अजीर्ण होना

मुहावरे का हिंदी में अर्थ: आवश्यकता से अधिक अक्ल होना

वाक्य प्रयोग: सोहन किसी भी विषय में दूसरे को महत्व नही देता है, उसे अक्ल का अजीर्ण हो गया है।

अतः विकल्प (C) सही है।

81. लोकोक्ति: घोड़े की दम बढ़ेगी तो अपनी ही मक्खियाँ उड़ाएगा

लोकोक्ति का हिंदी में अर्थ: उन्नति करके आदमी अपना ही भला करता है

वाक्य प्रयोग: कल तक नेताजी पर साइकिल नहीं थी। विधायक होते ही उन पर ऐश-ओ-आराम की सभी वस्तुएँ आ गईं। कहावत भी है घोड़े की दम बढ़ेगी, तो अपनी ही मक्खियाँ उड़ाएगा।

अतः विकल्प (C) सही है।

82. प्रस्तुत पंक्ति बहुचर्चित पुरानी कहावत है। 'चमड़ी जाए पर दमड़ी न जाये।'

लोकोक्ति: 'लोकोक्ति' शब्द 'लोक + उक्ति' शब्दों से मिलकर बना है जिसका अर्थ है- लोक में प्रचलित उक्ति या कथन'। संस्कृत में 'लोकोक्ति' अलंकार का एक भेद भी है तथा सामान्य अर्थ में लोकोक्ति को 'कहावत' कहा जाता है।

अतः विकल्प (D) सही है।

83. लोकोक्ति: अपनी टांग उघारिये आपहि मरिए लाज

लोकोक्ति का हिंदी में अर्थ: अपने घर की बात दूसरों से कहने पर बदनामी होती है।

वाक्य प्रयोग: पहले तो तुमने अपने घर की बातें दूसरे से बता दीं, अब तुम्हारा मजाक उड़ाते हैं। कहावत भी है, अपनी टांग उघारिये आपहि मरिए लाज।

अतः विकल्प (D) सही है।

84. 'ये वज़ीर अली आदमी है या भूता' एक संयुक्त वाक्य है। अतिरिक्त विकल्प असंगत हैं।

संयुक्त वाक्य: जिस वाक्य में दो या दो से अधिक उपवाक्य मिले हों, परन्तु सभी वाक्य प्रधान हो तो ऐसे वाक्य को संयुक्त वाक्य कहते है।

उदाहरण: राधा धूप में बैठकर सब्जी काटने लगी।

अतः विकल्प (B) सही है।

85. 'रात्रि के आठ बजे और मैंने पढ़ना बंद कर दिया' एक संयुक्त-वाक्य है। अतिरिक्त विकल्प असंगत हैं।

संयुक्त वाक्य: जिस वाक्य में दो या दो से अधिक उपवाक्य मिले हों, परन्तु सभी वाक्य प्रधान हो तो ऐसे वाक्य को संयुक्त वाक्य कहते है।

अन्य विकल्प:

वाक्य	वाक्य-भेद
जो कृपण होता है उसे उदारता अधिक शोभती है।	मिश्र-वाक्य
उसके स्टेशन पहुँचते ही गाडी चल दी।	सरल-वाक्य

अतः विकल्प (B) सही है।

86. 'जो कर्म करने वाले है, उन्हें फल की इच्छा नहीं करनी चाहिए' एक मिश्र वाक्य है।

मिश्र वाक्य: जिस वाक्य में एक से अधिक वाक्य मिले हों, किन्तु एक प्रधान उपवाक्य तथा शेष आश्रित उपवाक्य हों, मिश्रित वाक्य कहलाता है।

उदाहरण: शीला ने एक पुस्तक मांगी और वह उसे मिल गई।

अन्य विकल्प:

वाक्य	वाक्य-भेद
मेरे स्टेशन जाते ही गाडी छूट गई।	सरल-वाक्य
अभी-अभी एक लड़का आया है, इसलिए उसे पानी पिलाओ।	संयुक्त वाक्य

अतः विकल्प (C) सही है।

87. 'जो छात्र प्रथम आया है, वह वास्तव में प्रतिभावान है।' एक मिश्र वाक्य है। अतिरिक्त विकल्प असंगत हैं।

मिश्र वाक्य: जिस वाक्य में एक से अधिक वाक्य मिले हों, किन्तु एक प्रधान उपवाक्य तथा शेष आश्रित उपवाक्य हों, मिश्रित वाक्य कहलाता है।

अन्य विकल्प:

वाक्य	वाक्य-भेद
जो छात्र प्रथम आया है, वह वास्तव में प्रतिभा वान है।	संयुक्त-वाक्य
कार्य पूरा करके मजदूर घर चले गए।	सरल-वाक्य

अतः विकल्प (B) सही है।

88. पहले विकल्प में क्रिया-विशेषण संबंधी अशुद्धि है। 'लगभग' शब्द का प्रयोग उचित नहीं है।

दूसरे विकल्प में मुहावरे संबंधी अशुद्धि है। 'गिर' के स्थान पर 'पड़' उचित होगा।

चतुर्थ विकल्प में क्रिया संबंधी अशुद्धि है। 'करता' के स्थान पर 'करते' उचित होगा।

इसलिए 'उसकी अक्ल चकरा गई।' व्याकरणिक रूप से शुद्ध वाक्य है।

अशुद्ध वाक्य	शुद्ध वाक्य
वह लगभग दौड़ रहा था।	वह दौड़ रहा था।
उस पर घड़ों पानी गिर गया।	उस पर घड़ों पानी पड़ गया।
तुम क्या काम करता हो।	तुम क्या काम करते हो।

अतः विकल्प (C) सही है।

89. विकल्प (B) में विशेषण संबंधी अशुद्धि है। 'भारी' की जगह 'बहुत' उचित होगा।

विकल्प (C) में विशेषण संबंधी अशुद्धि है। 'अपना' के स्थान पर 'अपना-अपना' उचित होगा।

विकल्प (D) में क्रिया संबंधी अशुद्धि है। 'देने' के स्थान पर 'करने' उचित होगा।

इसलिए, 'सिंह बड़ा भयानक होता है।' व्याकरणिक रूप से शुद्ध वाक्य है।

अन्य विकल्प:

अशुद्ध वाक्य	शुद्ध वाक्य
उसे भारी दुःख हुआ।	उसे बहुत दुःख हुआ।
सब लोग अपना काम करो।	सब लोग अपना-अपना काम करो।
मैं दर्शन देने आया था।	मैं दर्शन करने आया था।

अतः विकल्प (A) सही है।

90. पहले विकल्प में वचन संबंधी अशुद्धि है। 'पेड़ो' की जगह 'पेड़' उचित होगा।

तीसरे विकल्प में संज्ञा संबंधी अशुद्धि है। 'दिन' शब्द का प्रयोग उचित नहीं है।

चतुर्थ विकल्प में क्रिया संबंधी अशुद्धि है। 'हो सकता' शब्द का प्रयोग उचित नहीं है।

इसलिए 'मैं पुस्तक पढता हूँ।' व्याकरणिक रूप से शुद्ध वाक्य है।

अन्य विकल्प:

अशुद्ध वाक्य	शुद्ध वाक्य
पेड़ो पर तोता बैठा है।	पेड़ पर तोता बैठा है।
मैं रविवार के दिन तुम्हारे घर आऊँगा।	मैं रविवार को तुम्हारे घर आऊँगा
क्या यह संभव हो सकता है।	क्या यह संभव है?

अतः विकल्प (B) सही है।

91. पहले विकल्प में विभक्ति संबंधी अशुद्धि है। 'यह काम' की जगह 'मैंने यह काम' उचित होगा।

दूसरे विकल्प में सर्वनाम संबंधी अशुद्धि है। 'और कहा' के स्थान पर 'और उसने कहा' उचित होगा।

तीसरे विकल्प में लिंग संबंधी अशुद्धि है। 'धीमी' के स्थान पर 'धीमें' उचित होगा।

इसलिए, 'राम और सीता वन को गए।' व्याकरणिक रूप से शुद्ध वाक्य है।

अन्य विकल्प:

अशुद्ध वाक्य	शुद्ध वाक्य
यह काम नहीं किया हूँ मैं।	मैंने यह काम नहीं किया है।
वह धीमी स्वर में बोला।	वह धीमें स्वर में बोला।
गीता आई और कहा।	गीता आई और उसने कहा।

अतः विकल्प (D) सही है।

92. पहले विकल्प में विशेषण संबंधी अशुद्धि है। 'अच्छी' की जगह 'अच्छा' उचित होगा।

दूसरे विकल्प में वचन संबंधी अशुद्धि है। 'दिनों' के स्थान पर 'दिन' उचित होगा।

चतुर्थ विकल्प में लिंग संबंधी अशुद्धि है। 'आती' के स्थान पर 'आता' उचित होगा।

इसलिए, 'देश की स्थिति अच्छी नहीं है।' व्याकरणिक रूप से शुद्ध वाक्य है।

अन्य विकल्प:

अशुद्ध वाक्य	शुद्ध वाक्य
आज मौसम अच्छी नहीं है।	आज मौसम अच्छा नहीं है।
महाभारत अठारह दिनों तक चलता	महाभारत अठारह दिन तक चलता

रहा।	रहा।

रहा।	रहा।
मुझे बहुत आनन्द आती है।	मुझे बहुत आनन्द आता है

अतः विकल्प (C) सही है।

93. पहले विकल्प में सर्वनाम संबंधी अशुद्धि है। 'बुढ़ापे' की जगह 'बुढ़ापा आप से' उचित होगा।

तीसरे विकल्प में एकाधिक स्थान्वाची संबंधी अशुद्धि है। 'के समय' शब्द हट जाएगा।

चतुर्थ विकल्प में काल संबंधी अशुद्धि है। 'पढ़ता' के स्थान पर 'पढ़ रहा हूँ' उचित होगा।

इसलिए 'श्रीमती गांधी भारत की प्रधानमंत्री थी।' व्याकरणिक रूप से शुद्ध वाक्य है।

अन्य विकल्प:

अशुद्ध वाक्य	शुद्ध वाक्य
बुढ़ापे उसके लिए रोग बन गया।	बुढ़ापा उसके लिए रोग बन गया।
वह सायंकाल के समय आया था।	वह सायंकाल आया था।
मैं चार घंटे पढ़ता रहा हूँ।	मैं चार घंटे से पढ़ रहा हूँ।

अतः विकल्प (B) सही है।

94. जहाँ भावातिरेक के कारण शब्दों की पुनरावृत्ति होती है, वहाँ अल्प विराम का प्रयोग होता है।

जहाँ एक तरह के कई शब्द, वाक्यांश या वाक्य एक साथ आते हैं. तो उनके बीच अल्प विराम का प्रयोग होता है।

पर, परन्तु, इसलिए, क्योंकि, बल्कि, तथापि, जिससे आदि के पूर्व अल्प विराम का प्रयोग होता है।

अतः विकल्प (B) सही है।

95. विराम का अर्थ है: रुकना या ठहरना। वक्ता अपने भावों व विचारों को व्यक्त करते समय वाक्य के अन्त में या कभी-कभी बीच में ही साँस लेने के लिए रुकता है, इसे ही विराम कहते हैं। इस प्रकार की रुकावट या विराम साँस लेने के अतिरिक्त अर्थ की स्पष्टता के लिए भी आवश्यक है।

विराम चिन्ह: वाक्य को लिखते अथवा बोलते समय बीच में कहीं थोड़ा-बहुत रुकना पड़ता है जिससे भाषा स्पष्ट, अर्थवान एवं भावपूर्ण हो जाती है। लिखित भाषा में इस ठहराव को दिखाने के लिए कुछ विशेष प्रकार के चिन्हों का प्रयोग करते हैं। इन्हें ही विराम चिन्ह कहा जाता है।

अतः विकल्प (A) सही है।

96. 'Counter-charge' के लिए उपयुक्त हिंदी शब्द 'प्रत्यारोप' है।

'प्रत्यारोप' का अर्थ है: 'प्रत्यारोप' आर्थिक शब्दावली का एक हिस्सा है। इसका अर्थ है किसी चीज को दुबारा उगाना। अन्य विकल्प असंगत हैं।

अन्य विकल्प:

उपशमन अवधि	Cooling off period
दोष सिद्धि	Conviction
संपुष्टि करना	Corroborate

अतः विकल्प (A) सही है।

97. 'Compensation' के लिए उपयुक्त हिंदी शब्द मुआवजा है। मुआवजा आर्थिक शब्दावली का एक हिस्सा है।

मुआवजा का अर्थ है कि जिसमे एक कर्मचारी को अपने कार्य के बदले में मिलने वाले हर चीज शामिल होती है जैसे: वेतन, भत्ते, लाभ, सेवा आदि आयात किए जाने वाले सामान के मूल्य पर निर्भर प्रतिशत है।

अन्य विकल्प:

मानार्थ	Complimentary
संपीडन	Compression
अनिवार्य-परिसमापन	Compulsory-liquidation

अतः विकल्प (A) सही है।

98. 'OFFENCE' लिए उपयुक्त हिंदी शब्द 'अपराध' है।

'अपराध' का अर्थ है: जुर्म

अन्य विकल्प:

घोषणा पत्र	MANIFESTO
अधिसूचना	NOTIFICATION
शपथ	OATH

अतः विकल्प (B) सही है।

99. 'CONFISCATE' लिए उपयुक्त हिंदी शब्द 'अधिग्रहण' है।

'अधिग्रहण' का अर्थ है: जब्त करना

अन्य विकल्प:

अनुदान	GRANT
असमानता	DISPARITY
शर्त/परंतुक	PROVISO

अतः विकल्प (D) सही है।

100. 'ADJOURN' लिए उपयुक्त हिंदी शब्द 'स्थगित' है।

'स्थगित' का अर्थ है: समाप्त करना

अन्य विकल्प:

प्रतिपूर्ति करना	REIMBURSE
प्रारंभिक	PRELIMINARY
अकादमी	ACADEMY

अतः विकल्प (C) सही है।

Q.1 कल नीरज का बेटा भी आएगा- वाक्य में निपात है?
A. कल
B. नीरज का बेटा
C. भी
D. आएगा

Q.2 मैं भी तो यहीं था- में कौन सा निपात है?
A. विस्मयादिबोधक
B. नकारात्मक
C. अवधारणाबोधक
D. बल प्रदायकबोधक

Q.3 निम्नलिखित में से अशुद्ध वर्तनी का चयन कीजिए:-
A. नीरोग
B. निरमल
C. निरुपम
D. निर्माणाधीन

Q.4 निम्नलिखित में से अशुद्ध वर्तनी का चयन कीजिए:-
A. नुकसानदेह
B. नौकरी
C. निलंवित
D. निःशुल्क

Q.5 निम्नलिखित में से अशुद्ध वर्तनी का चयन कीजिए:-
A. नौसिखिया
B. न्यौछावर
C. न्यायालय
D. न्योता

Q.6 निम्नलिखित में से अशुद्ध वर्तनी का चयन कीजिए:-
A. परणाम
B. पड़ोस
C. पारलौकिक
D. परिप्रेक्ष्य

Q.7 निम्न चार विकल्पों में से शुद्ध वर्तनी वाला शब्द पहचानिए।
A. पैतरिक
B. पाइत्रिक
C. पैतृक
D. पैत्रिक

Q.8 निम्नलिखित में से शुद्ध वर्तनी का चयन कीजिए:-
A. पूँछना
B. पट्टु
C. निरपराध
D. पड़ोसन

Q.9 निचे दिए गए शब्दों में शुद्ध शब्द की वर्तनी का चयन कीजिए।
A. आशीर्वाद
B. ओघोगिक
C. आधीन
D. अनाधिकार

Q.10 शुद्ध शब्द की वर्तनी का चयन कीजिए।
A. कालीदास
B. सिरोजिनी
C. प्रदर्शनी
D. शताब्दि

Q.11 निम्नलिखित में कौन सा शब्द तत्सम है?
A. वधू
B. अँधा
C. अंगूठा
D. अठारह

Q.12 निम्नलिखित में कौन सा शब्द तत्सम है?
A. अमोल
B. अश्रु
C. आग
D. आलस

Q.13 निम्नलिखित में से कौन-सा शब्द देशज है?
A. जूता
B. थुलमा
C. चिड़िया
D. स्पूतनिक

Q.14 निम्नलिखित में से देशज शब्द का चयन कीजिए।
A. कदम
B. इज्जत
C. अन्टा
D. अल्ला

Q.15 निम्नलिखित में से कौन-सा शब्द विदेशज है?
A. मटरगश्ती
B. इडली
C. ताम्बूल
D. बाजरा

Q.16 निम्नलिखित में से कौन-सा शब्द विदेशज है?
A. खिड़की
B. बाल्टी
C. पगड़ी
D. कटोरा

Q.17 निम्नलिखित में कौन सा शब्द तद्भव है?
A. द्विप्रहरी
B. तुरंत
C. कपोत
D. चतुर्विंश

Q.18 निम्नलिखित में कौन सा शब्द तत्सम है?
A. बधिर
B. मोर
C. मक्खी
D. मिट्टी

Q.19 निम्नलिखित में कौन सा शब्द तद्भव है?
A. नग्न
B. बुआ
C. पूर्व
D. पहचान

Q.20 इनमें से 'फणींद्र' का पर्यायवाची शब्द है?
A. भद्रता
B. भाषांतर
C. भेषज
D. वासुकी

Q.21 निम्न में से कौन सा **कमल** का पर्यायवाची है?
A. कंदर्प
B. अरविन्द
C. मदन
D. मनोज

Q.22 कौन-सा शब्द '**पत्थर**' का पर्यायवाची नहीं है?
A. पाषाण
B. चट्टान
C. प्रस्तर
D. अश्म

Q.23 निम्नलिखित में से कौन सा शब्द '**पुष्प**' का पर्यायवाची नहीं है?
A. सुमन
B. कुसुम
C. प्रसून
D. मधुकर

Q.24 इनमें से 'अलकेश' किसका पर्यायवाची है?
A. बादल
B. कल्पवृक्ष
C. कुबेर
D. चपला

Q.25 निम्नलिखित में से कौन सा विलोम- युग्म सही नहीं है?
A. आचार - विचार
B. आदान - प्रदान
C. आयात - निर्यात
D. अवनि - अंबर

Q.26 निम्नलिखित में से कौन सा विलोम- युग्म सही नहीं है?
A. कुटिल — जटिल
B. ग्रस्त – मुक्त
C. क्रोध — क्षमा
D. कर्मण्य — अकर्मण्य

Q.27 निम्नलिखित में से विलोम अर्थ के अनुसार बेमेल-युग्म का चयन कीजिए।
A. वरदान - अभिशाप
B. लगभग - पूरा
C. लगाव - उठाव
D. संक्षेप - विस्तार

Q.28 शब्द **ईडा** का विलोम क्या होगा?
A. अस्त
B. अधम
C. निन्दा
D. विमुख

Q.29 शब्द **मुसीबत** का विलोम क्या होगा?
A. आराम
B. पूर्ण
C. कुरूप
D. साधारण

Q.30 '**कुच - कूच**' श्रुतिसम भिन्नार्थक शब्द का क्या अर्थ है?
A. सिलसिला - कार्य
B. कमी - काठ का बर्तन
C. स्तन - प्रस्थान
D. गढ़ - खूँटी/कील

Q.31 '**खर्राच - खरोंच**' श्रुतिसम भिन्नार्थक शब्द का क्या अर्थ है?
A. सिंह की गर्दन के बाल - जाफरान/कुमकुम
B. बन्धनमुक्त करना - उबलना
C. एक प्रकार का कारक - करना
D. अमितव्ययी - छिल जाने या रगड़ का चिह्न

Q.32 '**चक्रवाक - चक्रवात**' श्रुतिसम भिन्नार्थक शब्द का क्या अर्थ है?
A. चकवा पक्षी - बवन्डर
B. गाँजा/अतर - चमड़े का थैला
C. उपाय - भारी, शिक्षक
D. वाणी - पतित

Q.33 '**ताक - ताख**' श्रुतिसम भिन्नार्थक शब्द का क्या अर्थ है?

A. चक्की - लोग

B. घूरकर देखना - दीवार का आला

C. ढालने की क्रिया - शिथिलता

D. देर - वस्त

Q.34 'तोता पढ़ता रहा। ' इस वाक्य में कौन सी क्रिया है?

A. अनुमतिबोधक संयुक्त क्रिया

B. आवश्यकताबोधक संयुक्त क्रिया

C. समाप्तिबोधक संयुक्त क्रिया

D. नित्यताबोधक संयुक्त क्रिया

Q.35 रचना के आधार पर क्रिया के कितने भेद होते है?

A. तीन   **B.** चार   **C.** पांच   **D.** सात

Q.36 काल के आधार पर क्रिया के कितने भेद होते है?

A. तीन   **B.** दो   **C.** एक   **D.** चार

Q.37 दिए गए किस वाक्य में **संयुक्त क्रिया** क्रिया का प्रयोग हुआ है?

A. हरीश फुटबॉल खेलता है।

B. बच्चा विद्यालय से लौट आया।

C. मनीषा खाना पकाती है।

D. वह उन्हें दे आया था।

Q.38 दिए गए किस वाक्य में पूर्णकालिक क्रिया का प्रयोग हुआ है?

A. राखी ने घर पहुँचकर फोन किया।

B. नीतू खाना बना रही है।

C. गीता सितार बजा रही है।

D. इनमें से कोई नहीं

Q.39 दिए गए किस वाक्य में प्रेरणार्थक क्रिया का प्रयोग हुआ है?

A. मैं खाना चाहता हूँ।

B. मालिक नौकर से कार साफ करवाता है।

C. बच्चा चित्र बना रहा है।

D. पड़ोसियों से बराबर मिलते-जुलते रहो।

Q.40 निम्न में से विशेषण है -

A. क्रोध   **B.** दुख   **C.** सुन्दर   **D.** रूप

Q.41 प्रविशेषण का प्रयोग किस वाक्य में नहीं हैं?

A. वह बहुत काला है।

B. वह बहुत सुन्दर नाचा।

C. वे बहुत सुन्दर रजाई लाए।

D. वह बहुत मिठा आम लाया।

Q.42 परिमाणवाचक विशेषण का प्रयोग किस विकल्प में हुआ है -

A. तुम दस रूपये लाओ।

B. वह कम रोटियां खाता है।

C. कुछ आदमी कुछ पक्षी लाए।

D. उसने कुछ पानी पीया।

Q.43 निम्नलिखित में से किस वाक्य में सार्वनामिक विशेषण प्रयुक्त है?

A. कुछ चने मेरे लिए छोड़ दो।

B. यह लडका बहुत चालाक है।

C. कुछ बच्चे चंदा मांग रहे है।

D. प्रतीक पांच केले खा गया।

Q.44 'पक्षी रात में सोते है' में कौन सा वाच्य है?

A. कर्तृवाच्य   **B.** भाववाच्य

C. अपूर्ण कर्तृवाच्य   **D.** पूर्ण कर्म वाच्य

Q.45 '**रोगी को दवा दी गई**' में कौन सा वाच्य है?

A. संभाव्य कर्तृवाच्य   **B.** भाववाच्य

C. अपूर्ण कर्तृवाच्य   **D.** कर्म वाच्य

Q.46 '**यह काम मुझसे नही होगा**' में कौन सा वाच्य है?

A. संभाव्य कर्तृवाच्य   **B.** भाववाच्य

C. अपूर्ण कर्तृवाच्य   **D.** कर्म वाच्य

Q.47 '**भगवान द्वारा हमारी रक्षा की जाती है।**' वाक्य किस वाच्य से संबंधित है?

A. कर्तृवाच्य   **B.** कर्मवाच्य

C. भाववाच्य   **D.** कर्मधारय वाच्य

Q.48 '**मुझे पानी** पीना है।' में किस प्रकार की संज्ञा है?

A. जातिवाचक संज्ञा   **B.** द्रव्यवाचक संज्ञा

C. भाववाचक संज्ञा   **D.** व्यक्तिवाचक संज्ञा

Q.49 '**क्रिकेट टीम** ने वर्ल्ड कप जीता।' में किस प्रकार की संज्ञा है?

A. समूहवाचक संज्ञा   **B.** व्यक्तिवाचक संज्ञा

C. जातिवाचक संज्ञा   **D.** भाववाचक संज्ञा

Q.50 "यह बकरी अधिक दूध देती है" उक्त वाक्य में 'अधिक' विशेषण किसकी विशेषता बता रहा है?

A. देने की   **B.** यह की   **C.** बकरी की   **D.** दूध की

Q.51 'भारतीय **सेना** विश्व की सबसे बड़ी सेना है।' में किस प्रकार की संज्ञा है?

A. द्रव्यवाचक संज्ञा   **B.** भाववाचक संज्ञा

C. समूहवाचक संज्ञा   **D.** जातिवाचक संज्ञा

Q.52 'राम खाता होगा'। किस काल का उदाहरण है?

A. संदिग्ध भूत   **B.** पूर्ण भूतकाल

C. संदिग्ध वर्तमान   **D.** सामान्य भविष्य

Q.53 अरे! **तुम इतना जोर से क्यों बोल रहे हो**, वाक्य में कौन-सा कारक है?

A. सम्प्रदान कारक   **B.** अपादान कारक

C. कर्ता कारक   **D.** संबोधन कारक

Q.54 वाणी ने खाना बनाया, वाक्य में कौन सा कारक है?

A. कर्म   **B.** कर्ता   **C.** सम्बन्ध   **D.** करण

Q.55 गोपाल ने राधा को बुलाया।-इस वाक्य में कौन से कारक है?

A. अधिकरण   **B.** अपादान   **C.** कर्म   **D.** करण

Q.56 वह लड़का ठण्ड से कांप रहा था।' वाक्य में कौन सा कारक है?

A. अपादान   **B.** कर्म   **C.** करण   **D.** सम्बन्ध

Q.57 राकेश फूलों को पसन्द करता है।' वाक्य में कौन सा कारक है?

A. सम्प्रदान   **B.** अधिकरण   **C.** सम्बन्ध   **D.** संबोधन

Q.58 कौन सा विकल्प हेतुहेतुमद्भूत का उदाहरण है?

A. तुम आते तो मेरा काम बन जाता।

B. लड़के थक गए हैं।

C. श्याम ने खाना खाया।

D. घोड़े के चार पैर और दो आँख होते है।

Q.59 निम्नलिखित वाक्यों और उनके काल के साथ कौन-सा विकल्प उचित नहीं है?

A. मोहन ने पढ़ा हो। - संभाव्य वर्तमान काल

B. बच्चा रोता है। - तात्कालिक वर्तमान काल

C. डाकिया आया है - पूर्ण वर्तमान काल
D. पार्सल आता होगा - संदिग्ध वर्तमान काल

Q.60 'वह पटना गया होगा।' वाक्य में कौन-सा काल है?
A. संदिग्ध वर्तमान काल
B. पूर्ण वर्तमान काल
C. संभाव्य वर्तमान काल
D. तात्कालिक वर्तमान काल

Q.61 निम्नलिखित वाक्य में कौन सा वाक्य आसन्न भूत काल है?
A. आप लोगों ने खाना खा लिया
B. मैं कल आया हूँ।
C. उस समय मैं सोया होऊँगा।
D. माताजी पाठ कर चुकी है।

Q.62 'अत्युक्ति' शब्द में कौन-सा उपसर्ग का प्रयोग हुआ है?
A. अधि   **B.** दुर   **C.** अति   **D.** उन

Q.63 '**कुशासन**' शब्द में कौन-सा उपसर्ग का प्रयोग हुआ है?
A. कम   **B.** कु   **C.** को   **D.** कट

Q.64 '**प्रसाधन**' शब्द में कौन-सा उपसर्ग का प्रयोग हुआ है?
A. प्रति   **B.** प्र   **C.** पुरा   **D.** पुनः

Q.65 '**नौसिखिया**' शब्द में कौन-सा उपसर्ग का प्रयोग हुआ है?
A. नौ   **B.** उत्   **C.** अप   **D.** अन

Q.66 '**प्रतिकूलता**' शब्द में कौन-सा उपसर्ग का प्रयोग हुआ है?
A. प्रति   **B.** प्रात   **C.** प्रती   **D.** परति

Q.67 **कनिष्ठ** शब्द में प्रयुक्त प्रत्यय है :
A. इष्ठ   **B.** इष्ट   **C.** छ   **D.** ष्ट

Q.68 **सावधानी** शब्द में प्रयुक्त प्रत्यय है।
A. ई   **B.** इ   **C.** धानी   **D.** आणि

Q.69 **दोषहर्ता** में प्रत्यय का चयन करें :
A. हर्ता   **B.** हर   **C.** हत   **D.** हारी

Q.70 जो धातु या शब्द के अंत में जोड़ा जाता है उसे कहते है:
A. समास   **B.** अव्यय   **C.** उपसर्ग   **D.** प्रत्यय

Q.71 निम्न पद **इक प्रत्यय** लगने से बने है इनमें से कौन सा पद गलत है?
A. दैविक   **B.** सामाजिक   **C.** भौमिक   **D.** प्रक्षिक

Q.72 'उच्चारण'- का संधि-विच्छेद क्या होगा?
A. उद् + चरण   **B.** उद् + चारण
C. उत् + चरण   **D.** उत् + चारण

Q.73 'सर्वोपरि'- का संधि विच्छेद क्या होगा?
A. सर्वो + परि   **B.** सर्व + उपरि
C. सर्वो + उपरि   **D.** सर्व + परि

Q.74 'निरक्षर' का संधि-विच्छेद क्या है?
A. निर + अक्षर   **B.** निः + अक्षर
C. निर् + अक्षर   **D.** निरक्ष + र

Q.75 'क्रमांक'- में किन वर्णों की संधि हुई है?
A. आ + अ   **B.** अ + आ   **C.** आ + आ   **D.** अ + अ

Q.76 'नीरव' का उपयुक्त संधि-विच्छेद क्या होगा?
A. नीर + अव   **B.** नी + रव   **C.** निः + रव   **D.** नीर + व

Q.77 'अभी + आगत' की संधि क्या होगी?
A. अभीगत   **B.** अभ्यागत   **C.** अभिगत   **D.** अभियागत

Q.78 दिए गये विकल्पों मे से तत्पुरुष समास को पहचानिए?
A. मनमाना   **B.** लाभ-हानि   **C.** रसभरा   **D.** मुरारि

Q.79 निम्न में से कर्मधारय समास किसमें है?
A. चक्रपाणी   **B.** चतुर्युगम
C. नीलोत्पलम   **D.** माता - पिता

Q.80 इनमें से कौन सा विकल्प कर्मधारय समास का है?
A. पाप-पुण्य   **B.** कालीमिर्च   **C.** प्रतिदिन   **D.** त्रिभुवन

Q.81 इनमें से कौन सा विकल्प कर्म तत्पुरुष का उदाहरण है?
A. माखनचोर   **B.** शोकग्रस्त   **C.** हथकड़ी   **D.** जन्मांध

Q.82 "**तुलसीकृत**" शब्द तत्पुरुष समास के किस भेद का उदाहरण है?
A. कर्म तत्पुरुष   **B.** करण तत्पुरुष
C. संप्रदान तत्पुरुष   **D.** अपादान तत्पुरुष

Q.83 निम्नलिखित में से द्वन्द समास का उदहारण कौन सा है?
A. अन्न-जल   **B.** त्रिभुवन   **C.** कनकलता   **D.** कलाश्रेष्ठ

Q.84 **आग लगाकर तमाशा देखना** मुहावरे का भावार्थ -
A. कार्य करते समय हानि-लाभ के बारे में न सोचना
B. थोड़ा पैसा पाकर इतराना
C. बहुत अभिमान करना
D. दूसरों में झगड़ा कराके अलग हो जाना

Q.85 किस विकल्प में मुहावरे का भावार्थ सही है?
A. आँखों में बसना - बहुत तरक्की करना
B. आँख का तारा - बहुत ऊँचा होना
C. आँखे दिखाना - आँसू आना
D. आँखे खुलना - सचेत होना

Q.86 'गाजर-मूली समझना' मुहावरे का अर्थ क्या है? उचित विकल्प चुनिए-
A. अत्यंत प्रिय समझना
B. परेशान करना
C. तुच्छ समझना
D. संकट काल में सहायता करने वाला

Q.87 नहीं, मैं परसों जा रहा हूँ। वाक्य किस विराम चिन्ह का उदाहरण है?
A. पुनरुक्ति-चिह्न   **B.** संयोजक-चिह्न
C. प्रश्नवाचक-चिह्न   **D.** अल्पविराम

Q.88 पढ़ रहा हूँ। वाक्य निम्नलिखित में से किस विराम चिन्ह का है?
A. अर्द्धविराम   **B.** पूर्णविराम
C. उपविराम   **D.** अल्पविराम

Q.89 कृष्ण के अनेक नाम है : मोहन, गोपाल, गिरिधर आदि। वाक्य किस विराम चिन्ह का उदाहरण है?
A. उप विराम   **B.** प्रश्नवाचक चिह्न
C. योजक चिह्न   **D.** इनमें से कोई नहीं

Q.90 हाय ! बेचारा व्यर्थ में मारा गया। वाक्य किस विराम चिन्ह का उदाहरण है?
A. लाघव-चिह्न   **B.** त्रुटि-चिह्न
C. संयोजक-चिह्न   **D.** विस्मयादिबोधक-चिह्न

Q.91 निम्नलिखित विकल्पों में से कौन सा वाक्य योजक चिन्ह का उदाहरण कौन सा है?

A. जीवन में सुख, दुःख तो चलता ही रहता है?
B. जीवन में सुख = दुःख तो चलता ही रहता है।
C. जीवन में सुख-दुःख तो चलता ही रहता है।
D. इनमे से कोई नहीं

Q.92 'Intuition' अंग्रेजी शब्द का हिन्दी पारिभाषिक शब्द बताइए।

A. अंतःप्रज्ञा
B. साधना
C. साधारण ज्ञान
D. प्रधान

Q.93 'Reimbursement' अंग्रेजी शब्द का हिन्दी पारिभाषिक शब्द बताइए।

A. प्रतिपूर्ति
B. क्षतिपूर्ति
C. आपूर्ति
D. सम्पूर्ति

Q.94 'Competent-Authority' अंग्रेजी शब्द का हिन्दी पारिभाषिक शब्द बताइए।

A. सक्षम - अधिकारी
B. सक्षम - प्राधिकारी
C. समर्थ प्राधिकारी
D. कुशल - अधिकारी

Q.95 'Brain drain' अंग्रेजी शब्द का हिन्दी पारिभाषिक शब्द बताइए।

A. प्रतिभा पलायन
B. टूट -फूट
C. ठप
D. घूस

Q.96 'Deputation' अंग्रेजी शब्द का हिन्दी पारिभाषिक शब्द बताइए।

A. प्रतिनियुक्ति
B. अस्थाई नियुक्ति
C. प्रतिनिधिमंडल
D. शिष्टमंडल

Q.97 तुलसीदास जी ने कहा है कि विनाश काल में मनुष्य की बुद्धि भ्रष्ट हो जाती है। किस वाक्य का उदाहरण है?

A. संयुक्त वाक्य
B. मिश्र वाक्य
C. सरल वाक्य
D. इनमें से कोई नहीं

Q.98 मजदूर मेहनत करता है किंतु उसके लाभ से वंचित रहता है। किस वाक्य का उदाहरण है?

A. संयुक्त वाक्य
B. मिश्र वाक्य
C. सरल वाक्य
D. इनमें से कोई नहीं

Q.99 ऐसा पदसमूह जिसका अपना अर्थ हो जो एक वाक्य का भाग हो और जिसमें उद्देश्य और विधेय हो क्या कहलाता है?

A. वाक्य
B. पदसमूह
C. उपवाक्य
D. मिश्र वाक्य

Q.100 दिये गए विकल्पों में से '**चौखट पर माथा टेकना**' मुहावरे के अर्थ का चयन कीजिये।

A. आ जाना
B. अनुनय-विनय करना
C. अनायास लाभ होना
D. चुप रहने पर विवश करना

// स्मार्ट उत्तर पुस्तिका //

सही उत्तर — उन छात्रों के प्रतिशत को इंगित करता है जिन्होंने प्रश्नों का सही उत्तर दिया था।

छोड़ दिया — उन छात्रों के प्रतिशत को इंगित करता है जिन्होंने प्रश्नों को छोड़ दिया था।

प्रश्न संख्या	उत्तर	सही उत्तर / छोड़ दिया	प्रश्न संख्या	उत्तर	सही उत्तर / छोड़ दिया	प्रश्न संख्या	उत्तर	सही उत्तर / छोड़ दिया	प्रश्न संख्या	उत्तर	सही उत्तर / छोड़ दिया	प्रश्न संख्या	उत्तर	सही उत्तर / छोड़ दिया
1	C	54.85 % / 32.57 %	17	B	46.69 % / 44.14 %	33	B	45.26 % / 37.58 %	49	A	41.91 % / 45.45 %	65	A	48.43 % / 34.89 %
2	D	58.76 % / 37.12 %	18	A	53.85 % / 45.28 %	34	D	49.57 % / 37.06 %	50	D	67.17 % / 31.61 %	66	A	62.14 % / 32.26 %
3	B	42.2 % / 48.42 %	19	B	52.0 % / 37.04 %	35	C	67.12 % / 32.86 %	51	C	44.49 % / 54.71 %	67	A	68.72 % / 30.93 %
4	C	41.04 % / 47.08 %	20	D	56.65 % / 42.82 %	36	A	68.81 % / 30.45 %	52	C	40.49 % / 51.08 %	68	A	64.49 % / 30.05 %
5	B	51.72 % / 45.89 %	21	B	51.33 % / 37.07 %	37	B	42.52 % / 33.66 %	53	D	47.82 % / 43.1 %	69	A	56.08 % / 42.95 %
6	A	61.39 % / 36.89 %	22	B	61.44 % / 36.73 %	38	A	67.3 % / 30.32 %	54	B	47.52 % / 41.41 %	70	D	59.61 % / 37.68 %
7	C	51.77 % / 44.07 %	23	D	68.22 % / 30.94 %	39	B	59.32 % / 35.84 %	55	C	50.96 % / 45.37 %	71	D	65.85 % / 33.27 %
8	C	59.08 % / 38.39 %	24	C	64.74 % / 32.93 %	40	C	41.44 % / 33.01 %	56	C	58.09 % / 31.95 %	72	C	65.53 % / 31.49 %
9	A	41.81 % / 45.83 %	25	A	48.63 % / 31.02 %	41	B	41.99 % / 47.92 %	57	A	57.59 % / 34.27 %	73	B	65.76 % / 33.9 %
10	C	46.93 % / 34.33 %	26	A	54.9 % / 45.06 %	42	D	49.8 % / 46.74 %	58	A	62.34 % / 32.69 %	74	B	60.18 % / 33.73 %
11	A	48.68 % / 40.13 %	27	C	57.49 % / 42.18 %	43	B	58.02 % / 36.64 %	59	B	68.91 % / 31.07 %	75	D	69.25 % / 30.52 %
12	B	42.63 % / 45.63 %	28	C	68.13 % / 30.73 %	44	A	58.69 % / 30.81 %	60	C	56.56 % / 40.42 %	76	C	52.57 % / 34.71 %
13	A	49.49 % / 45.7 %	29	A	68.11 % / 30.9 %	45	D	44.47 % / 36.65 %	61	D	61.15 % / 31.81 %	77	B	56.78 % / 40.3 %
14	C	42.54 % / 40.93 %	30	C	64.96 % / 35.01 %	46	D	60.78 % / 33.07 %	62	C	68.58 % / 30.92 %	78	C	54.79 % / 40.62 %
15	A	53.66 % / 43.46 %	31	D	65.48 % / 33.84 %	47	B	60.72 % / 36.15 %	63	B	45.81 % / 31.03 %	79	C	59.47 % / 31.47 %
16	B	48.46 % / 33.4 %	32	A	67.47 % / 31.32 %	48	B	47.11 % / 50.13 %	64	B	59.86 % / 39.35 %	80	B	48.66 % / 32.99 %

प्रश्न संख्या	उत्तर	सही उत्तर / छोड़ दिया
81	A	68.04 % / 30.93 %
82	B	61.83 % / 33.43 %
83	A	62.79 % / 35.18 %
84	D	42.8 % / 39.41 %

प्रश्न संख्या	उत्तर	सही उत्तर / छोड़ दिया
85	D	42.21 % / 37.79 %
86	C	55.35 % / 39.42 %
87	D	41.33 % / 52.69 %
88	B	57.15 % / 30.72 %

प्रश्न संख्या	उत्तर	सही उत्तर / छोड़ दिया
89	A	60.06 % / 30.84 %
90	D	67.55 % / 30.38 %
91	C	51.97 % / 37.2 %
92	A	45.63 % / 48.27 %

प्रश्न संख्या	उत्तर	सही उत्तर / छोड़ दिया
93	A	48.34 % / 37.2 %
94	B	64.87 % / 34.57 %
95	A	51.88 % / 41.75 %
96	A	52.71 % / 37.24 %

प्रश्न संख्या	उत्तर	सही उत्तर / छोड़ दिया
97	B	49.72 % / 48.74 %
98	A	53.86 % / 44.89 %
99	C	61.35 % / 35.91 %
100	B	40.4 % / 41.1 %

कार्य विश्लेषण	
औसत अंक (%)	50.5%
टॉपर्स स्कोर (%)	64.0%
आपका स्कोर	

//संकेत और समाधान//

1. कल नीरज का बेटा भी आएगा- वाक्य में 'भी' शब्द बल प्रदायकबोधक निपात है।

निपात - किसी भी बात पर अधिक भार देने के लिए जिन शब्दों का प्रयोग किया जाता है निपात कहलाता है। जैसे- आज तुम्हें जाना ही पड़ेगा- वाक्य में 'ही' निपात शब्द। निपात शब्द - भी , तो , तक , केवल , ही , मात्र आदि। निपात के नौ प्रकार हैं-

(1) स्वीकृतिबोधक निपात – हाँ, जी, जी हाँ

(2) नकारात्मक निपात – जी नहीं, नहीं

(3) निषेधात्मक निपात – मत

(4) प्रश्नबोधक निपात – क्या

(5) विस्मयादिबोधक निपात – क्या, काश

(6) तुलनाबोधक निपात – सा

(7) अवधारणाबोधक निपात – ठीक, करीब, लगभग, तकरीबन

(8) आदरबोधक निपात – जी

(9) बल प्रदायकबोधक निपात –तो, ही, भी, तक, भर, सिर्फ, केवल

अतः विकल्प (C) सही है।

2. मैं भी तो यहीं था- में ' बल प्रदायकबोधक' निपात है।

इस वाक्य में 'भी' शब्द बल प्रदायकबोधक निपात है।

अन्य विकल्प:

निपात	शब्द
विस्मयादिबोधक निपात	क्या, काश
नकारात्मक निपात	जी नहीं
अवधारणाबोधक निपात	ठीक, करीब, लगभग, तकरीबन

अतः विकल्प (D) सही है।

3. उपरोक्त विकल्पों में 'निरमल' शब्द वर्तनीगत अशुद्ध है।

इसका शुद्ध रूप है 'निर्मल'।

जिसका अर्थ होता है- साफ, स्वच्छ।

अतः विकल्प (B) सही है।

4. उपरोक्त विकल्पों में 'निलंवित' शब्द वर्तनीगत अशुद्ध है।

इसका शुद्ध रूप है 'निलंबित'।

जिसका अर्थ होता है- पदच्युत किया गया।

अतः विकल्प (C) सही है।

5. उपरोक्त विकल्पों में 'न्यौछावर' शब्द वर्तनीगत अशुद्ध है।

इसका शुद्ध रूप है 'न्योछावर'।

जिसका अर्थ होता है- निछावर, कुर्बानी।

अतः विकल्प (B) सही है।

6. उपरोक्त विकल्पों में 'परणाम' शब्द वर्तनीगत अशुद्ध है।

इसका शुद्ध रूप है 'प्रणाम'।

जिसका अर्थ होता है- अभिवादन।

अतः विकल्प (A) सही है।

7. उपरोक्त विकल्पों में सही विकल्प 'पैतृक' है।

पैतृक विशेषण शब्द है जिसका अर्थ पिता संबंधी, पुश्तैनी या पुरखों का होता है।

अतः विकल्प (C) सही है।

8. दिए गए विकल्पों में निरपराध शब्द की वर्तनी शुद्ध है। इसलिए सही विकल्प 'निरपराध' है। अन्य सभी शब्दों की वर्तनी त्रुटि पूर्ण हैं।

'निरपराध' का अर्थ 'निर्दोष' है।

अन्य विकल्प –

अशुद्ध वर्तनी	शुद्ध वर्तनी
पूँछना	पूछना
पट्ट	पट
पड़ोसन	पड़ोसिन

अतः विकल्प (C) सही है।

9. उपरोक्त विकल्पों में 'आशीर्वाद' शब्द वर्तनीगत शुद्ध है। **'आशीर्वाद'** शब्द का अर्थ है आशीष ; बड़ों का छोटों के लिए शुभ उद्गार ; कल्याण एवं मंगलकामना ; दुआ।

अन्य विकल्प:

अशुद्ध शब्द	शुद्ध शब्द	अर्थ
ओघोगिक	औद्योगिक	वस्तुएँ तैयार करने के काम से संबंध रखनेवाला।
आधीन	अधीन	जो किसी के अधिकार शासन या वश में हो।
अनाधिकार	अनधिकार	अधिकार या योग्यता एवं पात्रता का अभाव।

अतः विकल्प (A) सही है।

10. उपरोक्त विकल्पों में 'प्रदर्शनी' शब्द वर्तनीगत शुद्ध है। **'प्रदर्शनी'** शब्द का अर्थ वह स्थान जहाँ तरह-तरह की वस्तुएँ दिखाने के लिए रखी हों ; नुमाइश।

अन्य विकल्प:

अशुद्ध शब्द	शुद्ध शब्द	अर्थ
कालीदास	कालिदास	संस्कृत के एक श्रेष्ठ कवि का नाम जिन्होंने अभिज्ञात शाकुंतल, विक्रमोर्वशीय, और, मालविकाग्नि- मित्र नाटक तथा रघुवंश, कुमारसंभव, मेघदूत और ऋतुसंहार नामक काव्यों की रचना की थी ।
सिरोजिनी	सरोजनी	कमल से भरा तालाब।
शताब्दि	शताब्दी	सौ वर्ष की अवधि की सूचक संज्ञा।

अतः विकल्प (C) सही है।

11. उपर्युक्त में से 'वधू' तत्सम शब्द है। अन्य विकल्प तद्भव शब्द हैं। ऐसे शब्द जो संस्कृत से ज्यों के त्यों लिए गए, तत्सम होते हैं। इसलिए सही विकल्प 'वधू' है।

वधू का तद्भव - बहू

अंधा का तत्सम - अंध

अंगूठा का तत्सम - अंगुष्ठ

अठारह का तत्सम - अष्टादश

अतः विकल्प (A) सही है।

12. उपर्युक्त में से 'अश्रु' तत्सम शब्द है। अन्य विकल्प तद्भव शब्द हैं। इसलिए सही विकल्प 'अश्रु' है।

अश्रु का तद्भव - आँसू

अमोल का तत्सम - अमूल्य

आग का तत्सम - अग्नि

आलस का तत्सम - आलस्य

अतः विकल्प (B) सही है।

13. उपर्युक्त विकल्पों में से ' जूता ' एक देशज शब्द है। अन्य विकल्पों के शब्द विदेशज हैं। वे शब्द जो क्षेत्रीय भाषा में प्रयुक्त होते है तथा ये देश की विभिन्न बोलियों से लिए जाते है, वे शब्द देशज शब्द कहलाते है। इसलिए सही विकल्प ' जूता ' है।

अतः विकल्प (A) सही है।

14. उपर्युक्त विकल्पों में '**अण्टा** देशज शब्द है। अतिरिक्त विकल्प विदेशज शब्द के उदाहरण हैं। इसलिए सही विकल्प ' अण्टा ' है।

अतः विकल्प (C) सही है।

15. उपर्युक्त विकल्पों में से ' मटरगश्ती ' एक विदेशज शब्द हैं। जो शब्द विदेशी भाषा के हैं, परंतु हिंदी में उन शब्दों का बहुत प्रचलन होता है। ऐसे शब्द विदेशी या विदेशज शब्द कहलाते हैं।

मटरगश्ती (पश्तो शब्द) जिसका अर्थ होता है " मस्ती " करना ,अन्य विकल्पों के शब्द देशज हैं। इसलिए सही विकल्प ' मटरगश्ती ' है।

अतः विकल्प (A) सही है।

16. उपर्युक्त विकल्पों में से ' बाल्टी ' एक विदेशज शब्द हैं। बाल्टी (पुर्तगाली शब्द) जिसका अर्थ होता है " पानी भरने का बर्तन , अन्य विकल्पों के शब्द देशज हैं। इसलिए सही विकल्प ' बाल्टी है।

अतः विकल्प (B) सही है।

17. उपर्युक्त में से 'तुरंत ' तद्भव शब्द है। अन्य विकल्प तत्सम शब्द हैं। संस्कृत से हिंदी में आने पर जिन शब्दों का रूप बदल गया हो, तद्भव कहलाते हैं।इसलिए सही विकल्प 'तुरंत' है।

द्विप्रहरी का तद्भव - दोपहर

कपोत का तद्भव - कबूतर

चतुर्विंश का तद्भव - चौबीस

अतः विकल्प (B) सही है।

18. उपर्युक्त में से 'बधिर तत्सम शब्द है। अन्य विकल्प तद्भव शब्द हैं। इसलिए सही विकल्प 'बधिर' है।

मोर का तत्सम - मयूर

मक्खी का तत्सम - मक्षिका

मिट्टी का तत्सम - मृत्तिका

अतः विकल्प (A) सही है।

19. उपर्युक्त में से 'बुआ' तद्भव शब्द है। अन्य विकल्प तत्सम शब्द हैं। इसलिए सही विकल्प 'बुआ' है।

नग्न का तद्भव - नंगा

पूर्व का तद्भव - पूरब

पहचान का तद्भव - प्रत्यभिज्ञान

अतः विकल्प (B) सही है।

20. दिए गए विकल्पों में 'वासुकी' शब्द 'फणींद्र' का पर्यायवाची शब्द है। इसलिए विकल्प (D) इसका सही उत्तर है।

'फणींद्र' का पर्यायवाची वासुकी, शेषनाग, नागराज,है।

अन्य विकल्प:

भद्रता का पर्यायवाची - शिष्टता, सभ्यता, विनय

भाषांतर का पर्यायवाची - उल्था, तरजुमा, अनुवाद

भेषज का पर्यायवाची - औषध, दवा, दवाई

अतः विकल्प (D) सही है।

21. दिए गए विकल्पो में 'कमल' शब्द का पर्यायवाची 'अरविन्द' है। अन्य विकल्प असंगत है। इसलिए विकल्प (B) सही उत्तर होगा।

'कमल' शब्द का पर्यायवाची अरविन्द, तामरस, पुष्कर है।

अन्य विकल्प:

कंदर्प का पर्यायवाची - अनंग, मनसिज, रतिनाथ

मदन एवं मनोज पर्यायवाची - ऋष्यकेतु, कामदेव, मन्मथ

अतः विकल्प (B) सही है।

22. दिए गए विकल्पों में से 'चट्टान' शब्द 'पत्थर' का पर्यायवाची नहीं हैं। इसलिए विकल्प (B) इसका सही उत्तर होगा।

चट्टान के अन्य पर्यायवाची शब्द हैं - चट्टा, चट्टानी, चकत्ता, चटाना, चट्टू, चट्टी, चट्टी,चट

अन्य विकल्प:

पाषाण एवं प्रस्तर और अश्म समानार्थक शब्द है इनके पर्यायवाची निम्नलिखित है- शिला, शैल, उपल, पत्थर, पाहन

अतः विकल्प (B) सही है।

23. सुमन, कुसुम, प्रसून 'पुष्प' के पर्यायवाची शब्द हैं। 'मधुकर' शब्द 'पुष्प' का पर्यायवाची नहीं है। इसलिए सही उत्तर (विकल्प D) 'मधुकर' होगा।

सुमन, कुसुम, प्रसून 'पुष्प' के पर्यायवाची शब्द हैं। 'पुष्प' के अन्य पर्यायवाची शब्द हैं - पुहुप, फूल, मंजरी।

अन्य विकल्प:

मधुकर का पर्यायतानाची - भमर, भौंरा, मधुप, भँतरा, भृंग, अलि

अतः विकल्प (D) सही है।

24. उपरोक्त विकल्पों में 'अलंकेश 'का पर्यायवाची शब्द कुबेर है। इसलिए कुबेर इसका सही उत्तर है।

अन्य विकल्प:

बादल का पर्यायवाची - मेघ, घन, जलधर, जलद

कल्पवृक्ष का पर्यायवाची - कल्पतरु, देवतरु, कल्पलता

चपला का पर्यायवाची - चंचल, बिजली, दामिनी

अतः विकल्प (C) सही है।

25. उपर्युक्त में से 'आचार —विचार' विलोम युग्म सही नहीं है।

आचार का विलोम अनाचार है।

आचार का अर्थ आचरण या चाल चलन है।

अन्य विकल्प सही विलोम- युग्म में है।

अतः विकल्प (A) सही है।

26. उपर्युक्त में से 'कुटिल— जटिल' विलोम युग्म सही नहीं है।

कुटिल का विलोम सरल होता है।

कुटिल का अर्थ छली या चालबाज होता है।

अन्य विकल्प सही विलोम- युग्म में है।

अतः विकल्प (A) सही है।

27. दिए गए विकल्पों में से विलोम अर्थ के अनुसार बेमेल-युग्म लगाव-उठाव है। इसका सही-युग्म 'लगाव-हटाव' है।

अन्य विकल्प सही विलोम -युग्म है।

अतः विकल्प (C) सही है।

28. दिए गए विकल्पों में से 'ईडा' शब्द का विलोम **निन्दा** है। इसलिए सही विकल्प **निन्दा** है।

शब्दार्थ

'ईडा' शब्द का अर्थ प्रशंसा होता है जबकि 'निन्दा' का अर्थ दोष निकलना होता है, इसलिए ये विलोम शब्द है।

अन्य विकल्प:

शब्द	अर्थ
अस्त	डूबा हुआ
अधम	नीच, बदमाश
विमुख	विरत

अतः विकल्प (C) सही है।

29. दिए गए विकल्पों में से 'मुसीबत' शब्द का विलोम शब्द **आराम** है। इसलिए सही विकल्प **आराम** है।

शब्दार्थ

'मुसीबत' का अर्थ **कष्ट** होता है जबकि 'आराम' का अर्थ **सुख, प्रसन्नता** है, इसलिए ये परस्पर विलोम शब्द है।

अन्य विकल्प

शब्द	अर्थ
पूर्ण	पूरी तरह से युक्त, पूर्णतः भरा हुआ
कुरूप	बदसूरत
साधारण	सामान्य, मामूली

अतः विकल्प (A) सही है।

30. 'कुच - कूच' का अर्थ है 'स्तन - प्रस्थान' है।

- 'कुच' का अर्थ – स्तन
- 'कूच' का अर्थ – प्रस्थान

अन्य विकल्प

शब्द युग्म	अर्थ
किला - कीला	गढ़ - खूँटी/कील
कटौती - कठौती	कमी - काठ का बर्तन
क्रम - कर्म	सिलसिला - कार्य

अतः विकल्प (C) सही है।

31. 'खर्राच - खरोंच' का अर्थ है 'अमितव्ययी - छिल जाने या रगड़ का चिह्न'। इसलिए सही विकल्प (D) 'अमितव्ययी - छिल जाने या रगड़ का चिह्न' है।

- 'खर्राच ' का अर्थ – अमितव्ययी
- 'खरोंच' का अर्थ – छिल जाने या रगड़ का चिह्न

अन्य विकल्प

शब्द युग्म	अर्थ
कर्ता - करता	एक प्रकार का कारक - करना
खोलना - खौलना	बन्धनमुक्त करना - उबलना
केशर - केसर	सिंह की गर्दन के बाल - जाफरान/कुमकुम

अतः विकल्प (D) सही है।

32. 'चक्रवाक - चक्रवात' का अर्थ है 'चकवा पक्षी - बवन्डर'। इसलिए सही विकल्प (A) 'चकवा पक्षी - बवन्डर' है।

- 'चक्रवाक' का अर्थ – चकवा पक्षी
- 'चक्रवात' का अर्थ – बवन्डर

अन्य विकल्प

शब्द युग्म	अर्थ
चरस - चरसा	गाँजा/अतर - चमड़े का थैला
गुर - गुरु	उपाय - भारी, शिक्षक
गिरा - गिरा	वाणी - पतित

अतः विकल्प (A) सही है।

33. 'ताक - ताख' का अर्थ है 'घूरकर देखना - दीवार का आला'। इसलिए सही विकल्प (B) 'घूरकर देखना - दीवार का आला' है।

- 'ताक' का अर्थ – घूरकर देखना
- 'ताख' का अर्थ – दीवार का आला

अन्य विकल्प

शब्द युग्म	अर्थ
ढलाई - ढिलाई	ढालने की क्रिया - शिथिलता
जन्ता - जनता	चक्की - लोग
चिर - चीर	देर - वस्त्र

अतः विकल्प (B) सही है।

34. दिए गए विकल्पों के अनुसार विकल्प (D) 'नित्यताबोधक संयुक्त क्रिया' वाक्य का सही उत्तर है। इसलिए स्पष्ट है कि 'नित्यताबोधक संयुक्त क्रिया' विकल्प सटीक है।

जिस वाक्यों से कार्य की नित्यता, उसके बन्द न होने का भाव प्रकट हो, वे वाक्य नित्यताबोधक संयुक्त क्रिया के अंतर्गत आते है।

अतः विकल्प (D) सही है।

35. रचना के आधार पर क्रिया के पांच भेद होते है -

- संयुक्त क्रिया
- नामधातु क्रिया
- प्रेरणार्थक क्रिया
- पूर्वकालिक क्रिया
- सामान्य क्रिया

अतः विकल्प (C) सही है।

36. काल के आधार पर क्रिया के तीन भेद होते है -

- भूतकालिक क्रिया
- वर्तमान कालिक क्रिया
- भविष्यत कालिक क्रिया

अतः विकल्प (A) सही है।

37. 'बच्चा विद्यालय से लौट आया।' वाक्य में 'लौट आया' संयुक्त क्रिया का उदाहरण है।

जिन वाक्यों की एक से अधिक क्रियाएँ मिलकर एक ही कार्य पूर्ण करती हैं वे वाक्य संयुक्तक्रिया के अंतर्गत आते हैं।

संयुक्त क्रिया में पहली क्रिया मुख्य क्रिया होती है तथा दूसरी क्रिया रंजक क्रिया। रंजक क्रिया मुख्य क्रिया के साथ जुड़कर अर्थ में विशेषता लाती है।

संयुक्त क्रिया की एक विशेषता यह है कि उसकी पहली क्रिया प्रायः प्रधान होती है और दूसरी उसके अर्थ में विशेषता उत्पत्र करती है।

अतः विकल्प (B) सही है।

38. उपरोक्त विकल्पों में से सही उत्तर विकल्प (A) 'राखी ने घर पहुँचकर फोन किया।' में पूर्णकालिक क्रिया का प्रयोग हुआ है।

- इन क्रियाओं पर लिंग ,वचन ,पुरुष, काल आदि का कोई प्रभाव नहीं पड़ता।
- जब किसी वाक्य में दो क्रियाएं प्रयुक्त हुई हो तथा उनमें से एकक्रिया दूसरीक्रिया से पहले संपत्र हुई हो तो पहले संपत्र होने वाली क्रिया पूर्वकालिक क्रिया कहलाती है।

अतः विकल्प (A) सही है।

39. 'मालिक नौकर से कार साफ करवाता है।' वाक्य प्रेरणार्थक क्रिया' का उदहारण है।

प्रेरणार्थक क्रिया - जब कर्ता स्वयं कार्य का संपादन न कर किसी दूसरे को करने के लिए प्रेरित करे या करवाए उसे प्रेरणार्थक क्रिया कहते हैं।

उपर्युक्त वाक्य में मालिक ने स्वयं कार्य न करके बल्कि अपने नौकर को प्रेरित कर उससे कार साफ करवाता है, इसलिए यहाँ प्रेरणार्थक क्रिया है।

अतः विकल्प (B) सही है।

40. दिए हुए विकल्पों में "सुन्दर" विशेषण शब्द है।

जो शब्द जिस संज्ञा या सर्वनाम की विशेषता बताते हैं, वे शब्द विशेषण कहलाते हैं; जैसे—नेहा ने सुंदर फ्रॉक पहनी है। लाल सेब मीठे होते हैं। यहा सुन्दर और मीठे दोनों विशेषण शब्द है।

अतः विकल्प (C) सही है।

41. दिये हुए विकल्पों में "वह बहुत सुन्दर नाचा।" में प्रविशेषण का प्रयोग नहीं हुआ है।

प्रविशेषण: विशेषण शब्दों की विशेषता प्रकट करने वाले शब्द प्रविशेषण कहलाते हैं। जैसे - मैंने बहुत सुन्दर पक्षी देखा। में सुन्दर विशेषण है जो पक्षी की विशेषता प्रकट कर रहा है तथा बहुत प्रविशेषण है जो विशेषण शब्द सुन्दर की विशेषता प्रकट कर रहा है।

अतः विकल्प (B) सही है।

42. दिए गए विकल्पों में "उसने कुछ पानी पीया।" में परिमाणवाचक विशेषण प्रयोग हुआ है इसलिए विकल्प (D) सही उत्तर है। अन्य विकल्प असंगत है।

ऐसे शब्द जो हमें किसी संज्ञा या सर्वनाम के नाप-तौल या मात्रा का बोध कराएं, वे शब्द परिमाणवाचक विशेषण कहलाते हैं। जैसे : दो किलो चीनी, चार किलो तेल, थोड़े फल आदि।

अतः विकल्प (D) सही है।

43. दिए हुए वाक्यों में विकल्प (B) "यह लडका बहुत चालाक है।" में सार्वनामिक विशेषण प्रयुक्त है।

ऐसे सर्वनाम शब्द जो संज्ञा से पहले लगकर उस संज्ञा शब्द की विशेषण की तरह विशेषता बताते हैं, वे शब्द सार्वनामिक विशेषण कहलाते हैं। यह शब्द संज्ञा के लिए विशेषण का काम करते हैं। जैसे: मेरी पुस्तक , कोई बालक , किसी का महल , वह लड़का आदि।

अतः विकल्प (B) सही है।

44. दिये गए विकल्प में 'पक्षी रात में सोते है' में 'कर्तृवाच्य' है। इसलिए इसका सही उत्तर विकल्प (A) 'कर्तृवाच्य' है। अन्य विकल्प सही उत्तर नहीं हैं।

वाच्य	परिभाषा	उदाहरण
कर्तृवाच्य	क्रिया के जिस रूप से वाक्य में कर्ता की प्रधानता का बोध हो उसे कर्तृवाच्य कहते हैं।	आप खाना खाएं।

अतः विकल्प (A) सही है।

45. दिये गए विकल्प में 'रोगी को दवा दी गई' में 'कर्मवाच्य' है। इसलिए इसका सही उत्तर विकल्प (D) 'कर्मवाच्य' है। अन्य विकल्प सही उत्तर नहीं हैं।

वाच्य	परिभाषा	उदाहरण
कर्मवाच्य	क्रिया के जिस रूप से वाक्य में कर्म की प्रधानता का बोध हो उसे कर्मवाच्य कहते हैं।	पत्र लिखा जाता है।

अतः विकल्प (D) सही है।

46. दिये गए विकल्प में . 'यह काम मुझसे नही होगा' में 'कर्मवाच्य' है। इसलिए इसका सही उत्तर विकल्प (D) 'कर्मवाच्य' है। अन्य विकल्प सही उत्तर नहीं हैं।

वाच्य	परिभाषा	उदाहरण
कर्मवाच्य	क्रिया के जिस रूप से वाक्य में कर्म की प्रधानता का बोध हो उसे कर्मवाच्य कहते हैं।	पुस्तक पढ़ी जाती है

अतः विकल्प (D) सही है।

47. उक्त वाक्य में कर्म प्रधान हैं तथा उसी के लिए 'की जाती है' क्रिया का विधान हुआ है, इसलिए यहाँ कर्मवाच्य है।

क्रिया के जिस रूप में कर्म प्रधान हो, उसे कर्मवाच्य कहते हैं।

उदाहरण के लिए-कवियों द्वारा कविताएँ लिखी गई।

अतः विकल्प (B) सही है।

48. दिए गए विकल्पों में से विकल्प (B) द्रव्यवाचक संज्ञा सही उत्तर है । अन्य विकल्प असंगत है। मुझे पानी पीना है।, में द्रव्यवाचक संज्ञा होगी।

- जिस वाक्य में किसी धातु, द्रव या पदार्थ का बोध हो होता है वे वाक्य द्रव्यवाचक संज्ञा के अंतर्गत आते हैं।
- उपर्युक्त वाक्य में पानी शब्द हमें एक द्रव्य का बोध करा रहा है। इसलिए पानी एक द्रव्यवाचक संज्ञा है।

द्रव्यवाचक संज्ञा	जिन संज्ञा शब्दों से किसी धातु, द्रव या पदार्थ का बोध हो, उन्हें द्रव्यवाचक संज्ञा कहते हैं। जैसे-सोना, लोहा आदि।

अतः विकल्प (B) सही है।

49. दिए गए विकल्पों में से विकल्प (A) समूहवाचक संज्ञा सही उत्तर है । अन्य विकल्प असंगत है। क्रिकेट टीम ने वर्ल्ड कप जीता।, में समूहवाचक संज्ञा होगी।

- जिस वाक्य में किसी भी व्यक्ति या वस्तु के समूह का बोध होता है वे वाक्य समूहवाचक संज्ञा के अंतर्गत आते हैं।
- जिस प्रकार पुस्तकालय पुस्तकों के एक समूह से बनता है उसी प्रकार टुकड़ी सैनिकों का एक समूह होता है।
- इसके अलावा गुच्छा हमें फलों के समूह के बारे में बताता है एवं भीड़ शब्द हमें लोगों के एक बड़े समूह के बारे में बताता है।

समूहवाचक संज्ञा	जिन संज्ञा शब्दों से किसी भी व्यक्ति या वस्तु के समूह का बोध होता है, उन शब्दों को समूहवाचक या समुदायवाचक संज्ञा कहते हैं। जैसे- भीड़, पुस्तकालय, झुंड, सेना आदि।

अतः विकल्प (A) सही है।

50. यहाँ शब्द 'अधिक' दूध को अहर्ता प्रदान कर दूध की विशेषता बता रहा है इसलिए शब्द 'अधिक' परिणामवाचक विशेषण एवं दूध विशेष्य होगा।

विशेषण शब्द जिस शब्द (संज्ञा/सर्वनाम) की विशेषता बतलाता है, उसे 'विशेष्य' कहते हैं।

अतः विकल्प (D) सही है।

51. दिए गए विकल्पों में से विकल्प (C) समूहवाचक संज्ञा सही उत्तर है। अन्य विकल्प असंगत है। 'भारतीय सेना विश्व की सबसे बड़ी सेना है।, में समूहवाचक संज्ञा होगी।

- जिस वाक्य में किसी भी व्यक्ति या वस्तु के समूह का बोध होता है वे वाक्य द्रव्यवाचक संज्ञा के अंतर्गत आते हैं।
- जिस प्रकार पुस्तकालय पुस्तकों के एक समूह से बनता है उसी प्रकार टुकड़ी सैनिकों का एक समूह होता है।
- इसके अलावा गुच्छा हमें फलों के समूह के बारे में बताता है एवं भीड़ शब्द हमें लोगों के एक बड़े समूह के बारे में बताता है।
- उपर्युक्त वाक्य में 'सेना' शब्द से जवानों के एक समूह का बोध हो रहा है। इस प्रकार 'सेना' शब्द समूहवाचक संज्ञा हैं।

समूहवाचक संज्ञा	जिन संज्ञा शब्दों से किसी भी व्यक्ति या वस्तु के समूह का बोध होता है, उन शब्दों को समूहवाचक या समुदायवाचक संज्ञा कहते हैं। जैसे- भीड़, पुस्तकालय, झुंड, सेना आदि

अतः विकल्प (C) सही है।

52. दिए गए विकल्पों के अनुसार विकल्प 'संदिग्ध वर्तमान' वाक्य का सही उत्तर है अन्य विकल्प असंगत है।

क्रिया के जिस रूप से वर्तमान कार्य के होने में संदेह का बोध हो, वहाँ संदिग्ध वर्तमान होता है। इसलिए 'राम खाता होगा' में 'संदिग्ध वर्तमान' काल का उदहारण है।

अतः विकल्प (C) सही है।

53. दिए गये वाक्य – 'अरे! तुम इतना जोर से क्यों बोल रहे हो' वाक्य में संबोधन कारक है क्योंकि संज्ञा के जिस रूप से किसी के पुकारने या संकेत करने के भाव का बोध हो, इसकी विभक्ति 'अरे' और 'हे' है। जैसे – हे श्याम! इधर आओ! इसलिए विकल्प (D) संबोधन कारक सही विकल्प है। अन्य विकल्प असंगत हैं।

- संबोधन कारक की विभक्ति 'अरे', 'हे' आदि है।
- सम्बोधन कारक की पहचान करने के लिए ! यह चिन्ह लगाया जाता है।

अतः विकल्प (D) सही है।

54. वाणी ने खाना बनाया। - वाक्य में कारक का भेद 'कर्ता कारक' है। संज्ञा या सर्वनाम के जिस रूप से क्रिया (कार्य) के करने वाले का बोध होता है वह 'कर्ता' कारक कहलाता है। जैसे – राम ने रावण को मारा। इसलिए विकल्प (B) 'कर्ता' सही है।

- 'ने' परसर्ग आने पर वाक्य में 'कर्ता कारक' प्रयुक्त हुआ है
- प्रथम विभक्ति 'कर्ता कारक' का विभक्ति चिन्ह 'ने' है
- अध्यापक ने विद्यार्थियों को पढ़ाया। वाक्य में 'अध्यापक' कर्ता है, क्योंकि काम करने वाला अध्यापक है।

अतः विकल्प (B) सही है।

55. दिए गये विकल्पों में - 'गोपाल ने राधा को बुलाया।' वाक्य में कर्म कारक है - इसकी विभक्ति 'ने' है। इसलिए विकल्प (C) कर्म कारक सही विकल्प है।

- बुलाना, सुलाना, कोसना, पुकारना, जगाना, भगाना इत्यादि क्रियाओं के कर्मों के साथ 'को' विभक्ति लगती है।
- 'मारना' क्रिया का अर्थ जब 'पीटना' होता है, तब कर्म के साथ विभक्ति लगती है, पर यदि उसका अर्थ 'शिकार करना' होता है, तो विभक्ति नहीं लगती, अर्थात कर्म अप्रत्यय रहता है।
- यदि विशेषण संज्ञा के रूप में प्रयुक्त हों, तो कर्म में 'को' अवश्य लगता है।

अतः विकल्प (C) सही है।

56. दिए गये विकल्पों में - 'वह लड़का ठण्ड से कांप रहा था।' वाक्य में करण कारक है - इसकी विभक्ति 'से' है। इसलिए विकल्कप (C) करण कारक सही विकल्प है।

- हिन्दी में करणकारक के अन्य चिह्न है- से, द्वारा, के द्वारा, के जरिए, के साथ, के बिना इत्यादि।
- इन चिह्नों में अधिकतर प्रचलित से', 'द्वारा', 'के द्वारा' 'के जरिए' इत्यादि ही है।
- 'के साथ', के बिना' आदि साधनात्मक योग-वियोग जतानेवाले अव्ययों के कारण, साधनात्मक योग बतानेवाले 'के द्वारा' की ही तरह के करणकारक के चिह्न हैं। 'करन' काअर्थ है 'साधन'।
- 'से' चिह्न वहीं करणकारक का चिह्न है जहाँ यह 'साधन' के अर्थ में प्रयुक्त हो।

अतः विकल्प (C) सही है।

57. दिए गये विकल्पों में - 'राकेश फूलों को पसन्द करता है।' वाक्य में सम्प्रदान कारक है - इसकी विभक्ति 'के लिए' या 'को' है। इसलिए स्पष्ट है कि विकल्प (A) सम्प्रदान कारक सटीक विकल्प है।

- जिसे कुछ दिया जाता है या जिसके लिए कोई काम किया जाता है, वह पद सम्प्रदानकारक का होता है।
- 'के हित', 'के वास्ते', 'के निर्मित' आदि प्रत्ययवाले अव्यय भी सम्प्रदानकारक के प्रत्यय है।

अतः विकल्प (A) सही है।

58. जहाँ भूतकाल कि एक क्रिया दूसरे पर निर्भर होती है, उसे हेतुहेतुमदभूत काल कहते हैं। दिए गये वाक्य में 'आते तो... बन जाता' इस तरह से लिखा गया है जो कि इस ओर संकेत कर रहा है कि वह कार्य जो होने वाला था नहीं हो सका। इसलिए सही विकल्प 'तुम आते तो मेरा काम बन जाता' है।

अतः विकल्प (A) सही है।

59. 'बच्चा रोता है। - तात्कालिक वर्तमान काल' यह वाक्य उचित नहीं है। सही मेल 'बच्चा रोता है। - सामान्य वर्तमान काल' शेष विकल्पों का युग्म सही है। इसलिए सही विकल्प **'बच्चा रोता है। - तात्कालिक वर्तमान काल'** है।

विशेष

संभाव्य वर्तमान काल - क्रिया के वर्तमान काल में पूरा होने की सम्भावना रहती है। जैसे - वह गया हो। राधा नाचती हो।
तात्कालिक वर्तमान काल - वर्तमान में हो रही क्रिया तात्कालिक क्रिया है। जैसे - कबूतर उड़ रहे हैं। अध्यापक पढ़ा रहे हैं।
पूर्ण वर्तमान काल - क्रिया के जिस रूप से कार्य के अभी पूरे होने का पता चलता है। उसे पूर्ण वर्तमान काल कहते है। जैसे - उसने फल खाए हैं। उसने खाना बनाया है। वह आयी है।
संदिग्ध वर्तमान काल - जिससे क्रिया के संपन्न होने में तो संदेह प्रकट हो परन्तु उसकी वर्तमानता में कोई संदेह न हो। जैसे - वह आती होगी। मास्टर जी पढ़ाते होंगे।

अतः विकल्प (B) सही है।

60. 'वह पटना गया होगा।' वाक्य में 'संभाव्य वर्तमान काल' है क्योंकि इस वाक्य में वर्तमान काल में ही कार्य के होने की संभावना दर्शायी गयी है। अन्य विकल्प असंगत हैं। इसलिए सही विकल्प **'संभाव्य वर्तमान काल'** है।

अतः विकल्प (C) सही है।

61. दिए गए विकल्पों में आसन्न भूत काल का उदहारण विकल्प माताजी पाठ कर चुकी है। इसलिए स्पष्ट है कि माताजी पाठ कर चुकी है। विकल्प सटीक विकल्प है।

आसन्न भूतकाल - भूतकाल कि जिस क्रिया से यह पता चले कि यहाँ कार्य कुछ समय पहले ही समाप्त हुआ हो वहाँ आसन्न भूतकाल कहते है। उदहारण- राम सो चूका है।

अतः विकल्प (D) सही है।

62. 'अत्युक्ति' शब्द में 'अति' उपसर्ग का प्रयोग हुआ है। इसलिए सही विकल्प 'अति' है।

अतः विकल्प (C) सही है।

63. 'कुशासन' शब्द में 'कु' उपसर्ग का प्रयोग हुआ है। जिसमे मूल शब्द 'शासन' एवं उपसर्ग 'कु' है। इसलिए सही विकल्प 'कु' है।

अतः विकल्प (B) सही है।

64. 'प्रसाधन' शब्द में 'प्र' उपसर्ग का प्रयोग हुआ है। जिसमे मूल शब्द 'साधन' एवं उपसर्ग 'प्र' है। इसलिए सही विकल्प 'प्र' है।

अतः विकल्प (B) सही है।

65. 'नौसिखिया' शब्द में 'नौ' उपसर्ग का प्रयोग हुआ है।जिसमे मूल शब्द 'सिखिया' एवं उपसर्ग 'नौ' है। इसलिए सही विकल्प 'नौ' है।

अतः विकल्प (A) सही है।

66. 'प्रतिकूलता' शब्द में 'प्रति' उपसर्ग का प्रयोग हुआ है। जिसमे मूल शब्द 'कूल' एवं उपसर्ग 'प्रति' है। इसलिए सही विकल्प 'प्रति' है।

अतः विकल्प (A) सही है।

67. 'इष्ठ' प्रत्यय के योग से 'कनिष्ठ' शब्द बन जाता है। अन्य विकल्प असंगत है। इसलिए सही विकल्प (A) इष्ठ होगा।

प्रत्यय- जो शब्दांश, शब्दों के अंत में जुड़कर अर्थ में परिवर्तन लाये, प्रत्यय कहलाते है।

अतः विकल्प (A) सही है।

68. सावधानी शब्द में प्रयुक्त प्रत्यय 'ई' है। अन्य विकल्प असंगत है। जिसमे मूल शब्द 'सावधान' एवं 'ई' प्रत्यय है। इसलिए सही विकल्प (A) ई होगा।

अतः विकल्प (A) सही है।

69. दोषहर्ता में हर्ता प्रत्यय है। जिसमे मूल शब्द 'दोष' एवं 'हर्ता' प्रत्यय है। अन्य विकल्प असंगत है। इसलिए सही उत्तर विकल्प (A) हर्ता होगा ।

अतः विकल्प (A) सही है।

70. जो धातु या शब्द के अंत में जोड़ा जाता है उसे प्रत्यय कहते है। अन्य विकल्प असंगत है। इसलिए सही उत्तर विकल्प (D) प्रत्यय होगा ।

उदहारण - सामाजिक जिसमे 'समाज' मूल शब्द एवं 'इक' प्रत्यय है।

अतः विकल्प (D) सही है।

71. प्रक्षिक, शब्द इक प्रत्यय लगने से नही बना है। अन्य विकल्प इक प्रत्यय लगने से बने है। इसलिए सही उत्तर विकल्प (D) प्रक्षिक होगा।

- दैविक = देव + इक
- सामाजिक = समाज + इक
- भौमिक = भूमि + इक

अतः विकल्प (D) सही है।

72. दिए गए विकल्पों में विकल्प 'उत् + चारण' संधि विच्छेद उचित है।

'उत् + चारण' अर्थात यहाँ व्यंजन संधि है।अन्य विकल्प असंगत हैं।

व्यंजन संधि- किसी वर्ग का पहला वर्ण (क्, च्, ट्, त्, प्)+ कोई स्वर या व्यंजन = पहले वर्ण के स्थान पर तीसरा वर्ण (ग्, ज्, ड्, ब)। जैसे- तल्लीन = तत् + लीन

अतः विकल्प (D) सही है।

73. दिए गए विकल्पों में विकल्प 'सर्व + उपरि' उचित संधि विच्छेद है। यहाँ पर (अ + उ = ओ) हुआ है। 'सर्वोपरि' में स्वर संधि है। अन्य विकल्प वर्तनीगत अशुद्ध हैं।

स्वर संधि - दो स्वरों के आपस में मिलने से जो विकार या परिवर्तन होता है, उसे स्वर संधि कहते हैं, जैसे-देव + इंद्र = देवेंद्र। (अ + इ) 'ए' बन जाता है।

अतः विकल्प (B) सही है।

74. 'निरक्षर' का उचित संधि- विच्छेद 'निः + अक्षर' है। इसमें विसर्ग संधि है।

अन्य विकल्प त्रुटि पूर्ण हैं।

विसर्ग के साथ स्वर अथवा व्यंजन के मिलने से जो विकार उत्पन्न होता है, उसे विसर्ग संधि कहते हैं। जैसे- नमः + कार = नमस्कार आदि।

जैसे- निसंदेह = निः = संदेह आदि

अतः विकल्प (B) सही है।

75. 'क्रमांक' शब्द में 'अ+अ' वर्णों की संधि हुई है और 'आ' की उत्पत्ति हुई।अन्य विकल्प असंगत हैं।

इसलिए यहाँ पर स्वर संधि होगी क्योंकि दो स्वरों के मेल से जो विकार उत्पन्न हुआ वह स्वर संधि है।

अतः विकल्प (D) सही है।

76. दिए गए विकल्पों में विकल्प 'निः + रव' उचित संधि विच्छेद है।'निः + रव' में विसर्ग से पहले 'इ या उ' हो और बाद में 'र' आए तो विसर्ग का लोप हो जाता है और 'इ' तथा 'उ' दीर्घ 'ई, ऊ' में बदल जाता है। इसलिए यहा पर विसर्ग संधि होगी। अन्य विकल्प त्रुटिपूर्ण हैं।

विसर्ग संधि: विसर्ग के साथ स्वर या व्यंजन के मेल से विकार उत्पन्न होता है। जैसे- दुः + आत्मा = दुरात्मा, निः + कपट = निष्कपट आदि।

अतः विकल्प (C) सही है।

77. दिए गए विकल्पों में विकल्प 'अभ्यागत' उचित संधि है। 'अभ्यागत' में यण संधि है।अन्य विकल्प असंगत एवं त्रुटिपूर्ण हैं।

'अभी + आगत' = अभ्यागत (ई + आ = या) यहाँ पर 'ई + आ' मिलकर 'या' बना है।यण संधि में इ, ई, उ, ऊ तथा ऋ के बाद कोई अन्य स्वर आए तो 'इ-ई' का 'य्' 'उ' 'ऊ' का 'व्' और 'ऋ' का 'र' हो जाता है।

अतः विकल्प (B) सही है।

78. दिए गए विकल्पों में 'रसभरा' शब्द में 'तत्पुरुष समास' है। अन्य विकल्प अनुचित उत्तर हैं। इसलिए विकल्प (C) 'रसभरा' इसका उचित उत्तर होगा।

तत्पुरुष समास वह होता है, जिसमें उत्तरपद प्रधान होता है, अर्थात प्रथम पद गौण होता है एवं उत्तर पद की प्रधानता होती है व समास करते वक्त बीच की विभक्ति का लोप हो जाता है। इस समास में आने वाले कारक चिन्हों को, से, के लिए, से, का/के/की, में, पर आदि का लोप होता है।

अतः विकल्प (C) सही है।

79. नीलोत्पलम में कर्मधारय समास है जिसका विग्रह करने पर हमे नीले रंग के सामान शब्द प्राप्त होता है। विकल्प कर्मधारय समास सटीक विकल्प है। अन्य विकल्प असंगत है।

जिस तत्पुरुष समास के समस्त पद समान रूप से प्रधान हो, तथा विशेष्य – विशेषण भाव को प्राप्त होते हैं। उनके लिंग, वचन भी समान हो वहां कर्मधारय समास होता है। उपयुक्त विकल्प में कर्मधारय समास है क्योंकि यहां पर दोनों पदों में विशेषण -विशेष्य का प्रयोग हुआ इसलिए सटीक विकल्प कर्मधारय समास है।

अतः विकल्प (C) सही है।

80. दिए गए विकल्पों में 'कालीमिर्च' शब्द 'कर्मधारय समास' का उदाहरण है। अन्य विकल्प अनुचित उत्तर हैं। इसलिए विकल्प (B) 'कालीमिर्च' इसका उचित उत्तर होगा।

कालीमिर्च – काली है जो मिर्च। यहाँ कर्मधारय समास होगा। अन्य विकल्प गलत उत्तर हैं।

कर्मधारय समास - पहला पद विशेषण और दूसरा पद विशेष्य होता है अथवा इसके पूर्वपद और उत्तर पद में उपमान और उपमेय का संबंध होता है। जैसे - नीलांबर- नील + अंबर

अतः विकल्प (B) सही है।

81. माखनचोर शब्द में कर्म तत्पुरुष है। माखनचोर शब्द का विग्रह करने पर "माखन को चुराने वाला" शब्द प्राप्त होता हैं। इसलिए स्पष्ट है कि विकल्प माखनचोर सटीक विकल्प है। अन्य विकल्प असंगत है।

कर्म तत्पुरुष समास - कर्म तत्पुरुष समास में कर्म कारक की विभक्ति 'को' का लोप होता है।जैसे - रावण को मारो, गेंद को फेंको आदि.

अतः विकल्प (A) सही है।

82. उपयुक्त शब्द तुलसीकृत में करण तत्पुरुष है। तुलसीकृत शब्द का विग्रह करने पर "तुलसी द्वारा रचित" शब्द प्राप्त होता हैं। इसलिए स्पष्ट है कि विकल्प करण तत्पुरुष सटीक विकल्प है। अन्य विकल्प असंगत है।

करण तत्पुरुष - इसमें करण कारक की विभक्ति 'से', 'के', 'द्वारा' का लोप हो जाता है। जैसे – रेखा की, रेखा से अंकित। जैसे - शोकग्रस्त – शोक से ग्रस्त।

अतः विकल्प (B) सही है।

83. उपरोक्त उदहारणों में द्वन्द समास का उदहारण अन्न-जल है क्योंकि जिस समास में दोनों पद प्रधान हों तथा विग्रह करने पर उनके बीच 'तथा', 'या', 'अथवा', 'एवं', 'और' का प्रयोग होता है।जैसे - देव-असुर = देव और असुर देवासुर, अन्न-जल = अन्न और जल इसलिए स्पष्ट है कि द्वन्द समास ही सही विकल्प है। अन्य विकल्प असंगत है।

अतः विकल्प (A) सही है।

84. उपरोक्त विकल्पो में विकल्प (D) 'दूसरों में झगड़ा कराके अलग हो जाना' सही उत्तर है।

- मुहावरा – आग लगाकर तमाशा देखना
- मुहावरे का हिंदी में अर्थ – दूसरों में झगड़ा कराके अलग हो जाना
- वाक्य प्रयोग – वह तो आग लगाकर तमाशा देखने वाला हैं, वह तुम्हारी क्या मदद करेगा।

अतः विकल्प (D) सही है।

85. उपरोक्त विकल्पो में विकल्प (D) 'आँखे खुलना - सचेत होना' सही उत्तर है।

- मुहावरा – आँखे खुलना
- मुहावरे का हिंदी में अर्थ – सचेत होना
- वाक्य प्रयोग – ठोकर खाने के बाद ही बहुत से लोगों की आँखे खुलती है।

अतः विकल्प (D) सही है।

86. उपरोक्त विकल्पो में विकल्प (C) 'तुच्छ समझना' सही उत्तर है।

- मुहावरा- गाजर-मूली समझना
- अर्थ - तुच्छ समझना
- वाक्य - देखो हमें गाजर-मूली समझने की भूल न करना वरना बहुत पछताओगे।

अतः विकल्प (C) सही है।

87. दिए हुए वाक्य "नहीं, मैं परसों जा रहा हूँ।" अल्पविराम विराम चिन्ह का उदाहरण है।

जहाँ भावातिरेक के कारण शब्दों की पुनरावृत्ति होती है, वहाँ अल्प विराम का प्रयोग होता है। जहाँ एक तरह के कई शब्द, वाक्यांश या वाक्य एक साथ आते हैं. तो उनके बीच अल्प विराम का प्रयोग होता है।

पर, परन्तु, इसलिए, इसलिए, क्योंकि, बल्कि, तथापि, जिससे आदि के पूर्व अल्प विराम का प्रयोग होता है।

अतः विकल्प (D) सही है।

88. पूर्ण विराम का प्रयोग - (I) पूर्ण विराम का अर्थ है भली-भाँति ठहरना।

प्रश्नवाचक और विस्मयादिबोधक वाक्यों को छोड़कर शेष सभी वाक्यों के अन्त में पूर्ण विराम का प्रयोग होता है।

किसी व्यक्ति या वस्तु का सजीव वर्णन करते समय वाक्यांशों के अन्त में भी पूर्ण विराम का प्रयोग होता है।

प्राचीन भाषा के पद्यों में अर्द्धाली के पश्चात् पूर्ण विराम का प्रयोग होता है।

अतः विकल्प (B) सही है।

89. दिया हुआ वाक्य "कृष्ण के अनेक नाम है : मोहन, गोपाल, गिरिधर आदि।" उप विराम विराम चिन्ह का उदाहरण है।

उप विराम अथवा अपूर्ण विराम-चिह्न (:) – जहाँ वाक्य पूरा नहीं होता, बल्कि किसी वस्तु अथवा विषय के बारे में बताया जाता है, वहाँ अपूर्ण विराम-चिह्न. का प्रयोग किया जाता है; जैसे कृष्ण के अनेक नाम हैं-मोहन, गोपाल, गिरिधर आदि।

अतः विकल्प (A) सही है।

90. दिया हुआ वाक्य "हाय ! बेचारा व्यर्थ में मारा गया।" विस्मयादिबोधक विराम चिन्ह का उदाहरण है।

आह्लादसूचक शब्दों, पदों और वाक्यों के अन्त में, अपने से बड़े को सादर सम्बोधित करने में और जहाँ मन की हँसी-खुशी व्यक्त की जाय वहाँ विस्मयादिबोधक चिह्न का प्रयोग होता है।

अतः विकल्प (D) सही है।

91. निम्नलिखित विकल्पों में से "जीवन में सुख-दुःख तो चलता ही रहता है।" योजक चिन्ह का उदाहरण है।

दो शब्दों में परस्पर संबंध स्पष्ट करने के लिए तथा उन्हें जोड़कर लिखने के लिए योजक-चिह्न (–) का प्रयोग किया जाता है। दो विलोम शब्दों के बीच, दो समानार्थी शब्दों की पुनरुक्ति के बीच में और जब विशेषण पदों का प्रयोग संज्ञा के अर्थ में होता है तब वहाँ योजक चिह्न का प्रयोग होता है।

अतः विकल्प (C) सही है।

92. दिए गये शब्द 'Intuition' का अर्थ है 'अंतःप्रज्ञा'। इस संदर्भ में सबसे उपयुक्त शब्द अंतःप्रज्ञा। अतिरिक्त विकल्पों के अर्थ भिन्न हैं।

- ज्ञान की किसी विशेष विधा (कार्य क्षेत्र) में प्रयोग किये जाने वाले शब्दों की उनकी परिभाषा सहित सूची पारिभाषिक शब्दावली या पारिभाषिक शब्दकोश कहलाती है।
- पारिभाषिक शब्दों का प्रयोग जटिल विचारों की अभिव्यक्ति को सुचारु बनाता है।

अतः विकल्प (A) सही है।

93. दिए गये शब्द ''Reimbursement' का अर्थ है 'प्रतिपूर्ति'। इस संदर्भ में सबसे उपयुक्त शब्द प्रतिपूर्ति है। अतिरिक्त विकल्पों के अर्थ भिन्न हैं।

- ज्ञान की किसी विशेष विधा (कार्य क्षेत्र) में प्रयोग किये जाने वाले शब्दों की उनकी परिभाषा सहित सूची पारिभाषिक शब्दावली या पारिभाषिक शब्दकोश कहलाती है।
- पारिभाषिक शब्दों का प्रयोग जटिल विचारों की अभिव्यक्ति को सुचारु बनाता है।

अतः विकल्प (A) सही है।

94. दिए गये शब्द 'Competent-Authority का अर्थ है 'सक्षम -प्राधिकारी'। इस संदर्भ में सबसे उपयुक्त शब्द समर्थ प्राधिकारी है। अतिरिक्त विकल्पों के अर्थ भिन्न हैं।

- ज्ञान की किसी विशेष विधा (कार्य क्षेत्र) में प्रयोग किये जाने वाले शब्दों की उनकी परिभाषा सहित सूची पारिभाषिक शब्दावली या पारिभाषिक शब्दकोश कहलाती है।
- पारिभाषिक शब्दों का प्रयोग जटिल विचारों की अभिव्यक्ति को सुचारु बनाता है।

अतः विकल्प (B) सही है।

95. दिए गये शब्द 'Brain drain' का अर्थ है 'प्रतिभा पलायन '। इस संदर्भ में सबसे उपयुक्त शब्द प्रतिभा पलायन है। अतिरिक्त विकल्पों के अर्थ भिन्न हैं।

- ज्ञान की किसी विशेष विधा (कार्य क्षेत्र) में प्रयोग किये जाने वाले शब्दों की उनकी परिभाषा सहित सूची पारिभाषिक शब्दावली या पारिभाषिक शब्दकोश कहलाती है।
- पारिभाषिक शब्दों का प्रयोग जटिल विचारों की अभिव्यक्ति को सुचारु बनाता है।

अतः विकल्प (A) सही है।

96. दिए गये शब्द 'Deputation' का अर्थ है 'प्रतिनियुक्ति '। इस संदर्भ में सबसे उपयुक्त शब्द अस्थाई नियुक्ति है। अतिरिक्त विकल्पों के अर्थ भिन्न हैं।

- ज्ञान की किसी विशेष विधा (कार्य क्षेत्र) में प्रयोग किये जाने वाले शब्दों की उनकी परिभाषा सहित सूची पारिभाषिक शब्दावली या पारिभाषिक शब्दकोश कहलाती है।
- पारिभाषिक शब्दों का प्रयोग जटिल विचारों की अभिव्यक्ति को सुचारु बनाता है।

अतः विकल्प (A) सही है।

97. दिया हुआ वाक्य "तुलसीदास जी ने कहा हे कि विनाश काल में मनुष्य की बुद्धि भ्रष्ट हो जाती है।" मिश्र वाक्य का उदाहरण है।

मिश्र वाक्य की परिभाषा: ऐसे वाक्य जिनमें सरल वाक्य के साथ साथ कोई भी दूसरा उपवाक्य शामिल हो, उन वाक्य को मिश्र वाक्य कहा जाता है। मिश्र वाक्य का निर्माण एक से अधिक साधारण वाक्य से होता है, जिनमें एक प्रधान वाक्य होता है और दूसरा वाक्य आश्रित होता है और इसी वजह से मिश्र वाक्य की पहचान भी होती है।

अतः विकल्प (B) सही है।

98. दिया हुआ वाक्य "मजदूर मेहनत करता है किंतु उसके लाभ से वंचित रहता है।" संयुक्त वाक्य का उदाहरण है।

जिस वाक्य में दो या दो से अधिक उपवाक्य मिले हों, परन्तु सभी वाक्य प्रधान हो तो ऐसे वाक्य को संयुक्त वाक्य कहते हैं। दूसरे शब्दो में - जिन वाक्यों में दो या दो से अधिक सरल वाक्य योजकों (और, एवं, तथा, या, अथवा, इसलिए, अतः, फिर भी, तो, नहीं तो, किन्तु, परन्तु, लेकिन, पर आदि) से जुड़े हों, उन्हें संयुक्त वाक्य कहते है।

अतः विकल्प (A) सही है।

99. ऐसा पदसमूह जिसका अपना अर्थ हो जो एक वाक्य का भाग हो और जिसमें उद्देश्य और विधेय हो उसे उपवाक्य कहा जाता है। उपवाक्य के प्रारंभ में अधिकतर कि, जिससे, ताकी, जो, ज्यों-ज्यों, जितना, क्योंकि, यदि, चूंकि, यद्यपि, जब, जहां, इत्यादि होते हैं।

अतः विकल्प (C) सही है।

100. दिये गए विकल्पों में से 'चौखट पर माथा टेकना' मुहावरे का उचित अर्थ 'अनुनय-विनय करना' है। अन्य विकल्प सही उत्तर नहीं हैं।

मुहावरा: चौखट पर माथा टेकना

अर्थ: अनुनय-विनय करना

वाक्य प्रयोग: वैष्णोदेवी की चौखट पर जाकर माथा टेको, तभी कष्ट दूर होंगे।

अतः विकल्प (B) सही है।

Q.1 'थोथा' _____ बाजे _____' – लोकोक्ति को उचित विकल्प से पूर्ण कीजिए।

[UP Police Sub Inspector, 2017]

A. काला, घोड़ा   **B.** चना, घना
C. घोड़ा, काला   **D.** घना, चना

Q.2 "ओस चाटने से प्यास नही बुझती" लोकोक्ति के लिए उपयुक्त अर्थ का विकल्प है-

A. प्यास बुझाने के लिए पानी पीना पड़ता है
B. बड़े लक्ष्य की प्राप्ति हेतु किया गया थोड़ा प्रयत्न व्यर्थ होता है, बड़े काम के लिए बड़ा प्रयत्न करना पड़ता है
C. बहुत अधिक कंजूसी से भी कार्य नही होता
D. जैसा काम करते हैं, वैसा ही परिणाम मिलता है

Q.3 "लकीर का फकीर" लोकोक्ति का सबसे उपयुक्त अर्थ है-

A. जैसा स्वामी वैसा ही सेवक
B. मूर्ति-पूजा को मानने वाला
C. परिवर्तनशील प्रकृति वाला
D. पुरानी प्रथा पर चलने वाला

Q.4 'गुड़ गोबर करना' मुहावरे का क्या अर्थ है?

A. काम पर ध्यान न देना
B. बने बनाए काम को बिगाड़ना
C. काम बनाना
D. काम करते जाना

Q.5 मुझे बाहर जाना है।
रेखांकित चिन्ह को पहचानिए:

A. पूर्ण विराम   **B.** प्रश्नवाचक चिह्न
C. अल्प विराम   **D.** लाघव चिह्न

Q.6 प्रश्न चिह्न कौन सा है?

A. ।   **B.** ?   **C.** !   **D.** ;

Q.7 निम्नलिखित में से निर्देशक चिन्ह कौन-सा है?

A. ?   **B.** ।   **C.** '   **D.** -

Q.8 [;] कोष्ठांकित विराम चिह्न का नाम क्या है?

A. योजना-विराम   **B.** अर्द्ध-विराम
C. अल्प-विराम   **D.** निर्देशक चिह्न

Q.9 सही वर्तनी वाला शब्द है:

A. सुहृद   **B.** शुश्रूषा   **C.** श्पर्धा   **D.** शसीम

Q.10 शुद्ध शब्द चुनिए-

A. गंगा-जल   **B.** वे-बुनियाद   **C.** बड़ा-सा   **D.** चौ-पाया

Q.11 सही वर्तनी शब्द का चयन कीजिए।

A. अवन्रति   **B.** श्रृंगार   **C.** मुश्किल   **D.** मात्रभूमि

Q.12 शुद्ध वर्तनी वाले शब्द का चयन कीजिए।

A. अन्त्याक्षरी   **B.** पूज्यनीय   **C.** तदोपरान्त   **D.** कवियित्री

Q.13 निम्नलिखित में से कौन सा शब्द समूहवाचक संज्ञा नहीं है?

A. सभा   **B.** कक्षा   **C.** भीड़   **D.** दौड़

Q.14 'गाय' कौन सी संज्ञा है?

[UPSSSC Village Development Officer, 2018]

A. व्यक्तिवाचक   **B.** जातिवाचक
C. भाववाचक   **D.** द्रव्यवाचक

Q.15 निम्न में कौन सी भाववाचक संज्ञा है?

[UPSSSC Village Development Officer, 2018]

A. दिल्ली   **B.** लड़का   **C.** मोहन   **D.** बीमारी

Q.16 निम्न में संज्ञा शब्द है:

A. हरा   **B.** पतला   **C.** सभा   **D.** गहरा

Q.17 'वह अपने आप ही चला गया।' - वाक्य में रेखांकित शब्द सर्वनाम के किस भेद का उदाहरण है।

A. पुरुष वाचक   **B.** निजवाचक
C. निश्चयवाचक   **D.** संबंधवाचक

Q.18 सर्वनाम के कुल कितने भेद होते हैं?

[UPSSSC Village Development Officer, 2018]

A. 5   **B.** 6   **C.** 7   **D.** 8

Q.19 निम्न में वर्तनी की दृष्टि से शुद्ध शब्द है:

A. पुज्य   **B.** परिक्षण   **C.** प्रान   **D.** परीक्षा

Q.20 'मुझे' किस प्रकार का सर्वनाम है?

A. उत्तम पुरुष   **B.** मध्यम पुरुष
C. अन्य पुरुष   **D.** इनमें से कोई नहीं

Q.21 निम्न में विशेषण शब्द है:

A. लड़कपन   **B.** उचित   **C.** कठोरता   **D.** घबराहट

Q.22 स्त्री शब्द का विशेषण है:

A. स्त्री   **B.** स्रीय   **C.** स्तैण   **D.** स्त्रैण

Q.23 'प्राचीन' शब्द विशेषण के किस प्रकार में आता है?

A. सार्वनामिक   **B.** परिमाण वाचक
C. संख्यावाचक   **D.** गुणवाचक

Q.24 'काफी' में कौन सा विशेषण है?

A. निश्चित परिमाण वाचक   **B.** अनिश्चित परिमाणवाचक
C. निश्चित संख्या वाचक   **D.** अनिश्चित संख्यावाचक

Q.25 'हथियाना' में कौन सा क्रिया है?

A. प्रेरणार्थक   **B.** संयुक्त
C. अनुकरणात्मक   **D.** नामधातु

Q.26 सड़के चौड़ी बनाई गई। इस में चौड़ी क्या है?

A. सहायक कर्ता   **B.** पूरक शब्द
C. मुख्य क्रिया   **D.** पूरक कर्ता

Q.27 "मीरा जोर से हँसी।" यह वाक्य किस क्रिया का समुचित उदाहरण है?

A. अकर्मक   **B.** प्रेरणार्थक   **C.** द्विकर्मक   **D.** सकर्मक

Q.28 निम्नलिखित वाक्यों में से किसमें अकर्मक क्रिया प्रयुक्त है-

A. शिशु सो रहा है   **B.** बालक खेल रहा है
C. छात्र पढ़ रहा है   **D.** छात्रा लिख रही है

Q.29 'उसने कटोरा भर दूध पिया।'- वाक्य में अव्यय शब्द कौन सा है?

A. कटोरा   **B.** दूध   **C.** भर   **D.** पिया

Q.30 'मैं वहाँ होकर आया हूँ।'- वाक्य में अव्यय शब्द कौन सा है?

A. मैं   **B.** वहाँ   **C.** होकर   **D.** हूँ

Q.31 'सेनाएं युद्ध क्षेत्र में आगे बढ़ी' - इस वाक्य में संबंध वाचक शब्द बताइए।

A. सेनाएं   **B.** युद्ध क्षेत्र   **C.** आगे   **D.** बढ़ी

Q.32 'भरोसे' में शब्द का कौन सा रुप है?

A. विशेषण   **B.** क्रिया-विशेषण
C. संबंध बोधक   **D.** समुच्चय बोधक

Q.33 'वह आया और मैं गया'-इस वाक्य में समुच्चय बोधक शब्द बताइए।
[UPSSSC Village Development Officer, 2018]

A. वह   **B.** आया   **C.** और   **D.** गया

Q.34 समुच्चय बोधक को कहते हैं-

A. अविकारी   **B.** विकारी   **C.** दोनों   **D.** कोई नहीं

Q.35 'हाय! अब मैं क्या करूँ।' इस वाक्य में विस्मयबोधक शब्द बताइए।
[UPSSSC Village Development Officer, 2018]

A. हाय!   **B.** अब   **C.** मैं   **D.** क्या

Q.36 अफसोस! मैं नहीं जा सका।
रेखांकित शब्द का अव्यय का प्रकार बताइए:

A. सम्बोधनसूचक अव्यय   **B.** शोकसूचक अव्यय
C. आश्चर्यसूचक अव्यय   **D.** हर्षसूचक अव्यय

Q.37 शब्द युग्म 'अयस-अयश' का क्या अर्थ है?

A. द्विप-द्वीप   **B.** नीर-नीड़
C. लोहा-अपयश   **D.** वसन-व्यसन

Q.38 रविवार है, वह घर पर ही रहेगा।
रेखांकित शब्द को पहचानिए:

A. सर्वनाम   **B.** प्रत्यय   **C.** निपात   **D.** उपसर्ग

Q.39 निम्न प्रश्न लिंग से संबंधित हैं। निम्न कथनों पर विचार कीजिए और सही उत्तर चुनिए:

1. अकारांत तथा आकारांत पुल्लिंग शब्दों को ईकारांत कर देने से वे स्त्रीलिंग हो जाते हैं।

2. जातिबोधक शब्दों के अंतिम स्वर का लोप कर उनमें कहीं 'इन' और कहीं 'आइन' प्रत्यय लगाकर रुत्रीलिंग बनाया जाता है।

A. केवल 1 सही है   **B.** केवल 2 सही है
C. 1 और 2 दोनों सही है   **D.** 1 और 2 दोनों गलत है

Q.40 कौन-सा स्त्रीलिंग शब्द है?

A. छाछ   **B.** तिल   **C.** काढ़ा   **D.** टेसू

Q.41 निम्नलिखित विकल्पों में से एकवचन शब्द कौन सा है?

A. दर्शन   **B.** नदी   **C.** घरों   **D.** लताओं

Q.42 'आजकल भारत की जनता भी अधिकाधिक शिक्षित हो गई है।'
रेखांकित शब्द का वचन है-

A. एकवचन   **B.** बहुवचन
C. द्विवचन   **D.** इनमें से कोई नहीं

Q.43 निम्नलिखित में से कौन सा वाक्य पूर्ण भूतकाल का उदाहरण है?

A. वे गए   **B.** वे खा रहे थे

C. वे आए थे   **D.** वे सोकर उठे हैं

Q.44 निम्न में भूतकाल का उदाहरण है:

A. मै जाता हैं।   **B.** राम घर गया था।
C. वह आ रहा है।   **D.** वह पुस्तक पढ़ेगा।

Q.45 जिस वाक्य में कर्म के अनुसार क्रिया में परिवर्तन होता है, उस वाक्य को कहते हैं:

A. कर्तृवाच्य   **B.** कर्मवाच्य
C. भाववाच्य   **D.** संयुक्तवाच्य

Q.46 निम्नलिखित में से कर्तृ वाच्य का वाक्य बताइए -

A. तुलसीदास ने रामचरित मानस लिखी
B. राम द्वारा रावण को मारा गया
C. आज टहलने चला जाए
D. छात्रों द्वारा फुटबाल खेली जाती है

Q.47 माता-पिता अपने बच्चों के लिए कड़ी मेहनत करते हैं। रेखांकित शब्द का क्या है?

A. विशेषण   **B.** परसर्ग   **C.** सर्वनाम   **D.** संज्ञा

Q.48 क्रियापरक व्याकरणिक कोटि चिन्हित कीजिए।

A. कारक   **B.** लिंग   **C.** वचन   **D.** पक्ष

Q.49 "वह अगले साल आएगा", इस वाक्य में कौन-सा कारक है?
[UPSSSC Rajasva Lekhpal, 2015]

A. अपादान कारक   **B.** सम्बन्ध कारक
C. अधिकरण कारक   **D.** कर्म कारक

Q.50 'Blackmail' अंग्रेजी शब्द का हिन्दी पारिभाषिक शब्द बताइए।

A. भयादोहन   **B.** खंड   **C.** खाका   **D.** ठप

Q.51 'Anticipation' अंग्रेजी शब्द का हिन्दी पारिभाषिक शब्द बताइए।

A. प्रत्याशा   **B.** सहायता
C. अर्ध पाक्षिक   **D.** भत्ता

Q.52 'Allowance' अंग्रेजी शब्द का हिन्दी पारिभाषिक शब्द बताइए।

A. एकांतर   **B.** भत्ता
C. उद्घोषणा   **D.** उत्तर-पत्रक

Q.53 'Pooling' अंग्रेजी शब्द का हिन्दी पारिभाषिक शब्द बताइए।

A. मतदान-बूथ   **B.** मतदान
C. मतदान-अधिकारी   **D.** मतदान-केंद्र

Q.54 'Principal' अंग्रेजी शब्द का हिन्दी पारिभाषिक शब्द बताइए।

A. प्रधान   **B.** मूल   **C.** प्राचार्य   **D.** सिद्धांत

Q.55 मुख्य अतिथि के सम्मान में यह आयोजन किया गया है। इस वाक्य में रेखांकित शब्द में कारक बताइये।

A. अधिकरण   **B.** कर्ता   **C.** कर्म   **D.** सम्प्रदान

Q.56 'मैने राधा के लिए कपड़े खरीदे।' इस वाक्य में कारक का प्रकार बताइए।

A. अपादान   **B.** करण   **C.** सम्प्रदान   **D.** कर्ता

Q.57 तत्सम शब्द है:

A. चत्वारि   **B.** अढ़ाई   **C.** मोर   **D.** बैन

Q.58 'तद्भव' शब्द निर्दिष्ट कीजिए।

A. आधा   **B.** कूप   **C.** विद्या   **D.** व्योम

Q.59 तद्भव शब्द है:

A. सुर्ख　　**B.** शत　　**C.** ढाई　　**D.** भक्त

Q.60 'लालटेन' शब्द निम्न वर्गों में से किस वर्ग में आता है?
A. तत्सम　　**B.** तद्भव　　**C.** देशज　　**D.** विदेशज

Q.61 निम्न में कौन सा शब्द देशज है?
A. आग　　**B.** बच्चा　　**C.** खिड़की　　**D.** फूल

Q.62 विदेशज शब्द है:
A. चश्मा　　**B.** जूता　　**C.** जीभ　　**D.** वायु

Q.63 निम्न में विदेशी शब्द कौन सा है?
A. उष्ट्र　　**B.** अमीर　　**C.** प्रिय　　**D.** भक्त

Q.64 नीचे दिये तत्सम-तद्भव शब्द युग्म में से कौन-सा युग्म त्रुटिपूर्ण हैं?
A. वचन - बैन
B. कपाट - कपड़ा
C. पुराण - पुराना
D. गम्भीर - गहरा

Q.65 निम्नलिखित तत्सम-तद्भव शब्दों के युग्म में से त्रुटिपूर्ण है-
A. गोमय - गोबर
B. क्षीर - खीर
C. पर्यंक - पटरी
D. सपत्नी - सौत

Q.66 अध्याहार का अर्थ है:
A. वाक्य में आधा अर्थ प्रकट होना।
B. वाक्य में किसी अंग का लोप हो जाना।
C. वाक्य में कर्ता और कर्म का जुड़ जाना।
D. वाक्य में संपर्क छिन्न हो जाना।

Q.67 'विलक्षण और विचक्षण' शब्द के अर्थ हैं -
A. विशेष और बुरा
B. विभिन्न और ज्ञानी
C. सज्जनता और विविधता
D. विचित्र और दक्ष

Q.68 'किसी व्यक्ति या वस्तु को न अपनाना' वाक्यांश के लिए उपयुक्त शब्द का चयन कीजिए।
A. बहिष्कार　　**B.** परिष्कार　　**C.** तिरस्कार　　**D.** परोपकार

Q.69 प्रयोग के आधार पर शब्द भेद है-
A. 2　　**B.** 4　　**C.** 6　　**D.** 8

Q.70 निम्नलिखित में से किस शब्द में 'अ' उपसर्ग नहीं लगा है?
A. अकथ　　**B.** अभेद　　**C.** अचूक　　**D.** अनुज

Q.71 'सावधानी' में कौन सा प्रत्यय है?
[UPSSSC Village Development Officer, 2018]
A. नी　　**B.** धानी　　**C.** ई　　**D.** आनी

Q.72 'कहावत' शब्द में प्रयुक्त प्रत्यय है-
A. हावत　　**B.** वत　　**C.** कह　　**D.** आवत

Q.73 उपसर्ग का प्रयोग होता है-
A. शब्द के आदि में
B. शब्द के मध्य में
C. शब्द के अन्त में
D. इनमें से कोई नहीं

Q.74 निम्नलिखित में से किस शब्द में प्रत्यय नहीं है?
A. गुणवान　　**B.** दूजा　　**C.** इकहरा　　**D.** दुबला

Q.75 दीर्घ संधि का उदाहरण नहीं है:
A. परीक्षा+ अर्थी = परीक्षार्थी
B. इति + अत्र = इत्यत्र
C. दिशा+ अंतर = दिशांतर
D. रेखा + अंश = रेखांश

Q.76 स्वर संधि का उदाहरण है?
A. अन्वय　　**B.** किंचित्　　**C.** तद्रूप　　**D.** नीरस

Q.77 दो वर्णों के मेल से होने वाले विकार या परिवर्तन को कहते हैं-
A. संधि　　**B.** समास　　**C.** उपसर्ग　　**D.** प्रत्यय

Q.78 'निः + कलंक' का सही संधि शब्द कौन-सा है?
A. निस्कलंक　　**B.** निश्कलंक　　**C.** निष्कलक　　**D.** निष्कलंक

Q.79 'पंचवटी' में कौन सा समास है?
A. बहुब्रीहि समास
B. द्वंद्व समास
C. द्विगु समास
D. तत्पुरुष समास

Q.80 बहुब्रीहि समास का उदाहरण कौन सा है?
A. पंचवटी
B. करोड़पति
C. चतुर्भुज
D. चरण कमल

Q.81 "राजपुत्र" में कौन-सा समास है?
A. तत्पुरुष　　**B.** द्विगु　　**C.** द्वन्द्व　　**D.** कर्मधारय

Q.82 जिस समास का पूर्वपद (पहला पद) प्रधान हो उसे कौन सा समास कहते हैं?
A. संबंध तत्पुरुष
B. कर्मधारय
C. अव्ययीभाव
D. द्वन्द्व

Q.83 सन्तोष महाधन है। रेखांकित शब्द का सटीक विलोम होगा:
A. असंतोष　　**B.** अस्वीकार　　**C.** असहयोग　　**D.** असार

Q.84 'उपकार' शब्द का विलोम चयन कीजिये-
A. प्रतिकार　　**B.** परोपकार　　**C.** अपकार　　**D.** अनुपकार

Q.85 प्रवृत्ति का विलोम शब्द है -
A. वृत्ति　　**B.** अनावृत्ति　　**C.** निवृत्ति　　**D.** सद्वृत्ति

Q.86 चपल का विलोम शब्द है-
A. गंभीर　　**B.** वाचाल　　**C.** चंचल　　**D.** उद्यमी

Q.87 'आवेशित' शब्द का विलोम है-
A. अनावेशित　　**B.** अनावृष्टि　　**C.** अनावृत्त　　**D.** अनाश्रित

Q.88 'कपड़ा' का पर्यायवाची बताइए।
A. चलन　　**B.** वसन　　**C.** गगन　　**D.** जंगल

Q.89 कौन-सा शब्द अँधकार का पर्यायवाची नहीं है।
A. तम　　**B.** अँधेरा　　**C.** अमावस्या　　**D.** तिमिर

Q.90 खगेश का पयार्यवाची है:
A. वासुदेव
B. विधु
C. वैनतेय
D. इनमें से कोई नहीं

Q.91 'घर' का पर्यायवाची शब्द है -
A. विहार　　**B.** इला　　**C.** आश्रम　　**D.** गेह

Q.92 'इन्द्रियों को जीत लिया हो जिसने' वाक्यांश के लिए सही विकल्प का चयन कीजिये।
A. इन्द्रजीत　　**B.** इंद्र　　**C.** जितेन्द्रिय　　**D.** इन्द्रिपति

Q.93 'अंक' शब्द का अनेकार्थी शब्द नहीं है-
A. संख्या
B. गोद
C. पृथ्वी
D. नाटक का एक भाग

Q.94 निम्नलिखित अनेकार्थी शब्द का दूसरा अर्थ बताइए।
"अज-अजन्मा"

[UPSSSC Rajasva Lekhpal, 2015]

A. आजन्म   **B.** निर्भीक   **C.** आजीवन   **D.** ईश्वर

Q.95 सकल-शकल का अर्थ क्या होता है?
A. कला और कृति   **B.** सन् और संवत्
C. संपूर्ण और अंश   **D.** सबल और निर्बल

Q.96 चिर-चीर का अर्थ क्या है:
A. नया-पुराना   **B.** किला-कास
C. पुराना-कपड़ा   **D.** चर-अचर

Q.97 जंगल में लगने वाली आग को क्या कहते है?
A. जठरागिन   **B.** दावानल
C. बड़वानल   **D.** उपरोक्त में से कोई नहीं

Q.98 नीचे दिए गए वाक्य के लिए एक शब्द चुनिए।
"किसी की सहायता करने वाला"।
A. सहायक   **B.** सहृदय   **C.** सहचर   **D.** सहकार

Q.99 'मैंने विद्यालय जाना है '। वाक्य में अशुद्ध अंश है:
A. मैंने   **B.** विद्यालय   **C.** जाना   **D.** है

Q.100 शुद्ध वाक्य छाँटिए:
A.   हम तो अवश्य ही जाएँगे।
B.   यह कहना आपकी भूल है।
C.   मुझसे यह काम संभव नहीं हो सकता।
D.   शास्त्रीजी की मृत्यु से हमें बड़ा दुःख हुआ।

// स्मार्ट उत्तर पुस्तिका //

सही उत्तर — उन छात्रों के प्रतिशत को इंगित करता है जिन्होंने प्रश्नों का सही उत्तर दिया था।

छोड़ दिया — उन छात्रों के प्रतिशत को इंगित करता है जिन्होंने प्रश्नों को छोड़ दिया था।

प्रश्न संख्या	उत्तर	सही उत्तर / छोड़ दिया	प्रश्न संख्या	उत्तर	सही उत्तर / छोड़ दिया	प्रश्न संख्या	उत्तर	सही उत्तर / छोड़ दिया	प्रश्न संख्या	उत्तर	सही उत्तर / छोड़ दिया	प्रश्न संख्या	उत्तर	सही उत्तर / छोड़ दिया
1	B	82.08 % / 13.82 %	17	B	62.29 % / 30.75 %	33	C	66.77 % / 31.73 %	49	C	65.96 % / 33.67 %	65	C	23.56 % / 76.21 %
2	B	82.73 % / 12.35 %	18	B	79.9 % / 14.28 %	34	A	76.35 % / 16.3 %	50	A	66.25 % / 31.74 %	66	C	51.53 % / 38.52 %
3	D	88.63 % / 10.92 %	19	D	85.93 % / 10.47 %	35	A	48.92 % / 49.77 %	51	A	55.53 % / 42.68 %	67	D	21.22 % / 78.41 %
4	B	78.42 % / 13.52 %	20	A	62.9 % / 34.54 %	36	B	81.92 % / 10.57 %	52	B	55.9 % / 42.27 %	68	A	84.98 % / 13.24 %
5	A	83.14 % / 13.05 %	21	B	31.76 % / 67.86 %	37	C	88.23 % / 10.72 %	53	B	68.85 % / 30.98 %	69	A	79.41 % / 18.12 %
6	B	57.41 % / 36.16 %	22	D	51.04 % / 41.58 %	38	C	43.04 % / 54.97 %	54	A	67.47 % / 31.97 %	70	D	52.17 % / 40.22 %
7	D	45.37 % / 46.64 %	23	D	49.29 % / 30.09 %	39	C	14.18 % / 73.6 %	55	A	53.44 % / 40.96 %	71	C	85.65 % / 11.71 %
8	B	61.24 % / 30.79 %	24	B	42.97 % / 50.73 %	40	A	88.25 % / 11.31 %	56	C	61.97 % / 35.94 %	72	D	69.36 % / 30.13 %
9	B	55.59 % / 44.16 %	25	D	31.01 % / 67.38 %	41	B	81.59 % / 16.04 %	57	A	86.68 % / 12.06 %	73	A	84.88 % / 10.31 %
10	C	81.82 % / 13.62 %	26	B	54.96 % / 36.85 %	42	A	61.18 % / 32.1 %	58	A	56.0 % / 36.28 %	74	D	77.26 % / 17.15 %
11	B	18.04 % / 77.02 %	27	A	18.19 % / 70.28 %	43	C	41.63 % / 33.73 %	59	C	85.23 % / 11.41 %	75	B	76.22 % / 18.85 %
12	A	47.0 % / 43.63 %	28	A	52.84 % / 43.82 %	44	B	77.48 % / 21.62 %	60	D	80.3 % / 13.22 %	76	A	25.28 % / 70.67 %
13	D	59.3 % / 36.87 %	29	C	65.74 % / 31.75 %	45	B	25.32 % / 74.21 %	61	C	78.41 % / 20.07 %	77	A	76.81 % / 12.94 %
14	B	89.51 % / 10.11 %	30	B	55.96 % / 31.57 %	46	A	66.75 % / 32.87 %	62	A	42.91 % / 54.48 %	78	D	66.59 % / 32.31 %
15	D	60.97 % / 31.76 %	31	C	16.44 % / 76.1 %	47	B	22.34 % / 72.11 %	63	B	47.46 % / 43.46 %	79	C	47.4 % / 37.73 %
16	C	25.48 % / 69.56 %	32	C	66.26 % / 31.51 %	48	A	13.91 % / 83.67 %	64	B	68.95 % / 30.31 %	80	C	14.35 % / 80.69 %

प्रश्न संख्या	उत्तर	सही उत्तर / छोड़ दिया
81	A	10.87 % / 72.58 %
82	C	16.07 % / 83.38 %
83	A	83.54 % / 10.79 %
84	C	59.35 % / 36.17 %

प्रश्न संख्या	उत्तर	सही उत्तर / छोड़ दिया
85	C	59.66 % / 37.53 %
86	A	80.73 % / 13.5 %
87	A	10.68 % / 85.24 %
88	B	83.29 % / 10.43 %

प्रश्न संख्या	उत्तर	सही उत्तर / छोड़ दिया
89	C	67.55 % / 32.4 %
90	C	47.46 % / 45.3 %
91	D	61.35 % / 30.02 %
92	C	31.07 % / 68.07 %

प्रश्न संख्या	उत्तर	सही उत्तर / छोड़ दिया
93	C	77.69 % / 18.87 %
94	D	79.73 % / 19.26 %
95	C	77.87 % / 13.96 %
96	C	53.28 % / 42.82 %

प्रश्न संख्या	उत्तर	सही उत्तर / छोड़ दिया
97	B	79.69 % / 13.96 %
98	A	52.0 % / 45.54 %
99	A	83.29 % / 11.19 %
100	D	69.09 % / 30.44 %

कार्य विश्लेषण

औसत अंक (%)	37.5%
टॉपर्स स्कोर (%)	61.0%
आपका स्कोर	

//संकेत और समाधान//

1. विकल्प चना, घना प्रस्तुत लोकोक्ति को पूर्ण करता है।

उपरोक्त लोकोक्ति इस प्रकार होगी- थोथा चना बाजे घना जिसका अर्थ होता है - बहुत अल्प ज्ञान होने पर भी अधिक ज्ञान का दिखावा करना।

वाक्य प्रयोग- वह दो बार नौवीं कक्षा में फेल हो चुका परन्तु दिखाता ऐसे है जैसे कितना होशियार हो। यह तो वही लोकोक्ति साबित हो गयी थोथा चना बाजे घना।

अतः विकल्प (B) सही है।

2. "ओस चाटने से प्यास नहीं बुझती" लोकोक्ति के लिए उपयुक्त अर्थ "बड़े लक्ष्य की प्राप्ति हेतु किया गया थोड़ा प्रयत्न व्यर्थ होता है, बड़े काम के लिए बड़ा प्रयत्न करना पड़ता है" सही है।

वाक्य प्रयोग: बेटी का विवाह करने चले हो तो दिल बड़ा करो यहां ओस चाटने से प्यास नहीं बुझती।

अतः विकल्प (B) सही है।

3. "लकीर का फकीर" लोकोक्ति का सबसे उपयुक्त अर्थ पुरानी प्रथा पर चलने वाला है।

वाक्य प्रयोग: अभिषेक के माता-पिता लकीर के फ़कीर हैं इसलिए कोई भी लड़का उनके साथ नहीं रहना चाहता।

अतः विकल्प (D) सही है।

4. 'गुड़ गोबर करना' मुहावरे का मतलब या आशय 'बने बनाए काम को बिगाड़ने' से है।

वाक्य प्रयोग: मैंने कितनी अच्छी पेंटिंग बनाई थी, तुमने सब गुड़ गोबर कर दिया। अतिरिक्त मुहावरे के अर्थ भिन्न हैं।

अतः विकल्प (B) सही है।

5. 'मुझे बाहर जाना है।' वाक्य में रेखांकित चिह्न पूर्णविराम का है।

वाक्य की समाप्ति पर पूर्णविराम का चिह्न प्रयुक्त होता है।

प्रश्नवाचक चिह्न = ?

अल्प विराम चिह्न =,

लाघव चिह्न =

अतः विकल्प (A) सही है।

6. "(?)" प्रश्न चिह्न है।

अन्य चिन्हों को नीचे सारणी में दिया गया है:

नाम	विराम चिन्ह
पूर्ण विराम	(I)
अर्द्ध विराम	(;)
अल्प विराम	(,)
प्रश्नवाचक चिह्न	(?)
उद्धरण चिह्न	(" "), (' ')
योजक चिह्न	(-)
निर्देशक (डैश)	(-)
लाघव चिह्न	(.)

अतः विकल्प (B) सही है।

7. उपर्युक्त विकल्प में से '-' चिह्न निर्देशक चिह्न है।

हिन्दी में प्रयुक्त विराम चिह्न निम्नलिखित है-

नाम	विराम चिन्ह
पूर्ण विराम	(I)
अर्द्ध विराम	(;)
अल्प विराम	(,)
प्रश्नवाचक चिह्न	(?)
उद्धरण चिह्न	(" "), (' ')
योजक चिह्न	(-)
निर्देशक (डैश)	(-)
लाघव चिह्न	(.)

अतः विकल्प (D) सही है।

8. [;] कोष्ठांकित विराम चिह्न का नाम अर्द्ध-विराम है।

अन्य चिह्न इस प्रकार हैं-

नाम	विराम चिन्ह
पूर्ण विराम	(I)
अर्द्ध विराम	(;)
अल्प विराम	(,)
प्रश्नवाचक चिह्न	(?)
उद्धरण चिह्न	(" "), (' ')
योजक चिह्न	(-)
निर्देशक (डैश)	(-)
लाघव चिह्न	(.)
दोहरा उद्धरण चिह्न	(" ")

अतः विकल्प (B) सही है।

9. उपर्युक्त विकल्पों में से 'शुश्रूषा' शुद्ध वर्तनी वाला शब्द है।

सुहृद की शुद्ध वर्तनी- 'सुहद', 'श्पर्धा' की शुद्ध वर्तनी- 'स्पर्धा' तथा शसीम की शब्द वर्तनी-ससीम है।

अतः विकल्प (B) सही है।

10. उपर्युक्त विकल्प में से "बड़ा-सा" शुद्ध शब्द है।

हिन्दी वर्तनी का महत्वपूर्ण नियम- 'सा', 'जैसा' आदि सारूप्य वाचकों के पूर्व योजक चिह्न (-) का प्रयोग किया जाना चाहिए; जैसे- तुम-सा, राम-जैसा।

शेष विकल्पों का शुद्ध रूप इस प्रकार है:

- गंगा-जल = गंगाजल
- वे-बुनियाद = बेबुनियाद
- चौ-पाया = चौपाया

अतः विकल्प (C) सही है।

11. 'श्रृंगार' शब्द की वर्तनी शुद्ध है।

अन्य का शुद्ध रूप है-

- अवन्रति - अवनति
- मुश्किल - मुश्किल
- मात्रभूमि - मातृभूमि

अतः विकल्प (B) सही है।

12. शुद्ध वर्तनी वाला शब्द 'अन्त्याक्षरी' है। अन्य शब्दों की शुद्ध वर्तनी इस प्रकार है-

- पूज्यनीय — पूजनीय
- तदोपरान्त — तदुपरान्त
- कवियित्री — कवयित्री

अतः विकल्प (A) सही है।

13. दौड़ शब्द समूहवाचक संज्ञा नहीं है। यह भाववाचक संज्ञा है।

जिस संज्ञा से वस्तु अथवा व्यक्ति के समूह का बोध हो उसे 'समूहवाचक संज्ञा' कहते है। जैसे- सभा, कक्षा, भीड़ समूहवाचक संज्ञा के उदाहरण हैं।

अतः विकल्प (D) सही है।

14. 'गाय' जातिवाचक संज्ञा है।

जातिवाचक संज्ञा में व्यक्तियों या वस्तुओं की पूरी जाति का बोध होता है। जैसे- लड़का, भाई, घोड़ा, मोर, किताब, शिक्षक, मंत्री आदि।

अतः विकल्प (B) सही है।

15. 'बीमारी' भाववाचक संज्ञा है।

जिस संज्ञा (नाम या शब्द) से किसी भाव, दशा, धर्म, गुण या कार्य का बोध होता है, उसे भाववाचक संज्ञा कहते हैं। जैसे- मनुष्यता, चलन, सजावट, सरलता, गरीबी, गरमी आदि। दिल्ली व मोहन व्यक्तिवाचक संज्ञा हैं।

अतः विकल्प (D) सही है।

16. 'सभा' संज्ञा शब्द है।

दिये गये शब्दों में 'सभा' शब्द समूहवाचक संज्ञा है, जबकि अन्य शब्द 'हरा', 'पतला' तथा 'गहरा' विशेषण शब्द हैं। समूहवाचक संज्ञा के अन्य प्रमुख उदाहरण- सेना, पुलिस, परिवार, समिति, वर्ग, कर्मचारी आदि है।

अतः विकल्प (C) सही है।

17. 'वह अपने <u>आप</u> ही चला गया।' वाक्य में रेखांकित शब्द 'आप' निजवाचक सर्वनाम का रूप है।

जिस सर्वनाम से कर्ता का बोध होता है, वह निजवाचक सर्वनाम कहलाता है।

पुरुषवाचक सर्वनाम हैं- मैं, तुम, वह, हम

निश्चयवाचक सर्वनाम हैं- यह, वह, ये, वे

संबंधवाचक सर्वनाम हैं- जो-सो

अतः विकल्प (B) सही है।

18. सर्वनाम के कुल 6 भेद होते हैं।

जो शब्द संज्ञा के स्थान पर प्रयुक्त होते हें, उन्हें सवनाम कहते हैं। सर्वनाम के छः भेद होते हैं-

(1) पुरुषवाचक सर्वनाम

(2) निश्चयवाचक सर्वनाम

(3) निजवाचक सर्वनाम

(4) सम्बन्ध वाचक सर्वनाम

(5) अनिश्चयवाचक सर्वनाम

(6) प्रश्नवाचक सर्वनाम

अतः विकल्प (B) सही है।

19. दिये गये शब्दों में शुद्ध वर्तनी वाला शब्द 'परीक्षा' है। शेष शब्द पुज्य, परिक्षण तथा प्रान वर्तनी की दृष्टि से अशुद्ध हैं, जिनका शुद्ध रूप क्रमशः पूज्य, परीक्षण तथा प्राण है।

अतः विकल्प (D) सही है।

20. 'मुझे' उत्तम पुरुष का सर्वनाम है।

बोलने वाले वक्ता को 'उत्तम पुरुष' कहा जाता है। जैसे-मै, हम, परन्तु सर्वनाम में कारकों की विभक्तियाँ लगाने से इसके रूप में विकृति आ जाती है। जैसे- मैं मुझे, मेरा, मुझसे, मुझको आदि। इसलिए 'मुझे' उत्तम पुरुष का सर्वनाम है।

अतः विकल्प (A) सही है।

21. उपरोक्त विकल्पों में "उचित" विशेषण शब्द है।

दिये गये शब्दों में 'उचित' शब्द गुणवाचक विशेषण है, जबकि 'लड़कपन', 'कठोरता' तथा 'घबराहट' शब्द-संज्ञा (भाववाचक संज्ञा) हैं। गुणवाचक विशेषण के अन्य प्रमुख उदाहरण- नया, पुराना, कपटी, पतला, प्राचीन आदि हैं।

अतः विकल्प (B) सही है।

22. 'स्त्री' शब्द का विशेषण स्त्रैण होगा।

शब्दों में प्रत्ययों के योग से विशेषण का निर्माण किया जाता है। क्रिया या धातु में कृत प्रत्यय के योग से कृदन्त विशेषण व संज्ञा, सर्वनाम और विशेषण में तद्धित प्रत्यय के योग से तद्धितान्त विशेषणों का निर्माण होता है।

अतः विकल्प (D) सही है।

23. 'प्राचीन' शब्द गुणवाचक विशेषण है।

जो विशेषण शब्द किसी संज्ञा या सर्वनाम के आकार-प्रकार, गुण-दोष, रंग-रूप, स्वभाव आदि का बोध कराते हैं, वे गुणवाचक विशेषण कहलाते हैं। जैसे - चंचल, बुद्धिमान, समझदार, परिश्रमी, आधुनिक, ऐतिहासिक आदि।

अतः विकल्प (D) सही है।

24. 'काफी' में अनिश्चित परिमाणवाचक विशेषण है।

जिन विशेषण शब्दों से किसी वस्तु या पदार्थ की निश्चित मात्रा का बोध नहीं होता है, उसे अनिश्चित परिमाण वाचक विशेषण कहते हैं। जैसे - मेरी चाय में कम चीनी डालना।

अतः विकल्प (B) सही है।

25. 'हथियाना' में नामधातु क्रिया है।

वह क्रिया जो संज्ञा, सर्वनाम या विशेषण में प्रत्यय जोड़कर बनायी जाती है, नाम धातु क्रिया कहलाती है। जैसे- हाथ से - हथियाना, लात से - लतियाना, बात से - बतियाना, शर्म से - शरमाना

अतः विकल्प (D) सही है।

26. 'सड़के चौड़ी बनाई गई।' इस वाक्य में 'चौड़ी' पूरक शब्द है।

पूरक शब्द ऐसे शब्द होते हैं, जो वाक्य में प्रयुक्त होकर वाक्य के अर्थ को पूर्णता प्रदान करते हैं। जिन शब्दों से किसी कार्य का करना या होना व्यक्त हो, उन्हें क्रिया कहते हैं, इन्ही को वाक्य में मुख्य क्रिया भी कहते हैं। जैसे-रोना, खाना, पढ़ना इत्यादि।

अतः विकल्प (B) सही है।

27. "मीरा जोर से हँसी।" यह वाक्य अकर्मक क्रिया का समुचित उदाहरण है।

ऐसी क्रियायें जिसका प्रभाव कर्ता पर पड़े तथा उसके सम्पादन हेतु कर्म की आवश्यकता न हो, अकर्मक क्रियायें, कहलाती हैं। यहाँ 'हँसने' का प्रभाव केवल मीरा (कर्ता) पर पड़ रहा है अतः यहाँ अकर्मक क्रिया है। जब कर्ता स्वयं कार्य न कर उसके लिए किसी को प्रेरित करे तो उसे प्रेरणार्थक क्रिया कहते हैं। जब क्रिया के सम्पादन में कर्म आवश्यक हो तो सकर्मक क्रिया तथा जब दो कर्म की आवश्यकता हो तो द्विकर्मक क्रिया होती है।

अतः विकल्प (A) सही है।

28. शिशु सो रहा है, में अकर्मक क्रिया है।

क्रिया पर क्या या किसको प्रश्न करने पर, यदि कुछ उत्तर आ जाय तो क्रिया सकर्मक है। यदि उत्तर न मिले तो अकर्मक है। इसकी दूसरी पहचान यह है कि जिस क्रिया के साथ कर्म हो या आ सकता हो, वहाँ सकर्मक क्रिया होगी।

अतः विकल्प (A) सही है।

29. 'उसने कटोरा भर दूध पिया' वाक्य में 'भर' शब्द अव्यय है।

अव्यय शब्दों को अविकारी शब्द भी कहा जाता है क्योंकि लिंग वचन, पुरुष, कारक इत्यादि के कारण इनके रूप में कोई विकार उत्पन्न नहीं होता है।

अतः विकल्प (C) सही है।

30. 'मैं वहाँ होकर आया हूँ'- वाक्य में 'वहाँ' शब्द अव्यय है।

'अव्यय' ऐसे शब्द को कहते हैं, जिसके रूप में लिंग, वचन, पुरूष, कारक इत्यादि के कारण कोई विकार उत्पन्न नहीं होता। इसलिए दिए गए वाक्य में 'वहाँ' शब्द अव्यय है। सार्थक ध्वनि समूह को 'शब्द' कहा जाता है और जब इन्हीं शब्दों को वाक्य में प्रयोग करते है तो उन्हें 'पद' कहा जाता है। पद को ही रूप भी कहा जाता है। वाक्य में प्रयोग के योग्य शब्द ही 'पद' या 'रूप' कहलाता है।

अतः विकल्प (B) सही है।

31. 'सेनाएं युद्ध क्षेत्र में आगे बढ़ी' वाक्य में सम्बन्धवाचक शब्द 'आगे' है।

जिस अव्यय से दो पदों के बीच परस्पर सम्बन्ध सूचित हो, उसे सम्बन्ध बोधक अव्यय कहते है। जैसे-पहले, बाद, अब तक, द्वारा, अलावा, अपेक्षा, समीप, कारण, आसपास आदि।

अतः विकल्प (C) सही है।

32. 'भरोसे' में शब्द का संबंध बोधक रुप है।

'भरोसे' शब्द संबंध बोधक अव्यय के रूप में प्रयुक्त होता है। संबंध बोधक का शाब्दिक अर्थ है- सम्बन्ध का ज्ञान कराने वाला। जो अव्यय शब्द संज्ञा या सर्वनाम के साथ आकर उनका संबंध वाक्य के अन्य शब्दों से बताता है, उसे संबंधबोधक अव्यय कहते हैं। जैसे- ऊपर, नीचे, पीछे, आगे, बाहर, भीतर, बिना, भरोसे, सहित, निकट, पास आदि।

अतः विकल्प (C) सही है।

33. 'वह आया और मै गया' वाक्य में समुच्चय बोधक शब्द 'और' है।

जो अव्यय दो पदों, दो उपवाक्यों या दो वाक्यों को परस्पर जोड़ते है, उन्हें समुच्चय बोधक अव्यय कहते हैं। जैसे-तथा, और, परन्तु, अतः, इसलिए, वरन आदि।

अतः विकल्प (C) सही है।

34. समुच्चय बोधक को अविकारी कहते है।

दो वाक्यों को परस्पर जोड़ने वाले शब्द 'समुच्चय बोधक अव्यय' कहे जाते हैं।

ये सदैव अपरिवर्तित, अविकारी तथा अव्यय रहते हैं जैसे-'आँधी आयी और पानी बरसा।' यहाँ 'और' अव्यय समुच्चय बोधक है, क्योंकि यह पद दो वाक्यों- 'आँधी आयी', 'पानी बरसा'-को जोड़ता है।

अतः विकल्प (A) सही है।

35. 'हाय! अब मैं क्या करूँ।' वाक्य में विस्मयबोधक शब्द 'हाय!' है।

जो अव्यय शब्द हर्ष, उल्लास, शोक, दुःख, घृणा आदि मनोभावों को सूचित करते है, उन्हें विस्मयादिबोधक अव्यय कहते हैं, जैसे- वाह!, अच्छा!, हाय!, छिः:छि!, अरे!, हे! आदि।

अतः विकल्प (A) सही है।

36. <u>अफसोस</u>! मैं नही जा सका। रेखांकित शब्द में शोक सूचक अव्यय का प्रयोग हुआ है।

हर्ष, शोक, विस्मय आदि भावों को प्रकट करने वाले अव्यय को विस्मयादि बोधक अव्यय कहते है।

अतः विकल्प (B) सही है।

37. 'अयस-अयश' शब्द युग्म का अर्थ है 'लोहा-अपयश'। अन्य विकल्पों के अर्थ भिन्न हैं।

अन्य विकल्प

शब्द युग्म	अर्थ
द्विप-द्वीप	हाथी-टापू
नीर-नीड़	पानी-घोंसला
वसन-व्यसन	वस्त्र-आदत

अतः विकल्प (C) सही है।

38. "रविवार है, वह घर पर <u>ही</u> रहेगा।" में रेखांकित शब्द निपात है।

वाक्य में किसी शब्द या पद के बाद जो अव्यय लगकर एक विशेष बल या अवधारणा को व्यक्त करते है, उन्हें 'निपात कहते है। जैसे- यथा, ही, भी, तो, तक, मात्र, भर आदि।

अतः विकल्प (C) सही है।

39. दिये गये विकल्प के दोनों ही कथन सत्य हैं।

1. अकारान्त तथा आकारान्त पुल्लिंग शब्दों को ईकारान्त कर देने से वे स्त्रीलिंग हो जाते है।जैसे- नर-नारी, लड़का-लड़की, हिरन-हिरनी, मोटा-मोटी, पुत्र-पुत्री, नाना-नानी

2.जातिबोधक शब्दों के अंतिम स्वर को लोप कर उनमें कहीं 'इन' और कहीं 'आइन' प्रत्यय लगाकर स्त्रीलिंग बनाया जाता है। जैसे- माली- मालिन, बाघ- बाघिन, लाला- ललाइन, हलवाई-हलवाइन

अतः विकल्प (C) सही है।

40. उपर्युक्त विकल्पों में से 'छाछ' स्त्रीलिंग शब्द है।

खाने पीने की सभी चीजें स्त्रीलिंग होती हैं, जैसे- कचौड़ी, पूरी, खीर, दाल, पकौड़ी, रोटी, चपाती, तरकारी, सब्जी, खिचड़ी इत्यादि,परन्तु इसका अपवाद भी है- पराठा, हलवा, भात, दही , रायता इत्यादि पुल्लिंग हैं। शेष विकल्प तिल, काढ़ा, टेसू पुल्लिंग शब्द हैं।

अतः विकल्प (A) सही है।

41. दिये गये विकल्पों में से 'नदी' शब्द एकवचन शब्द है जिसका बहुवचन है- 'नदियाँ'।

'घरों' तथा 'लताओं' बहुवचन शब्द हैं जिसका एकवचन क्रमशः घर तथा लता है। 'दर्शन' शब्द सदैव बहुवचन रूप में प्रयुक्त होता है।

अतः विकल्प (B) सही है।

42. 'आजकल भारत की <u>जनता</u> भी अधिकाधिक शिक्षित हो गई है।" वाक्य में रेखांकित शब्द 'जनता' एकवचन शब्द है।

जनता शब्द समूहवाचक संज्ञा शब्द है। समूहवाचक संज्ञाए हमेशा एक वचन में प्रयुक्त होती हैं। सेना, भीड़, मेला, परिवार, पुलिस आदि समूहवाचक संज्ञा शब्द हैं।

अतः विकल्प (A) सही है।

43. 'वे आये थे' पूर्ण भूतकाल का उदाहरण है।

क्रिया के उस रूप को पूर्णभूत कहते हैं, जिससे क्रिया की समाप्ति के समय का स्पष्ट बोध होता है या क्रिया को समाप्त हुए काफी समय बीता है।

वे गये- सामान्य भूतकाल

वे खा रहे थे- अपूर्ण भूतकाल

वे सोकर उठे हैं- आसन्न भूतकाल

अतः विकल्प (C) सही है।

44. दिये गये वाक्यों में 'राम घर गया था' वाक्य भूतकाल (पूर्णकाल) का वाक्य है।

इस काल में क्रिया के व्यापार की समाप्ति का बोध होता है। जबकि 'मै जाता हूँ', 'वह आ रहा है' वर्तमान काल का तथा 'वह पुस्तक पढ़ेगा' भविष्य काल का वाक्य है।

अतः विकल्प (B) सही है।

45. जिस वाक्य में कर्म के अनुसार क्रिया में (जैसे- पुस्तक पढ़ी जाती है) परिवर्तन होता है उस वाक्य को कर्मवाच्य कहते हैं।

क्रिया के उस रूपान्तर को कर्तृवाच्य कहते हैं, जिससे वाक्य में कर्ता की प्रधानता का बोध हो (जैसे- लड़का खाता है)। क्रिया का वह रूपान्तर जिससे वाक्य में क्रिया/अथवा भाव की प्रधानता का बोध हो, उसे भाववाच्य कहते हैं, जैसे-राम से टहला नहीं जाता है।

अतः विकल्प (B) सही है।

46. तुलसीदास ने रामचरित मानस लिखी एक कर्तृ वाच्य का वाक्य है।

जहाँ पर कर्ता की प्रधानता हो कर्तृ वाच्य वाक्य कहलाता है। दिये गये विकल्पों में 'तुलसीदास ने रामचरित मानस लिखी।' कर्तृ वाच्य का उदाहरण है, जबकि 'राम द्वारा रावण को मारा गया', 'आज टहलने चला जाए', 'छात्रों द्वारा फुटबॉल खेली जाती है' ये तीनों कर्म वाच्य के उदाहरण हैं। जहाँ पर कर्म की प्रधानता हो वहाँ कर्म वाच्य होता है। उससे खाया नहीं गया में भाव वाच्य है। जहाँ पर क्रिया की प्रधानता हो वहाँ भाव वाच्य होता है।

अतः विकल्प (A) सही है।

47. प्रश्न में दिये गये वाक्य में रेखांकित शब्द 'के लिए', परसर्ग है।

परसर्ग वे अक्षर होते है जो किसी धातु या मूल रूप के अंत में लगकर उसके अर्थ में कोई विशेषता लाते हैं। कारक को प्रकट करने वाले सहायक तत्वो या चिह्नों को परसर्ग कहते हैं, जैसे- को, ने, के लिये, में, पर इत्यादि। संज्ञा या सर्वनाम की विशेषता बतलाने वाले शब्द विशेषण कहे जाते हैं। जिन शब्दों से वस्तु, भाव और जीव विशेष के नाम का बोध होता है, संज्ञा कहलाते हैं तथा संज्ञा के स्थान पर प्रयुक्त होने वाले शब्द सर्वनाम कहलाते हैं।

अतः विकल्प (B) सही है।

48. क्रियापरक व्याकरणिक कोटि कारक है।

व्याकरण की वह कोटि जिरामें क्रिया निहित हो, कारक कहलाती है। कारक का शाब्दिक अर्थ है - करने वाला अर्थत् क्रिया को पूरी तरह करने में किसी न किसी भूमिका को निभाने वाला। संज्ञा या सर्वनाम के जिस रूप से उनका सम्बन्ध क्रिया से पता चले, उसे कारक कहते हैं। हिन्दी में इनकी संख्या आठ होती है। लिंग से स्री या पुरुष जाति तथा वचन से एक या अनेक होने का पता चलता है।

अतः विकल्प (A) सही है।

49. "वह अगले साल आएगा", इस वाक्य में अधिकरण कारक है।

अधिकरण कारक - क्रिया आधार को सूचित करने वाली संज्ञा या सर्वनाम के स्वरूप को 'अधिकरण कारक' कहते हैं। इसके कारक चिन्ह में है। अधिकरण का शाब्दिक अर्थ आधार। जैसे - सिंह वन में रहता है। पुस्तक मेज पर है। सौम्य घर में है।

अतः विकल्प (C) सही है।

50. दिए गये शब्द 'Blackmail' का अर्थ है 'भयादोहन'।

इस संदर्भ में सबसे उपयुक्त शब्द भयादोहन है। अतिरिक्त विकल्पों के अर्थ भिन्न हैं।

Section का अर्थ है 'खंड', Blueprint का अर्थ है 'खाका' तथा Stalled का अर्थ है 'ठप' हैं।

अतः विकल्प (A) सही है।

51. दिए गये शब्द 'Anticipation' का अर्थ है 'प्रत्याशा'।

इस संदर्भ में सबसे उपयुक्त शब्द प्रत्याशा है। अतिरिक्त विकल्पों के अर्थ भिन्न हैं।

अतः विकल्प (A) सही है।

52. दिए गये शब्द 'Allowance' का अर्थ है 'भत्ता'।

इस संदर्भ में सबसे उपयुक्त शब्द भत्ता है। अतिरिक्त विकल्पों के अर्थ भिन्न हैं।

अतः विकल्प (B) सही है।

53. दिए गये शब्द 'Pooling' का अर्थ है 'मतदान'।

इस संदर्भ में सबसे उपयुक्त शब्द मतदान है। अतिरिक्त विकल्पों के अर्थ भिन्न हैं।

अतः विकल्प (B) सही है।

54. दिए गये शब्द 'Principal' का अर्थ है 'प्रधान'।

इस संदर्भ में सबसे उपयुक्त शब्द प्रधान है। अतिरिक्त विकल्पों के अर्थ भिन्न हैं।

अतः विकल्प (A) सही है।

55. 'मुख्य अतिथि' के सम्मान में यह आयोजन किया गया है।' वाक्य में रेखांकित शब्द में अधिकरण रूपक प्रयुक्त हुआ हैं।

क्रिया आधार को सूचित करने वाली संज्ञा या सर्वनाम के स्वरूप को अधिकरण कारक कहते हैं। इसका कारक चिन्ह 'में', 'पर' होता है। जैसे- तुम्हारे घर पर चार आदमी है।

अतः विकल्प (A) सही है।

56. 'मैनें राधा के लिए कपड़े खरीदे।' वाक्य में सम्प्रदान कारक है।

जिसके लिए कोई क्रिया सम्पन्न की जाय या जिसे कुछ प्रदान किया जाय, वहाँ सम्प्रदान कारक होता है। इसका कारक चिन्ह-'को, के लिए होता है।

अतः विकल्प (C) सही है।

57. 'चत्वारि' तत्सम शब्द है।

इसका तद्भव चार होता हैं तथा अन्य शब्द अढ़ाई, मोर, बैन तद्भव शब्द हैं। इनका तत्सम शब्द क्रमशः अर्धतृतीय, मयूर तथा वचन होता है।

अतः विकल्प (A) सही है।

58. "आधा" तद्भव शब्द है।

दिये गये विकल्पों में 'कूप', 'विद्या' और 'व्योम' तीनों विकल्प तत्सम शब्द के हैं, जबकि विकल्प (A) में प्रयुक्त शब्द आधा तद्भव शब्द है। इसका तत्सम रूप अर्द्ध होगा।

अतः विकल्प (A) सही है।

59. उपर्युक्त विकल्पों में से 'ढ़ाई' शब्द तद्भव है, इसका तत्सम रूप है- 'अर्धतृतीय'।

शेष विकल्पों में से 'सुख' फारसी भाषा का शब्द है। 'भक्त' तथा 'शत' तत्सम शब्द है जिनका तद्भव रूप क्रमशः 'भगत' तथा 'सौ' है।

अतः विकल्प (C) सही है।

60. 'लालटेन' शब्द विदेशज वर्ग में आता है। लालटेन शब्द अंग्रेजी के लैन्टर्न शब्द का अपभ्रंश है।

जो शब्द विदेशी भाषाओं से ज्यों के त्यों अथवा परिवर्तित रूप में हिन्दी में प्रयोग किये जाते है 'विदेशज शब्द' कहलाते हैं। जैसे- लालटेन, बोतल, तारपीन, आदमी, तोप, अमीर, टिन नोटिस इत्यादि।

अतः विकल्प (D) सही है।

61. "खिड़की" शब्द देशज है।

वे शब्द जिनकी उत्पत्ति का पता नहीं चलता 'देशज' शब्द कहा जाता है। जैसे - खिड़की, खिचड़ी, लोटा, ठेठ, पगड़ी इत्यादि।

अतः विकल्प (C) सही है।

62. उपर्युक्त विकल्पों में से चश्मा विदेशज शब्द है।

यह फारसी भाषा का शब्द है। शेष शब्दों में से जूता, देशज शब्द, जीभ, तद्भव शब्द, जिसका तत्सम् रूप जिह्वा तथा वायु तत्सम शब्द हैं।

अतः विकल्प (A) सही है।

63. "अमीर" विदेशी शब्द है।

अन्य देश की भाषा से आये हुए शब्द विदेशज शब्द कहलाते हैं जैसे - अमीर, आर्डर, लालटेन, हास्पिटल, अलमारी, आदमी इत्यादि।

अतः विकल्प (B) सही है।

64. दिये गये तत्सम-तद्भव शब्द युग्म में कपाट - कपड़ा युग्म त्रुटिपूर्ण है।

दिये गये तत्सम-तद्भव युग्म में वचन का बैन, पुराण का पुराना, गम्भीर का गहरा सही युग्म है। जबकि कपाट का कपड़ा गलत है। इसका सही तद्भव शब्द होगा - किवाड़।

अतः विकल्प (B) सही है।

65. "पर्यंक - पटरी" तत्सम-तद्भव शब्द का युग्म त्रुटिपूर्ण है।

गोमय का गोबर, क्षीर का खीर और सपत्नी का सौत सही शब्द युग्म हैं। पर्यंक का पटरी जोड़ा गलत है। इसका सही युग्म होगा - पर्यंक-पलंग।

अतः विकल्प (C) सही है।

66. 'अध्याहार' शब्द का उपयुक्त अर्थ है- 'वाक्य में कर्ता और कर्म का जुड़ जाना।'

मूलत: अध्याहार का शाब्दिक अर्थ है- तर्क वितर्क, उपापोह। वाक्य को पूरा करने के लिए उसमें कुछ शब्द ऊपर से जोड़ना या अस्पष्ट वाक्यों को दूसरे शब्दों में स्पष्ट करने की क्रिया अध्याहार कहलाता है।

अतः विकल्प (C) सही है।

67. विलक्षण और विचक्षण शब्द के आशय क्रमशः विचित्र और दक्ष है।

विलक्षण का वाक्य प्रयोग- महात्मा गांधी विलक्षण प्रतिभा के धनी थे।

विचक्षण का वाक्य प्रयोग- विचक्षण लोगों के साथ रहकर उसकी बुद्धि भी तेज़ हो गई है।

अतः विकल्प (D) सही है।

68. 'किसी व्यक्ति या वस्तु को न अपनाना' के लिए उपयुक्त शब्द 'बहिष्कार' है, जबकि स्वच्छ और शुद्ध करने की क्रिया 'परिष्कार', उपेक्षापूर्वक त्यागने को 'तिरस्कार' एवं किसी की भलाई या हित करने की क्रिया 'परोपकार'।

अतः विकल्प (A) सही है।

69. प्रयोग के आधार पर शब्द दो प्रकार के होते हैं-

(1) विकारी शब्द- वे शब्द जिनमें लिंग, वचन तथा कारक के आधार पर उनके मूल शब्द में परिवर्तन हो जाता है विकारी शब्द कहलाते हैं जैसे-लड़का, लड़की, में, तू अच्छा, बुरा आदि

(2) अविकारी शब्द- वे शब्द जिनमें लिंग, वचन तथा कारक के आधार पर उनके मूल शब्द में कोई परिवर्तन नहीं होता है, अविकारी शब्द कहलाते हैं जैसे-आज, कल, परन्तु, हाय! के ऊपर, से आगे आदि।

अतः विकल्प (A) सही है।

70. अनुज शब्द में 'अ' उपसर्ग नहीं लगा है।

दिए गए शब्द अकथ, अभेद तथा अचूक में 'अ' उपसर्ग है तथा अनुज में 'अ' उपसर्ग नहीं है। अ उपसर्ग से निर्मित अन्य शब्द हैं- अयोग्य, अजर, अचल, अवैतनिक इत्यादि।

अतः विकल्प (D) सही है।

71. 'सावधानी' शब्द में 'ई' प्रत्यय का प्रयोग हुआ है।

वे शब्दांश जो शब्दों के अंत में जुड़कर उनके अर्थ में विशेषता लाते हैं, प्रत्यय कहलाते हैं। 'ई' प्रत्यय से बनने वाले अन्य शब्द किसानी, बदमाशी, महाजनी, दलाली, जालसाजी आदि हैं।

अतः विकल्प (C) सही है।

72. 'कहावत' शब्द में प्रयुक्त प्रत्यय आवत है।

वे शब्दांश जो मूल शब्द के अन्त में जुड़कर एक नया अर्थपूर्ण शब्द बना देते हैं, प्रत्यय कहलाते है। जैसे- 'कह' शब्द में आवत प्रत्यय जोड़कर 'कहावत' तथा 'मह' शब्द में आवत प्रत्यय जोड़कर 'महावत' जैसे अर्थपूर्ण शब्द बनते हैं।

अतः विकल्प (D) सही है।

73. उपसर्ग का प्रयोग शब्द के आदि में होता है।

जो शब्दांश शब्दों के आदि में जुड़कर उनके अर्थ में परिवर्तन कर देते हैं, उपसर्ग कहलाते हैं। जैसे- जय शब्द का अर्थ विजय से है परन्तु इस शब्द के आगे 'परा' उपसर्ग जोड़ देने से पराजय शब्द बन जाता है जिसका अर्थ हारने से है।

अतः विकल्प (A) सही है।

74. 'दुबला' शब्द में कोई प्रत्यय नहीं है।

इसमें 'दु' उपसर्ग का प्रयोग हुआ है। 'गुणवान' में 'वान' प्रत्यय है 'इकहरा' में 'हरा' प्रत्यय तथा 'दूजा' में 'आ' प्रत्यय है।

अतः विकल्प (D) सही है।

75. इति + अत्र = इत्यत्र, दीर्घ संधि का उदाहरण नहीं है। यह यण संधि का उदाहरण है।

दीर्घ अ, आ, इ, ई, उ, ऊ और ऋ के बाद दीर्घ अ, आ, इ, ई, उ, ऊ और ऋ स्वर आ जाएँ तो दोनों मिलकर दीर्घ आ, ई, ऊ और ऋ हो जाते हैं। इस मेल से बनने वाली संधि को दीर्घ स्वर संधि कहते हैं।

अतः विकल्प (B) सही है।

76. अन्वय स्वर संधि का उदाहरण है।

स्वर संधि - जहाँ दो स्वरों के मेल से विकार उत्पन्न हो वहाँ स्वर संधि होता है। 'अन्वय' का संधि विच्छेद अनु + अय होगा यह 'यण संधि' है, 'किंचित' का संधि विच्छेद 'किम् + चित्' यह व्यंजन संधि है। 'नीरस' का नि: + रस' यह विसर्ग संधि है।

अतः विकल्प (A) सही है।

77. दो वर्णों के मेल से होने वाले विकार या परिवर्तन को सन्धि कहते हैं।

दो समीपवर्ती वर्णों के मेल से जो परिवर्तन (विकार) होता है, सन्धि कहलाता है। इसमें पहले शब्द के अन्तिम वर्ण और दूसरे शब्द के आदि वर्ण का मेल होता है। जैसे देव + आलय = देवालय, परि + ईक्षा = परीक्षा आदि।

अतः विकल्प (A) सही है।

78. निः+कलंक का संधि है 'निष्कलंक'।

यह विसर्ग संधि का उदाहरण है। यदि विसर्ग के पहले इकार या उकार आये और विसर्ग के बाद का वर्ण क,ख, प, फ, हो, तो विसर्ग का 'ष' हो जाता है।

अतः विकल्प (D) सही है।

79. जिस समास का पूर्वपद संख्यावाचक विशेषण हो उसे द्विगु समास कहते हैं।

इससे समूह अथवा समाहार का बोध होता है। पंचवटी = पाँच वटों का समाहार, इसलिए पंचवटी में द्विगु समास है।

अतः विकल्प (C) सही है।

80. चतुर्भुज बहुव्रीहि समास का उदाहरण है।

बहुबीहि समास- इस समास में कोई भी शब्द प्रधान नहीं होता, दोनो शब्द मिलकर एक नया अर्थ प्रकट करते हैं। जैसे- चतुर्भुज- चार है भुजाएँ जिसकी अर्थात् विष्णु जलज- जल में उत्पन्न होने वाला अर्थात् कमल।

अतः विकल्प (C) सही है।

81. "राजपुत्र" में तत्पुरुष समास है।

जिस समास में अन्तिम पद प्रधान होता है उसे तत्पुरुष समास कहते है। सामान्यतः इसमें प्रथम पद विशेषण और दूसरा पद विशेष्य होता है तथा कारको (कर्ता व सम्बोधन को छोड़कर) की विभक्ति प्रथम पद और दूसरे पद के बीच लुप्त होती है। जैसे - राजपुत्र - राजा का पुत्र (षष्ठी तत्पुरुष), रोगग्रस्त - रोग से ग्रस्त (तृतीया तत्पुरुष)

अतः विकल्प (A) सही है।

82. जिस समास का पूर्वपद (पहला पद) प्रधान हो उसे अव्ययीभाव समास कहते है।

अव्ययीभाव समास का 'प्रथम पद प्रधान' और अव्यय होता है। प्रायः इन शब्दों का प्रयोग क्रिया विशेषण की भांति होता है। जैसे- प्रतिदिन - दिन-दिन, यथार्थ - अर्थ के अनुसार, बेकाम - बिना काम का इत्यादि।

अतः विकल्प (C) सही है।

83. दिये गये वाक्य में रेखांकित शब्द 'संतोष' का सटीक विलोम 'असंतोष' होगा।

अस्वीकार का विलोम स्वीकार, सहयोग का विलोम असहयोग तथा असार का विलोम सारगर्भित होगा।

अतः विकल्प (A) सही है।

84. 'उपकार' शब्द का विलोम अपकार होता है।

जबकि दूसरे पर किया गया उपकार - परोपकार और उपकार के प्रति किया गया उपकार प्रत्युपकार होता है।

अतः विकल्प (C) सही है।

85. प्रवृत्ति का विलोम शब्द 'निवृत्ति' है।

प्रवृत्ति एवं वृत्ति समानार्थी हैं जिनका अर्थ 'आदत' होता है। सद्वृत्ति का अर्थ अच्छी आदत है एवं निवृत्ति का अर्थ छुटकारा होता है।

अतः विकल्प (C) सही है।

86. चपल का विलोम शब्द 'गंभीर' है।

गंभीर का विलोम अगंभीर या छिछला, वाचाल का विलोम 'मूक', चंचल का विलोम - अचंचल या स्थिर एवं उद्यमी का विलोम आलसी या निरूद्यमी होगा।

अतः विकल्प (A) सही है।

87. 'आवेशित' का विलोम शब्द 'अनावेशित' होता है।

'अतिवृष्टि' का विलोम शब्द 'अनावृष्टि' तथा 'आश्रित' का विलोम शब्द 'अनाश्रित' होता है।

अतः विकल्प (A) सही है।

88. 'कपड़ा' का पर्यायिवाची शब्द 'वसन' है। '

कपड़ा' के अन्य पर्यायिवाची शब्द वस्र, पट, चीर, पहरावा आदि है।

अतः विकल्प (B) सही है।

89. उपर्युक्त विकल्पों में से 'अमावस्या' अंधकार का पर्यायिवाची शब्द नहीं हैं।

अन्य विकल्प अंधकार के पर्यायिवाची शब्द हैं। अंधकार का पर्यायिवाची अंधेरा, तम, तिमिर, अंधियारा, तमस आदि है।

अतः विकल्प (C) सही है।

90. खगेश का पर्यायिवाची शब्द 'वैनतेय' है।

इसके अन्य पर्यायिवाची शब्द हैं- गरुण, सपारि, हरियान, नागांतक। 'वासुदेव' श्रीकृष्ण का तथा 'विधु' चन्द्रमा का पर्यायिवाची है।

अतः विकल्प (C) सही है।

91. 'घर' शब्द का पर्यायिवाची शब्द 'गेह' है।

इसके अन्य पर्यायिवाची शब्द घर, सदन, भवन, मन्दिर, धाम, निकेतन, आगार, आलय, निलय, गेह, शाला, ओक, मकान आदि हैं।

अतः विकल्प (D) सही है।

92. 'इन्द्रियों को जीत लिया हो जिसने' वाक्यांश के लिए सर्वाधिक उचित विकल्प 'जितेन्द्रिय' है, जबकि इंद्र को जीतने वाले के लिए 'इंद्रजीत' शब्द प्रयुक्त होता है।

अतः विकल्प (C) सही है।

93. 'अंक' शब्द का अनेकार्थी शब्द 'पृथ्वी' नहीं है।

अंक' शब्द का अनेकार्थी संख्या, गोद, नाटक का भाग, पत्रिका के अंक, भाग आदि है। 'पृथ्वी' अंक शब्द का अनेकार्थी नहीं हैं।

अतः विकल्प (C) सही है।

94. अज-अजन्मा का अर्थ होता है 'जिसका कभी जन्म और मृत्यु न हो' अर्थात् ईश्वर का न तो जन्म होता है और न ही मृत्यु।

अतः विकल्प (D) सही है।

95. सकल-शकल का अर्थ-संपूर्ण और अंश है।

कला-कृति का अर्थ - कौशल और रचना, 'सन्-संवत्' का अर्थ - वर्ष और देशी वर्ष, सबल-निर्मल का अर्थ- शक्तिशाली और साफ होता है।

अतः विकल्प (C) सही है।

96. चिर-चीर का अर्थ पुराना-कपड़ा है।

जबकि नया-पुराना का अर्थ नवीन-प्राचीन, किला-कास का अर्थ गढ़-खाँसी और चर-अचर का अर्थ चलने वाला-अचल है।

अतः विकल्प (C) सही है।

97. 'जंगल में लगने वाली आग' को 'दावानल' कहते हैं।

पेट में लगने वाली आग को ' जठराग्रि' कहते हैं। समुद्र में लगने वाली आग को 'बड़वानल' कहते हैं।

अतः विकल्प (B) सही है।

98. किसी की सहायता करने वाले को 'सहायक' कहते हैं।

जो हृदयवान हो 'सहृदय' कहलाता है। साथ चलने वाला 'सहृदय' तथा साथ कार्य करने वाला सहकार कहलाता है।

अतः विकल्प (A) सही है।

99. 'मैंने विद्यालय जाना है।' वाक्य में अशुद्ध अंश 'मैंने' है।

यहाँ 'मैंने' के स्थान पर 'मुझे' होगा। अतः शुद्ध वाक्य होगा 'मुझे विद्यालय जाना है।'

अतः विकल्प (A) सही है।

100. "शासी जी की मृत्यु से हमें बड़ा दुःख हुआ।", शुद्ध वाक्य है।

अन्य विकल्प अशुद्ध है जिनका शुद्ध रूप होगा-

1. हम अवश्य जाएंगे।

2. ऐसा कहना आपकी भूल है।

3. मुझसे यह काम संभव नहीं होगा।

अतः विकल्प (D) सही है।

Q.1 निम्नलिखित में से कोई एक 'मरूत' शब्द का पर्यायवाची नहीं है-

A. मेधा   **B.** पवन   **C.** वात   **D.** मारुत

Q.2 निम्नलिखित में से 'अधोलोक' का पर्यायवाची क्या है?

A. वायुलोक   **B.** गगनलोक   **C.** पाताल   **D.** परलोक

Q.3 'अंबुनिधि' किसका पर्यायवाची है?

A. जल   **B.** कमल   **C.** सागर   **D.** मेघ

Q.4 निम्नलिखित में कौन सा शब्द 'अर्जुन' का पर्यायवाची है?

A. अनूठा   **B.** अवध्व   **C.** ध्वान्त   **D.** पार्थ

Q.5 निम्नलिखित शब्दों में से 'पद्म' किसका पर्यायवाची है?

A. यातुधान   **B.** मिथ्याभिमान

C. दृष्टिहीन   **D.** कमल

Q.6 निम्नलिखित में से साधन वाची अव्यय का उदाहरण नहीं है?

A. जरिए   **B.** जरिए   **C.** जबानी   **D.** संदेह

Q.7 निम्नांकित में से अव्यय का कौन-सा भेद नहीं हैं ?

A. विस्मयादि बोधक   **B.** भावादि बोधक

C. समुच्चय बोधक   **D.** संबंध बोधक

Q.8 जो अव्यय क्रिया की विशेषता का बोध कराते हैं, उन्हें कहा जाता है -

A. क्रिया-विशेषण अव्यय   **B.** संबंधबोधक अव्यय

C. समुच्चयबोधक अव्यय   **D.** विस्मयादिबोधक अव्यय

Q.9 'पैमाना' किस प्रकार का शब्द है?

A. देशज शब्द   **B.** विदेशज शब्द

C. तत्सम शब्द   **D.** तद्भव शब्द

Q.10 निम्नलिखित वाक्यों में से किसमें समुच्चय बोधक अव्यय का प्रयोग हुआ है?

A. रमेश धीरे-धीरे चलता है।

B. मैं पूजा से पहले भोजन नहीं करता।

C. मैं चलूँगा परन्तु खेलूँगा नहीं।

D. मैं नहीं जाऊँगा।

Q.11 'अनुरक्ति' का विलोम क्या है?

A. विराग   **B.** विरक्ति   **C.** तिरोभाव   **D.** संस्कृति

Q.12 राहत का विलोम शब्द क्या है?

A. प्रकोप   **B.** सिक्त   **C.** अरुचि   **D.** लाघव

Q.13 एकाग्रता का विलोम शब्द क्या है?

A. चंचल   **B.** अनैक्य   **C.** ज्येष्ठ   **D.** वज्र

Q.14 निम्नलिखित में से कौन-सा युग्म विलोम शब्द की दृष्टि से गलत है?

A. अंतर्मुखी - बहिर्मुखी   **B.** अंतरंग - बहिरंग

C. अति - विपुल   **D.** अशिष्ट - शिष्ट

Q.15 'अत्यधिक' का विलोम क्या है?

A. अत्यल्प   **B.** आधुनिक   **C.** अनधिगत   **D.** अनधीन

Q.16 वाक्य प्रकार का चयन कीजिए-

'मुझे पुस्तक चाहिए थी, पर इस गाईड से भी काम चल जाएगा।'

A. संयुक्त वाक्य   **B.** सरल वाक्य

C. मिश्र वाक्य   **D.** विधिवाचक वाक्य

Q.17 निम्नलिखित में से वाक्य प्रकार का चयन कीजिए।

"जब वह कोलकाता पहुँचा तब प्रधानमंत्री जा चुके थे।"

A. मिश्र वाक्य   **B.** सरल वाक्य

C. संकेतवाचक वाक्य   **D.** विस्मयादिबोधक वाक्य

Q.18 वाक्य प्रकार का चयन कीजिए।

"मैंने किरायेदार नहीं रखे, मुसीबत मोल ले ली।"

A. सरल वाक्य   **B.** संयुक्त वाक्य

C. विधिवाचक वाक्य   **D.** मिश्र वाक्य

Q.19 'वह सोमवार को आएगी।' वाक्य का कारक है:

A. अपादान   **B.** अधिकरण   **C.** संबंध   **D.** कर्म

Q.20 'यह पुस्तक मोहन को दे दो।' वाक्य में रेखांकित अंश में कारक है:

A. कर्म   **B.** संप्रदान   **C.** कर्ता   **D.** करण

Q.21 निम्नलिखित में किस वाक्य में अकर्मक क्रिया है -

A. श्याम भात खाता है।   **B.** मैंने उसे पुस्तक दी।

C. ज्योति रोती है।   **D.** उसकी कमीज है।

Q.22 निम्नलिखित वाक्यों में से कौन सा विकल्प अकर्मक क्रिया का उदाहरण नहीं है?

A. शेर दहाड़ता है।

B. बच्चा सड़क पर बहुत तेज दौड़ता है।

C. माँ हँसती है।

D. लड़के खेलते हैं।

Q.23 किस वाक्य में सकर्मक क्रिया नहीं है -

A. सीता भोजन बना रही है।

B. टैगोर ने गीतांजलि लिखी।

C. श्याम रोता है।

D. बच्चा फल तोड़ रहा है।

Q.24 "भारत ने विश्व कप जीता।"इस वाक्य मे कौन सा कारक है ?

A. कर्ता कारक   **B.** करण कारक

C. सम्प्रदान कारक   **D.** संबोधन कारक

Q.25 'वह जा रहा होगा'- वाक्य में क्रिया की कौन सी वृत्ति होगी ?

A. संकेतार्थक   **B.** निश्चयार्थक

C. संदेहार्थक   **D.** इच्छार्थक

Q.26 वे विशेषण शब्द जो संज्ञा या सर्वनाम शब्द के गुण-दोष, रूप-रंग, आकार, स्वाद, दशा, अवस्था, स्थान आदि की विशेषता प्रकट करते हैं, कौन सा विशेषण कहलाता है?

A. गुणवाचक विशेषण   **B.** सार्वनामिक विशेषण

C. सार्वनामिक विशेषण   **D.** संबंधवाचक विशेषण

Q.27 जो शब्द किसी संज्ञा से पहले प्रयुक्त होकर विशेषण की तरह संज्ञा की विशेषता बताएं वे कौन से विशेषण होते हैं?

A. तुलनावाचक विशेषण   **B.** संख्यावाचक विशेषण

C. सार्वनामिक विशेषण   **D.** गुणवाचक विशेषण

Q.28 कौन सा विशेषण निश्चित परिमाण विशेषण नहीं है?

A. कुर्ते के लिए दो मीटर कपड़ा चाहिए।
B. चाय में पचास ग्राम चीनी डालना।
C. सैकड़ों लोग मारे गए।
D. एक किलो आम से ज्यादा मत लाना।

Q.29 'अमेरिकन' में किस प्रकार का विशेषण है?
A. संख्यावाचक विशेषण
B. संख्यावाचक विशेषण
C. परिमाणवाचक विशेषण
D. व्यक्तिवाचक विशेषण

Q.30 दिए गए विकल्पों में से कौनसा शब्द सर्वनाम से बनी संज्ञा का उदाहरण है-
A. झुकाव
B. अहंकार
C. कटाई
D. दुष्टता

Q.31 'मोक्ष की इच्छा रखने वाला' वाक्यांश के लिए एक शब्द क्या होगा?
A. जिजीविषा
B. मुमुक्षु
C. निधन
D. जितेंद्रिय

Q.32 'दमन करने की इच्छा' के लिए शब्द है :
A. जिघत्सा
B. जिघृक्षा
C. जिगीषा
D. क्षुधातुर

Q.33 दिये गए विकल्पों में 'जो छूने योग्य न हो' उसके लिए एक शब्द क्या होगा?
A. अच्युत
B. अछूत
C. अछूता
D. अतींद्रिय

Q.34 'अपकर्ष' के लिए उचित वाक्यांश का चयन कीजिए;
A. नीचे की ओर खींचना
B. जो मापा न जा सके
C. ऊपर की ओर खींचना
D. जो सामने न हो

Q.35 'जो विधि की दृष्टि से ठीक हो' इसके लिए उचित शब्द का चयन कीजिए:
A. वैदेशिक
B. वैध
C. विभु
D. विशेषज्ञ

Q.36 किस विकल्प में मुहावरे का भावार्थ सही है?
A. दो दिन का मेहमान- जल्दी जाने वाला
B. दूध का दूध और पानी का पानी कर देना- दूध और पानी अलग कर देना
C. दाल में काला होना- संदेह होना
D. दौड़-धूप करना- तेज दौड़ना

Q.37 वाक्यांश 'बाधा दूर होना' के लिए उपयुक्त मुहावरे का चयन कीजिये।
A. कलेजे पर साँप लोटना
B. कांटा निकलना
C. कलेजा पसीजना
D. पत्ता खड़कना

Q.38 किस विकल्प में मुहावरे का भावार्थ सही नहीं है?
A. थक कर चूर होना- बहुत थक जाना
B. थाह मिलना या लगना- पता लगाना
C. दसों उंगलियाँ घी में होना- खूब गाय होना
D. दाल-भात में मूसलचन्द- दो व्यक्तियों की बातों में तीसरे व्यक्ति का हस्तक्षेप करना

Q.39 किस विकल्प में मुहावरे का अर्थ सही नहीं है?
A. दिल टुकड़े-टुकड़े होना या दिल टूटना- बहुत निराश होना
B. दिल बाग-बाग होना- अत्यधिक हर्ष होना
C. दूध की नदियाँ बहना- खूब पानी होना
D. दोनों हाथों से लुटाना- खूब खर्च करना

Q.40 किस विकल्प में मुहावरे का अर्थ सही है?
A. दबे पाँव आना- छत से आना
B. दाँत निपोरना- व्यर्थ हँसना
C. धोबी का कुत्ता घर का न घाट का- जल्द मरने वाला
D. धतूरा खाए फिरना- खूब लाभ होना

Q.41 निम्नलिखित में से कौन सा वाक्य अशुद्ध है?
A. मैं सब कुछ बदल देगा।
B. यहाँ कुछ भी नहीं बदल सकता।
C. तुमसे कुछ भी नहीं होगा।
D. मुझे कोई परेशानी नहीं है।

Q.42 निम्नलिखित में से कौन सा वाक्य शुद्ध है?
A. मुझे मुझसे कोई शिकायत नहीं है।
B. ऐसा कोई नहीं करता।
C. मैंने अनेकों शादियाँ देखीं हैं।
D. तुम किस लिए आया है?

Q.43 निम्नलिखित में से कौन सा वाक्य शुद्ध है?
A. अहकार मानव सुख का नाशक है।
B. अहंकार मानाव सूखा का नाशक है।
C. अहंकार मानाव सुख का नशाक है।
D. अहंकार मानव सुख का नाशक है।

Q.44 निम्नलिखित में से कौन सा वाक्य शुद्ध है?
A. विश्वदर्शन का विकल्प मन विचरण मात्र तो नहीं हो सकते है।
B. विश्वदर्शन का विकल्प मन विचरण मात्र तो नहीं हो सकता है।
C. विश्वदर्शन का विकल्प मन विचरण मात्र तो नहीं हो सकेत है।
D. विश्वदर्शन का विकल्प मन विचरण मात्र तो नहीं हो साकता है।

Q.45 निम्नलिखित में से कौन सा वाक्य शुद्ध है?
A. मैं सभी को हरा दूंगा
B. मैं सभी को हरा देगा
C. मैं सभी को हरा दे सकता हूँ
D. मैं सभी को हरा देऊंगा

Q.46 'मित्रता' किस संज्ञा से बना शब्द है?
A. व्यक्तिवाचक
B. जातिवाचक
C. भाववाचक
D. समूहवाचक

Q.47 'कोयला' शब्द में कौन सी संज्ञा है ?
A. भाववाचक संज्ञा
B. व्यक्तिवाचक संज्ञा
C. द्रव्यवाचक संज्ञा
D. समूहवाचक संज्ञा

Q.48 'आदेश' शब्द का अंग्रेजी पारिभाषिक शब्द होगा–
A. Guide
B. Notification
C. Order
D. Statement

Q.49 'प्राधिकारी' शब्द का अंग्रेजी पारिभाषिक शब्द होगा –
A. Authority
B. Lord
C. Officer
D. Amendment

Q.50 'अधिसूचना' शब्द का अंग्रेजी पारिभाषिक शब्द होगा –
A. Statement
B. Notification
C. Specimen
D. Endorsement

Q.51 'अध्' उपसर्ग से बना शब्द निम्न में से कौन - सा है?
A. अछूता
B. अटल
C. अधकच्चा
D. अलगरज

Q.52 निम्न में से किस शब्द में दो उपसर्ग हैं?
A. अनियंत्रित
B. अलबत्ता
C. अछूता
D. अधकचरा

Q.53 किस शब्द में 'खुश' उपसर्ग नहीं है?
A. खुशहाल
B. अधिगृह
C. ख़ुशनुमा
D. खुशगवार

Q.54 'वार्षिक' शब्द में प्रत्यय है:
A. ईक
B. क
C. इक
D. अ

Q.55 'कडवाहट' शब्द में कौन सा प्रत्यय है?

A. आहट   B. हट   C. ट   D. वाहट

Q.56 निम्नलिखित में कौन सा शब्द तत्सम नहीं हैं?

A. अस्थि   B. कर्ण   C. पुत्र   D. कुछ

Q.57 निम्नलिखित में कौन सा शब्द तद्भव है।

A. निद्रा   B. पृष्ठ   C. जीभ   D. दश

Q.58 निम्नलिखित में कौन सा शब्द तत्सम नहीं हैं ?

A. ग्राम   B. गणना   C. घृत   D. काठ

Q.59 निम्नलिखित में कौन सा शब्द तद्भव है?

A. अश्रु   B. कोयल   C. काष्ठ   D. गदर्भ

Q.60 निम्नलिखित में तद्भव शब्द है-

A. अचरज   B. अंधकार   C. अंगरक्षक   D. आशा

Q.61 निम्नलिखित वाक्यों में से पूर्ण भूतकाल को स्पष्ट कीजिए।

A. रवि गाना गा रहा था।   B. रवि गाना गा रहा होगा।
C. रवि ने गाना गाया था।   D. रवि ने गाना गाया है।

Q.62 निम्नलिखित में कौन सा वाक्य अपूर्ण भूतकाल को सूचित करता है?

A. हेमा पुस्तक पढ़ रही थी।
B. अंजलि खेल रही है।
C. कुमारी घर गयी है।
D. शायद वर्षा होगी।

Q.63 हेतुहेतुमदभूत का उदहारण है:

A. तुम आते तो मेरा काम बन जाता
B. लड़के था गए हैं
C. श्याम ने खाना खाया
D. घोड़े के चार पैर और दो आँ होते है

Q.64 'सभा' शब्द का बहुवचन रूप है

A. सभाएँ   B. सभें   C. साभ   D. सभाये

Q.65 निम्न में से कौन सा शब्द विदेशी मूल का नहीं है?

A. चाबुक   B. तोप   C. कैंची   D. लोटा

Q.66 निम्न में कौन सा अलंकार शब्दालंकार है?

A. रुपक   B. अतिशयोक्ति
C. यमक   D. उपमा

Q.67 "बीती विभावरी जाग री,
अम्बर-पनघट में डुबो रही,
तारा-घट ऊषा-नागरी।"
उपर्युक्त पंक्तियों में कौन-सा अलंकार है ?

[Super TET Paper - I, 2019]

A. अनुप्रास   B. उपमा   C. अन्योक्ति   D. रूपक

Q.68 नीचे दी गयीं वर्तनी में से शुद्ध वर्तनी कौन सी है?

A. नायिका   B. मानसक   C. माचस   D. क्षणक

Q.69 निम्नलिखित में से अशुद्ध वर्तनी का चयन कीजिए:

A. लालायित   B. बहिरंग   C. स्थायित्व   D. कुमुदनी

Q.70 निम्नलिखित में से शुद्ध वर्तनी का चयन कीजिए:

A. सूचिपत्र   B. त्रृकोण   C. एकान्त   D. भानू

Q.71 'अदालत' शब्द का लिंग _______ है।

रिक्त स्थान की पूर्ति करें -

A. पुल्लिंग   B. स्त्रीलिंग
C. नपुंसकलिंग   D. उभयलिंग

Q.72 निम्न में से स्त्रीलिंग शब्द का चयन करें -

A. साधन   B. आग   C. अकाल   D. सफ़र

Q.73 रेखांकित शब्द का लिंग बताएं -
'मेरी कमर में बहुत दर्द है।'

A. पुल्लिंग   B. स्त्रीलिंग
C. नपुंसकलिंग   D. उभयलिंग

Q.74 उचित पुल्लिंग शब्द समूह है -

A. घर, हिमालय, पेड़   B. घर, हिमालय, गंगा
C. पेड़, गंगा, खाट   D. खाट, घर, पेड़

Q.75 निम्न विकल्पों में से उचित 'शब्द - लिंग युग्म' का चयन करें -

A. गरिमा - पुल्लिंग   B. यमुना - पुल्लिंग
C. कपाट - पुल्लिंग   D. परिवर्तन - स्त्रीलिंग

Q.76 'उच्चारण' का संधि विच्छेद क्या होगा?

A. उच्च + आरण   B. उच + चरण
C. उच्चा + रण   D. उत् + चारण

Q.77 'सच्चिदानंद' का संधि-विच्छेद क्या है?

A. सत् + चित + आनंद   B. सचि + दा + आनंद
C. सच्चि + अनांद   D. सच्चित + आनंद

Q.78 नयन का सही संधि विच्छेद क्या होगा?

A. नै + अन   B. नो + यन   C. ने + अन   D. नै + यन

Q.79 दिए गए विकल्पों में से कौन सा विकल्प नीचे लिखे शब्द का सही सन्धि-विग्रह है?
मनोयोग

A. मनः + ओयोग   B. मनः + योग
C. मन + ओयोग   D. मनो + योग

Q.80 दिए गए विकल्पों में से कौन सा विकल्प नीचे लिखे शब्द का सही सन्धि-विग्रह है?
दिग्गज

A. दिक् + गज   B. दि + ग्गज
C. दिग + गज   D. दिग + अज

Q.81 दिए गए विकल्पों में से सही लोकोक्ति रूप का चयन करें -

A. गए थे हरिभजन को फंस गए माया में
B. आए थे हरिभजन को ओटन लगे कपास
C. आए थे हरिभजन को ओटन लगे गेहूं
D. आए थे कीर्तन करने को करने लगे भजन

Q.82 'आम के आम गुठलियों के दाम' लोकोक्ति का अर्थ _______ है।

A. लाभ के बदले हानि   B. दोहरा लाभ होना
C. बहुत हानि होना   D. तिहरा लाभ होना

Q.83 'अच्छे काम का परिणाम अच्छा होता' अर्थ के लिए उचित लोकोक्ति है -

A. अंधा क्या चाहे दो आंखें
B. अंत भले का भला
C. अंधी पीसे कुत्ता खाए
D. अकेली मछली सारा तलाब गंदा कर देती

Q.84 'अभिषेक जहाँ कम्प्यूटर सीखता है वहाँ कम्प्यूटर एक है और सीखने वाले बीस हैं – ये तो वही बात हुई कि_______।'

उपरोक्त वाक्य के लिए उचित मुहावरे का चयन करें -

A. उल्टा चोर कोतवाल को डांटे
B. एक अकेला दो ग्यारह
C. एक अनार सौ बीमार
D. एक पंथ दो काज

Q.85 रिक्त स्थान की पूर्ति करें -

'एक हाथ से ताली नहीं बजती' लोकोक्ति का सही अर्थ _______ है।

A. जो पक्ष में है वही अच्छा होता है
B. झगड़ा एक पक्ष से होता है
C. पक्ष विपक्ष एक समान
D. झगड़ा एक पक्ष से नहीं होता

Q.86 निम्न में से कौन से विकल्प में समश्रुत शब्द युग्म का उचित अर्थ नहीं है?

A. शोक - शौक : दुःख - रूचि
B. शर - सर : बाण - तालाब
C. समर - समीर : गरमी - सर्दी
D. अंत - अन्त्य : समाप्त - सबसे नीचे का

Q.87 'प्रमाण - प्रणाम' समश्रुत शब्द युग्म का सही अर्थ _______ है।

A. सबूत - नमस्कार
B. मान - अमान्य
C. सरल - सरलतम
D. बहुत - दीप्ति

Q.88 'भवन - भुवन' समश्रुत भिन्नार्थक शब्द का उचित अर्थ है -

A. घर - लोक
B. गृह - लौकिक
C. इहलोक - परलोक
D. सुन्दर - असुंदर

Q.89 'औसर - उसर' समश्रुत भिन्नार्थक शब्द का उचित अर्थ है -

A. अवसर - उपजाऊ भूमि
B. सनुकम्पा - उपजाऊ भूमि
C. अवसर - बंजर भूमि
D. बंजर भूमि - उपजाऊ भूमि

Q.90 सही अर्थ वाले समश्रुत शब्द युग्म का चयन करे।

A. कपोत - कपोल : कुपुत्र - सुपुत्र
B. कसर - कसरत : कमी - व्यायाम
C. खाद - खाद्य : खोदना - ग्रास
D. खुदा - खुदी : ईश्वर - स्वयं

Q.91 निम्नलिखित में से नीचे दिए गए वाक्य के वाच्य प्रकार का चयन कीजिए-

आरती ने पत्र लिखा।

A. कर्मवाच्य
B. क्रियावाच्य
C. भाववाच्य
D. कर्तृवाच्य

Q.92 'मुझसे शोर में नहीं सोया जाता।' यह किस वाच्य का उदाहरण है?

A. कर्मवाच्य
B. कर्तृवाच्य
C. भाववाच्य
D. इनमें से कोई नहीं

Q.93 भाववाच्य वाक्य इनमें से कौन-सा है?

A. मालती खाना खाती है
B. रमेश खाना खा सकता है
C. हिमेश से दौड़ा नहीं जाता
D. रक्षा दौड़ सकती है

Q.94 उचित शब्द का चयन करके निम्नलिखित रिक्त स्थान की पूर्ति कीजिए।

स्वाद के लिए नहीं, _______ के लिए खाओ।

A. पेट भरने
B. आनंद
C. स्वास्थ्य
D. जीने

Q.95 नीचे दिए गए शब्दों में से सही शब्द का चयन करते हुए रिक्त स्थान की पूर्ति कीजिए।

_____ ही इस संसार का सबसे बड़ा बल है।

A. आत्मबल
B. आत्मसंतोष
C. आत्मसात
D. आत्मचिंतन

Q.96 _______ एक समास का नाम है।

A. निपात
B. अव्ययीभाव
C. जातिवाचक
D. अकर्मक

Q.97 किस विकल्प का समास – विग्रह सही नहीं है?

A. दाल-रोटी : दाल और रोटी
B. पंचानन : पाँच हैं जिसके आनन (शिव)
C. पुस्तकालय: पुस्तक और आलय
D. सुलोचना : सुंदर हैं लोचन जिसके

Q.98 किस शब्द में तत्पुरुष समास है?

[UPTET Social Studies, 2019], [UPTET Science and Maths, 2019]

A. पीताम्बर
B. त्रिभुवन
C. दौड़धुप
D. मधुमक्खी

Q.99 'सिरदर्द' शब्द में समास है?

A. कर्मधारय
B. तत्पुरुष
C. अव्ययीभाव
D. बहुव्रीहि

Q.100 'राजपुत्र' में कौन सा समास है?

A. बहुव्रीहि
B. तत्पुरुष
C. द्विगु
D. कर्मधारय

// स्मार्ट उत्तर पुस्तिका //

सही उत्तर	उन छात्रों के प्रतिशत को इंगित करता है जिन्होंने प्रश्नों का सही उत्तर दिया था।
छोड़ दिया	उन छात्रों के प्रतिशत को इंगित करता है जिन्होंने प्रश्नों को छोड़ दिया था।

प्रश्न संख्या	उत्तर	सही उत्तर / छोड़ दिया	प्रश्न संख्या	उत्तर	सही उत्तर / छोड़ दिया	प्रश्न संख्या	उत्तर	सही उत्तर / छोड़ दिया	प्रश्न संख्या	उत्तर	सही उत्तर / छोड़ दिया	प्रश्न संख्या	उत्तर	सही उत्तर / छोड़ दिया
1	A	76.01 % / 12.68 %	17	A	54.02 % / 33.03 %	33	B	85.58 % / 11.72 %	49	A	65.77 % / 33.72 %	65	D	47.49 % / 35.64 %
2	C	78.65 % / 19.88 %	18	B	61.65 % / 33.49 %	34	A	45.83 % / 32.76 %	50	B	60.97 % / 31.28 %	66	C	43.29 % / 49.56 %
3	C	89.94 % / 10.06 %	19	B	86.31 % / 10.36 %	35	B	46.85 % / 43.26 %	51	C	67.34 % / 32.37 %	67	D	61.23 % / 37.08 %
4	D	78.43 % / 20.36 %	20	B	46.67 % / 37.5 %	36	C	87.56 % / 11.09 %	52	A	62.24 % / 35.13 %	68	A	67.34 % / 30.59 %
5	D	83.74 % / 11.16 %	21	C	80.29 % / 18.9 %	37	B	77.93 % / 12.5 %	53	B	76.99 % / 16.6 %	69	D	62.3 % / 31.45 %
6	D	84.27 % / 14.41 %	22	B	80.19 % / 13.65 %	38	C	42.84 % / 53.56 %	54	C	65.52 % / 32.51 %	70	C	44.13 % / 44.3 %
7	B	57.76 % / 39.05 %	23	C	82.37 % / 14.53 %	39	C	77.6 % / 13.95 %	55	A	85.08 % / 14.29 %	71	B	82.27 % / 11.87 %
8	A	44.24 % / 41.33 %	24	A	69.45 % / 30.08 %	40	B	82.09 % / 12.29 %	56	D	82.53 % / 15.24 %	72	B	76.19 % / 21.64 %
9	B	40.19 % / 58.46 %	25	C	84.21 % / 11.23 %	41	A	60.31 % / 31.39 %	57	C	76.89 % / 13.42 %	73	B	44.86 % / 53.59 %
10	C	67.85 % / 31.31 %	26	A	57.5 % / 34.39 %	42	B	78.09 % / 21.25 %	58	D	80.29 % / 16.78 %	74	A	77.79 % / 15.12 %
11	B	63.25 % / 31.69 %	27	C	45.27 % / 52.14 %	43	D	80.36 % / 13.14 %	59	B	89.72 % / 10.07 %	75	C	80.42 % / 15.35 %
12	A	88.46 % / 10.85 %	28	C	42.07 % / 34.31 %	44	B	45.18 % / 31.08 %	60	A	68.39 % / 30.91 %	76	D	62.26 % / 33.2 %
13	A	86.24 % / 12.48 %	29	D	87.37 % / 12.03 %	45	A	83.2 % / 11.59 %	61	C	84.64 % / 11.06 %	77	A	67.81 % / 31.83 %
14	C	59.04 % / 32.09 %	30	B	53.27 % / 42.27 %	46	C	89.93 % / 10.04 %	62	A	62.59 % / 32.36 %	78	C	66.56 % / 30.6 %
15	A	78.6 % / 17.67 %	31	B	85.88 % / 11.02 %	47	C	47.33 % / 49.12 %	63	A	65.03 % / 33.02 %	79	B	42.06 % / 53.5 %
16	A	63.13 % / 34.06 %	32	C	78.54 % / 10.53 %	48	C	85.06 % / 12.83 %	64	A	85.62 % / 10.98 %	80	A	47.76 % / 31.42 %

प्रश्न संख्या	उत्तर	सही उत्तर / छोड़ दिया
81	B	83.71 % / 13.44 %
82	B	78.17 % / 21.69 %
83	B	76.84 % / 21.73 %
84	C	65.18 % / 34.37 %

प्रश्न संख्या	उत्तर	सही उत्तर / छोड़ दिया
85	D	83.19 % / 11.35 %
86	C	65.88 % / 32.87 %
87	A	42.04 % / 31.76 %
88	A	66.97 % / 31.36 %

प्रश्न संख्या	उत्तर	सही उत्तर / छोड़ दिया
89	C	55.95 % / 31.26 %
90	B	63.71 % / 34.1 %
91	A	40.91 % / 55.73 %
92	C	55.29 % / 30.55 %

प्रश्न संख्या	उत्तर	सही उत्तर / छोड़ दिया
93	C	68.91 % / 30.07 %
94	C	85.43 % / 14.54 %
95	A	53.88 % / 30.53 %
96	B	78.21 % / 21.32 %

प्रश्न संख्या	उत्तर	सही उत्तर / छोड़ दिया
97	C	82.6 % / 16.78 %
98	D	64.85 % / 33.24 %
99	B	81.39 % / 15.57 %
100	B	87.59 % / 12.2 %

कार्य विश्लेषण

औसत अंक (%)	**39.5%**
टॉपर्स स्कोर (%)	**73.0%**
आपका स्कोर	

//संकेत और समाधान//

1. 'मेधा' 'मरुत' शब्द का पर्यायवाची नहीं है।

अन्य विकल्प 'मरुत' के पर्यायवाची शब्द हैं।

'मेधा' के अन्य पर्यायवाची शब्द 'मनीषा, मति, बुद्धि, प्रज्ञा, विचार' आदि हैं।

'मरुत' शब्द के अन्य पर्यायवाची 'अनिल, पवमान, प्रभंजन, प्रवात, समीरण, मातरिश्वा, बयार, वायु, हवा, समीर' आदि हैं।

शब्द	परिभाषा	उदाहरण
पर्यायवाची	एक ही अर्थ में प्रयुक्त होने वाले शब्द, जो बनावट में भले ही अलग हों। 'पर्यायवाची-शब्द' को 'समानार्थी-शब्द' भी कहा जाता है।	आग - अनल, पावक, दहन, वह्नि, कृशानु, हुताशन आदि।

अत: विकल्प (A) सही है।

2. 'अधोलोक' का पर्यायवाची 'पाताल' है। इसका अन्य पर्यायवाची शब्द 'रसताल' है। अन्य विकल्प असंगत हैं। अतः सही विकल्प 'पाताल'।

शब्द	पर्यायवाची
अधोलोक (नीचे का लोक)	पाताल, रसताल
भू-लोक	मध्य लोक, पृथ्वी लोक
परलोक	स्वर्ग, सुरलोक, देवलोक, परमधाम, त्रिदिव, दयुलोक, बैकुण्ठ, गोलोक

अत: विकल्प (C) सही है।

3. 'अंबुनिधि' 'सागर' का पर्यायवाची है। 'अंबुनिधि' के अन्य पर्यायवाची शब्द 'समुंदर, सिंधु, जलधि, उदधि, जलेश' आदि हैं। अन्य विकल्प अनुचित हैं। अतः सही विकल्प 'सागर' है।

पर्यायवाची - एक ही अर्थ में प्रयुक्त होने वाले शब्द, जो बनावट में भले ही अलग हों। 'पर्यायवाची-शब्द' को 'समानार्थी-शब्द' भी कहा जाता है।जैसे - **आग** - अनल, पावक, दहन, वह्नि, कृशानु, हुताशन आदि।	
शब्द	**पर्यायवाची**
जल	अंबु, पानी, नीर, क्षीर, सलिल, वारि
कमल	अंबुज, पंकज, नीरज, वारिज, जलज, सरोज, पदम
मेघ	अंबुद, बादल, घन, घनश्याम, अंबुधर, घटा

अत: विकल्प (C) सही है।

4. 'अर्जुन' का पर्यायवाची शब्द 'पार्थ' है।

अन्य विकल्प अनुचित हैं।

पर्यायवाची - एक ही अर्थ में प्रयुक्त होने वाले शब्द, जो बनावट में भले ही अलग हों। 'पर्यायवाची-शब्द' को 'समानार्थी-शब्द' भी कहा जाता है।जैसे - आग - अनल, पावक, दहन, वह्नि, कृशानु, हुताशन आदि।	
शब्द	पर्यायवाची
अनूठा	अनुपम, अद्वितीय, निरुपम, अतुल, अनोखा
ध्वान्त	अँधेरा, तमस, तमिस्र, तमसा, तिमिर
अर्जुन	कौन्तेय, गांडीवधर, कपिध्वज, सव्यसाची, पांडूनन्दन

अत: विकल्प (D) सही है।

5. 'कमल' का पर्यायवाची 'पद्म' होता है। सही विकल्प 'कमल' है।

- 'कमल' के अन्य पर्यायवाची हैं - पुष्कर, पुण्डरीक, पंकज, नीरज, सरोज, जलज, कंज, राजीव, अरविन्द, शतदल, अम्बुज, सरसिज, नलिन आदि।

अन्य विकल्प असंगत हैं।

पर्यायवाची - एक ही अर्थ में प्रयुक्त होने वाले शब्द, जो बनावट में भले ही अलग हों। 'पर्यायवाची-शब्द' को 'समानार्थी-शब्द' भी कहा जाता है। जैसे -

आग - अनल, पावक, दहन, वह्नि, कृशानु, हुताशन आदि।	
शब्द	पर्यायवाची
यातुधान	निशिचर, रजनीचर, दनुज, दैत्य, राक्षस आदि
मिथ्याभिमान	मान, अस्मिता, अहम्, अहंकार, घमंड, गर्व आदि
दृष्टिहीन	अंधा, सूरदास, नेत्रहीन

अत: विकल्प (D) सही है।

6. उपर्युक्त विकल्पों में से विकल्प संदेह सही है तथा अन्य विकल्प असंगत हैं।

संध्या शब्द प्रकार बोधक अव्यय है।

रीतिवाचक अव्यय

अचानक, धीरे-धीरे, स्वयं, स्वतः, यथाशक्ति, ऐसे, वैसे, यथा, तथा, सहसा, अनायास, सहज, साक्षात, येन केन प्रकारेण, संदेह इत्यादि।

अत: विकल्प (D) सही है।

7. भावादि बोधक अव्यय का भेद नहीं हैं।

अव्यय :

जिन शब्दों के रूप में लिंग, वचन, कारक आदि के कारण कोई परिवर्तन नहीं होता है उन्हें अव्यय या अविकारी शब्द कहते है।

अन्य विकल्प सभी अव्यय के भेद है।

अत: विकल्प (B) सही है।

8. 'जो अव्यय क्रिया की विशेषता का बोध कराते हैं, उन्हें क्रिया-विशेषण अव्यय कहा जाता है ।

अव्यय :

जिन शब्दों के रूप में लिंग, वचन, कारक आदि के कारण कोई परिवर्तन नहीं होता है उन्हें अव्यय या अविकारी शब्द कहते है।

अत: विकल्प (A) सही है।

9. 'पैमाना' विदेशी शब्द है ।

- 'पैमाना' फारसी भाषा का शब्द है।
- 'पैमाना' का अर्थ- 'मानदंड'

अन्य विकल्प असंगत हैं।

अत: विकल्प (B) सही है।

10. "मैं चलूँगा परन्तु खेलूँगा नहीं।" इस वाक्य में समुच्चय बोधक अव्यय का प्रयोग हुआ है। अन्य विकल्प असंगत है।

- रमेश धीरे-धीरे चलता है। - क्रियाविशेषण
- मैं पूजा से पहले भोजन नहीं करता। - कालवाचक क्रिया-विशेषण
- मैं नहीं जाऊँगा। - निषेधवाचक क्रिया-विशेषण

अत: विकल्प (C) सही है।

11. 'अनुरक्ति' का विलोम 'विरक्ति' है। शेष विकल्प असंगत हैं। अतः सही विकल्प 'विरक्ति' है।

विलोम/विपरीतार्थक - विपरीत (उल्टा) अर्थ बताने वाले शब्दों को विलोम शब्द कहते हैं। जैसे - रात – दिन, सुख - दुःख	
शब्द	विलोम
विराग (अरुचि)	राग (अनुराग, प्रेम, विशिष्ट गान)
तिरोभाव (अदृश्य होना)	आविर्भाव (प्रकट होना)
संस्कृति (संस्कृत रूप देने की क्रिया)	विकृति (विकृत होने का भाव, खराबी)

अत: विकल्प (B) सही है।

12. 'राहत' का विलोम 'प्रकोप' है। 'राहत' का अर्थ 'आराम,चैन' होता है। 'प्रकोप' का अर्थ 'अत्यधिक क्रोध, क्षोभ' होता है। शेष विकल्प असंगत हैं।

विलोम/विपरीतार्थक - विपरीत (उल्टा) अर्थ बताने वाले शब्दों को विलोम शब्द कहते हैं। जैसे – अमृत – विष, अनुज – अग्रज	
शब्द	विलोम
सिक्त (सींचा हुआ, गीला, आर्द्र)	शुष्क (सूखा, अनार्द्र)
अरुचि (अनिच्छा)	रूचि (इच्छा)
लाघव (अल्पता, कमी)	गौरव (गुरुता, भारीपन)

अत: विकल्प (A) सही है।

13. 'एकाग्रता' का विलोम 'चंचल' है। अन्य विकल्प असंगत हैं।

विलोम/विपरीतार्थक - विपरीत (उल्टा) अर्थ बताने वाले शब्दों को विलोम शब्द कहते हैं। जैसे – दीर्घायु – अल्पायु, आदान – प्रदान	
शब्द	विलोम
एकाग्रता (स्थिर, एकाग्र होने का भाव)	चंचल (गतिशील, अस्थिर)
अनैक्य (अनेकता)	ऐक्य (एकता)
ज्येष्ठ (बड़ा भाई, श्रेष्ठ)	कनिष्ठ (सबसे छोटा, छोटा भाई)
वज्र (कठोर, सख्त)	कुसुम (पुष्प, कोमल)

अत: विकल्प (A) सही है।

14. उपर्युक्त में से 'अति - विपुल' युग्म विलोम शब्द की दृष्टि से गलत है। 'अति' और 'विपुल' दोनों का अर्थ अधिक होता है। 'अति' के लिए विलोम शब्द 'अल्प' उपयुक्त है। शेष विकल्प विलोम शब्द की दृष्टि से सही है।

विलोम/विपरीतार्थक - विपरीत (उल्टा) अर्थ बताने वाले शब्दों को विलोम शब्द कहते हैं। जैसे – सुलभ – दुर्लभ, आस्तिक – नास्तिक	
शब्द	विलोम
अंतर्मुखी (मन की बात मन में रखने वाला)	बहिर्मुखी (जिसका मुख या प्रवृत्ति बाहर की ओर हो, जो सबके साथ विचार व्यक्त करे)
अंतरंग (आन्तरिक अंग, मन, मस्तिष्क)	बहिरंग (बाह्य कृत्य, बाहर का)
अति (अधिक)	अल्प (कम)
अशिष्ट (असभ्य)	शिष्ट (सभ्य)

अत: विकल्प (C) सही है।

15. 'अत्यधिक' का विलोम 'अत्यल्प' है। 'अत्यधिक' का अर्थ 'बहुत अधिक' तथा 'अत्यल्प' का अर्थ 'बहुत कम' होता है।

शब्द	परिभाषा	उदाहरण
विलोम / विपरीतार्थक	विपरीत अर्थ बताने वाले शब्दों को विलोम (उल्टा) शब्द कहते हैं।	रात – दिन सुख – दुःख

अन्य विकल्प:

आधुनिक -प्राचीन

अनधिगत- अधिगत

अनधीन - अधीन

अत: विकल्प (A) सही है।

16. "मुझे पुस्तक चाहिए थी, पर इस गाईड से भी काम चल जाएगा।" वाक्य में कार्य करने वाला और क्रिया दोनों एक है इसलिये यह संयुक्त वाक्य का उदाहरण होगा।

संयुक्त वाक्य संगत विकल्प है, अन्य सभी विकल्प असंगत है।

अत: विकल्प (A) सही है।

17. दिए गए विकल्पों में सही उत्तर विकल्प (A) 'मिश्र वाक्य' होगा। अन्य विकल्प इसके अनुचित उत्तर हैं।

- "जब वह कोलकाता पहुँचा तब प्रधानमंत्री जा चुके थे" मिश्र वाक्य है।
- मिश्र वाक्य में एक से अधिक वाक्य मिले हों, किन्तु एक प्रधान उपवाक्य तथा शेष आश्रित उपवाक्य होते है।
- उपरोक्त वाक्य में 'जब वह कोलकाता पहुँचा' आश्रित उपवाक्य और 'तब प्रधानमंत्री जा चुके थे' प्रधान उपवाक्य है।

अत: विकल्प (A) सही है।

18. "मैंने किरायेदार नहीं रखे, मुसीबत मोल ले ली।" एक संयुक्त वाक्य है। अतिरिक्त विकल्प असंगत हैं। इसलिए सटीक विकल्प 'संयुक्त वाक्य' है।

- जिस वाक्य में दो या दो से अधिक उपवाक्य मिले हों, परन्तु सभी वाक्य प्रधान हो तो ऐसे वाक्य को संयुक्त वाक्य कहते है।
- जैसे- राधा धूप में बैठकर सब्जी काटने लगी।

अत: विकल्प (B) सही है।

19. 'वह सोमवार को आयेगी।' वाक्य में समय अथवा काल का बोध हो रहा है, इसलिये 'अधिकरण कारक' होगा।

इसलिये 'अधिकरण' सही विकल्प है।

- जिस शब्द से क्रिया के आधार का बोध हो, उसे अधिकरण कारक कहते हैं। .
- जैसे : मछलियाँ पानी में रहती है।

अत: विकल्प (B) सही है।

20. 'यह पुस्तक मोहन को दे दो', इस वाक्य में देने का भाव प्रकट हो रहा है। इसलिए देने के अर्थ में 'सम्प्रदान कारक प्रयुक्त' होता है।

इसलिये 'सम्प्रदान' सही विकल्प है,अन्य सभी विकल्प गलत है।

जिसे कुछ दिया जाता है या जिसके लिए कोई काम किया जाता है, वह पद सम्प्रदानकारक का होता है।

'के हित', 'के वास्ते', 'के निर्मित' आदि प्रत्ययवाले अव्यय भी सम्प्रदानकारक के प्रत्यय है।

अत: विकल्प (B) सही है।

21. दिए गए विकल्पों में से 'ज्योति रोती है।' अकर्मक क्रिया है।

अन्य सभी विकल्प सकर्मक क्रिया है।

शब्द	परिभाषा	उदाहरण
क्रिया	जिन शब्दों में किसी कार्य का करना या होना था, किसी घटना में घटित होने का संज्ञान होता है, उसे क्रिया कहते हैं। क्रिया के दो भेद माने गए हैं - अकर्मक और सकर्मक।	मोर नाचता है = अकर्मक अनुराग ने फल खाए= सकर्मक
अकर्मक क्रिया - जिस क्रिया का फल कर्म पर नहीं करता पर पड़ता है उसे अकर्मक क्रिया कहते हैं।		
सकर्मक क्रिया - जिस क्रिया का फल कर्म पर पड़ता है तथा जिसके प्रयोग में कर्म की अनिवार्यता बनी रहती है, उसे सकर्मक क्रिया कहते हैं।		

अत: विकल्प (C) सही है।

22. उपरोक्त विकल्पों में से सही उत्तर विकल्प (B) 'बच्चा सड़क पर बहुत तेज दौड़ता है।' होगा। अन्य विकल्प इसके त्रुटिपूर्ण उत्तर होंगे।

- 'बच्चा सड़क पर बहुत तेज दौड़ता है।' यह सकर्मक क्रिया का उदाहरण है।
- अन्य सभी विकल्प अकर्मक क्रिया के उदाहरण हैं।

क्रिया:

जिन शब्दों में किसी कार्य का करना या होना था, किसी घटना में घटित होने का संज्ञान होता है, उसे क्रिया कहते हैं।

क्रिया के दो भेद माने गए हैं - अकर्मक और सकर्मक।

सकर्मक क्रिया	उस प्रकार की क्रिया होती है जिसमें कर्ता द्वारा किया गया कार्य किसी अन्य चीज को प्रभावित करता है, तो वहां पर सकर्मक क्रिया होती है।	सीता खाना पकाएगी।
अकर्मक क्रिया	अकर्मक क्रिया वहां पर होती है जहां कर्ता द्वारा किया गया कार्य किसी अन्य चीज को प्रभावित नहीं करता है।	सांप रेंगता है।

अत: विकल्प (B) सही है।

23. दिए गए विकल्पों में से 'श्याम रोता है।' अकर्मक क्रिया है। अन्य सभी विकल्प सकर्मक क्रिया है।

शब्द	परिभाषा	उदाहरण
क्रिया	जिन शब्दों में किसी कार्य का करना या होना था, किसी घटना में घटित होने का संज्ञान होता है, उसे क्रिया कहते हैं। क्रिया के दो भेद माने गए हैं - अकर्मक और सकर्मक।	मोर नाचता है = अकर्मक अनुराग ने फल खाए= सकर्मक
अकर्मक क्रिया - जिस क्रिया का फल कर्म पर नहीं करता पर पड़ता है उसे अकर्मक क्रिया कहते हैं।		
सकर्मक क्रिया - जिस क्रिया का फल कर्म पर पड़ता है तथा जिसके प्रयोग में कर्म की अनिवार्यता बनी रहती है, उसे सकर्मक क्रिया कहते हैं।		

अत: विकल्प (C) सही है।

24. दिए गए विकल्पों में सही उत्तर विकल्प (A) ' कर्ता कारक ' होगा। अन्य विकल्प असंगत है।

कर्ता कारक	वाक्य में जो शब्द काम करने वाले के अर्थ में आता है, इसकी विभक्ति 'ने' है। जैसे – मनोज ने पत्र लिखा, मोहन खाता है। **विशेष :** जहाँ 'क्रिया' के लिंग, वचन और पुरुष कर्ता के अनुसार न होकर 'कर्म' के अनुसार होते हैं, वहाँ 'ने' विभक्ति लगती है। जैसे – मोहन ने मिठाई खाई। यहाँ क्रिया 'खाई' कर्म 'मिठाई' के अनुसार होकर 'स्त्रीलिंग' शब्द बन गया।

अत: विकल्प (A) सही है।

25.

- 'वह जा रहा होगा'- वाक्य में क्रिया की 'संदेहार्थक' वृत्ति है।
- जहां क्रिया के होने में अनिश्चय की स्थिति बनी रहे, वहाँ संदेहार्थक क्रिया वृत्ति है।

इच्छार्थक	इसमें इच्छा या अपेक्षा का भाव प्रमुख होता है।	मैं मीठा खाना चाहता हूँ।
संकेतार्थक	इस क्रिया में कार्य के साथ करण को जोड़ा जाता है।	दवा खाओगे तो ठीक हो जाओगे।
निश्चयार्थक	जिसमें क्रिया में निश्चित रूप से कुछ कहा गया हो।	सुबह पाँच बजे उठ जाऊंगा।

अत: विकल्प (C) सही है।

26. दिए गए विकल्पों में सही उत्तर विकल्प (A) 'गुणवाचक विशेषण' है। अन्य विकल्प इसके अनुचित उत्तर हैं।

वे विशेषण शब्द जो संज्ञा या सर्वनाम शब्द के गुण-दोष, रूप-रंग, आकार, स्वाद, दशा, अवस्था, स्थान आदि की विशेषता प्रकट करते हैं, गुणवाचक विशेषण कहलाते हैं।

गुणवाचक विशेषण में विशेष्य के साथ कैसा/कैसी लगाकर प्रश्न करने पर उत्तर प्राप्त किया जाता है, जो विशेषण होता है। जैसे-

- आकार- उसका चेहरा गोल है।

- यहाँ प्रश्न - किसका चेहरा गोल है? करने पर उत्तर मिला 'उसका'।

अत: विकल्प (A) सही है।

27. इसका सही उत्तर विकल्प (C) 'सर्वनामिक विशेषण' होगा। अन्य विकल्प सही उत्तर नहीं हैं।

- वे सर्वनाम शब्द जो संज्ञा से पहले आयें और विशेषण की तरह उस संज्ञा शब्द की विशेषता बताएं, सार्वनामिक विशेषण कहलाते हैं।
- जैसे-यह लड़की वही है जिसने मेरा पेन लिया था।

अत: विकल्प (C) सही है।

28. दिए गए विकल्पों में से 'सैकड़ों लोग मारे गए' में निश्चित परिणाम विशेषण नहीं है। अन्य सभी विकल्प असंगत है। इसलिए इसका सही उत्तर विकल्प (C) सैकड़ों लोग मारे गए है।

- सैकड़ों लोग मारे गए = अनिश्चित संख्यावाचक विशेषण है।
- संख्यावाचक विशेषण के दो उपभेद माने गए हैं - निश्चित संख्यावाचक अनिश्चित संख्यावाचक।
- 'सैकड़ों' शब्द अनिश्चित संख्या का बोध कराता है, इसलिए अनिश्चित संख्यावाचक विशेषण है।

अत: विकल्प (C) सही है।

29. इसका सही उत्तर विकल्प (D) 'व्यक्तिवाचक विशेषण' होगा। अन्य विकल्प सही उत्तर नहीं हैं।

'अमेरिकन' शब्द 'व्यक्तिवाचक विशेषण' का उदाहरण है।

- व्यक्तिवाचक संज्ञा से जिन विशेषण शब्दों की रचना होती है वे व्यक्तिवाचक विशेषण होते हैं।
- बनारसी (बनारस का रहने वाला) आदि।

अत: विकल्प (D) सही है।

30. शब्द अहंकार सर्वनाम से बनी संज्ञा का उदाहरण है।

- जो कार प्रत्यय के साथ अहं के संयोग से बना है।

अन्य विकल्प:

झुकाव, कटाई क्रिया से तथा दुष्टता विशेषण से बने संज्ञा शब्द हैं।

अत: विकल्प (B) सही है।

31.

- 'मोक्ष की इच्छा रखने वाला' वाक्यांश के लिए एक शब्द 'मुमुक्षु' होगा।
- 'जिंदा रहने की इच्छा' के लिए एक शब्द 'जिजीविषा' होगा।
- 'महान व्यक्तियों की मृत्यु' के लिए 'निधन' शब्द होगा।
- 'जिसने इंद्रियों को जीत लिया हो' के लिए 'जितेंद्रिय' शब्द होगा।
- **वाक्यांश**- भाषा को सुंदर, आकर्षक और प्रभावशाली बनाने के लिए अनेक शब्दों के स्थान पर एक शब्द का प्रयोग किया जाता है तो वह वाक्यांश के लिए एक शब्द कहलाता है।

अत: विकल्प (B) सही है।

32.

- दिए गए विकल्पों में से 'दमन करने की इच्छा' के लिए एक शब्द 'जिगीषा' होगा।
- जिगीषा के पर्यायवाची शब्द हैं -उद्योग, कोशिश, चेष्टा, जतन, जिगीष, पैरवी, प्रयत्न, प्रयास आदि।

अन्य विकल्प:

एक शब्द	वाक्यांश
जिघत्सा	भोजन करने की इच्छा
जिघृक्षा	पकड़ने की इच्छा
क्षुधातुर	भूख से व्याकुल

अत: विकल्प (C) सही है।

33.

- दिये गए विकल्पों में 'जो छूने योग्य न हो' उसके लिए एक शब्द 'अछूत' होगा।

- अछूत के पर्यायवाची शब्द हैं - अस्पृश्य, हरिजन, अंत्यज आदि।

अन्य विकल्प:

शब्द	वाक्यांश
अच्युत	जो अपने स्थान से अलग न किया जा सके
अछूता	जो छुआ न गया हो
अतींद्रिय	इंद्रियों की पहुँच से बाहर

अत: विकल्प (B) सही है।

34.

- 'अपकर्ष' के लिए उचित वाक्यांश 'नीचे की ओर खींचना' होगा।

- अपकर्ष के पर्यायवाची शब्द हैं - अवनति, अधोगति, घटाव, उतार, पतन, अधोपतन।

अन्य विकल्प:

- जो मापा न जा सके - अपरिमेय

- ऊपर की ओर खींचना - उत्कर्ष

- जो सामने न हो - परोक्ष

अत: विकल्प (A) सही है।

35.

- 'जो विधि की दृष्टि से ठीक हो' इसके लिए उचित शब्द 'वैध' होगा।

- वैध के पर्यायवाची हैं - विधिसम्मत, विधिमान्य।

- इसका विलोम शब्द अवैध होता है।

अन्य विकल्प:

शब्द	वाक्यांश
वैदेशिक	विदेश में रहने वाला
विभु	जो सब में व्याप्त हो
विशेषज्ञ	किसी विषय का, जिसको विशेष ज्ञान हो

अत: विकल्प (B) सही है।

36.

- दाल में काला होना- संदेह होना

- वाक्य प्रयोग- ये दोनों कानाफूसी कर रहे हैं, दाल में जरूर कुछ काला है।

मुहावरा परिभाषा	उदाहरण
मुहावरा का शाब्दिक अर्थ 'अभ्यास' है। मुहावरा शब्द अरबी भाषा का शब्द है। हिन्दी में ऐसे वाक्यांशों को मुहावरा कहा जाता है, जो अपने साधारण अर्थ को छोड़कर विशेष अर्थ को व्यक्त करते हैं।	**अंक भरना**- स्नेह से लिपटा लेना **वाक्य**- माँ ने स्नेह से अपने पुत्र को अंक में भर लिया।

अत: विकल्प (C) सही है।

37.

- काँटा निकलना का अर्थ - बाधा दूर होना

- वाक्य प्रयोग- धारा 370 हटने से देश का एक पुराना कांटा निकल गया जो आज़ादी के समय से चुभा था।

मुहावरा	अर्थ	वाक्य प्रयोग
कलेजे पर साँप लोटना	डाह करना	अमित ने दो बीघे जमीन क्या खरीदी उसके पड़ोसियों के कलेजे पर तो साँप लोटने लगे।
कलेजा पसीजना	दया आना	गरीबों की दुर्दशा देखकर तो पत्थर का भी कलेजा पसीज जाए परंतु नेता तो उनसे भी कठोर हैं।
पत्ता खड़कना	आशंका होना	ये मत समझना कि मुझे कुछ नहीं पता चलता, यहाँ एक पत्ता भी खड़कता है तो मुझे पता चल जाता है।

अत: विकल्प (B) सही है।

38.

- दसों उंगलियाँ घी में होना- खूब लाभ होना

- वाक्य प्रयोग- एक बार आप मशहूर हो जाइए बस आपकी दसों उँगलियाँ घी में समझो।

अन्य विकल्प:

- थक कर चूर होना- बहुत थक जाना

- थाह मिलना या लगना- पता लगाना

- दाल-भात में मूसलचन्द- दो व्यक्तियों की बातों में तीसरे व्यक्ति का हस्तक्षेप करना

अत: विकल्प (C) सही है।

39.

- दूध की नदियाँ बहना- धन-दौलत से पूर्ण होना

- वाक्य प्रयोग- कहा जाता है द्वापरयुग में दूध की नदियां बहती थीं।

अन्य विकल्प:

- दिल टुकड़े-टुकड़े होना या दिल टूटना- बहुत निराश होना

- दिल बाग-बाग होना- अत्यधिक हर्ष होना

- दोनों हाथों से लुटाना-खूब खर्च करना

अत: विकल्प (C) सही है।

40.

- दाँत निपोरना- व्यर्थ हँसना

- वाक्य प्रयोग- बेइज्जती हुई तो मनीष दाँत निपोरने लगा।

अन्य विकल्प:

- दबे पाँव आना/जाना- बिना आहट किए आना/जाना

- धोबी का कुत्ता घर का न घाट का- जिसका कहीं ठिकाना न हो, निरर्थक व्यक्ति

- धतूरा खाए फिरना - उन्मत्त होना

अत: विकल्प (B) सही है।

41.

- 'मैं सब कुछ बदल देगा' वाक्य में क्रिया संबंधी अशुद्धि है। यहाँ पर कर्ता एकवचन के साथ क्रिया भी एकवचन होगी परंतु इस वाक्य में क्रिया का चयन उचित नहीं है। 'देगा' के स्थान पर 'दूंगा' उचित होगा।

- 'मैं सब कुछ बदल देगा' वाक्य में सर्वनाम संबंधी अशुद्धि है। यहाँ पर कर्ता एकवचन तृतीय पुरुष उचित होता। मैं के स्थान पर 'वह' उचित होता।

अन्य शुद्ध-अशुद्ध वाक्य:

अशुद्ध वाक्य	शुद्ध वाक्य
मैं सब कुछ बादल देगा।	मैं सब कुछ बादल दूंगा।
मैं चल जाऊंगा।	मैं चला जाऊंगा।

अत: विकल्प (A) सही है।

42.

- दिए गए हुए विकल्पो में (B) - "ऐसा कोई नहीं करता"। सही है।
- पहले विकल्प में सर्वनाम संबंधी अशुद्धि है। 'मुझसे' की जगह 'अपने आप से' उचित होगा।
- तीसरे विकल्प में वचन संबंधी अशुद्धि है। 'अनेकों' के स्थान पर 'अनेक' उचित होगा।
- चतुर्थ विकल्प में क्रिया संबंधी अशुद्धि है। 'आया है' के स्थान पर 'आए हो' उचित होगा।

अत: विकल्प (B) सही है।

43.

- दिये गए विकल्पों में (D)- "अहंकार मानव सुख का नाशक है। " सही है।
- अन्य विकल्पों में वर्तनीगत त्रुटियाँ क्रमशः- अहकार, मानाव सूखा, मानाव नशाक हैं। इसलिए शेष सभी विकल्प सही उत्तर नहीं हैं।

अन्य शुद्ध-अशुद्ध वाक्य:

अशुद्ध वाक्य	शुद्ध वाक्य
वे ऊंची-कोटी के विद्वान हैं।	वे उच्च-कोटि के विद्वान हैं।
अनेक निरपराधी दंडभागी हुये।	आनेक निरपराध दंडभागी हुये।

अत: विकल्प (D) सही है।

44. 'विश्वदर्शन का विकल्प मन विचरण मात्र तो नहीं हो सकता है।' शुद्ध वाक्य है क्योंकि अन्य विकल्पों में 'क्रिया संबंधी' त्रुटि है।

जैसे 'सकते है', उचित क्रिया नहीं है और 'है' के स्थान पर 'हैं' शब्द का प्रयोग वचन के अनुसार बहुवचन में होगा। इस के स्थान पर 'सकता है' क्रिया प्रयुक्त होगी क्योंकि 'सकता है' क्रिया अपने आप में एक वचन है और 'मन' शब्द भी वचन के अनुसार एकवचन है।

अत: विकल्प (B) सही है।

45.

- 'मैं सभी को हरा दूंगा' शुद्ध वाक्य है क्योंकि अन्य विकल्पों में क्रिया संबंधी त्रुटि है। जैसे 'हरा देगा', 'मैं सभी को हरा दे सकता हूँ', और 'हरा देऊंगा' उचित क्रियाएँ नहीं है उसके स्थान पर 'दूंगा' क्रिया उपयुक्त।

  अत: विकल्प (A) सही है।

46. दिए गए विकल्पों में सही उत्तर 'भाववाचक' है।

'मित्रता' शब्द भाववाचक संज्ञा है जो 'मित्र' शब्द में 'ता' प्रत्यय के योग से बना है। मित्र शब्द जातिवाचक संज्ञा के अंतर्गत आता है। जो शब्द किसी व्यक्ति, वस्तु या स्थान की संपूर्ण जाति का बोध कराते हैं, उन शब्दों को जातिवाचक संज्ञा कहते हैं।

अत: विकल्प (C) सही है।

47. दिए गए विकल्पों में से विकल्प (C) द्रव्यवाचक संज्ञा सही उत्तर है। अन्य विकल्प असंगत हैं। कोयला, में द्रव्यवाचक संज्ञा होगी।

जिस वाक्य में किसी धातु, द्रव या पदार्थ का बोध हो होता है वे वाक्य द्रव्यवाचक संज्ञा के अंतर्गत आते हैं।

जिन्हे संख्याओं में गिना नहीं जाता बल्कि इन्हे तोला या फिर नापा जाता है। वे वाक्य द्रव्यवाचक संज्ञा के अंतर्गत आते हैं।

अत: विकल्प (C) सही है।

48. आदेश' शब्द का अंग्रेजी रूपांतरण Order होगा, इसलिए सही विकल्प (C) Order होगा। अन्य विकल्प असंगत हैं।

आदेश के पर्यायवाची-निर्देश, आज्ञा, हुक्म हैं।

अन्य विकल्प:

अंग्रेजी शब्द	हिंदी शब्द
Guide	मार्गदर्शक
Notification	अधिसूचना
Statement	बयान

अत: विकल्प (C) सही है।

49. प्राधिकारी' शब्द का अंग्रेजी रूपांतरण Authority होगा, इसलिए सही विकल्प (A) Authority होगा। अन्य विकल्प असंगत हैं।

प्राधिकारी के पर्यायवाची-अधिकार, प्राधिकरण, प्रभुत्ता हैं।

अन्य विकल्प:

अंग्रेजी शब्द	हिंदी शब्द
Lord	भगवान
Officer	अफसर
Amendment	सुधार

अतः विकल्प (A) सही है।

50. अधिसूचना' शब्द का अंग्रेजी रूपांतरण Notification होगा, इसलिए सही विकल्प (B) Notification होगा। अन्य विकल्प असंगत हैं।

अधिसूचना के पर्यायवाची - अधिकृत सूचना, प्रशासनिक सूचना, विशेष सूचना हैं।

अन्य विकल्प:

अंग्रेजी शब्द	हिंदी शब्द
Statement	बयान
Specimen	नमूना
Endorsement	समर्थन

अतः विकल्प (B) सही है।

51.

- 'अध्' + 'कच्चा' = अधकच्चा सही है।
- 'अध्' उपसर्ग से बनने वाले अन्य शब्द - अधजला, अधखिला, अधपका।
- 'अध्' का अर्थ – आधे अर्थ में

ऐसे शब्दांश जो किसी शब्द के पूर्व जुड़कर उसके अर्थ में परिवर्तन कर देते हैं उसे उपसर्ग कहते है।

अत: विकल्प (C) सही है।

52.

- अनियंत्रित = 'अ' + 'नि' + 'यंत्रित '
- 'अ' उपसर्ग से बनने वाले अन्य शब्द - अथाह, अटल आदि।
- 'अ' का अर्थ – अभाव, निषेध
- 'नि' उपसर्ग से बनने वाले अन्य शब्द - निकम्मा, निखरा आदि।
- 'नि' का अर्थ – अभाव, विशेष

ऐसे शब्दांश जो किसी शब्द के पूर्व जुड़कर उसके अर्थ में परिवर्तन कर देते हैं उसे उपसर्ग कहते है।

अत: विकल्प (A) सही है।

53. अधिगृह = 'अधि' + 'गृह'

'खुश' उपसर्ग से बनने वाले अन्य शब्द - खुशनुमा, खुशगवार, खुशमिज़ाज आदि।

'खुश' का अर्थ – श्रेष्ठता के अर्थ में

अतः विकल्प (B) सही है।

54. 'वार्षिक' शब्द में 'इक' प्रत्यय लगा है।

- जो शब्द पीछे लगकर विशेष अर्थ को प्रकट करते है, उसे प्रत्यय कहा जाता है।

अतः विकल्प (C) सही है।

55. 'कडवाहट' शब्द में 'आहट' प्रत्यय है।

- जो शब्द पीछे लगकर विशेष अर्थ को प्रकट करते है, उसे प्रत्यय कहा जाता है।

अतः विकल्प (A) सही है।

56. 'कुछ' शब्द तत्सम नहीं हैं।

- यह शब्द तद्भव है।
- इसका तत्सम 'किंचित' होगा।
- जिन शब्दों को संस्कृत से बिना किसी परिवर्तन के ले लिया जाता है, उन्हें तत्सम शब्द कहते हैं।
- - आम्र, अमूल्य आदि

अन्य विकल्प:

तत्सम शब्द	तद्भव शब्द
अस्थि	हड्डी
कर्ण	कान
पुत्र	पूत

अतः विकल्प (D) सही है।

57. 'जीभ' तद्भव शब्द है।

- इसका तत्सम 'जिह्वा' शब्द होता है।
- यह मानव शरीर का महत्वपूर्ण अंग है।
- समय और परिस्थितियों के कारण कुछ परिवर्तन होने से जो शब्द बने हैं उन्हें तद्भव शब्द कहते हैं।

अन्य विकल्प:

तत्सम	तद्भव
निद्रा	नींद
पृष्ठ	पीछे
दश	दस

अतः विकल्प (C) सही है।

58. 'काठ' शब्द तत्सम नहीं हैं।

- 'काठ' तद्भव शब्द है ।
- इसका मतलब 'लकड़ी' होता है।
- इसका तत्सम 'काष्ठ' होगा।
- जिन शब्दों को संस्कृत से बिना किसी परिवर्तन के ले लिया जाता है, उन्हें तत्सम शब्द कहते हैं।

अन्य विकल्प:

तत्सम	तद्भव
ग्राम	गांव
गणना	गिनना
घृत	घी

अतः विकल्प (D) सही है।

59. 'कोयल' शब्द तद्भव है।

- 'कोयल' का तत्सम शब्द 'कोकिल' होगा ।
- समय और परिस्थितियों के कारण कुछ परिवर्तन होने से जो शब्द बने हैं उन्हें तद्भव शब्द कहते हैं।

अन्य विकल्प:

तत्सम शब्द	तद्भव शब्द
अश्रु	आंसू
काष्ठ	काठ
गर्दभ	गधा

अतः विकल्प (B) सही है।

60. 'अचरज' तद्भव शब्द है।

- 'अचरज' का अर्थ है – आश्चर्य उत्पन्न करने वाली वस्तु।
- 'आश्चर्य' 'अचरज' का तत्सम शब्द है।
- समय और परिस्थितियों के कारण कुछ परिवर्तन होने से जो शब्द बने हैं उन्हें तद्भव शब्द कहते हैं।

अन्य शब्द:

तत्सम शब्द	तद्भव शब्द
अंधकार	अँधियारा
अंगरक्षक	अँगरखा
आशा	आस

अतः विकल्प (A) सही है।

61. दिए गए विकल्पों में सही उत्तर विकल्प (C) 'रवि ने गाना गाया था।' है। अन्य विकल्प इसके असंगत उत्तर होंगे।

- 'रवि ने गाना गाया था।' यह वाक्य पूर्ण भूतकाल को स्पष्ट कर रहा है।
- क्रिया के जिस रूप से कार्य के बहुत समय पहले पूर्ण होने का बोध होता है, पूर्ण भूतकाल कहलाता है।
- क्रिया के साथ था, थी, थे, चुका था, आ था आदि होने पर पूर्ण भूतकाल होता है।

अतः विकल्प (C) सही है।

62. 'हेमा पुस्तक पढ़ती है' अपूर्ण भूतकाल को सूचित करता है।

- इससे यह ज्ञात होता है कि क्रिया भूतकाल में हो रहा था लेकिन इसकी समाप्ति का पता नहीं चलता ।
- क्रिया के जिस रूप से कार्य का होना बीते समय में प्रकट हो, पर पूरा होना प्रकट न हो वहाँ अपूर्ण भूतकाल कहते है । उदाहरण- श्रीया खाना रही थी।

अतः विकल्प (A) सही है।

63. 'तुम आते तो मेरा काम बन जाता ।' हेतुहेतुमदभूत का उदहारण है।

क्रिया के जिस रूप से यह पता चले कि क्रिया भूतकाल में होने वाली थी पर किसी कारणवश न हो सकी, उसे हेतुहेतुमदभूत कहते हैं।

अतः विकल्प (A) सही है।

64. 'सभा' शब्द का बहुवचन रूप है- 'सभाएँ'

संज्ञा, सर्वनाम, विशेषण और क्रिया के जिस रूप से हमें संख्या का पता चले उसे वचन कहते हैं।

अत: विकल्प (A) सही है।

65. 'लोटा' विदेशी भाषा का शब्द नहीं है।

'लोटा' शब्द देशज शब्द है।

अन्य सभी विकल्प विदेशी भाषा के शब्द हैं।

अत: विकल्प (D) सही है।

66. यमक को हिन्दी भाषा में शब्दालंकार की श्रेणी में गिना जाता है।

अलंकार का अर्थ है 'आभूषण'। इसलिए जिस प्रकार सोने आदि के आभूषण से मनुष्य के शरीर की शोभा बढ़ती है।

उसी प्रकार काव्य अलंकारो से काव्य की शोभा बढ़ती है।

अत: विकल्प (C) सही है।

67. उपर्युक्त पंक्ति में रूपक अलंकार है।

जहां गुणों की अत्यधिक समानता के कारण उपमेय को उपमान का ही रूप मान लिया जाता हो अर्थात उपमान का उपमेय में आरोप कर अभेद स्थापित किया गया हो , वहां रूपक अलंकार होता है।

- अन्य विकल्प असंगत है।
- यह पंक्तियां जयशंकर प्रसाद की है।
- यह लहर (1935) काव्य संग्रह में संकलित है।
- रूपक के साथ-साथ इसमें मानवीकरण अलंकार भी है।

अत: विकल्प (D) सही है।

68. 'नायिका' का अर्थ 'काव्य, नाटक आदि की प्रधान महिला पात्र' है।

'वर्तनी' शब्द का अर्थ उच्चारित होने वाले शब्द के लेखन में प्रयोग होने वाले लिपि चिह्नों के व्यवस्थित रूप को कहा जाता है।

अन्य विकल्प –

अशुद्ध वर्तनी	शुद्ध वर्तनी
मानसक	मानसिक
माचस	माचिस
क्षणक	क्षणिक

अत. विकल्प (A) राही है।

69. दिए गए विकल्पों में कुमुदनी शब्द की वर्तनी अशुद्ध है।

'कुमुदिनी' का अर्थ 'कमल की तरह का एक जलीय पौधा जिसमें सफ़ेद रंग के फूल लगते हैं' है।

अत: विकल्प (D) सही है।

70. दिए गए विकल्पों में एकान्त शब्द की वर्तनी शुद्ध है।

'एकान्त' का अर्थ 'शांत या शोरगुल रहित ऐसा स्थान जहाँ कोई न हो' है।

अन्य विकल्प –

अशुद्ध वर्तनी	शुद्ध वर्तनी
सूचिपत्र	सूचीपत्र
तृकोण	त्रिकोण
भानू	भानु

अत: विकल्प (C) सही है।

71. 'अदालत' शब्द का लिंग स्त्रीलिंग है।

- अदालत का अर्थ - न्यायालय
- नोट - नपुंसकलिंग और उभयलिंग हिंदी में लिंग के प्रकार नहीं है।

लिंग -		
लिंग (Sex, Gender) से तात्पर्य उन पहचानों या लक्षणों से जिनके द्वारा जीवजगत में नर को मादा से पृथक पहचाना जाता है। संज्ञा के जिस रूप से किसी व्यक्ति या वस्तु की पुरुष अथवा स्त्री जाति का बोध होता हैं उसे लिंग कहते हैं। हिंदी व्याकरण में इसके दो भेद हैं - स्त्रीलिंग और पुल्लिंग		
स्त्रीलिंग	जिन शब्दों से स्त्री जाति का बोध होता है उन्हें स्त्रीलिंग शब्द कहते हैं।	जैसे: माता, बहन, पुस्तक, पार्वती
पुल्लिंग	जिन शब्दों से पुरुष जाति का बोध होता है उन्हें पुल्लिंग शब्द कहते हैं।	जैसे: पिता, भाई, लड़का, पेड़, सिंह शिव, हनुमान, बैल

अत: विकल्प (B) सही है।

72.

- आग - स्त्रीलिंग शब्द है।
- आग का अर्थ - अग्नि होता है
- अन्य सभी शब्द पुल्लिंग शब्द है।

लिंग -		
लिंग (Sex, Gender) से तात्पर्य उन पहचानों या लक्षणों से जिनके द्वारा जीवजगत में नर को मादा से पृथक पहचाना जाता है। संज्ञा के जिस रूप से किसी व्यक्ति या वस्तु की पुरुष अथवा स्त्री जाति का बोध होता हैं उसे लिंग कहते हैं। हिंदी व्याकरण में इसके दो भेद है - स्त्रीलिंग और पुल्लिंग		
स्त्रीलिंग	जिन शब्दों से स्त्री जाति का बोध होता है उन्हें स्त्रीलिंग शब्द कहते हैं।	जैसे: माता, बहन, पुस्तक, पार्वती
पुल्लिंग	जिन शब्दों से पुरुष जाति का बोध होता है उन्हें पुल्लिंग शब्द कहते हैं।	जैसे: पिता, भाई, लड़का, पेड़, सिंह शिव, हनुमान, बैल

अत: विकल्प (B) सही है।

73.

- कमर - स्त्रीलिंग शब्द है।
- कमर का अर्थ - शरीर का मध्य भाग जो पेट एवं नितंब के बीच होता है।
- नोट - नपुंसकलिंग और उभयलिंग हिंदी में लिंग के प्रकार नहीं है।

लिंग -		
लिंग (Sex, Gender) से तात्पर्य उन पहचानों या लक्षणों से जिनके द्वारा जीवजगत में नर को मादा से पृथक पहचाना जाता है। संज्ञा के जिस रूप से किसी व्यक्ति या वस्तु की पुरुष अथवा स्त्री जाति का बोध होता हैं उसे लिंग कहते हैं। हिंदी व्याकरण में इसके दो भेद है - स्त्रीलिंग और पुल्लिंग		
स्त्रीलिंग	जिन शब्दों से स्त्री जाति का बोध होता है उन्हें स्त्रीलिंग शब्द कहते हैं।	जैसे: माता, बहन, पुस्तक, पार्वती
पुल्लिंग	जिन शब्दों से पुरुष जाति का बोध होता है उन्हें पुल्लिंग शब्द कहते हैं।	जैसे: पिता, भाई, लड़का, पेड़, सिंह शिव, हनुमान, बैल

अत: विकल्प (B) सही है।

74.

- 'घर, हिमालय, पेड़' पुल्लिंग शब्द हैं।
- घर का अर्थ - वास करने का स्थान
- हिमालय - पर्वत का नाम
- पेड़ - पादप

अन्य शब्द -

शब्द	लिंग

खाट	स्त्रीलिंग
गंगा	स्त्रीलिंग

अत: विकल्प (A) सही है।

75.

- 'कपाट' पुल्लिंग शब्द है।
- 'कपाट' का अर्थ - किवाड़

अन्य विकल्प -

शब्द	लिंग
गरिमा	स्त्रीलिंग
यमुना	स्त्रीलिंग
परिवर्तन	पुल्लिंग

अत: विकल्प (C) सही है।

76. 'उच्चारण' का संधि विच्छेद करने पर 'उत्+चारण' होगा तथा यहाँ व्यंजन संधि है। अतः सही विकल्प उत् + चारण है।

व्यंजन संधि में यदि त् + च या छ आये तो त् का च् हो जाएगा। जैसे – उत् + चारण = उच्चारण, महत् + छत्र = महच्छत्र।

अत: विकल्प (D) सही है।

77. 'सच्चिदानंद' का संधि-विच्छेद सत् + चित् + आनंद होगा, बाकी के विकल्प गलत हैं। इसलिए सही विकल्प 'सत् + चित् + आनंद' होगा।

सच्चिदानंद व्यंजन संधि का उदाहरण है। व्यंजन संधि के एक नियम के अनुसार 'त्' से परे 'च' या 'छ' होने पर 'च्', 'ज्' या 'झ' होने पर 'ज्', 'ट्' या 'ठ' होने पर 'ट्', 'ड्' या 'ढ' होने पर 'ड्' और 'ल' होने पर 'ल्' हो जाता है।

अत: विकल्प (A) सही है।

78. 'नयन' का सही संधि विच्छेद 'ने + अन' होगा। शेष विकल्प त्रुटिपूर्ण हैं। इसलिए विकल्प 'ने + अन' सही है।

'नयन' में अयादि स्वर संधि है। ने + अन = नयन (ए + अ = अय), यहाँ 'ए' और 'अ' के मेल से 'अय' बना है।

'अयादि स्वर संधि' में ए, ऐ, उ, ओ, औ साथ अन्य स्वरों का मेल होने पर ए का अय, ऐ का आय, ओ का अव, औ का आव हो जाता है।

अत: विकल्प (C) सही है।

79. 'मनोयोग' शब्द का सही सन्धि-विग्रह- 'मनः'+'योग' है।

- दो निकटवर्ती वर्णों के परस्पर मेल से जो विकार (परिवर्तन) होता है वह संधि कहलाता है।
- विग्रह का अर्थ होता है 'अलग करना'।
- मनोयोग शब्द में विसर्ग-संधि है।

अत: विकल्प (B) सही है।

80. 'दिग्गज' शब्द में व्यंजन संधि है तथा संधि विच्छेद 'दिक् + गज = दिग्गज' है। इसलिए सही विकल्प 'दिक् + गज' है।

व्यंजन संधि के नियम के अनुसार किसी भी वर्ग का पहला वर्ण (क, च, त आदि) + घोष वर्ण (तीसरा या चौथा वर्ण, स्वर तथा अन्तःस्थ (य, र, ल, व)) आये तो पहला वर्ण अपने वर्ग के तीसरे वर्ण में रूपांतरित हो जाता है। जैसे – वाक् + दान = वाग्दान, उत् + अय = उदय।

अत: विकल्प (A) सही है।

81. उपरोक्त सभी विकल्पों में 'आए थे हरिभजन को ओटन लगे कपास' उचित लोकोक्ति है।

- 'आए थे हरिभजन को ओटन लगे कपास' का अर्थ- आवश्यक कार्य छोड़कर अनावश्यक कार्य करने लगना।

लोकोक्ति:

- 'लोक + उक्ति' शब्दों से मिलकर बना है जिसका अर्थ है- लोक में प्रचलित उक्ति या कथन। जब कोई पूरा कथन किसी प्रसंग विशेष में उद्धृत किया जाता है तो **लोकोक्ति** कहलाता है।

अन्य विकल्प उचित लोकोक्ति रूप नहीं है।

अत: विकल्प (B) सही है।

82. 'आम के आम गुठलियों के दाम' लोकोक्ति का सही अर्थ दोहरा लाभ होना है।

लोकोक्ति:

- 'लोक + उक्ति' शब्दों से मिलकर बना है जिसका अर्थ है- लोक में प्रचलित उक्ति या कथन। जब कोई पूरा कथन किसी प्रसंग विशेष में उद्धृत किया जाता है तो लोकोक्ति कहलाता है।

- अन्य विकल्प इसके अनुचित अर्थ हैं।

अत: विकल्प (B) सही है।

83.

- 'अच्छे काम का परिणाम अच्छा होता' अर्थ के लिए उचित लोकोक्ति 'अंत भले का भला' है।
- लोकोक्ति - अंत भले का भला, अर्थ- अच्छे काम का परिणाम अच्छा होता।
- अन्य विकल्प इसके अनुचित अर्थ हैं।

अत: विकल्प (B) सही है।

84. 'अभिषेक जहाँ कम्प्यूटर सीखता है वहाँ कम्प्यूटर एक है और सीखने वाले बीस हैं – ये तो वही बात हुई कि <u>एक अनार सौ बीमार</u> ।'

अन्य विकल्प इसके अनुचित अर्थ हैं।

अत: विकल्प (C) सही है।

85. 'एक हाथ से ताली नहीं बजती' लोकोक्ति का सही अर्थ <u>झगड़ा एक पक्ष से नहीं होता</u> है।

अन्य विकल्प इसके अनुचित अर्थ हैं।

अत: विकल्प (D) सही है।

86.

- 'समर - समीर : गरमी - सर्दी' में समश्रुत शब्द युग्म का उचित अर्थ नहीं है।
- 'समर - समीर' का समश्रुत शब्द युग्म का उचित अर्थ होगा - 'युद्ध - हवा'।
- समर का अर्थ - युद्ध
- समीर का अर्थ - हवा

अत: विकल्प (C) सही है।

87.

- 'प्रमाण - प्रणाम' समश्रुत शब्द युग्म का सही अर्थ सबूत - नमस्कार है।
- प्रमाण का अर्थ - सबूत होता है।
- प्रणाम का अर्थ - नमस्कार होता है।

अत: विकल्प (A) सही है।

88.

- भवन का अर्थ - घर होता है।
- भुवन का अर्थ - लोक होता है।

भिन्नार्थक शब्द :

कुछ शब्द ऐसे होते हैं जिनमें स्वर, मात्रा अथवा व्यंजन में थोड़ा-सा अन्तर होता है। वे बोलचाल में लगभग एक जैसे लगते हैं, परन्तु उनके अर्थ में भिन्नता होती है। ऐसे शब्द 'भिन्नार्थक शब्द' कहलाते हैं।

अत: विकल्प (A) सही है।

89. सही अर्थ वाला समश्रुत भिन्नार्थक शब्द है -

'औसर - उसर'

- औसर का अर्थ - अवसर होता है।
- उसर का अर्थ - बंजर भूमि होता है।

भिन्नार्थक शब्द :

कुछ शब्द ऐसे होते हैं जिनमें स्वर, मात्रा अथवा व्यंजन में थोड़ा-सा अन्तर होता है। वे बोलचाल में लगभग एक जैसे लगते हैं, परन्तु उनके अर्थ में भिन्नता होती है। ऐसे शब्द 'भिन्नार्थक शब्द' कहलाते हैं।

अत: विकल्प (C) सही है।

90. सही अर्थ वाला समश्रुत शब्द युग्म है -

कसर - कसरत : कमी - व्यायाम।

- कसर का अर्थ - कमी होता है।
- कसरत का अर्थ - व्यायाम होता है।

अत: विकल्प (B) सही है।

91. दिये गए विकल्पों में से विकल्प (A) कर्मवाच्य सही उत्तर है। अन्य विकल्प सही उत्तर नहीं हैं।

- 'आरती ने पत्र लिखा' कर्मवाच्य है।
- कर्मवाच्य में कर्म की प्रधानता होती है तथा क्रिया का प्रयोग कर्म के लिंग, वचन और पुरुष के अनुसार होता है और कर्ता की स्थिति में स्वयं कर्म होता है।
- नोट - 'क्रियावाच्य' वाच्य का प्रकार नहीं है।

अत: विकल्प (A) सही है।

92. 'मुझसे शोर में नहीं सोया जाता।' इस वाक्य में 'भाववाच्य' है।

अन्य विकल्प इसके अनुचित उत्तर है।

- भाववाच्य में अकर्मक क्रिया का प्रयोग होता है।
- भाववाच्य में क्रिया हमेशा अकर्मक ही होती है। भाववाच्य में मुख्य क्रिया के साथ 'आ' प्रत्यय का प्रयोग होता है।
- वाक्यों में भाव मुख्य होता है।

अत: विकल्प (C) सही है।

93. दिए गये विकल्पों में 'हिमेश से दौड़ा नहीं जाता' इस वाक्य से यह स्पष्ट है कि उसे किसी प्रकार की समस्या है अर्थात वह भावग्रस्त है तथा 'रक्षा दौड़ सकती है' यह एक सरल वाक्य है। इसलिए सही विकल्प (C) 'हिमेश से दौड़ा नहीं जाता' है।

अत: विकल्प (C) सही है।

94. स्वाद के लिए नहीं, स्वास्थ्य के लिए खाओ।

व्यक्ति के स्वस्थ रहने के लिए भोजन आवश्यक है। यहाँ 'स्वास्थ्य' शब्द अर्थ के अनुसार उपयुक्त है।

अन्य विकल्प :

- पेट भरना-भूख मिटाना।
- आनंद -सुख, हर्ष, प्रसन्नता।
- जीना -जीवित रहना, जिंदा होना।

अत: विकल्प (C) सही है।

95. आत्मबल ही इस संसार का सबसे बड़ा बल है।

आत्मबल-किसी भी कार्य को करने के लिए व्यक्ति में सबसे आवश्यक गुण उसका खुद का बल या उसकी खुद की इच्छा होती है।

अन्य विकल्प:

- आत्मसंतोष-आत्मतृप्ति।
- आत्मसात-अपने अधिकार में।
- आत्मचिंतन-अपने मन के विषय में सोचना।

अत: विकल्प (A) सही है।

96. 'अव्ययीभाव' समास का एक भेद है जिसमें समास का पहला पद (पूर्वपद) अव्यय तथा प्रधान होता है।

समास :

दो या दो से अधिक शब्दों का परस्पर सम्बन्ध बताने वाले शब्दों अथवा कारक चिह्नों का लोप होने पर उन दो अथवा दो से अधिक शब्दों के मेल से बने एक स्वतन्त्र शब्द को समास कहते हैं।

अन्य विकल्प:

- 'निपात'- किसी भी बात पर अधिक भार देने के लिए जिन शब्दों का प्रयोग किया जाता है निपात कहलाता है।
- 'जातिवाचक' संज्ञा का भेद है जो किसी जाति विशेष का बोध करवाए।
- 'अकर्मक' क्रिया का एक भेद है जिसमें क्रिया के साथ कर्म का प्रयोग नहीं होता है।

अत: विकल्प (B) सही है।

97. 'पुस्तकालय' का समास विग्रह 'पुस्तक का आलय' होगा।

सम्प्रदान तत्पुरुष समास :

इसमें दो पदों के बीच सम्प्रदान कारक छिपा होता है। सम्प्रदान कारक का चिन्ह या विभक्ति "के लिए" होती है। उसे सम्प्रदान तत्पुरुष समास कहते हैं।

अन्य विकल्प:

समास का उदाहरण	समास का नाम	परिभाषा	उदाहरण
दाल और रोटी	द्वंद्व समास	जिस समास में दोनों पद प्रधान हो तथा विग्रह करने पर उनके बीच 'तथा', 'या', 'अथवा', 'एवं' या 'और' का प्रयोग होता हो,	जैसे – अन्न और जल - अन्न-जल, अपना और पराया -अपना-पराया।
पंचानन : पाँच हैं जिसके आनन (शिव)	बहुव्रीहि समास	जिस समास के दोनों पद प्रधान हों और दोनों मिलकर किसी अन्य विशेष अर्थ की ओर संकेत कर रहे हों।	जैसे – महावीर
सुलोचना : सुंदर हैं लोचन जिसके (वह स्त्री)	बहुव्रीहि समास	जिस समास के दोनों पद प्रधान हों और दोनों मिलकर किसी अन्य विशेष अर्थ की ओर संकेत कर रहे हों।	जैसे – महावीर

अत: विकल्प (C) सही है।

98. उपर्युक्त विकल्पों में से 'मधुमक्खी' में तत्पुरुष समास है। इसका समास विग्रह 'मधु की मक्खी' होगा तथा इसमें 'की' का लोप होने से ये 'सबंध तत्पुरुष समास' है।

सम्प्रदान तत्पुरुष समास :

इसमें दो पदों के बीच सम्प्रदान कारक छिपा होता है। सम्प्रदान कारक का चिन्ह या विभक्ति "के लिए" होती है। उसे सम्प्रदान तत्पुरुष समास कहते हैं।

अन्य विकल्पों का समास विग्रह निम्न प्रकार है:

शब्द	समास विग्रह	समास का नाम
पीताम्बर	पीला है अम्बर जिसका अर्थात विष्णु	बहुव्रीहि समास
त्रिभुवन	तीन भुवन का समूह	द्विगु समास
दौड़धूप	दौड़ या धूप	द्वंद्व समास

अत: विकल्प (D) सही है।

99. 'सिरदर्द' शब्द का समास विग्रह 'सर में दर्द' होगा। यहाँ 'में' चिह्न आने पर 'अधिकरण तत्पुरुष समास' है।

परिभाषा

जिस समास में उत्तरपद प्रधान हो तथा समास करने के उपरांत विभक्ति (कारक चिन्ह) का लोप हो उसे तत्पुरुष समास कहते है।

उदाहरण

1. धर्म का ग्रन्थ = धर्मग्रन्थ
2. तुलसीदास द्वारा कृत = तुलसीदासकृत

अत: विकल्प (B) सही है।

100. 'राजपुत्र' का समास विग्रह करने पर 'राजा का पुत्र' होगा, इसमें 'का' परसर्ग पर 'सम्बन्ध तत्पुरुष समास' है। 'सम्बन्ध तत्पुरुष समास' का परसर्ग 'का, की, के' है।

परिभाषा

जिस समास में उत्तरपद प्रधान हो तथा समास करने के उपरांत विभक्ति (कारक चिन्ह) का लोप हो उसे तत्पुरुष समास कहते है।

उदाहरण

- धर्म का ग्रन्थ = धर्मग्रन्थ, तुलसीदास द्वारा कृत = तुलसीदासकृत।

अत: विकल्प (B) सही है।

Q.1 'वेद + उक्त' का सही संधि-रूप क्या होगा ?
A. वेदोक्त **B.** वेदूक्त **C.** वेदउक्त **D.** वेदौक्त

Q.2 "परमानंद" शब्द का सही संधि-विच्छेद है:
A. परमा + आनंद **B.** परम + आनंद
C. परमन् + आनंद **D.** परम: + आनंद

Q.3 'अति + आचार' का शुद्ध संधि युक्त शब्द है:
A. अतिआचार **B.** अत्याचार
C. आताचार **D.** अतीचार

Q.4 'नद्यागम' शब्द का सही संधि-विच्छेद क्या होगा ?
A. नदी + आगम **B.** नदी + अगम
C. नदि + आगम **D.** नदि + अगम

Q.5 'मनोविकार' शब्द का सही सन्धि-विच्छेद है:
A. मन: + विकार **B.** मना + विकार
C. मनो + विकार **D.** मन + ओ + विकार

Q.6 निम्नलिखित में से कौन सा 'आकाश' का पर्यायवाची नहीं है ?
A. व्योम **B.** श्रान्ति **C.** दिव **D.** पुष्कर

Q.7 निर्देश: पर्यायवाची शब्द के आधार पर निम्नलिखित प्रश्न का उत्तर दीजिये।
'पवन' का पर्यायवाची शब्द है:
A. मिलना **B.** पूजना **C.** समीर **D.** आदर

Q.8 इनमें से 'सर्प' किसका पर्यायवाची है?
A. उरग **B.** भगवान **C.** सरोवर **D.** बन्धन

Q.9 इनमें से 'दाँत' किसका पर्यायवाची है?
A. दाड़िम **B.** रद् **C.** नग **D.** दशन

Q.10 महोत्सव का संधि-विच्छेद है।
A. महो + उत्सव **B.** महा + उत्सव
C. महि + उत्सव **D.** म + उत्सव

Q.11 'कर्तव्यच्युत' शब्द के लिए उचित वाक्यांश चुनिये।
A. उपकार मनाने वाला
B. अपने कर्तव्य का निर्णय न कर सकने वाला
C. जिसके ऊपर किसी का उपकार हो
D. जो कर्तव्य से च्युत हो गया हो

Q.12 वाक्यांश 'दमन करने की इच्छा' के लिए एक शब्द ___ है।
A. जिघत्सा **B.** जिघृक्षा **C.** जिगीषा **D.** क्षुधातुर

Q.13 वाक्यांश 'जो भविष्य के प्रति निराश हो' के लिए एक शब्द ___ है।
A. निरंकुश **B.** निरुत्तर
C. निर्निमेष **D.** निराशावादी

Q.14 दिए गए विकल्पों में 'दुर्जेय' शब्द के लिए सही वाक्यांश का चयन कीजिए।
A. जिसका निवारण करना कठिन हो
B. जिसका दमन करना कठिन हो
C. जिस पर विजय पाना कठिन हो
D. जिसका उपचार करना कठिन हो

Q.15 मास के किसी पक्ष की दशमी तिथि को एक शब्द में क्या कहते हैं?
A. द्वादशी **B.** दशमी **C.** द्वितीया **D.** दशानन

Q.16 'मेरी भव बाधा हरी राधा नागरि सोई। जा तन की झाई परै स्याम हरित दुति होई।' इन पंक्तियों में कौन-सा रस है?
A. अदभुत रस **B.** श्रृंगार रस
C. वीभत्स रस **D.** भक्ति रस

Q.17 वीभत्स रस का स्थायी भाव है?
A. क्रोध **B.** निर्वेद **C.** जुगुप्सा **D.** रति

Q.18 "तीन बेर खाती थी, वे तीन बेर खाती थी।" निम्नलिखित पंक्ति में कौन सा अलंकार है?
A. श्लेष अलंकार **B.** यमक अलंकार
C. अनुप्रास अलंकार **D.** उपमा अलंकार

Q.19 रिक्त स्थान को भरने के लिए उपयुक्त शब्द का चयन करें।
ऐसा व्यक्ति, जिसके आने का दिन और समय पहले से निश्चित नही होता है, ______ कहलाता है।
A. असामयिक **B.** अतिथि
C. अगम्य **D.** अनुचर

Q.20 रिक्त स्थान को भरने के लिए उपयुक्त शब्द का चयन करें।
लोकतंत्र में प्रत्येक व्यक्ति को अपने भाव ______ की स्वतंत्रता है।
A. अभिव्यक्ति **B.** अनुपस्थिति
C. अलौकिकता **D.** उपस्थिति

Q.21 निम्न में से शुद्ध वर्तनी का चयन कीजिये:
A. ताक्कालिक **B.** तलाब
C. धनुश **D.** दोश

Q.22 'अनुसंधान' शब्द के सही रूप का चयन कीजिये।
A. अनुशंधान **B.** अनुसंधान **C.** आनुषंधान **D.** अनुसंधन

Q.23 'तोष- तोश' श्रुतिसम भिन्नार्थक शब्द का क्या अर्थ है?
A. जूठा - झूठा **B.** सन्तुष्टि - हिंसा
C. जन्ता - जनता **D.** डोल - डौल

Q.24 'अलक - अलका' श्रुतिसम भिन्नार्थक शब्द का क्या अर्थ है?
A. अवंध्य - अवध्य **B.** उत्कच - उत्कट
C. बाल - एक नगरी **D.** कंजर - कुंजर

Q.25 'चपत - चम्पत' श्रुतिसम भिन्नार्थक शब्द का क्या अर्थ है?
A. मन - पड़ा हुआ **B.** देर - वस्त
C. जीवनी - आचरण **D.** थप्पड़ - गायब

Q.26 इनमें से संकर शब्द कौन सा नहीं है?
A. वर्षगांठ **B.** उड़नतश्तरी
C. काउंसिल **D.** जांचकर्ता

Q.27 इनमें से संकर शब्द कौन सा है?
A. फीता **B.** इनाम **C.** आंसूगैस **D.** कुली

Q.28 देशज शब्द की पहचान कीजिये।
A. तीर **B.** जगमग **C.** चाकू **D.** शोर

Q.29 निम्न में से कौन सा शब्द विदेशी मूल का नहीं है।

A. लाश   **B.** परत   **C.** मेज   **D.** भोंपू

Q.30 कौन सा शब्द विदेशी है?

A. डाब   **B.** कपास   **C.** हलवाई   **D.** चपटा

Q.31 किस शब्द में 'कम' उपसर्ग है?

A. कामाख्या   **B.** कामचोर   **C.** कमजोर   **D.** कारनामा

Q.32 निम्न में से किस शब्द में दो उपसर्ग हैं?

A. खुशमिज़ाज   **B.** सुसंगठित

C. दरहक़ीक़त   **D.** बिनबादल

Q.33 'पर' उपसर्ग से बना शब्द निम्न में से कौन - सा है?

A. प्रयास   **B.** पराभूत   **C.** परिधि   **D.** परलोक

Q.34 किस शब्द में 'नि' उपसर्ग नहीं है?

A. निर्बल   **B.** निबन्ध   **C.** निजोर   **D.** निदान

Q.35 'ग़ैर' उपसर्ग से बना शब्द निम्न में से कौन - सा नहीं है?

A. गैर सरकारी   **B.** बगैर

C. गैरकानूनी   **D.** ग़ैर हाज़िर

Q.36 निम्न में से किस शब्द में 'आ' प्रत्यय नहीं है?

A. घटिया   **B.** भूला   **C.** भूखा   **D.** मैला

Q.37 किस शब्द में 'नी' प्रत्यय प्रयुक्त हुआ हैं?

A. नानी   **B.** जवानी   **C.** मोरनी   **D.** चीनी

Q.38 निम्नलिखित में से किस शब्द में 'इत' प्रत्यय प्रयुक्त नहीं हुआ है?

A. कलंकित   **B.** आनंदित   **C.** इंसानियत   **D.** पुष्पित

Q.39 आवट प्रत्यय से कौन सा शब्द नहीं बना हैं?

A. रूकावट   **B.** गुर्रहिट   **C.** तरावट   **D.** सजावट

Q.40 'ईय' प्रत्यय योग से बना शब्द नहीं हैं:

A. आदरणीय   **B.** शासकीय   **C.** भारतीय   **D.** स्वर्गीय

Q.41 निम्नलिखित में से कौन सा विलोम- युग्म सही नहीं है?

A. कर्म - अकर्म   **B.** कर्कश – मधुर

C. कर्मण्य – अकर्मण्य   **D.** कर्ता – धर्ता

Q.42 निम्नलिखित में से विलोम अर्थ के अनुसार बेमेल-युग्म का चयन कीजिए।

A. सदाचार-कदाचार   **B.** यश-अपयश

C. संघर्ष-विघर्ष   **D.** उत्थान-पतन

Q.43 निम्नलिखित में से विलोम अर्थ के अनुसार बेमेल-युग्म का चयन कीजिए।

A. अस्ताचल-उदयाचल   **B.** आकर्ष-विकर्ष

C. आगमन-निर्गमन   **D.** आर्द्र-अनार्द्र

Q.44 निम्नलिखित में से विलोम अर्थ के अनुसार बेमेल-युग्म का चयन कीजिए।

A. अर्जन-सर्जन   **B.** क्रिया-प्रतिक्रिया

C. सक्रिय -निष्क्रिय   **D.** प्राकृतिक-कृत्रिम

Q.45 निम्नलिखित में से विलोम अर्थ के अनुसार बेमेल-युग्म का चयन कीजिए।

A. अक्रूर-क्रूर   **B.** अगला-पिछला

C. अच्छा-बुरा   **D.** अंशतः-अल्पतः

Q.46 'कुंठित' का विलोम शब्द क्या होगा?

A. शीत   **B.** ठंडा   **C.** तीक्ष्ण   **D.** मंद

Q.47 'कनिष्ठ' शब्द का विलोम बताइये।

A. वीर   **B.** ज्येष्ठ   **C.** खोटा   **D.** नागर

Q.48 रिक्त स्थान को भरने के लिए उपयुक्त शब्द का चयन करें।
'भारत की खोज' पंडित जवाहरलाल नेहरु की सर्वाधिक _______ पुस्तक है।

A. अप्रसिद्ध   **B.** प्रसिद्ध   **C.** लोकप्रिय   **D.** संपूर्ण

Q.49 'भय' का विलोम शब्द बताइये?

A. जीव   **B.** साहस

C. अभद्र   **D.** इनमें से कोई नहीं

Q.50 'पर्णकुटी' का विलोम शब्द बताइये?

A. सकुंचित   **B.** भृत्य   **C.** अंतिम   **D.** महल

Q.51 'कोढ़ में खाज '- मुहावरे का अर्थ क्या है?

A. बहुत परेशान होना   **B.** अधिक लज्जित होना

C. बुराई या अनिष्ट चाहना   **D.** संकट पर संकट होना

Q.52 'ओस के मोती'- मुहावरे का अर्थ क्या है:

A. बहुत गरीब होना

B. उन्मत्त होना

C. हर प्रकार का अनुभव होना

D. क्षणभंगुर

Q.53 'घाव हरा होना' मुहावरे के लिए उचित अर्थ का चयन कीजिये।

A. संकट पर संकट होना

B. भूला हुआ दुःख पुनः याद आना

C. बाधा दूर होना

D. बुराई या अनिष्ट चाहना

Q.54 'नाक पर मक्खी न बैठने देना' मुहावरे के लिए उचित अर्थ का चयन कीजिये।

A. अपने ऊपर किसी भी प्रकार का आक्षेप न लगने देना

B. दूसरे को नीचा दिखाने के प्रयास में स्वयं नीचा देखना

C. बदनाम करना या दोषारोपण करना

D. बुराई या अनिष्ट चाहना

Q.55 किस विकल्प में मुहावरे का भावार्थ सही है?

A. कोढ़ में खाज होना- नहीं नहाना

B. काठ का उल्लू- लकड़ी का खिलौना लाना

C. कसाई के खूँटे से बाँधना- निर्दयी या क्रूर मनुष्य के हाथों में देना

D. कलेजा पसीजना- पसीना आना

Q.56 निम्नलिखित में से कौन सा वाक्य अशुद्ध है?

A. महेश आज घर से नहीं निकला।

B. सब की खुशी में ही मेरी खुशी है।

C. जब मैं था तब हरि नहीं।

D. कोई भी इस काम के लिए तैयार नहीं होंगे।

Q.57 'वे सब कुछ कर देगा'- वाक्य में किस प्रकार का दोष है?

A. संज्ञा संबंधी   **B.** सर्वनाम संबंधी

C. लिंग संबंधी   **D.** क्रिया संबंधी

Q.58 अशुद्ध वाक्य पहचानिए:

A. जब भी कुछ बोलो सोच समझ कर बोलो।

B. मेरा कुछ नहीं बिगड़ेगा।

C. मेरे से गाड़ी ले लो।

D. यहाँ तो एक भी इंसान नहीं दिखता।

Q.59 'संलग्न' शब्द का अंग्रेजी पारिभाषिक शब्द होगा:
A. Request
B. Direction
C. Proprietor
D. Enclosed

Q.60 'उन्मूलन' के लिए अंग्रेजी का समानार्थक पारिभाषिक शब्द क्या होगा?
A. Abolition
B. Acceptable
C. Agmark
D. Aided

Q.61 "अजी, क्या बाजार जा रहे हो?" वाक्य में कारक है:
A. सम्प्रदान कारक
B. अपादान कारक
C. करण कारक
D. सम्बोधन कारक

Q.62 "बन्दर पेड़ पर बैठा है।" वाक्य में कारक है:
A. सम्प्रदान कारक
B. अपादान कारक
C. सम्बन्ध कारक
D. अधिकरण कारक

Q.63 "क्या सुन्दर लड़की है!" इस वाक्य में उचित निपात को बताइए।
A. क्या
B. सुन्दर
C. लड़की
D. कोई नहीं

Q.64 "'पशु-पक्षी भी अपना हित समझते हैं।' इस वाक्य में 'भी' कौन-सा निपात है?
A. आदरबोधक
B. बलदायक
C. अवधारणबोधक
D. तुलनाबोधक

Q.65 'शिक्षक ही देश को भ्रष्टाचार से मुक्त कर सकता हैं।' इस वाक्य में उचित निपात को बताइए।
A. ही
B. को
C. से
D. है

Q.66 निम्नलिखित में से शुद्ध वर्तनी का चयन कीजिए:
A. कलस
B. आधीन
C. स्थान
D. अनवेषण

Q.67 निम्नलिखित में से शुद्ध वर्तनी का चयन कीजिए:
A. अन्तीम
B. कविता
C. जलांजली
D. चरीतार्थ

Q.68 निम्नलिखित में से शुद्ध वर्तनी का चयन कीजिए:
A. अंतर्कथा
B. श्मशान
C. अपरान्ह
D. असाढ़

Q.69 साधारण वाक्य के अंत में किस विरामचिन्ह का प्रयोग होता है?
A. पूर्णविराम
B. प्रश्नविराम
C. विस्मयविरामचिन्ह
D. विवरणचिन्ह

Q.70 निम्नलिखित में से शुद्ध वर्तनी का चयन कीजिए:
A. विस्मरन
B. ब्याधि
C. किवार
D. अंश

Q.71 निम्नलिखित में से कौन सा शब्द निजवाचक सर्वनाम है?
A. कोई
B. खुद
C. ये
D. क्या

Q.72 निम्नलिखित में से कौन सा शब्द समूहवाचक संज्ञा का है?
A. गिरोह
B. पेड़
C. शहर
D. इनमें से कोई नहीं

Q.73 निम्न में से कौन-से वाक्य में कर्मवाच्य है?
A. रोगी को दवा दी गई
B. मोहन से टहला भी नहीं जाता
C. धूप में चला नहीं जाता
D. उपर्युक्त सभी

Q.74 निम्नलिखित में नामधातु क्रिया है?
A. मैं खाना चाहता हूँ
B. लुटेरों ने जमीन हथिया ली
C. अध्यापिका छात्र से पाठ पढ़वाती हैं।

D. माता जी बाजार से आ गई।

Q.75 'अर्थ' शब्द का विशेषण शब्द बताइए:
A. मतलब
B. सार्थक
C. आर्थिक
D. निरर्थक

Q.76 'यह लड़की बहुत होशियार है।' रेखांकित शब्द गें कोन सा विशेषण है ?
A. व्यक्तिवाचक विशेषण
B. सार्वनामिक विशेषण
C. गुणवाचक विशेषण
D. संख्यावाचक विशेषण

Q.77 'मुझसे उठा नहीं गया' वाक्य में कौन-सा वाच्य है?
[Super TET Paper - I, 2018]
A. कर्तृवाच्य
B. कर्मवाच्य
C. भाववाच्य
D. इनमें से कोई नहीं

Q.78 निम्न में से कौन-सा 'सिरा' का सही अनेकार्थक शब्द है?
A. चोटी
B. अंत
C. समाप्ति
D. उपरोक्त सभी

Q.79 'डाकिया चिट्ठी लाया' वाक्य में क्रिया का कौन-सा भेद प्रयुक्त हुआ है?
A. सकर्मक
B. अकर्मक
C. पूर्वकालिक
D. प्रेरणार्थक

Q.80 'कर्मवीर' में कौन सा तत्पुरुष समास होगा?
A. संबंध तत्पुरुष
B. करण तत्पुरुष
C. अपादान तत्पुरुष
D. संप्रदान तत्पुरुष

Q.81 'त्रिभुवन' शब्द में समास होगा:
A. द्वन्द्व समास
B. अव्ययीभाव समास
C. द्विगु समास
D. इनमें से कोई नहीं

Q.82 'यथासमय' का उचित समास-विग्रह क्या होगा?
A. समय को अनुसार
B. समय में अनुसार
C. समय के अनुसार
D. समय से अनुसार

Q.83 जब किसी समास में दोनों शब्द प्रधान हों तो उसको क्या कहते हैं?
A. द्वन्द्व समास
B. द्विगु समास
C. प्रधान समास
D. तत्पुरुष समास

Q.84 'भीड़ में भी अकेले रहते हैं' - वाक्य में निपात है?
A. भीड़ में
B. अकेले
C. भी
D. रहते हैं

Q.85 निम्नलिखित में से निश्चय बोधक क्रिया विशेषण का उदाहरण नहीं है?
A. अवश्य
B. सचमुच
C. यथार्थ
D. सच

Q.86 "विद्यालय के पीछे बाग है।" - वाक्य में कौन सा अव्यय है?
A. स्थानवाचक बोधक अव्यय
B. परिणाम बोधक अव्यय
C. कारण बोधक अव्यय
D. स्वीकार बोधक अव्यय

Q.87 निम्नलिखित में से संबंधबोधक अव्यय का उदाहरण है?
A. सरिस
B. मात्र
C. बहुत
D. अत्यंत

Q.88 "अहा !आप आ गए" वाक्य में अहा शब्द है?
A. संज्ञा
B. सर्वनाम
C. अव्यय
D. विशेषण

Q.89 वाच्य के कितने भेद होते हैं?
A. दो
B. पाँच
C. सात
D. तीन

Q.90 निम्नलिखित में अग्नि का तद्भव रूप कौन सा है?
A. अटारी
B. दबाना
C. आग
D. डूब

Q.91 'घोड़ा' का तत्सम रूप होगा:

A. घोडक　　B. घोड़क　　C. घाटक　　D. घोटक

Q.92 'साखी' का मूल तत्सम शब्द क्या है?

A. शिक्षा　　　　　　B. साक्षी
C. दिया　　　　　　D. इनमे से कोई नहीं

Q.93 निम्नलिखित विकल्पों में से स्त्रीलिंग शब्द का चयन कीजिए?

A. चीन　　B. प्रशांत　　C. वसुन्धरा　　D. वरुण

Q.94 निम्नलिखित में से कौन-सा शब्द स्त्रीलिंग है?

A. कृपा　　B. मित्र　　C. कार्य　　D. त्योहार

Q.95 निम्नलिखित में से कौन सा शब्द पुल्लिंग नहीं है?

A. लेखक　　B. दिखावा　　C. सन्तान　　D. लड़कपन

Q.96 'कली' शब्द का बहुवचन रूप होगा:

A. कलिएँ　　B. कलियों　　C. कलियाँ　　D. कलीना

Q.97 'मिठाई' शब्द किस शब्द का एकवचन है?

A. मीठे　　B. मिठाई　　C. मिठईयाँ　　D. मिठाइयाँ

Q.98 'कामना' शब्द का उचित बहुवचन चुनिए:

A. कामना　　B. कामनाओं　　C. कामनाएँ　　D. कामनों

Q.99 दिए गए विकल्पों में से चादर का बहुवचन कौन-सा है?

A. चादर-चादर　　　　B. चदराओं
C. चादरों　　　　　　D. चादरें

Q.100 रिक्त स्थान को भरने के लिए उपयुक्त शब्द का चयन करें।
अपनी गलती तुरंत स्वीकार कर लेने वाले व्यक्ति _______ होते हैं।

A. सद्गुणी　　　　　　B. निर्गुणी
C. अवगुणी　　　　　　D. इनमें से कोई नहीं

// स्मार्ट उत्तर पुस्तिका //

सही उत्तर उन छात्रों के प्रतिशत को इंगित करता है जिन्होंने प्रश्नों का सही उत्तर दिया था।

छोड़ दिया उन छात्रों के प्रतिशत को इंगित करता है जिन्होंने प्रश्नों को छोड़ दिया था।

प्रश्न संख्या	उत्तर	सही उत्तर / छोड़ दिया	प्रश्न संख्या	उत्तर	सही उत्तर / छोड़ दिया	प्रश्न संख्या	उत्तर	सही उत्तर / छोड़ दिया	प्रश्न संख्या	उत्तर	सही उत्तर / छोड़ दिया	प्रश्न संख्या	उत्तर	सही उत्तर / छोड़ दिया
1	A	42.64 % / 49.01 %	17	C	58.96 % / 40.0 %	33	D	59.07 % / 39.67 %	49	B	62.28 % / 33.25 %	65	A	46.64 % / 50.29 %
2	B	54.48 % / 36.45 %	18	B	68.58 % / 30.14 %	34	A	60.18 % / 33.88 %	50	D	55.58 % / 44.1 %	66	C	53.52 % / 34.35 %
3	B	46.75 % / 35.58 %	19	B	65.02 % / 33.43 %	35	B	46.0 % / 46.11 %	51	D	63.42 % / 32.21 %	67	B	68.24 % / 31.12 %
4	A	51.88 % / 39.42 %	20	A	57.9 % / 34.53 %	36	A	58.25 % / 32.61 %	52	D	55.03 % / 31.58 %	68	B	67.51 % / 30.11 %
5	A	40.23 % / 52.57 %	21	A	66.7 % / 30.79 %	37	C	69.66 % / 30.28 %	53	B	66.2 % / 32.17 %	69	A	60.75 % / 35.5 %
6	B	44.97 % / 41.71 %	22	B	40.55 % / 31.03 %	38	C	59.14 % / 40.15 %	54	A	51.3 % / 45.61 %	70	D	50.82 % / 45.96 %
7	C	56.94 % / 30.19 %	23	B	52.8 % / 37.76 %	39	B	40.45 % / 44.12 %	55	C	49.2 % / 48.37 %	71	B	63.19 % / 34.45 %
8	A	67.34 % / 30.91 %	24	C	77.55 % / 20.22 %	40	A	40.99 % / 45.23 %	56	D	83.55 % / 10.8 %	72	A	78.85 % / 20.87 %
9	D	44.44 % / 38.4 %	25	D	57.32 % / 31.28 %	41	D	52.47 % / 40.14 %	57	D	69.06 % / 30.13 %	73	A	53.92 % / 42.56 %
10	B	48.8 % / 33.02 %	26	C	69.34 % / 30.2 %	42	C	46.38 % / 30.47 %	58	C	68.69 % / 30.4 %	74	B	50.13 % / 39.79 %
11	D	64.55 % / 34.11 %	27	C	43.16 % / 49.71 %	43	D	57.93 % / 39.46 %	59	D	49.59 % / 31.63 %	75	C	80.76 % / 18.65 %
12	C	47.04 % / 38.11 %	28	B	89.52 % / 10.34 %	44	A	67.33 % / 31.64 %	60	A	59.29 % / 39.0 %	76	B	59.41 % / 33.53 %
13	D	64.97 % / 31.41 %	29	D	87.46 % / 11.21 %	45	D	62.58 % / 36.42 %	61	D	64.89 % / 34.25 %	77	C	40.4 % / 54.85 %
14	C	54.99 % / 33.39 %	30	C	47.22 % / 43.41 %	46	C	58.67 % / 36.79 %	62	D	44.75 % / 44.58 %	78	D	67.11 % / 30.41 %
15	B	51.26 % / 42.94 %	31	C	48.08 % / 38.83 %	47	B	51.62 % / 41.69 %	63	A	63.66 % / 33.29 %	79	A	65.73 % / 31.27 %
16	D	50.72 % / 46.67 %	32	B	49.74 % / 45.96 %	48	B	50.36 % / 42.0 %	64	B	44.09 % / 45.81 %	80	B	84.96 % / 11.53 %

प्रश्न संख्या	उत्तर	सही उत्तर / छोड़ दिया
81	C	86.92 %
		10.32 %
82	C	45.32 %
		36.72 %
83	A	64.21 %
		30.69 %
84	C	48.48 %
		31.77 %

प्रश्न संख्या	उत्तर	सही उत्तर / छोड़ दिया
85	D	81.38 %
		17.64 %
86	A	49.24 %
		41.45 %
87	A	51.54 %
		38.44 %
88	C	69.19 %
		30.7 %

प्रश्न संख्या	उत्तर	सही उत्तर / छोड़ दिया
89	D	48.24 %
		47.81 %
90	C	65.49 %
		32.48 %
91	D	63.35 %
		35.54 %
92	B	59.7 %
		35.56 %

प्रश्न संख्या	उत्तर	सही उत्तर / छोड़ दिया
93	C	62.21 %
		34.48 %
94	A	54.22 %
		36.56 %
95	C	50.38 %
		34.8 %
96	C	43.08 %
		32.74 %

प्रश्न संख्या	उत्तर	सही उत्तर / छोड़ दिया
97	D	59.09 %
		30.79 %
98	C	54.68 %
		40.78 %
99	D	86.11 %
		11.44 %
100	A	48.93 %
		45.1 %

कार्य विश्लेषण	
औसत अंक (%)	**40.0%**
टॉपर्स स्कोर (%)	**67.0%**
आपका स्कोर	

//संकेत और समाधान//

1. 'वेद + उक्त' का सही संधि-रूप वेदोक्त हैं।

- वेदोक्त = वेद + उक्त
- संधि का प्रकार - गुण संधि
- वेदोक्त का अर्थ - वेदों में कहा हुआ।

सन्धि – दो वर्णों या ध्वनियों के संयोग से होने वाले विकार (परिवर्तन) को सन्धि कहते हैं।

अत: विकल्प (A) सही है।

2. "परमानंद" शब्द का सही संधि-विच्छेद परम +आनंद है।

- परमानंद = परम + आनंद
- संधि का प्रकार - दीर्घ संधि
- परमानंद शब्द का अर्थ - आनंद स्वरूप ब्रह्म।

सन्धि – दो वर्णों या ध्वनियों के संयोग से होने वाले विकार (परिवर्तन) को सन्धि कहते हैं।

अतः विकल्प (B) सही है।

3. 'अति + आचार' का शुद्ध संधि युक्त शब्द अत्याचार है।

- अत्याचार = 'अति + आचार'
- संधि का प्रकार - यण संधि
- अत्याचार का अर्थ - जुल्म

सन्धि – दो वर्णों या ध्वनियों के संयोग से होने वाले विकार (परिवर्तन) को सन्धि कहते हैं।

अत: विकल्प (B) सही है।

4. 'नद्यागम' शब्द का सही संधि-विच्छेद नदी + आगम है।

- नद्यागम मे यण संधि है।
- **यण संधि** : जब संधि करते समय इ, ई के साथ कोई अन्य स्वर हो तो ' य ' बन जाता है, जब उ, ऊ के साथ कोई अन्य स्वर हो तो ' व् ' बन जाता है , जब ऋ के साथ कोई अन्य स्वर हो तो ' र ' बन जाता है।

अत: विकल्प (A) सही है।

5. 'मनोविकार' शब्द का सही सन्धि-विच्छेद मन: + विकार है।

- मनोविकार का अर्थ - मन का आवेग
- मनोविकार मे संधि- विसर्ग संधि है।

विसर्ग संधि: विसर्ग के साथ स्वर या व्यंजन के मेल से विकार उत्पन्न होता है। जैसे – दुः + आत्मा =दुरात्मा, निः + कपट =निष्कपट।

अत: विकल्प (A) सही है।

6. 'श्रान्ति' , 'आकाश' का पर्यायवाची नहीं है ।

- 'श्रान्ति' का अर्थ है : 'थकान'
- 'व्योम', 'दिव' तथा 'पुष्कर' ये तीनों 'आकाश' के पर्यायवाची हैं ।

पर्यायवाची : ऐसे शब्द जिनके अर्थ समान हों, पर्यायवाची शब्द कहलाते हैं।

अत: विकल्प (B) सही है।

7. 'पवन' का पर्यायवाची शब्द समीर है।

पवन के पर्यायवाची हैं - वायु, हवा, समीर, वात, मारुत, अनिल, पवमान, समीरण, स्पर्शन।

पर्यायवाची : ऐसे शब्द जिनके अर्थ समान हों, पर्यायवाची शब्द कहलाते हैं।

अत: विकल्प (C) सही है।

8. "उरग" सर्प का पर्यायवाची हैं।

सर्प के पर्यायवाची शब्द : साँप, नाग, उरग, विषधर, भुजंग, अहि, व्याल, फणी, पन्नग, चक्षुश्रवा।

पर्यायवाची : ऐसे शब्द जिनके अर्थ समान हों, पर्यायवाची शब्द कहलाते हैं।

अत: विकल्प (A) सही है।

9. "दशन" दाँत का पर्यायवाची है।

दाँत के पर्यायवाची शब्द है - दशन, रदन, रद, द्विज, दन्त, मुखखुर।

पर्यायवाची : ऐसे शब्द जिनके अर्थ समान हों, पर्यायवाची शब्द कहलाते हैं।

अत: विकल्प (D) सही है।

10. महोत्सव का संधि-विच्छेद "महा + उत्सव" है।

'महोत्सव' में गुण संधि है।

गुण संधि- अ, आ के साथ इ, ई का मेल होने पर 'ए'; उ, ऊ का मेल होने पर 'ओ'; तथा ऋ का मेल होने पर 'अर्' हो जाने का नाम गुण संधि है।

अत: विकल्प (B) सही है।

11. "जो कर्तव्य से च्युत हो गया हो" वाक्यांश 'कर्तव्यच्युत' शब्द के लिए उचित वाक्यांश है।

कर्तव्यच्युत के पर्यायवाची हैं- कर्तव्यहीन, दायित्वहीन, गैर-जिम्मेदार।

अत: विकल्प (D) सही है।

12. दिए गए विकल्पों में से 'दमन करने की इच्छा' के लिए एक शब्द 'जिगीषा' है।

जिगीषा के पर्यायवाची शब्द हैं -उद्योग, कोशिश, चेष्टा, जतन, जिगीष, पैरवी, प्रयत्न, प्रयास आदि।

अत: विकल्प (C) सही है।

13. 'जो भविष्य के प्रति निराश हो' के लिए एक शब्द 'निराशावादी' उचित है।

निराशावादी का विलोम शब्द आशावादी होता है।

अत: विकल्प (D) सही है।

14. दिए गए विकल्पों में 'दुर्जेय' के लिए उचित वाक्यांश है 'जिस पर विजय पाना कठिन हो'।

दुर्जेय के पर्यायवाची/समानार्थक शब्द हैं - अजय, अजित, अपराजेय, अविजय, अदमनीय, अजेय, दुर्दांत, दुर्भेद्य, दुर्दम्य आदि।

अत: विकल्प (C) सही है।

15. मास के किसी पक्ष की दशमी तिथि को एक शब्द में 'दशमी' कहते हैं।

'दशमी' के अन्य अर्थ- दशहरा ,शताब्दी का अंतिम दशक ,दसवीं और अंतिम अवस्था- मरणावस्था।

अत: विकल्प (B) सही है।

16. उपरोक्त पंक्तियों में भक्ति रस है। अर्थ -राधा जी के पीले शरीर की छाया नीले कृष्ण पर पड़ने से वे हरे लगने लगते हैं। दूसरा अर्थ है कि राधा की छाया पड़ने से कृष्ण हरित (प्रसन्न) हो उठते हैं।

भक्ति रस की परिभाषा : जहाँ ईश्वर के प्रति प्रेम या अनुराग का वर्णन होता है वहाँ भक्ति रस होता है।भक्ति रस का स्थायी भाव देव रति है ।जैसे - एक भरोसो एक बल, एक आस विश्वास,एक राम घनश्याम हित, चातक तुलसीदास।

अत: विकल्प (D) सही है।

17. 'जुगुप्सा' वीभत्स रस का स्थायी भाव है।

जुगुप्सा शब्द का अर्थ : निंदा

वीभत्स रस की परिभाषा : जिन वस्तुओं के वर्णन से मनुष्य के अन्दर घृणा का भाव आये जैसे मांस, पीत (मवाद), खून इत्यादि, वहां वीभत्स रस होता है।

अत: विकल्प (C) सही है।

18. "तीन बेर खाती थी, वे तीन बेर खाती थी।" पंक्ति मे यमक अलंकार है। "तीन बेर" का अर्थ अलग अलग है। पहले वाले 'तीन बेर' का अर्थ तीन समय के रूप में किया गया है, जबकि दूसरा 'तीन बेर' जो एक फल के रूप में किया गया है

यमक अलंकार - जहाँ एक ही शब्द जितनी बार आए उतने ही अलग-अलग अर्थ दे। जैसे - काली 'घटा' का घमंड 'घटा'।

अत: विकल्प (B) सही है।

19. ऐसा व्यक्ति, जिसके आने का दिन और समय पहले से निश्चित नहीं होता है, अतिथि कहलाता है।

अतिथि का अर्थ : मेहमान

अत: विकल्प (B) सही है।

20. लोकतंत्र में प्रत्येक व्यक्ति को अपने भाव अभिव्यक्ति की स्वतंत्रता है।

अभिव्यक्ति का अर्थ : मन के भाव आदि के प्रकट होना ।

अत: विकल्प (A) सही है।

21. दिये गए विकल्पों में से 'तात्कालिक' शब्द शुद्ध है।

तात्कालिक का अर्थ : 'उसी समय का' होता है।

अत: विकल्प (A) सही है।

22. दिये गए विकल्पों में 'अनुसंधान' शब्द का सही रूप है।

'अनुसंधान' का अर्थ- 'किसी विषय पर अनुशीलन करना एवं नए तथ्यों का पता लगाना' होता है।

अत: विकल्प (B) सही है।

23. 'तोष- तोश का अर्थ है 'सन्तुष्टि - हिंसा'।

'स्पष्टीकरण:

- 'तोष' का अर्थ – सन्तुष्टि
- 'तोश' का अर्थ – हिंसा

अत: विकल्प (B) सही है।

24. 'अलक - अलका का अर्थ है 'बाल - एक नगरी'।

'स्पष्टीकरण:

- 'अलक' का अर्थ – बाल
- 'अलका' का अर्थ – एक नगरी

अत: विकल्प (C) सही है।

25. 'चपत - चम्पत' का अर्थ है "थप्पड़ - गायब"।

'स्पष्टीकरण:

- चपत का अर्थ - थप्पड़
- चम्पत का अर्थ - गायब

अत: विकल्प (D) सही है।

26. 'काउंसिल' संकर शब्द नहीं है।

यह अंग्रेजी का शब्द है, और एक पूर्ण शब्द है।

संकर शब्द:- वे शब्द जो दो भाषाओं के शब्दों को मिलाकर बना लिए गए हो उन्हें संकर शब्द कहते है। संकर शब्द विषेष शब्द होते है।

अत: विकल्प (C) सही है।

27. 'आंसूगैस' संकर शब्द है। इसमें से 'आंसू हिन्दी का और 'गैस' अंग्रेजी का शब्द है।

संकर शब्द:- वे शब्द जो दो भाषाओं के शब्दों को मिलाकर बना लिए गए हो उन्हें संकर शब्द कहते है। संकर शब्द विषेष शब्द होते है।

अत: विकल्प (C) सही है।

28. 'जगमग' शब्द देशज है।

देशज शब्द : वे शब्द जो स्थानीय भाषा के शब्द होते है, ये देश की विभिन्न बोलियों से लिए जाते है, अर्थात् तत्सम् शब्द को छोड़ कर, देश की विभिन्न बोलियों से आये शब्द देशज शब्द है।

अत: विकल्प (B) सही है।

29. इनमें से 'भोंपू' शब्द विदेशी मूल का नहीं है।

'भोंपू देशज शब्द है।

देशज शब्द : वे शब्द जो स्थानीय भाषा के शब्द होते है, ये देश की विभिन्न बोलियों से लिए जाते है, अर्थात् तत्सम् शब्द को छोड़ कर, देश की विभिन्न बोलियों से आये शब्द देशज शब्द है।

अत: विकल्प (D) सही है।

30. 'हलवाई' शब्द विदेशी है ।

- 'हलवाई' शब्द अरबी भाषा का शब्द है।
- यह हलवा शब्द से बना है।

विदेशी शब्द :

अरबी, फारसी, अंग्रजी या अन्य किसी भी दुसरे देश की भाषा के शब्द जिनका हिन्दी भाषा में प्रयोग कर लिया जाता है उन्हें विदेशी शब्द कहते हैं। जैसे - इरादा, इशारा, हलवाई, दीदार, चश्मा, डॉक्टर, हॉस्पीटल, इलाज, बम।

अत: विकल्प (C) सही है।

31. "कमजोर" शब्द में 'कम' उपसर्ग है।

- कमजोर = कम + जोर
- 'कम' उपसर्ग से बनने वाले अन्य शब्द - कमअक्ल, कमउम्र आदि।
- 'कम' का अर्थ – थोड़ा, हीन

अत: विकल्प (C) सही है।

32. "सुसंगठित" शब्द में दो उपसर्ग हैं।

- सुसंगठित = सु + सम् + गठित
- 'सु' उपसर्ग से बनने वाले अन्य शब्द - सुजान, सुघड़, सुफल आदि।
- 'सु' का अर्थ – अच्छा
- 'सम्' उपसर्ग से बनने वाले अन्य शब्द - संस्कार, संरक्षण आदि।
- 'सम्' का अर्थ – पूर्णता

अत: विकल्प (B) सही है।

33. दिए गए विकल्पों में से 'परलोक' शब्द 'पर' उपसर्ग से बना है।

- 'पर' उपसर्ग से बनने वाले अन्य शब्द - परोपकार, परसर्ग, परहित।

- 'पर' का अर्थ – दूसरा, बाद का
- अन्य विकल्प इसके उचित उत्तर नहीं हैं।

अतः विकल्प (D) सही है।

34. दिए गए विकल्पों में से 'निर्बल' शब्द में 'नि' उपसर्ग नहीं है।

- निर्बल = निर् + बल
- 'निर्' उपसर्ग से बनने वाले अन्य शब्द - निर्वास, निराकरण, निर्भय आदि।
- 'निर्' का अर्थ – बाहर, निषेध, रहित

अतः विकल्प (A) सही है।

35. दिए गए विकल्पों में से 'बगैर' शब्द 'गैर' उपसर्ग से नहीं बना है।

- 'गैर' उपसर्ग से बनने वाले अन्य शब्द - गैरजरूरी, गैर हाज़िर।
- 'गैर' का अर्थ – के बिना, निषेध

अतः विकल्प (B) सही है।

36. 'घटिया' शब्द में 'आ' प्रत्यय नहीं है ।

- घटिया = घट+ इया।
- इसमें कृत् प्रत्यय है।
- कृत् प्रत्यय - जो प्रत्यय क्रिया के मूल रूप (धातु) से जोड़े जाते हैं, कृत् प्रत्यय कहलाते हैं।

अतः विकल्प (A) सही है।

37. मोरनी शब्द में 'नी' प्रत्यय प्रयुक्त हुआ हैं।'

मूल शब्द मोर है।

अन्य विकल्प असंगत है।

अतः विकल्प (C) सही है।

38. "इंसानियत" शब्द में 'इत' प्रत्यय प्रयुक्त नहीं हुआ है।

यहाँ पर मूल शब्द 'इंसान' एक उर्दू शब्द है जिसमें तद्धित प्रत्यय (उर्दू) 'इयत' जुड़ने से 'इंसानियत' विदेशी शब्द बना है।

अतः विकल्प (C) सही है।

39. "गुर्राहट" शब्द आवट प्रत्यय से नहीं बना हैं।

यहाँ पर मूल शब्द 'गुर्रा' एक क्रिया है जिसमें कृत प्रत्यय 'आहट' जुड़ने से 'गुर्राहट' कृदन्त शब्द बना है।

अतः विकल्प (B) सही है।

40. आदरणीय शब्द 'ईय' प्रत्यय योग से बना शब्द नहीं है।

- आदरणीय शब्द में 'नीय' प्रत्यय है।
- अन्य सभी 'ईय' प्रत्यय के योग से बने शब्द हैं।

अतः विकल्प (A) सही है।

41. उपर्युक्त में से 'कर्ता – धर्ता' विलोम युग्म सही नहीं है।

स्पष्टीकरण:

- 'कर्ता' का विलोम शब्द 'अकर्ता' है।
- 'कर्ता' का अर्थ 'करने वाला' होता है।
- अन्य विकल्पों के विलोम युग्म सही हैं।

अतः विकल्प (D) सही है।

42. 'संघर्ष-विघर्ष' विलोम अर्थ के अनुसार बेमेल-युग्म है।

विकल्पों के अर्थ:

विकल्प	अर्थ
सदाचार-कदाचार	अच्छा व्यवहार-बुरा व्यवहार
यश-अपयश	कीर्ति-अपकीर्ति
संघर्ष-संधि	टकराव-मेल
उत्थान-पतन	उठना-गिरना

अतः विकल्प (C) सही है।

43. 'आद्र-अनाद्र' विलोम अर्थ के अनुसार बेमेल-युग्म है।

विकल्पों के अर्थ:

विकल्प	अर्थ
अस्ताचल-उदयाचल	अस्त-उदय
आकर्ष-विकर्ष	खींचना-रुकना
आगमन-निर्गमन	आना-बाहर जाने का रास्ता
आद्र-शुष्क	गीला-सूखा

अतः विकल्प (D) सही है।

44. 'अर्जन-सर्जन' विलोम अर्थ के अनुसार बेमेल-युग्म है।

विकल्पों के अर्थ:

विकल्प	अर्थ
अर्जन-व्ययन	कमाना-खर्च करना
क्रिया-प्रतिक्रिया	कुछ करना-काम करने में विघ्न
सक्रीय-निष्क्रिय	कार्य होने का भाव-कार्य न होने का भाव
प्राकृतिक-कृतिम	नैसर्गिक-बनावटी

अतः विकल्प (A) सही है।

45. 'अंशतः-अल्पतः' विलोम अर्थ के अनुसार बेमेल-युग्म है।

विकल्पों के अर्थ:

विकल्प	अर्थ
अक्रूर-क्रूर	दयावान-निर्दय
अगला-पिछला	सामने का –पीछे का
अच्छा-बुरा	उचित-दूषित
अंशतः-पूर्णतः	आंशिक रूप से-पूर्ण रूपेण

अतः विकल्प (D) सही है।

46. 'कुंठित' का विलोम शब्द तीक्ष्ण है।

- 'कुंठित' - जिसकी बुद्धि मंद हो।
- 'तीक्ष्ण' -तीव्र बुद्धिवाला, कुशाग्र।

अतः विकल्प (C) सही है।

47. 'कनिष्ठ' का विलोम- 'ज्येष्ठ' है।

- 'कनिष्ठ'-उम्र में सबसे छोटा।
- 'ज्येष्ठ' - सबसे बड़ा (जैसे—ज्येष्ठ पुत्र)।

अतः विकल्प (B) सही है।

48. 'भारत की खोज' पंडित जवाहरलाल नेहरु की सर्वाधिक <u>प्रसिद्ध</u> पुस्तक है।

प्रसिद्ध का शब्दार्थ : विख्यात; मशहूर; नामी (व्यक्ति, वस्तु या कोई बात)

अतः विकल्प (B) सही है।

49. 'भय' का विलोम शब्द "साहस" है।

- भय का अर्थ – डर।

* साहस का अर्थ – हिम्मत।

अत: विकल्प (B) सही है।

50. 'पर्णकुटी' का विलोम शब्द "महल" है।

* पर्णकुटी का अर्थ – पत्तों की बनी छाजनवाली कुटिया।
* महल का अर्थ – राजाओं का मकान।

अत: विकल्प (D) सही है।

51. 'कोढ़ में खाज '- मुहावरे का अर्थ "संकट पर संकट होना" है।

वाक्य प्रयोग – रामू को तो कोढ़ में खाज हो गई है- पहले वह फेल हो गया, फिर बीमार पड़ गया।

अत: विकल्प (D) सही है।

52. 'ओस के मोती'- मुहावरे का अर्थ क्षणभंगुर है।

वाक्य प्रयोग -काँच की चीज़ें बहुत संभल कर रखनी पड़ती है क्योंकि काँच की चीज़ें ओस के मोती की तरह होती है।

अत: विकल्प (D) सही है।

53. 'घाव हरा होना' मुहावरे के लिए उचित अर्थ "भूला हुआ दुःख पुनः याद आना" है।

वाक्य प्रयोग – राजा ने अपने मित्र के मरने की खबर सुनी तो उसके अपने घाव हरे हो गए।

अत: विकल्प (B) सही है।

54. 'नाक पर मक्खी न बैठने देना' मुहावरे के लिए उचित अर्थ

-अपने ऊपर किसी भी प्रकार का आक्षेप न लगने देना। वाक्य प्रयोग -राजेश के रहते हुए सुरेश की नाक पर मक्खी न बैठ सकती है, पहले उसका इलाज करना होगा तभी हम सुरेश को कुछ हानि पहुंचा पाएंगे।

अत: विकल्प (A) सही है।

55. 'कसाई के खूँटे से बाँधना'- निर्दयी या क्रूर मनुष्य के हाथों में देना , मुहावरे का भावार्थ सही है।

वाक्य प्रयोग- रामशंकर ने खुद ही अपनी 20 साल की बेटी को कसाई के खूँटे से बाँध दिया है। अब कोई क्या करेगा ?

अत: विकल्प (C) सही है।

56. 'कोई भी इस काम के लिए तैयार नहीं होंगे।' वाक्य अशुद्ध है।

* वाक्य में क्रिया संबंधी अशुद्धि है।
* यहाँ पर कर्ता एकवचन के साथ क्रिया भी एकवचन होगी परंतु इस वाक्य में क्रिया का चयन उचित नहीं है।
* 'होंगे' के स्थान पर 'होगा' उचित होगा।

अत: विकल्प (D) सही है।

57. 'वे सब कुछ कर देगा' में क्रिया संबंधी दोष है।

दिये गए वाक्य में 'वे' शब्द के साथ 'देंगे' उचित होगा, 'वे' बहुवचन सर्वनाम है और 'देगा' एकवचन क्रिया है इसलिए इस वाक्य में क्रिया संबंधी दोष है।

अत: विकल्प (D) सही है।

58. 'मेरे से गाड़ी ले लो।' अशुद्ध वाक्य है।

* 'मेरे से गाड़ी ले लो।' में सर्वनाम संबंधी दोष है क्योंकि यहाँ पर 'मेरे से' शब्द उचित सर्वनाम नहीं है इसके स्थान पर 'मुझसे' उचित होगा।
* अन्य विकल्प शुद्ध रूप में लिखे हैं।

अत: विकल्प (C) सही है।

59. 'संलग्न' शब्द का अंग्रेजी परिभाषिक शब्द Enclosed है।

परिभाषिक शब्द : ऐसे शब्दों को कहते हैं जो सामान्य व्यवहार की भाषा के शब्द न होकर भौतिकी, रसायन, प्राणिविज्ञान, दर्शन, गणित, इंजीनियरी, विधि, वाणिज्य, अर्थशास्त्र, मनोविज्ञान, भूगोल आदि ज्ञान-विज्ञान के विभिन्न क्षेत्रों के विशिष्ट शब्द होते हैं और जिनकी अर्थ सीमा सुनिश्चित और परिभाषित होती है।

अत: विकल्प (D) सही है।

60. 'उन्मूलन' शब्द का अंग्रेजी रूपांतरण Abolition है।

उन्मूलन का अर्थ :

किसी क़ानून या प्रथा को आधिकारिक रूप से समाप्त करने का कार्य ।

अत: विकल्प (A) सही है।

61. "अजी, क्या बाजार जा रहे हो?" वाक्य में सम्बोधन कारक है।

सम्बोधन कारक की परिभाषा :

* संज्ञा या सर्वनाम का वह रूप जिससे किसी को बुलाने, पुकारने या बोलने का बोध होता है, तो वह सम्बोधन कारक कहलाता है।
* सम्बोधन कारक की पहचान करने के लिए ! यह चिन्ह लगाया जाता है। सम्बोधन कारक के अरे, हे, अजी आदि विभक्ति चिन्ह होता हैं।

अत: विकल्प (D) सही है।

62. "बन्दर पेड़ पर बैठा है।" वाक्य में अधिकरण कारक है।

अधिकरण कारक की परिभाषा:

* अधिकरण का मतलब आश्रय होता है, संज्ञा का वह स्वरूप जिसमें किया कि आधार का बोध होता हो, उसे अधिकरण कारक कहते हैं।
* अधिकरण कारक में विभक्ति चिन्ह में भीतर अंदर, ऊपर, बीच, इत्यादि शब्दों का प्रयोग होता है।

अत: विकल्प (D) सही है।

63. "क्या सुन्दर लड़की है!" इस वाक्य में 'क्या' उचित निपात है। यहाँ 'क्या' का प्रयोग वाक्य पर जोर देने के लिए किया गया है। यह प्रश्नबोधक निपात है।

निपात : जो अव्यय किसी शब्द के बाद लगकर उसके अर्थ को बल प्रदान करते हैं, वे निपात कहलाते हैं। निपात को अवधारक भी कहते हैं। यह शब्द किसी बात पर जोर देने के लिए प्रयोग किये जाते हैं।

 अत: विकल्प (A) सही है।

64. "पशु-पक्षी भी अपना हित समझते हैं।' इस वाक्य में 'भी' बलदायक निपात है। यहाँ 'भी' का प्रयोग वाक्य पर जोर देने के लिए किया गया है।

निपात : जो अव्यय किसी शब्द के बाद लगकर उसके अर्थ को बल प्रदान करते हैं, वे निपात कहलाते हैं। निपात को अवधारक भी कहते हैं।

अत: विकल्प (B) सही है।

65. 'शिक्षक ही देश को भ्रष्टाचार से मुक्त कर सकता है।' इस वाक्य में उचित निपात "ही" है। 'ही' शब्द, बात पर जोर दे रहा है।

निपात : जो अव्यय किसी शब्द के बाद लगकर उसके अर्थ को बल प्रदान करते हैं, वे निपात कहलाते हैं। निपात को अवधारक भी कहते हैं।

अत: विकल्प (A) सही है।

66. दिए गए विकल्पों में 'स्थान' शब्द की शुद्ध वर्तनी है।

शुद्ध वर्तनी का अर्थ है- शब्दों में मात्राओं का सही प्रयोग।

अत: विकल्प (C) सही है।

67. दिए गए विकल्पों में 'कविता' शब्द की वर्तनी शुद्ध है।

शुद्ध वर्तनी का अर्थ है- शब्दों में मात्राओं का सही प्रयोग।

अत: विकल्प (B) सही है।

68. दिए गए विकल्पों में "शमशान" शब्द की वर्तनी शुद्ध है। 'शमशान' का अर्थ 'कब्रिस्तान' है।

शुद्ध वर्तनी का अर्थ है- शब्दों में मात्राओं का सही प्रयोग।

अत: विकल्प (B) सही है।

69. साधारण वाक्य के अंत में पूर्णविरामचिन्ह का प्रयोग होता है।

विरामचिन्ह – भाषा के लिखित रूप में विशेष स्थानों पर रुकने का संकेत करने वाले चिन्हों को विरामचिन्ह कहते हैं।

अन्य विकल्प असंगत हैं।

अत: विकल्प (A) सही है।

70. दिए गए विकल्पों में "अंश" शब्द की वर्तनी शुद्ध है।

'अंश' का अर्थ 'भाग' है।

अत: विकल्प (D) सही है।

71. खुद शब्द निजवाचक सर्वनाम है।

निजवाचक सर्वनाम: जिन शब्दों का प्रयोग वक्ता स्वयं के लिए करता है, वे निजवाचक सर्वनाम कहलाते हैं। इसके अंतर्गत आप, स्वयं, खुद, स्वतः आदि।

अत: विकल्प (B) सही है।

72. 'गिरोह' शब्द समूहवाचक संज्ञा है।

समूहवाचक संज्ञा की परिभाषा :

- वह शब्द जिनसे किसी वस्तु या व्यक्ति के समूह होने का बोध होता हो, उन्हें समूहवाचक संज्ञा कहा जाता है।
- समूहवाचक संज्ञा को समुदायवाचक संज्ञा भी कहा जाता है।
- झुंड, मेला, परिवार, दल, सेना, कक्षा, मेला, भीड़, टुकड़ी, पुस्तकालय आदि इन शब्दों में हमें समूह होने का बोध होता है।

अत: विकल्प (A) सही है।

73. 'रोगी को दवा दी गई।' वाक्य में कर्मवाच्य है।

कर्मवाच्य : जहाँ क्रिया का संबंध सीधा कर्म से हो तथा क्रिया का लिंग तथा वचन कर्म के अनुसार हो, उसे कर्मवाच्य कहते हैं। मीरा ने दूध पीया। मीरा ने पत्र लिखा।

अत: विकल्प (A) सही है।

74. 'लुटेरों ने जमीन हथिया ली' में नामधातु क्रिया है।

नामधातु क्रिया : ऐसी धातु जो क्रिया को छोड़कर किन्ही अन्य शब्दों जैसे संज्ञा, सर्वनाम, विशेषण आदि से बनती है वह नामधातु क्रिया कहते हैं। जैसे: अपनाना, गर्माना आदि।

अत: विकल्प (B) सही है।

75. दिए गए विकल्पों में से 'अर्थ' का विशेषण शब्द 'आर्थिक' होगा।

अन्य विकल्प अनुचित हैं।

अत: विकल्प (C) सही है।

76. 'यह लड़की बहुत होशियार है।' इस वाक्य में 'यह' शब्द 'सार्वनामिक विशेषण' है।

सार्वनामिक विशेषण - ऐसे सर्वनाम शब्द जो संज्ञा से पहले लगकर उस संज्ञा शब्द की विशेषण की तरह विशेषता बताते हैं, वे शब्द सार्वनामिक विशेषण कहलाते हैं।

अत: विकल्प (B) सही है।

77. "मुझसे उठा नहीं गया" वाक्य में भाव वाच्य है।

भाववाच्य: क्रिया के उस रूपान्तर को भाववाच्य कहते हैं, जिससे वाक्य में क्रिया अथवा भाव की प्रधानता का बोध हो।

अन्य विकल्प असंगत हैं।

अत: विकल्प (C) सही है।

78. 'सिरा' का सही अनेकार्थिक शब्द : चोटी ,अंत ,समाप्ति है।

अनेकार्थिक शब्द : ऐसे शब्द, जिनके अनेक अर्थ होते है, अनेकार्थी शब्द कहलाते है। दूसरे शब्दों में- जिन शब्दों के एक से अधिक अर्थ होते हैं, उन्हें 'अनेकार्थी शब्द' कहते है। अनेकार्थी का अर्थ है – एक से अधिक अर्थ देने वाला। ''रहिमन पानी राखिए, बिन पानी सब सून।

अत: विकल्प (D) सही है।

79. 'डाकिया चिट्ठी लाया' वाक्य में क्रिया का सकर्मक भेद प्रयुक्त है।

सकर्मक क्रिया : उस प्रकार की क्रिया होती है, जिसमें कर्ता द्वारा किया गया कार्य किसी अन्य चीज को प्रभावित करता है। जैसे "राहुल ने केला खाया।"

अत: विकल्प (A) सही है।

80. 'कर्मवीर' में करण तत्पुरुष समास होगा।

तत्पुरुष समास : तत्पुरुष समास में उत्तर पद प्रधान होता है और विग्रह करने पर दो शब्दों के बीच करण कारक की विभक्ति 'से' का लोप हो जाता है।

अत: विकल्प (B) सही है।

81. 'त्रिभुवन' शब्द में द्विगु समास है।

द्विगु समास : वह समास जिसका पहला पद संख्यावाचक विशेषण होता है तथा समस्तपद किसी समूह या फिर किसी समाहार का बोध करता है तो वह द्विगु समास कहलाता है।

अत: विकल्प (C) सही है।

82. 'यथासमय' का उचित समास-विग्रह - समय के अनुसार है।

- "यथासमय" में अव्ययीभाव समास है।
- यहाँ पर अव्ययीभाव समास इसलिए होगा क्योंकि इसका पहला पद अव्यय है और इसके योग से सभी पद अव्यय में परिवर्तित हो गए तथा इसका अर्थ प्रधान है।

समास : दो या दो से अधिक शब्दों का परस्पर सम्बन्ध बताने वाले शब्दों अथवा कारक चिह्नों का लोप होने पर उन दो अथवा दो से अधिक शब्दों के मेल से बने एक स्वतन्त्र शब्द को समास कहते हैं।

अत: विकल्प (C) सही है।

83. जब किसी समास में दोनों शब्द प्रधान हों तो उसको 'द्वन्द्व समास' कहते हैं।

द्वन्द्व समास : द्वन्द्व समास में समस्तपद के दोनों पद प्रधान हों या दोनों पद सामान हों एवं दोनों पदों को मिलाते समय "और, अथवा, या, एवं" आदि योजक लुप्त हो जाएँ, वह समास द्वंद्व समास कहलाता है।

अत: विकल्प (A) सही है।

84. 'भीड़ में भी अकेले रहते है' - वाक्य में 'भी' निपात है।

- 'भी' शब्द बल प्रदायकबोधक निपात है।
- बल प्रदायकबोधक निपात: तो, ही, भी, तक, भर, सिर्फ, केवल

निपात - किसी भी बात पर अधिक भार देने के लिए जिन शब्दों का प्रयोग किया जाता है निपात कहलाता है।

जैसे- आज तुम्हे जाना ही पड़ेगा- वाक्य में 'ही' निपात शब्द है।

अत: विकल्प (C) सही है।

85. "सच" शब्द स्वीकार बोधक अव्यय है।

स्वीकार बोधक अव्यय :

- इससे स्वीकार के भाव का बोध होता है।
- जैसे – हाँ ! आज मैं तुम्हारे घर आऊँगा। ठीक , जी , अच्छा आदि अव्ययों का भी स्वीकार के बोध हेतु प्रयोग होता है।

अत: विकल्प (D) सही है।

86. "विद्यालय के पीछे बाग है। "वाक्य में स्थानवाचक बोधक अव्यय है।

स्थानवाचक बोधक अव्यय : जिन अव्ययों से स्थान का बोध होता है,स्थानवाचक सम्बंधबोधक अव्यय कहलाते हैं।

जैसे – ऊपर, नीचे, बाहर, भीतर, पास, निकट, दूर आदि।

अत: विकल्प (A) सही है।

87. सरिस शब्द संबंधबोधक अव्यय है।

संबंधबोधक अव्यय: वे शब्द जो संज्ञा/सर्वनाम को अन्य संज्ञा/सर्वनाम के साथ संबंध का बोध कराते है उसे संबंधबोधक अव्यय कहते है। ये संज्ञा या सर्वनाम के बाद प्रयुक्त होते है। इसके साथ किसी-न-किसी परसर्ग का भी प्रयोग होता है।

अत: विकल्प (A) सही है।

88. अहा! शब्द अव्यय है।

अव्यय – जिनके रूप में लिंग , वचन , पुरुष , कारक , काल आदि की वजह से कोई परिवर्तन नहीं होता उसे अव्यय शब्द कहते हैं। अव्यय शब्द हर स्थिति में अपने मूल रूप में रहते हैं। इन शब्दों को अविकारी शब्द भी कहा जाता है।

अत: विकल्प (C) सही है।

89. वाच्य के तीन भेद होते हैं।

वाच्य के भेद :

(1) कर्तृवाच्य : क्रिया के उस रूपान्तर को कर्तृवाच्य कहते हैं, जिससे वाक्य में कर्ता की प्रधानता का बोध हो।
(2) कर्मवाच्य : क्रिया के उस रूपान्तर को कर्मवाच्य कहते हैं, जिससे वाक्य में कर्म की प्रधानता का बोध हो।
(3) भाववाच्य : क्रिया के उस रूपान्तर को भाववाच्य कहते हैं, जिससे वाक्य में क्रिया अथवा भाव की प्रधानता का बोध हो।

अत: विकल्प (D) सही है।

90. 'अग्नि' का तद्भव रूप 'आग' है।

तद्भव शब्द- संस्कृत भाषा के वे शब्द जिनका हिंदी में रूप परिवर्तित हो गया है। जैसे- आग,आँसू, आम।

अत: विकल्प (C) सही है।

91. 'घोड़ा' का तत्सम रूप घोटक है।

तत्सम शब्द : तत्सम शब्द संस्कृत भाषा के दो शब्दों, तत् + सम् से मिलकर बना है। तत् का अर्थ है - उसके, तथा सम् का अर्थ है – समान। अर्थात - ज्यों का त्यों। जिन शब्दों को संस्कृत से बिना किसी परिवर्तन के ले लिया जाता है, उन्हें तत्सम शब्द कहते हैं।

अत: विकल्प (D) सही है।

92. 'साखी' का मूल तत्सम शब्द 'साक्षी' है।

तत्सम शब्द : तत्सम शब्द संस्कृत भाषा के दो शब्दों, तत् + सम् से मिलकर बना है। तत् का अर्थ है - उसके, तथा सम् का अर्थ है – समान। अर्थात - ज्यों का त्यों। जिन शब्दों को संस्कृत से बिना किसी परिवर्तन के ले लिया जाता है, उन्हें तत्सम शब्द कहते हैं।

अत: विकल्प (B) सही है।

93. 'वसुन्धरा' शब्द स्त्रीलिंग शब्द है। वसुन्धरा का अर्थ : पृथ्वी

स्त्रीलिंग : जिन संज्ञा शब्दों से स्त्री जाति का पता चलता है, उसे स्त्रीलिंग कहते हैं। जैसे - हंसिनी, लडकी, बकरी, माता, रानी, जूं सुई, गर्दन, लज्जा, नदी, शाखा, मुर्गी, गाय, बहन, यमुना, बुआ, लक्ष्मी, गंगा, नारी, झोंपड़ी, लोमड़ी आदि।

अत: विकल्प (C) सही है।

94. 'कृपा' शब्द स्त्रीलिंग है।

स्त्रीलिंग : जिन संज्ञा शब्दों से स्त्री जाति का पता चलता है, उसे स्त्रीलिंग कहते हैं। जैसे - हंसिनी, लडकी, बकरी, माता, रानी, जूं सुई, गर्दन, लज्जा, नदी, शाखा, मुर्गी, गाय, बहन, यमुना, बुआ, लक्ष्मी, गंगा, नारी, झोंपड़ी, लोमड़ी आदि।

अत: विकल्प (A) सही है।

95. 'सन्तान' शब्द पुल्लिंग नहीं है।

'सन्तान' एक स्त्रीलिंग शब्द है।

स्त्रीलिंग : जिन संज्ञा शब्दों से स्त्री जाति का पता चलता है, उसे स्त्रीलिंग कहते हैं। जैसे - हंसिनी, लडकी, बकरी, माता, रानी, जूं सुई, गर्दन, लज्जा, नदी, शाखा, मुर्गी, गाय, बहन, यमुना, बुआ, लक्ष्मी, गंगा, नारी, झोंपड़ी, लोमड़ी आदि।

अत: विकल्प (C) सही है।

96. "कली" शब्द का बहुवचन रूप "कलियाँ" हैं।

बहुवचन : शब्द के जिस रूप से अनेकता का बोध हो उसे बहुवचन कहते हैं।

जैसे-लड़के, गायें, कपड़े, टोपियाँ, मालाएँ, माताएँ, पुस्तकें, वधुएँ, गुरुजन, रोटियाँ, स्त्रियाँ, लताएँ, बेटे आदि।

अत: विकल्प (C) सही है।

97. 'मिठाई' शब्द मिठाइयाँ शब्द का एकवचन है।

एकवचन: संज्ञा के जिस रूप से एक वस्तु, प्राणी या पदार्थ आदि का पता चलता है।

उदाहरण - लड़का, गाय, बेटी आदि।

अत: विकल्प (D) सही है।

98. 'कामना' शब्द का उचित बहुवचन कामनाएँ है।

बहुवचन : शब्द के जिस रूप से अनेकता का बोध हो उसे बहुवचन कहते हैं। जैसे-लड़के, गायें, कपड़े, टोपियाँ, मालाएँ, माताएँ, पुस्तकें, वधुएँ, गुरुजन, रोटियाँ, स्त्रियाँ, लताएँ, बेटे आदि।

अत: विकल्प (C) सही है।

99. चादर का बहुवचन चादरें है।

बहुवचन : शब्द के जिस रूप से अनेकता का बोध हो उसे बहुवचन कहते हैं। जैसे-लड़के, गायें, कपड़े, टोपियाँ, मालाएँ, माताएँ, पुस्तकें, वधुएँ, गुरुजन, रोटियाँ, स्त्रियाँ, लताएँ, बेटे आदि।

अत: विकल्प (D) सही है।

100. अपनी गलती तुरंत स्वीकार कर लेने वाले व्यक्ति सद्गुणी होते हैं।

सद्गुणी का अर्थ: जिसमें सद्गुण हो।

अन्य विकल्प असंगत है।

अत: विकल्प (A) सही है।

Q.1 वर्तनी की दृष्टि से शुद्ध शब्द _____ है।

A. शुश्रूषा   B. सुश्रुषा   C. सुश्रूषा   D. शुश्रुषा

Q.2 इनमें से किस शब्द में 'बे' उपसर्ग नहीं है?

A. बेचारा   B. बेचान   C. बेईमान   D. बेवकूफ

Q.3 Discharge Petition के लिए सही पारिभाषिक शब्द _____ है।

A. उन्मोचन याचिका   B. कार्यमुक्ति आवेदन
C. सेवामुक्ति आवेदन   D. निरस्त याचिका

Q.4 वर्तनी की दृष्टि से कौनसा शब्द अशुद्ध है?

A. शूर्पणखा   B. सर्पिणी   C. श्वेतांगी   D. चतुरिणी

Q.5 किस वाक्य में क्रिया की 'इच्छार्थवृत्ति' का प्रयोग हुआ है?

A. संभवतः वह शाम तक लौट आएगा।
B. डाकिया चिट्ठी क्यों नहीं लाया।
C. ईश्वर सबका कल्याण करे।
D. श्याम विद्यालय चला गया होगा।

Q.6 कौनसा शब्द 'केश' का पर्यायवाची नहीं है?

A. कुन्तल   B. कच   C. शिरोरुह   D. सरोरुह

Q.7 'सीधी उँगली से घी नहीं निकलता' लोकोक्ति का भावार्थ _______ है।

A. उँगली टेढ़ी करके घी निकालना चाहिए
B. कभी उँगली से घी नहीं निकालना चाहिए
C. बहुत सीधा होने से काम नहीं चलता
D. घी हमेशा चम्मच से ही निकलना चाहिए

Q.8 किस विकल्प में 'बहुव्रीहि' समास है?

A. पंचपात्र   B. चतुरानन   C. त्रिभुवन   D. चतुर्युग

Q.9 इनमें से कौनसा विकल्प 'सरल वाक्य' के अन्तर्गत आएगा?

A. बस में खराबी थी इसलिए दुर्घटना हुई
B. प्रधानमंत्री ने कहा कि हम शांति और युद्ध दोनों के लिए तैयार हैं
C. छात्रा ने बहुत ओजपूर्ण स्व-रचित कविता सुनाई
D. श्याम आया और मोहन चला गया

Q.10 व्याकरण की दृष्टि से अशुद्ध वाक्य है:

A. प्राचार्य ने विजेताओं को पुरस्कार भेंट किए।
B. वह पाँव से जूता उतार रहा है।
C. रमा को उसकी योग्यता पर अहंकार है।
D. वह विदुषी महिला है।

Q.11 कौनसा विलोम - युग्म गलत है?

A. मूक - वाचाल   B. सम्पन्न - विपन्न
C. मितव्ययी - अल्पव्ययी   D. सम्मुख - विमुख

Q.12 'वाक्य' की दृष्टि से कौनसा कथन सही नहीं है?

A. रचना के आधार पर वाक्य के तीन भेद किये जाते हैं - सरल, संयुक्त और मिश्र वाक्य
B. अर्थ के आधार पर भी वाक्यों का वर्गीकरण किया जा सकता है
C. 'उद्देश्य' और 'विधेय' वाक्य के आवश्यक घटक माने गए हैं
D. क्रिया को 'उद्देश्य' और कर्ता को विधेय कहते हैं

Q.13 इनमें 'मिश्र वाक्य' कौनसा है?

A. प्रधानाध्यापकजी ने कहा कि कल विद्यालय बंद रहेगा
B. बहुत से छात्र पुस्तकालय में हिन्दी व्याकरण की पुस्तक पढ़ रहे हैं
C. लड़के मैदान में एक सभा का आयोजन कर रहे हैं
D. सतीश खाना खाकर उठा और हरीश खाना खाने बैठा

Q.14 'चोर ने धन के लिए, धारदार हथियार से व्यवसायी की गर्दन धड़ से अलग कर दी।' इस वाक्य में किस कारक का प्रयोग नहीं हुआ है?

A. अपादान   B. करण   C. सम्बन्ध   D. अधिकरण

Q.15 किस शब्द में 'करण तत्पुरुष' समास नहीं है?

A. मनमाना   B. ईश्वरदत्त   C. तुलसीकृत   D. पदच्युत

Q.16 अर्थभेद की दृष्टि से, समश्रुत भिन्नार्थक शब्द-युग्म का कौन सा विकल्प सही है?

A. ग्रह - गृह = घर, नक्षत्रादि आकाशीय पिण्ड
B. अपत्य - अपथ्य = संतान, जो बीमार के लिए उपयुक्त न हो
C. अवधि - अवधी = एक भाषा, समय सीमा
D. जलद - जलज = कमल, बादल

Q.17 इनमें से कौनसा शब्द 'धनुष' का पर्यायवाची नहीं है?

A. विशिख   B. कोदण्ड   C. चाप   D. शरासन

Q.18 निम्न में से शुद्ध शब्द है:

A. अभिजात्य   B. अध्यात्मिक
C. हथनी   D. पुनरावलोकन

Q.19 इनमें व्याकरण की दृष्टि से कौनसा कथन सही नहीं है?

A. भाववाच्य केवल अकर्मक क्रियाओं में होता है
B. कर्मवाच्य अकर्मक और सकर्मक - दोनों क्रियाओं में होता है
C. कर्तृवाच्य भी अकर्मक और सकर्मक - दोनों क्रियाओं में होता है
D. सभी प्रेरणार्थक क्रियाएँ सकर्मक होती हैं

Q.20 वर्तनी की दृष्टि से अशुद्ध शब्द है:

A. दुरवस्था   B. गृहिणी   C. सरोजनी   D. रचयित्री

Q.21 'जिसको थोड़ा ज्ञान हो': वाक्यांश के लिए सार्थक शब्द होगा:

A. अनभिज्ञ   B. अज्ञ   C. अभिज्ञ   D. अल्पज्ञ

Q.22 व्याकरण की दृष्टि से कौन-सा वाक्य सही नहीं है?

A. परशुराम की क्रोधाग्नि से सभी आतंकित थे
B. मरीज को यथासमय दवा देनी चाहिए
C. वहा सदैव ही सत्य बोलता है
D. मैंने गुरूजी के दर्शन किए

Q.23 किस शब्द की संधि सही नहीं है?

A. स्त्री + उचित = स्त्रियोचित
B. नदी + अर्पण = नद्यार्पण
C. एक + एक = एकेक
D. पितृ + अनुमति = पित्रनुमति

Q.24 किस विकल्प में 'कर्मधारय' समास नहीं है?

A. महात्मा   B. कालासाँप   C. गजानन   D. नीलकमल

Q.25 किस विकल्प में क्रिया के 'पूर्णताबोधक पक्ष' का प्रयोग हुआ है?

A. अब बरसात रुक गई है
B. अध्यापक छात्रों को अनुशासन सिखाते हैं

C. किसान बहुत परिश्रम करता है

D. वह राष्ट्रभक्तिपूर्ण गीत लिखता है

Q.26 इनमें से किस वाक्य में 'कर्तृवाच्य' का प्रयोग हुआ है?

A. छात्रों द्वारा सजावट की गई

B. मजदूर से दर्द के कारण उठा नहीं गया

C. आज नागरिकों द्वारा सफाई अभियान चलाया गया

D. मोहन पुस्तक पढ़ रहा है

Q.27 निम्न में से कौन सा शब्द विदेशी मूल का नहीं है?

A. कायल   **B.** चाय   **C.** तम्बाकू   **D.** विज्ञापन

Q.28 'कलई खुलना' मुहावरे का भावार्थ है:

A. कपड़े की सिलाई खुल जाना

B. बर्तन की कलई उतर जाना

C. रहस्य प्रकट हो जाना

D. कली का खिल कर फूल बन जाना

Q.29 किस शब्द का संधि-विच्छेद गलत है?

A. प्रतीक्षा = प्रति + इशा   **B.** मध्वरि = मधु + अरि

C. यथेष्ट = यथा + इष्ट   **D.** पावक = पौ + अक

Q.30 इनमें 'अर्द्ध-विराम' का सूचक चिह्न है:

A. ,   **B.** ;   **C.** -   **D.** :

Q.31 इनमें देशज शब्द है:

A. झोपड़ी   **B.** अफ़ीम   **C.** पानी   **D.** तमाशा

Q.32 किस विकल्प के सभी शब्द परस्पर पर्यायवाची हैं?

A. अग्नि, वह्नि, अनल   **B.** पाषाण, अश्म, उत्पल

C. व्योम, नभ, धरती   **D.** पयोधर, उरोज, सरोज

Q.33 इनमें से किस शब्द में 'इल' प्रत्यय नहीं है?

A. जटिल   **B.** शामिल   **C.** स्नेहिल   **D.** फेनिल

Q.34 किस शब्द में 'परा' उपसर्ग नहीं है?

A. परामर्श   **B.** पराक्रम   **C.** पराभव   **D.** परायण

Q.35 'मानसिक भाव छिपाना' वाक्यांश के लिए सार्थक शब्द है:

A. असूया   **B.** अमर्ष   **C.** अवहित्था   **D.** अक्षधूर्त

Q.36 किस वाक्य में कर्म कारक है?

A. छात्र छत पर बैठे हैं   **B.** लड़का पत्थर फेंकता है

C. यह गोपाल की पुस्तक है   **D.** मजदूर थक्कर सो गया

Q.37 किस विकल्प में मुहावरे का भावार्थ सही है?

A. पेट पर लात मारना = बुरी तरह पीटना

B. पहाड़ टूटना = अतिवृष्टि होना

C. बगलें झाँकना = इधर-उधर देख कर चलना

D. नाक का बाल होना = अत्यधिक घनिष्ठ या प्रिय व्यक्ति होना

Q.38 किस वाक्य में 'विराम-चिह्न' संबंधी विसंगति है?

A. सूर्यकान्त त्रिपाठी "निराला" छायावाद के प्रमुख कवि थे।

B. वाह! आपने तो कमाल कर दिया।

C. आप कानपुर से कब आये?

D. राम, श्याम और विजय दिल्ली गए हैं।

Q.39 किस वाक्य में क्रिया के 'सातत्यबोधक पक्ष' का प्रयोग हुआ है?

A. मैं राज सुबह टहलने जाता हूँ

B. वह स्नान करके मंदिर जाता है

C. विद्यार्थी पुस्तकालय में बैठकर समाचार पत्र पढ़ते हैं

D. मोहन अपनी कक्षा में पढ़ा रहा है

Q.40 व्याकरण की दृष्टि से कौनसा वाक्य सही है?

A. बीमारी के कारण वह उपस्थित नहीं हो सका।

B. वसंत के मौसम में फूल खिलने से कौन रोक सकता है।

C. सूक्ष्म निरीक्षण से हम बहुत बातों को सीखते हैं।

D. मैं वहाँ पहुँचा ही था जबकि आप आ गए।

Q.41 इनमें सर्वनाम से बनी भाववाचक संज्ञा है:

A. समता   **B.** ममता   **C.** बड़प्पन   **D.** लड़कपन

Q.42 किस शब्द में 'आवट' प्रत्यय नहीं है?

A. लिखावट   **B.** थकावट   **C.** रुकावट   **D.** महावट

Q.43 'वह साहित्य जिसमें गद्य और पद्य दोनों मिश्रित हों - के लिए सार्थक शब्द है:

A. गद्यकाव्य   **B.** चम्पू

C. गद्यगीत   **D.** मिश्रित काव्य

Q.44 किस शब्द में उपसर्ग और प्रत्यय - दोनों का प्रयोग हुआ है?

A. व्यंजित   **B.** व्यथित   **C.** शमित   **D.** गर्हित

Q.45 किस वाक्य में 'हेतुहेतुमद् भूतकाल' का प्रयोग हुआ है?

A. गुरूजी आएँगे तो अध्यापन होगा।

B. उसने खाना खाया और चल पड़ा।

C. अब तक बस जा चुकी होगी।

D. सावधानी बरतते तो दुर्घटना न होती।

Q.46 किस शब्द की संधि सही नहीं है?

A. सत् + धर्म = सद्धर्म   **B.** सत् + नारी = सद्नारी

C. महा + उदय = महोदय   **D.** वर्ष + ऋतु = वर्षर्तु

Q.47 Disbursing Authority के लिए सही पारिभाषिक शब्द है:

A. वितरण अधिकारी   **B.** संवितरण प्राधिकारी

C. वितरण प्राधिकारी   **D.** संवितरण अधिकारी

Q.48 किस विकल्प में 'द्वन्द्व' समास नहीं है?

A. दालभात   **B.** भूतप्रेत   **C.** शुभाशुभ   **D.** शुभागमन

Q.49 इनमें व्याकरण की दृष्टि से शुद्ध वाक्य है:

A. दिल्ली में अनेक दर्शनीय स्थल देखने योग्य हैं

B. यह डिब्बा केवल मात्र महिलाओं के लिए आरक्षित है

C. शीघ्र ही वह आन्दोलन देशव्यापी हो गया

D. आज की वर्तमान स्थिति में देश असमंजस में है

Q.50 इनमें कौनसा शब्द 'तद्भव' नहीं है?

A. गेह   **B.** देह   **C.** धूल   **D.** फूल

Q.51 कौन सा विलोम - युग्म सही है?

A. स्मरण - विस्मरण   **B.** खण्डन - विखण्डन

C. नत - विनत   **D.** शिष्ट - विशिष्ट

Q.52 किस शब्द में 'अव' उपसर्ग का प्रयोग हुआ है?

A. अवश्य   **B.** अवचन   **C.** अव्याप्ति   **D.** अवध्य

Q.53 'बुरे भाव से की गई संधि' को कहते हैं:

A. दुरभिसंधि   **B.** छद्मसंधि   **C.** कूट-संधि   **D.** दुष्ट-संधि

Q.54 किस विकल्प में सही पारिभाषिक शब्द है?

A. Judicial Tribunal = विधिक प्राधिकरण

B. Juvenile Offender = किशोर अपराधी

C. Apprentice = प्रशिक्षणार्थी

D. Disposal = भुगतान

Q.55 किस शब्द का संधि - विच्छेद सही नहीं है?

A. महामात्य = महा + आमात्य

B. भयाक्रांत = भय + आक्रांत

C. स्नेहाविष्ट = स्नेह + आविष्ट

D. कंटकाकीर्ण = कंटक + आकीर्ण

Q.56 किस वाक्य में करण कारक (परसर्ग) का प्रयोग किया गया है?

A. बालक पुस्तक पढ़ रहा है

B. सोहन जयपुर गया है

C. किसान दिन-रात मेहनत करता है

D. हम नाक से साँस लेते है

Q.57 इनमें से किस विकल्प के सभी शब्द 'तत्सम' हैं?

A. प्रगट, निष्ठुर, पथिक   **B.** प्रीति, गीत, मीत

C. संकट, शकट, सहज   **D.** पुस्तक, मस्तक, लोग

Q.58 किस वाक्य में 'स्थानवाचक' क्रिया विशेषण है?

A. आप यहाँ बैठिए

B. वह धीरे-धीरे चलता है

C. मोहन जयपुर से अभी आया है

D. गुरु जी बहुत कम बोलते हैं

Q.59 किस शब्द में दो से अधिक उपसर्ग हैं?

A. अव्यवस्था   **B.** निरनुनसिकता

C. अपादान   **D.** निस्संकोच

Q.60 किस विकल्प में मुहावरे का भावार्थ सही नहीं है?

A. अंगारे उगलना = बहुत कठोर बातें कहना

B. अल्लाह को प्यारा होना = ईश्वर का प्रिय भक्त होना

C. भंडा फूटना = रहस्य प्रकट हो जाना

D. आँखे तरेरना = क्रोध से देखना

Q.61 किस शब्द में अव्ययीभाव समास नहीं है?

A. आमरण   **B.** यथासाध्य   **C.** श्रमसाध्य   **D.** आजन्म

Q.62 ईश्वर ने सुनने के लिए दो कान दिए हैं। - इसमें 'सुनने को' वाक्यांश में कौन सा कारक है?

A. अधिकरण   **B.** करण   **C.** सम्प्रदान   **D.** कर्म

Q.63 इनमें से किस शब्द की संधि सही नहीं है?

A. अधि + आदेश = अध्यादेश

B. अभि + आगत = अभ्यागत

C. अधि + अधीन = अध्याधीन

D. अभि + अर्थी = अभ्यर्थी

Q.64 इनमें से किस लोकोक्ति का भावार्थ सुसंगत नहीं है?

A. मन चंगा तो कठौती में गंगा = यदि मन शुद्ध है तो घर में ही तीर्थाटन का फल मिल सकता है

B. आ बैल मुझे मार = जान-बुझकर विपत्ति में पड़ना

C. काला अक्षर भैंस बराबर = बिलकुल अनपढ़

D. आँख के अंधे, नाम नयनसुख = दृष्टिबाधित को अपना नाम सोच-विचार कर ही रखना चाहिए

Q.65 'घूमने - फिरने वाला साधु - वाक्यांश के लिए सार्थक शब्द क्या होगा?

A. योगी   **B.** तपस्वी   **C.** श्रमण   **D.** परिव्राजक

Q.66 किस वाक्य में 'निपात' का प्रयोग हुआ है?

A. हरीश छत पर बैठा है

B. कल एक कवि-गोष्ठी का आयोजन किया गया है

C. आप भी आइयेगा

D. मैं छुट्टी के दिन घर पर रहता हूँ

Q.67 किस वाक्य में कोई विदेशी शब्द नहीं है?

A. घंटा बजा तब तक मैं स्कूल पहुँच चुका था

B. कक्षाध्यापक संस्कृत पढ़ा रहे थे

C. मेरी बस-यात्रा बहुत सुविधाजनक रही

D. उसे रेल्वे स्टेशन पहुँचने में आधा घंटा लगा

Q.68 किस विकल्प में सही पारिभाषिक शब्द नहीं है?

A. Disparity = असमानता

B. Discrepancy = विसंगति

C. Integrity = सत्यनिष्ठा

D. Preference = प्राथमिकता

Q.69 इनमें क्रिया से बनी भाववाचक संज्ञा नहीं है:

A. कमाई   **B.** लड़ाई   **C.** पढ़ाई   **D.** भलाई

Q.70 'आमरण - आभरण' शब्द युग्म का सही अर्थभेद है:

A. आभूषण, अनशन

B. भरण-पोषण, जीवनपर्यन्त

C. आभूषण, भरण-पोषण

D. मृत्युपर्यन्त, आभूषण

Q.71 मुहावरे के भावार्थ की दृष्टि से कौन सा विकल्प सही नहीं है?

A. बाल की खाल निकालना = बहुत परिश्रम करना

B. कलेजा ठंडा होना = शांति या संतोष प्राप्त होना

C. कमर कसना = अच्छी तरह तैयार होना

D. फटेहाल होना = बहुत गरीब होना

Q.72 किस वाक्य में 'अकर्मक' क्रिया नहीं है?

A. बच्चा गहरी नींद में सो रहा था

B. मजदूर छाया में सुस्ता रहा था

C. बालक पतंग उड़ा रहा था

D. दो छात्र बातें करते हुए जोर-जोर से हँस रहे थे

Q.73 किस वाक्य में कर्म कारक नहीं है?

A. बालक रोते-रोते सो गया

B. ग्वाला गाय दुहता है

C. माँ बच्चे को सुलाती है

D. राजा ने ब्राह्मण को बुलाया

Q.74 'दाल में कुछ काला होना' - मुहावरे का भावार्थ है:

A. दाल जल जाना

B. दाल में कुछ गिर जाना

C. दाल का छौंक जल जाना

D. आशंका या संदेह होना

Q.75 किस विकल्प के सभी शब्द 'विशेषण से बनी भाववाचक संज्ञा' हैं?

A. महत्व, सौन्दर्य, प्राथमिकता

B. मनुजत्व, स्वास्थ्य, नैतिकता

C. छुटपन, लड़कपन, धार्मिकता

D. धैर्य, गौरव, पशुता

Q.76 इनमें 'भाववाच्य' से संबधित वाक्य है।

A. सर्दियों में रोज नहाया नहीं जाता

B. वृद्ध आराम से बैठ नहीं सकता

C. लोग खुलकर हँस रहे थे

D. 'रामचरितमानस' ग्रंथ तुलसी द्वारा लिखा गया

Q.77 'हर समय दूसरों की कमियाँ ढूँढ़ने वाला' - वाक्यांश के लिए सार्थक शब्द होगाः

A. छिद्रान्वेषी   B. चुगलखोर   C. दुष्ट   D. आलोचक

Q.78 Deputation के लिए सही पारिभाषिक शब्द नहीं हैः

A. प्रतिनियुक्ति   B. अस्थायी नियुक्ति
C. प्रतिनिधिमंडल   D. शिष्टमंडल

Q.79 कौन सा विलोम युग्म सही नहीं है?

A. सापेक्ष - निरपेक्ष   B. आप्ति - विपत्ति
C. स्वकीय - परकीय   D. व्यष्टि - समष्टि

Q.80 इनमें कौन सा विलोम शब्द युग्म सही नहीं है?

A. आकर्षण - विकर्षण   B. अमल - विमल
C. ईमानदार - बेईमान   D. कृतज्ञ - कृतघ्न

Q.81 इनमें कौन सा शब्द विशेषण नहीं है?

A. भीतर   B. गुरुतर   C. विश्वस्त   D. विगत

Q.82 किस वाक्य में 'सकर्मक' क्रिया नहीं है?

A. मजदूर पेड़ के नीचे बहुत देर से बैठा है
B. किसान हल से खेत जोत रहा है
C. मोहन बाजार में फल खरीद रहा है
D. तीन छात्र पुस्तकालय में पढ़ रहे हैं

Q.83 'नौ दिन चले अढ़ाई कोस' लोकोक्ति का भावार्थ हैः

A. काम करने की बहुत धीमी गति
B. पैदल चलने की आदत होनी चाहिए चाहे बहुत धीरे-धीरे ही चलें
C. व्यक्ति कौ नौ दिन तक प्रतिदिन अढ़ाई कोस पैदल चलना चाहिए
D. पैदल चलने में बहुत समय लगता है, इसलिए पैदल न चलें, समय की बचत करें

Q.84 इनमें से कौन सा शब्द 'तत्सम' नहीं है?

A. सूक्ति   B. पंक्ति   C. शीत   D. रीत

Q.85 इनमें किन शब्दों की गणना 'अव्यय' के अंतर्गत की जाती है?

A. क्रिया विशेषण शब्द   B. क्रिया शब्द
C. विशेषण शब्द   D. संज्ञा शब्द

Q.86 'दक्षिण और पश्चिम के बीच की दिशा' - के लिए सार्थक शब्द होगाः

A. ईशान   B. आग्नेय   C. नैर्ऋत्य   D. वायव्य

Q.87 इनमें 'संयुक्त वाक्य' कौन सा है?

A. स्वामीजी ने अपने उद्बोधन में कहा कि शाकाहारी बनो
B. दरवाजा खुला रह गया अतः चोर घर में घुस आए
C. छात्राओं ने अत्यंत सुन्दर 'भरतनाट्यम्' प्रस्तुत किया
D. यह वही स्थल है जहाँ कृष्णभक्त मीरा पैदा हुई थी

Q.88 किस विकल्प में सही पारिभाषिक शब्द नहीं है?

A. Respondent = प्रतिवादी
B. Deterrent Punishment = निवारक दंड
C. Legal Protection = न्यायिक संरक्षण
D. De facto = वस्तुतः

Q.89 किस विकल्प में सही पारिभाषिक शब्द है?

A. Random = उल्टा-पुल्टा
B. Minutes = कार्यसूची
C. Recommended = संस्तुत
D. Attorney General = महाधिवक्ता

Q.90 किस विकल्प में मुहावरे का भावार्थ गलत है?

A. कन्नी काटना = पेंच लड़ाकर पतंग काटना
B. कान खड़े होना = सतर्क हो जाना
C. पत्थर की लकीर = अमिट या पक्की बात
D. सिर धुनना = पश्चाताप करना

Q.91 इनमें वर्तनी की दृष्टि से सही शब्द हैः

A. पड़ौसी   B. दम्पती   C. नुपुर   D. शताब्दि

Q.92 इनमें 'तद्भव' शब्द हैः

A. बजरंग   B. सुरंग   C. पक्कान्न   D. मिश्रान्न

Q.93 किस वाक्य में 'अकर्मक' क्रिया का प्रयोग किया गया है?

A. मजदूर चाय पी रहा है
B. बालक बहुत देर से रो रहा है
C. अम्मा खाना बना रही है
D. रमेश पुस्तक पढ़ रहा है

Q.94 किस विकल्प के सभी शब्द परस्पर पर्यायवाची नहीं हैं?

A. गलत, अशुचि, लुप्त   B. व्याल, उरग, पन्नग
C. रजनी, यामिनी, निशि   D. रश्मि, अंशु, मयुख

Q.95 इनमें भाववाचक संज्ञा हैः

A. बालक   B. सुन्दर   C. बचपन   D. पचपन

Q.96 किस वाक्य में पूर्वकालिक क्रिया का प्रयोग हुआ है?

A. वह नहाकर पढ़ेगा
B. रेलगाड़ी स्टेशन पर पहुँच चुकी थी
C. थोड़ी देर पहले पानी बरस रहा था
D. घंटा लगते ही वह चल पड़ा

Q.97 इनमें वर्तनी की दृष्टि से कौन सा शब्द सही नहीं है?

A. घनीष्ट   B. परिशिष्ट   C. अनिष्ट   D. स्वादिष्ट

Q.98 किस वाक्य में क्रिया की 'संभावनार्थवृत्ति' का प्रयोग हुआ है?

A. लगता है इस बार अच्छी बरसात होगी
B. अध्ययन करने-वाला छात्र अच्छे अंक प्राप्त करता है
C. बालक घर जा चुका था
D. दो और दो मिलकर चार होते हैं

Q.99 किस शब्द की संधि गलत है?

A. अतः + एव = अतएव
B. मम + इतर = ममेतर
C. अक्ष + ऊहिनी = अक्षौहिणी
D. नव + ऊढा = नवौढा

Q.100 किस वाक्य में 'भाववाच्य' है?

A. उससे खाना नहीं खाया गया।
B. छात्र द्वारा पुस्तक पढ़ी गई।
C. बालक खिलखिलाकर हँस रहा था।
D. दोषी व्यक्ति द्वारा क्षमायाचना की गई।

// स्मार्ट उत्तर पुस्तिका //

सही उत्तर उन छात्रों के प्रतिशत को इंगित करता है जिन्होंने प्रश्नों का सही उत्तर दिया था।

छोड़ दिया उन छात्रों के प्रतिशत को इंगित करता है जिन्होंने प्रश्नों को छोड़ दिया था।

प्रश्न संख्या	उत्तर	सही उत्तर / छोड़ दिया	प्रश्न संख्या	उत्तर	सही उत्तर / छोड़ दिया	प्रश्न संख्या	उत्तर	सही उत्तर / छोड़ दिया	प्रश्न संख्या	उत्तर	सही उत्तर / छोड़ दिया	प्रश्न संख्या	उत्तर	सही उत्तर / छोड़ दिया
1	A	87.2 % / 10.98 %	17	A	57.76 % / 33.48 %	33	A	49.5 % / 37.78 %	49	C	68.44 % / 31.33 %	65	D	61.97 % / 32.28 %
2	B	47.35 % / 37.7 %	18	A	61.33 % / 30.96 %	34	D	66.96 % / 32.76 %	50	B	59.35 % / 32.91 %	66	C	45.33 % / 37.75 %
3	A	54.51 % / 32.98 %	19	B	65.25 % / 33.74 %	35	C	56.98 % / 35.05 %	51	A	85.58 % / 11.12 %	67	B	46.9 % / 41.05 %
4	D	86.56 % / 11.82 %	20	C	63.79 % / 33.5 %	36	B	45.69 % / 39.7 %	52	A	57.43 % / 41.81 %	68	D	50.93 % / 34.07 %
5	C	41.99 % / 44.28 %	21	D	40.43 % / 42.32 %	37	D	56.11 % / 31.22 %	53	A	47.86 % / 37.61 %	69	D	61.13 % / 36.63 %
6	D	67.79 % / 31.26 %	22	C	69.58 % / 30.3 %	38	A	54.1 % / 40.55 %	54	B	55.53 % / 42.46 %	70	D	68.1 % / 31.41 %
7	C	61.78 % / 37.65 %	23	C	55.37 % / 32.06 %	39	D	53.99 % / 43.33 %	55	A	62.86 % / 35.71 %	71	A	59.79 % / 30.96 %
8	B	43.59 % / 35.65 %	24	C	45.0 % / 41.95 %	40	A	84.33 % / 14.23 %	56	D	59.44 % / 33.5 %	72	C	67.09 % / 30.33 %
9	C	65.43 % / 31.03 %	25	A	87.68 % / 10.88 %	41	B	84.39 % / 11.82 %	57	C	62.44 % / 35.94 %	73	A	58.89 % / 37.19 %
10	D	58.17 % / 41.26 %	26	D	68.86 % / 30.95 %	42	D	40.92 % / 53.59 %	58	A	54.24 % / 35.23 %	74	D	66.23 % / 30.82 %
11	C	63.32 % / 33.17 %	27	D	46.8 % / 32.02 %	43	B	89.49 % / 10.3 %	59	B	60.95 % / 30.38 %	75	A	69.62 % / 30.04 %
12	D	42.77 % / 34.76 %	28	C	64.28 % / 32.29 %	44	A	58.33 % / 36.91 %	60	B	82.9 % / 17.01 %	76	A	48.74 % / 32.96 %
13	A	44.33 % / 41.71 %	29	A	60.18 % / 33.91 %	45	D	52.7 % / 41.09 %	61	C	49.87 % / 40.8 %	77	A	45.32 % / 36.45 %
14	D	69.28 % / 30.68 %	30	B	42.26 % / 53.39 %	46	B	64.49 % / 32.35 %	62	C	41.14 % / 57.92 %	78	B	58.76 % / 35.31 %
15	D	49.26 % / 30.69 %	31	A	59.36 % / 35.86 %	47	B	41.49 % / 47.85 %	63	C	67.92 % / 31.15 %	79	B	60.65 % / 30.68 %
16	B	54.09 % / 32.84 %	32	A	59.33 % / 38.95 %	48	D	64.79 % / 31.91 %	64	D	69.53 % / 30.27 %	80	B	41.5 % / 49.71 %

प्रश्न संख्या	उत्तर	सही उत्तर / छोड़ दिया
81	A	62.75 % / 35.97 %
82	A	53.36 % / 34.91 %
83	A	59.65 % / 39.71 %
84	D	51.4 % / 34.41 %

प्रश्न संख्या	उत्तर	सही उत्तर / छोड़ दिया
85	A	55.58 % / 36.34 %
86	C	50.93 % / 34.25 %
87	B	55.35 % / 32.24 %
88	C	57.33 % / 35.24 %

प्रश्न संख्या	उत्तर	सही उत्तर / छोड़ दिया
89	C	86.73 % / 11.53 %
90	A	77.57 % / 12.03 %
91	B	58.38 % / 30.36 %
92	A	55.45 % / 43.46 %

प्रश्न संख्या	उत्तर	सही उत्तर / छोड़ दिया
93	B	69.12 % / 30.37 %
94	A	85.25 % / 12.54 %
95	C	47.85 % / 45.8 %
96	A	43.0 % / 33.34 %

प्रश्न संख्या	उत्तर	सही उत्तर / छोड़ दिया
97	A	87.87 % / 11.22 %
98	A	29.67 % / 67.36 %
99	D	68.07 % / 31.19 %
100	A	57.55 % / 39.82 %

कार्य विश्लेषण	
औसत अंक (%)	39.0%
टॉपर्स स्कोर (%)	55.0%
आपका स्कोर	

//संकेत और समाधान//

1. शुश्रूषा वर्तनी की दृष्टि से शुद्ध शब्द है। अन्य विकल्प असंगत है।

शुश्रूषा का अर्थ- किसी से कुछ सुनने की इच्छा

शुश्रूषा - संज्ञा स्त्रीलिंग

अतः विकल्प (A) सही है।

2. बेचान , शब्द में 'बे' उपसर्ग नहीं है।

किसी विनिमयसाध्य विपत्र चैक, बिल, हुण्डी आदि की पीठ पर प्राप्तकर्ता या अन्य कोई व्यक्ति जो उस समय उसका धारी हो, अपना रुपया पाने का अधिकार किसी दूसरे व्यक्ति को हस्तान्तरित करने के उद्देश्य से हस्ताक्षर करता है तो ऐसा करने को बेचान या पृष्ठांकन (Endorsement) कहते हैं।

अतः विकल्प (B) सही है।

3. Discharge Petition के लिए सही पारिभाषिक शब्द उन्मोचन याचिका है।

उन्मोचन का अर्थ - मुक्त करना

अतः विकल्प (A) सही है।

4. वर्तनी की दृष्टि से चतुरिणी शब्द अशुद्ध है।

शूर्पणखा =शूर्प नखा;

तद्भव : सुपनखा या सूपनखा

अतः विकल्प (D) सही है।

5. ईश्वर सबका कल्याण करे। वाक्य में क्रिया की 'इच्छार्थवृत्ति' का प्रयोग हुआ है।

इच्छार्थक वृत्ति - इसमें वक्ता की इच्छा, आशा, वरदान, शाप आदि का पता चलता है।

अतः विकल्प (C) सही है।

6. सरोरुह , शब्द 'केश' का पर्यायवाची नहीं है।

शब्द	पर्यायवाची
सरोरुह	राजीव ,पुण्डरीक ,जलज ,पंकज ,सरोज
केश	कच, चिकुर, बाल, रोम, कुन्तल, शिरोरूह, अलक

अतः विकल्प (D) सही है।

7. 'सीधी उँगली से घी नहीं निकलता' लोकोक्ति का भावार्थ 'बहुत सीधा होने से काम नहीं चलता' है।

लोकोक्ति का वाक्य प्रयोग – हमने राजी – वाजी से काम निकालना चाहा, पर ठीक ही कहते हैं – 'सीधी ऊँगली से घी नहीं निकलता'।

अतः विकल्प (C) सही है।

8. चतुरानन , में 'बहुव्रीहि' समास है।

बहुव्रीहि समास: जिस समास में दोनों पद प्रधान नहीं होते हैं और दोनों पद मिलकर किसी अन्य विशेष अर्थ की ओर संकेत कर रहे होते हैं।

उदाहरण: जैसे – जो महान वीर है = महावीर अर्थात हनुमान, तीन आँखों वाला = त्रिलोचन अर्थात शिव।

अतः विकल्प (B) सही है।

9. छात्रा ने बहुत ओजपूर्ण स्व-रचित कविता सुनाई। वाक्य 'सरल वाक्य' के अन्तर्गत आएगा।

साधारण वाक्य या सरल वाक्य : जिन वाक्यों में केवल एक ही उद्देश्य और एक ही विधेय होता है, उन्हें साधारण वाक्य या सरल वाक्य कहते हैं।

जैसे- 'बिजली चमकती है', 'पानी बरसा' ।

अतः विकल्प (C) सही है।

10. वह विदुषी महिला है। व्याकरण की दृष्टि से अशुद्ध वाक्य है।

विदुषी (संज्ञा स्त्रीलिंग) - विद्या पढ़ी हुई स्त्री, विद्वान महिला

'विदुषी' का अर्थ ही 'विद्वान महिला' होता है।

अर्थात शुद्ध वाक्य होगा - "वह विदुषी है।"

जैसे- गार्गी एक विदुषी थी।

अतः विकल्प (D) सही है।

11. मितव्ययी - अल्पव्ययी , विलोम - युग्म गलत है।

मितव्ययी शब्द का विलोम शब्द अपव्ययी।

मितव्ययी का हिन्दी मे अर्थ सोचसमझ कर खर्च करनेवाला या अनावश्यक खर्च न करनेवाला।

"अल्पव्ययी" का अर्थ कमखर्च करनेवाला।

अतः विकल्प (C) सही है।

12. क्रिया को 'उद्देश्य' और कर्ता को 'विधेय' कहते हैं। 'वाक्य' की दृष्टि से यह कथन सही नहीं है।

(1) उद्देश्य: वाक्य का वह भाग है, जिसमें किसी व्यक्ति या वस्तु के बारे में कुछ कहा जाए, उसे उद्देश्य कहते हैं।

(2) विधेय: उद्देश्य के विषय में जो कुछ कहा जाता है, उसे विधेय कहते हैं।

जैसे- पूनम किताब पढ़ती है।

अतः विकल्प (D) सही है।

13. प्रधानाध्यापकजी ने कहा कि कल विद्यालय बंद रहेगा। 'मिश्र वाक्य' है।

प्रधानाध्यापकजी ने कहा कि कल विद्यालय बंद रहेगा। - वाक्य में 'कि' संयोजक आया है जिससे वाक्यों को जोड़ा गया है।

मिश्र वाक्य में प्रधान वाक्य को आश्रित उपवाक्य से जोड़ने के लिए जो आपस में 'कि'; 'जो'; 'क्योंकि'; 'जितना'; 'उतना'; 'जैसा'; 'वैसा'; 'जब'; 'तब'; 'जहाँ'; 'वहाँ'; 'जिधर'; 'उधर'; 'अगर/यदि'; 'तो'; 'यद्यपि'; 'तथापि'; आदि का प्रयोग किया जाता है।

अतः विकल्प (A) सही है।

14. 'चोर ने धन के लिए, धारदार हथियार से व्यवसायी की गर्दन धड़ से अलग कर दी।' इस वाक्य में अधिकरण कारक का प्रयोग नहीं हुआ है।

चोर ने - कर्ता काराक

धन के लिए - सम्प्रदान कारक

हथियार से - करण कारक

व्यवसायी की गर्दन - सम्बन्ध कारक

धड़ से अलग कर दी-अपादान कारक

अधिकरण कारक: शब्द के जिस रूप से क्रिया के आधार का ज्ञान होता है, उसे अधिकरण कारक कहते हैं।

उदाहरण: मोहन मैदान में खेल रहा है।

अतः विकल्प (D) सही है।

15. पदच्युत , शब्द में 'करण तत्पुरुष' समास नहीं है।

पदच्युत का अर्थ - पद से हटा हुआ

वाक्य प्रयोग - मंत्रिपरिषद को विधानमंडल के प्रति जिम्मेदार बना दिया गया और वह एक अविश्वास प्रस्ताव पास करके उसे पदच्युत कर सकता था .

अतः विकल्प (D) सही है।

16. अर्थभेद की दृष्टि से, समश्रुत भिन्नार्थक शब्द-युग्म 'अपत्य - अपथ्य = संतान, जो बीमार के लिए उपयुक्त न हो है' सही है ।

अपत्य का अर्थ - संतान

अपथ्य का अर्थ - जो बीमार के लिए उपयुक्त न हो

अतः विकल्प (B) सही है।

17. उपरोक्त शब्दों में से 'धनुष' का पर्यायवाची शब्द 'विशिख' नहीं है।

'विशिख' के पर्यायवाची शब्द हैं - तीर, बाण , इषु , नाराच, आशुग, शर , शायक, शिलीमुख आदि।

अतः विकल्प (A) सही है।

18. दिए गए विकल्पों में अभिजात्य शब्द की वर्तनी शुद्ध है।

'अभिजात्य' का अर्थ 'उच्च कुल के योग्य' है।

अन्य विकल्प –

अशुद्ध वर्तनी	शुद्ध वर्तनी	अर्थ
अध्यात्मिक	आध्यात्मिक	अलौकिक
हथनी	हथिनी	मादा हाथी
पुनरावलोकन	पुनरवलोकन	दुबारा अवलोकन

अतः विकल्प (A) सही है।

19. 'कर्मवाच्य भी अकर्मक और सकर्मक - दोनों क्रियाओं में होता है।' यह व्याकरण की दृष्टि से सही कथन नहीं है।

कर्तृवाच्य में क्रिया सकर्मक और अकर्मक दोनों हो सकती है, किन्तु कर्मवाच्य में केवल सकर्मक और भाववाच्य में अकर्मक होती हैं।

क्रिया के जिस रूप में कर्म प्रधान हो, उसे कर्मवाच्य कहते हैं।

अतः विकल्प (B) सही है।

20. दिए गए विकल्पों में सरोजनी शब्द की वर्तनी अशुद्ध है।

सरोजनी की सही वर्तनी होगी - सरोजिनी

'सरोजिनी' का अर्थ 'कमल से भरा तालाब' या 'कमल समूह' है।

अतः विकल्प (C) सही है।

21. 'जिसको थोड़ा ज्ञान हो' के लिए सार्थक शब्द अल्पज्ञ' होगा।

अन्य विकल्प:

एक शब्द	वाक्यांश
अनभिज्ञ	जिसको कुछ ज्ञान न हो
अभिज्ञ	जानने वाला ज्ञाता
अज्ञ	जो कुछ न जानता हो

अतः विकल्प (D) सही है।

22. दिये गए विकल्पों में से व्याकरण की दृष्टि से 'वहा सदैव ही सत्य बोलता है' वाक्य सही नहीं है।

'वहा सदैव ही सत्य बोलता है।' अशुद्ध वाक्य है।

इसमें सर्वनाम संबंधित अशुद्धि है।

वाक्य में 'वहा' के स्थान पर 'वह' सर्वनाम का प्रयोग होना चाहिए।

अतः विकल्प (C) सही है।

23. एक + एक = एकेक संधि उचित नहीं है, एक +एक की संधि 'एकैक' होगी।

'एकैक' में वृद्धि स्वर संधि है। एक + एक = एकैक (अ + ए = ऐ), यहाँ 'अ' और 'ऐ' के मेल से 'ऐ' बना है।

वृद्धि स्वर संधि में अ, आ के साथ ए, ऐ का मेल होने ऐ हो जाता है तथा अ, आ के साथ ओ, औ का मेल होने पर औ हो जाता है।

अतः विकल्प (C) सही है।

24. 'गजानन' में 'बहुव्रीहि' समास है। इसका सही समास विग्रह होगा - 'गज के समान आनन = गणेश'।

इसमें 'गणेश' अर्थ की और संकेत आने पर 'बहुव्रीहि समास' है।

'बहुव्रीहि समास' में किसी तीसरे अर्थ पर संकेत होता है।

अतः विकल्प (C) सही है।

25. दिए गए विकल्पों में से 'अब बरसात रुक गई है' वाक्य में क्रिया के 'पूर्णताबोधक पक्ष' का प्रयोग हुआ है।

"अब बरसात रुक गई है।" वाक्य में बरसात होने की क्रिया पूरी हो गई है। इसलिए यह क्रिया का पूर्णताबोधक पक्ष है।

इस क्रिया पक्ष में क्रिया के पूरी तरह समाप्त होने का बोध होता है पूर्णताबोधक पक्ष कहलाता हैं।

अतः विकल्प (A) सही है।

26. 'मोहन पुस्तक पढ़ रहा है' वाक्य कर्तृवाच्य है।

इसमें 'मोहन' कर्ता मुख्य है एवं पढने की क्रिया के अनुसार ही कर्ता का प्रयोग हुआ है।

कर्तृवाच्य: जिस वाक्य में कर्ता मुख्य हो और क्रिया कर्ता के लिंग, वचन एवं पुरूष के अनुसार हो, उसे कर्तृवाच्य कहते हैं।

उदाहरण: लड़किया बाजार जा रही है।

अतः विकल्प (D) सही है।

27. 'विज्ञापन' विदेशी भाषा का शब्द नहीं है।

विज्ञापन शब्द की उत्पत्ति दो शब्दों की मेल से हुई है - वि+ज्ञापन

विज्ञापन का अर्थ है - जानकारी कराना, सूचित करना।

अतः विकल्प (D) सही है।

28. कलई खुलना' मुहावरे का अर्थ 'रहस्य प्रकट हो जाना' है।

वाक्य प्रयोग - घोटाले का भंडाफोड़ होने से राजनेताओं की कलई खुल गई।

अतः विकल्प (C) सही है।

29. प्रतीक्षा = प्रति + इशा का संधि-विच्छेद उचित नहीं है, प्रति + ईक्षा की संधि 'प्रतीक्षा' होगी।

'प्रतीक्षा' में दीर्घ स्वर संधि है। प्रति+ ईक्षा कैक (इ + ई = ई), यहाँ 'इ' और 'ई' के मेल से 'ई' बना है।

दीर्घ स्वर संधि में ह्स्व या दीर्घ अ, इ, उ के बाद यदि ह्स्व या दीर्घ अ, इ, उ आ जाएँ तो दोनों मिलकर दीर्घ आ, ई, और ऊ हो जाते हैं।

अतः विकल्प (A) सही है।

30. उपरोक्त विकल्पों में ';' अर्ध-विराम का चिह्न है।

अर्द्ध-विराम का अर्थ है, बीच में हल्का सा विराम लेना हो पर वाक्य को खत्म न किया जाये तो वहाँ पर अर्द्ध विराम (;) चिन्ह का प्रयोग किया जाता है।

अतः विकल्प (B) सही है।

31. झोपड़ी देशज शब्द है।

झोपड़ी शब्द की उत्पत्ति हिंदी से ही हुई है।

झोपड़ी का अर्थ है - कुटिया

अतः विकल्प (A) सही है।

32. उपरोक्त शब्दों युग्मों में से 'अग्नि, वह्नि, अनल 'के सभी शब्द परस्पर पर्यायवाची शब्द है।

'आग' के पर्यायवाची शब्द हैं - अग्नि, अनल, पावक, दहन, ज्वलन, धूमकेतु, कृशानु, हुताशन, वैश्वानर, शुचि, ज्वाला

अतः विकल्प (A) सही है।

33. दिए गए सभी विकल्पों में 'जटिल' शब्द में 'इल' प्रत्यय का योग नहीं है।

'इल' तद्धित प्रत्यय है।

तद्धित प्रत्यय - जो प्रत्यय क्रिया के मूल रूप (धातु) को छोड़कर अन्य शब्दों (संज्ञा, सर्वनाम, विशेषण आदि) के साथ जुड़ते हैं, तद्धित प्रत्यय कहलाते हैं।

अतः विकल्प (A) सही है।

34. दिए गए विकल्पों में से 'परायण' शब्द में 'परा' उपसर्ग नहीं है।

परायण = पर + आयण

'पर' उपसर्ग से बनने वाले अन्य शब्द - परनाना, परदेसी

'पर' का अर्थ – किसी दुसरे से संबंधित

अतः विकल्प (D) सही है।

35. 'मानसिक भाव छिपाना' के लिए एक शब्द 'अवहित्था' होगा।

अन्य विकल्प:

एक शब्द	वाक्यांश
अमर्ष	सहनशील न होने की अवस्था
असूया	दूसरे के गुण में दोष निकालना
अक्षधूर्त	जुआ खेलने में होशियार

अतः विकल्प (C) सही है।

36. 'लड़का पत्थर फेंकता है' वाक्य में कर्म कारक है।

लड़के ने पत्थर को फेंका, यहाँ कारक चिन्ह छुपा हुआ है।

कर्म कारक की परिभाषा: किसी भी वस्तु या व्यक्ति द्वारा वाक्य में की गई क्रिया का प्रभाव पड़ता है, उसे कर्म कारक कहते हैं। कर्म कारक में 'को' विभक्ति चिन्ह का प्रयोग होता है।

अतः विकल्प (B) सही है।

37. नाक का बाल होना मुहावरे का अर्थ 'अत्यधिक घनिष्ठ या प्रिय व्यक्ति होना' है।

वाक्य प्रयोग - सीता गीता तो एक दूसरी की नाक का बाल हैं।

अतः विकल्प (D) सही है।

38. उपरोक्त विकल्पों में 'सूर्यकान्त त्रिपाठी "निराला" छायावाद के प्रमुख कवि थे' में 'विराम-चिह्न' संबंधी विसंगति है।

सही विराम चिह्न होगा - सूर्यकान्त त्रिपाठी 'निराला' छायावाद के प्रमुख कवि थे।

'...' - अवतरण चिह्न (किसी वाक्य में किसी शब्द पर जोर देने के लिए इसका प्रयोग होता है)।

"..." - उद्धरण चिह्न (किसी के कथन को उद्धृत करने के लिए इसका प्रयोग होता है)।

अतः विकल्प (A) सही है।

39. दिए गए विकल्पों में से 'मोहन अपनी कक्षा में पढ़ा रहा है।' वाक्य में क्रिया के 'सातत्यबोधक पक्ष' का प्रयोग हुआ है।

मोहन अपनी कक्षा में पढ़ा रहा है। वाक्य में क्रिया वर्तमान में चालू है।

इसलिए यह क्रिया का सातत्यबोधक पक्ष है।

सातत्यबोधक पक्ष में क्रिया के वर्तमान में चालू रहने का बोध होता है।

अतः विकल्प (D) सही है।

40. "बीमारी के कारण वह उपस्थित नहीं हो सका ।" - व्याकरण की दृष्टि से सही है।

वाक्य सम्प्रेषण की सबसे महत्वपूर्ण और सार्थक इकाई होती है। वाक्यगत अशुद्धियाँ को शुद्ध रूप में लिखना सम्प्रेषण को अधिक सरल बनाता है। वाक्य में, संज्ञा, सर्वनाम, लिंग, वचन, क्रिया-विशेषण, क्रिया, विशेषण आदि संबंधी अशुद्धियाँ हो सकती हैं।

अतः विकल्प (A) सही है।

41. 'मम' निजवाचक सर्वनाम है, जिसमें 'ता' प्रत्यय के योग से 'ममता' भाववाचक संज्ञा बनी है।

भाववाचक संज्ञा: जो संज्ञा किसी भाव, गुण, दशा आदि का बोध कराती है।

उदाहरण: क्रोध, मिठास, यौवन

अतः विकल्प (B) सही है।

42. दिए गए सभी विकल्पों में 'महावट' शब्द में 'आवट' प्रत्यय का योग नहीं है।

महावट = माघ + वट। इसमें कृत् प्रत्यय है।

कृत् प्रत्यय - जो प्रत्यय क्रिया के मूल रूप (धातु) से जोड़े जाते हैं, कृत् प्रत्यय कहलाते हैं।

अतः विकल्प (D) सही है।

43. 'वह साहित्य जिसमें गद्य और पद्य दोनों मिश्रित हों' के लिए एक शब्द 'चम्पू' होगा।

चम्पू श्रव्य काव्य का एक भेद है, अर्थात गद्य-पद्य के मिश्रित् काव्य को चम्पू कहते हैं। गद्य तथा पद्य मिश्रित काव्य को "चंपू" कहते हैं।

अतः विकल्प (B) सही है।

44. दिए गए सभी विकल्पों में 'व्यंजित' शब्द में उपसर्ग और प्रत्यय का योग है।

व्यंजित = व्य (उपसर्ग) + अंज (मूल शब्द) + इत (प्रत्यय)

व्यंजित का अर्थ - जिसकी व्यंजना की जाए।

अतः विकल्प (A) सही है।

45. "सावधानी बरतते तो दुर्घटना न होती।" वाक्य हेतु-हेतुमद् भूतकाल का उदाहरण है।

हेतु-हेतुमद् भूतकाल : जिन क्रिया पदों से भूतकाल में कार्य होने का संकेत तो मिलता है, परन्तु किसी कारण से कार्य हो नहीं पाया, उसे हेतु-हेतुमद् भूतकाल कहते हैं। जैसे-अगर धूप आती तो गर्मी बढ़ जाती। अगर मेहनत करते तो सफल हो जाते। यदि समय पर आते तो बस नहीं छूटती।

भूतकाल - क्रिया के जिस रुप से बीते हुए समय में कार्य होने का बोध हो उसे भूतकाल कहते हैं।

अतः विकल्प (D) सही है।

46. सत् + नारी = सद्रारी संधि उचित नहीं है। सत + नारी की संधि 'सन्नारी' होगी।

'सन्नारी' में व्यंजन संधि है। सत् + नारी = सद्रारी (त् + न = न्न),

यहाँ 'त्' और 'न' के मेल से 'न्न' बना है।

दो निकटवर्ती वर्णों के परस्पर मेल से जो विकार (परिवर्तन) होता है वह संधि कहलाता है। संस्कृत, हिन्दी एवं अन्य भाषाओं में परस्पर स्वरो या वर्णों के मेल से उत्पन्न विकार को सन्धि कहते हैं।

अतः विकल्प (B) सही है।

47. Disbursing Authority के लिए सही पारिभाषिक शब्द संवितरण प्राधिकारी है।

संवितरण प्राधिकारी का अर्थ - विशेष अधिकार प्राप्त व्यक्ति।

पारिभाषिक शब्द - पारिभाषिक शब्द ऐसे शब्दों को कहते हैं, जो अपने-अपने क्षेत्रों में विशिष्ट अर्थ में सुनिश्चित रूप में परिभाषित होते हैं। अर्थ और प्रयोग की दृष्टि से परिभाषित होने के कारण ही इन्हें पारिभाषिक शब्द कहा जाता है।

अतः विकल्प (B) सही है।

48. उपर्युक्त विकल्पों में से 'शुभागमन' में द्वंद समास नहीं है। इसका समास विग्रह 'शुभ का आगमन' होगा तथा इसमें 'का' का लोप होगा।

शुभागमन का समास विच्छेद है - शुभ का आगमन

इसमें 'का' आने से संबंध तत्पुरुष समास है।

संबंध तत्पुरुष समास का कारक 'का,के,की' होता है।

अतः विकल्प (D) सही है।

49. 'शीघ्र ही वह आन्दोलन देशव्यापी हो गया।' शुद्ध वाक्य है क्योंकि इसमें कोई त्रुटि नहीं है।

वाक्य सम्प्रेषण की सबसे महत्वपूर्ण और सार्थक इकाई होती है। वाक्यगत अशुद्धियों को शुद्ध रूप में लिखना सम्प्रेषण को अधिक सरल बनाता है। वाक्य में, संज्ञा, सर्वनाम, लिंग, वचन, क्रिया-विशेषण, क्रिया, विशेषण आदि संबंधी अशुद्धियाँ हो सकती हैं।

अतः विकल्प (C) सही है।

50. 'देह' तद्भव शब्द नहीं है।

देह शब्द तत्सम शब्द है।

देह का अर्थ है - शरीर।

अतः विकल्प (B) सही है।

51. 'स्मरण - विस्मरण' विलोम शब्द है।

स्मरण का अर्थ: याद रखने की शक्ति

विस्मरण का अर्थ: स्मरण की विफलता

अतः विकल्प (A) सही है।

52. दिए गए विकल्पों में से 'अवश्य' शब्द में 'अव' उपसर्ग है।

अवश्य = अव + शय

'अव' उपसर्ग से बनने वाले अन्य शब्द - अवगुण, अवतरण आदि।

'अव' का अर्थ – दूर या नीचे, निश्चय, व्याप्ति, अल्पता, ह्रास

अतः विकल्प (A) सही है।

53. 'बुरे भाव से की गई संधि' के लिए एक शब्द 'दुरभिसंधि' होगा।

दुरभि संधि का तात्पर्य ऐसे समझौते से है जिसको निभना असंभव नहीं तो कठिन अवश्य होता है। जरूरी नहीं कि समझौता आर्थिक दृष्टि से ही कठिन हो।

अतः विकल्प (A) सही है।

54. Juvenile Offender के लिए सही पारिभाषिक शब्द है - किशोर अपराधी

जब किसी बच्चे द्वारा कोई कानून-विरोधी या समाज विरोधी कार्य किया जाता है तो उसे किशोर अपराध या बाल अपराध कहते हैं। अपराध करने वाले बच्चे को किशोर अपराधी कहते है।

अतः विकल्प (B) सही है।

55. महामात्य = महा + आमात्य संधि उचित नहीं है।

'महामात्य' का संधि विच्छेद 'महा + अमात्य' होगा।

महामात्य = महा + अमात्य (आ + अ = आ), यहाँ 'अ' और 'आ' के मेल से 'आ' बना है।

'महामात्य' में दीर्घ संधि है।

दीर्घ संधि में (अ, आ) के साथ (अ, आ) हो तो 'आ' बनता है, जब (इ, ई) के साथ (इ, ई) हो तो 'ई' बनता है, जब (उ, ऊ) के साथ (उ, ऊ) हो तो 'ऊ' बनता है।

अतः विकल्प (A) सही है।

56. हम नाक से साँस लेते है करण कारक का उदाहरण है।

हम नाक से (के द्वारा) साँस लेते है - करण कारक

करण कारक की परिभाषा: वह साधन जिसके द्वारा क्रिया पूरी होती है अर्थात् जिसकी जरिये कोई भी कार्य पूरा किया जाता है, उसे करण कारक कहा जाता है।

करण कारक में विभक्ति चिह्न के रूप में 'से' और 'के' का प्रयोग होता है।

अतः विकल्प (D) सही है।

57. संकट, शकट, सहज शब्द तत्सम शब्द है।

संकट का अर्थ है - आपदा

शकट का अर्थ - गाड़ी

सहज का अर्थ - सरल

तत्सम शब्द: किसी भी भाषा के मूल शब्द या शुद्ध शब्द को 'तत्सम शब्द' कहते हैं। जबकि संस्कृत भाषा के शुद्ध शब्द को कहते है।

अतः विकल्प (C) सही है।

58. 'आप यहाँ बैठिए' वाक्य में स्थानवाचक क्रियाविशेषण का प्रयोग है।

जो अविकारी शब्द किसी क्रिया के संपादित होने के स्थान का बोध कराते हैं, उन्हें स्थानवाचक क्रियाविशेषण कहते हैं।

जैसे- यहाँ, वहाँ, कहाँ, जहाँ, सामने, नीचे, ऊपर, आगे, भीतर, बाहर आदि।

अतः विकल्प (A) सही है।

59. दिए गए विकल्पों में से 'निरनुनसिकता' शब्द में 'निर' और 'अनु' उपसर्ग का प्रयोग है।

निरनुनसिकता = निर + अनु + नासिक + ता (प्रत्यय)

'निर' उपसर्ग से बनने वाले अन्य शब्द - निर्भय, निराकार आदि।

'निर' का अर्थ – रहित, बगैर

'अनु' उपसर्ग से बनने वाले अन्य शब्द - अनुचर, अनुभव आदि।

'अनु' का अर्थ – पीछे, अंतर्गत

अतः विकल्प (B) सही है।

60. 'अल्लाह को प्यारा होना' मुहावरे का अर्थ 'मर जाना' है। 'ईश्वर का प्रिय भक्त होना' इसका गलत भावार्थ है।

वाक्य प्रयोग - बेचारा बच्चा इतनी कम उम्र में ही अल्लाह को प्यारा हो गया।

अतः विकल्प (B) सही है।

61. उपर्युक्त विकल्पों में से 'श्रमसाध्य' में अव्ययीभाव समास नहीं है। इसका समास विग्रह 'श्रम को साध्य' होगा तथा इसमें 'को' का लोप होगा।

श्रमसाध्य का समास विच्छेद है - श्रम को साध्य

इसमें 'को' आने से कर्म तत्पुरुष समास है।

कर्म तत्पुरुष समास का कारक 'को' होता है।

अतः विकल्प (C) सही है।

62. ईश्वर ने सुनने को दो कान दिए हैं में सम्प्रदान कारक है।

'सुनने को' का अर्थ है - सुनने के लिए

जब वाक्य में किसी को कुछ दिया जाए या किसी के लिए कुछ किया जाए तो वहां पर सम्प्रदान कारक होता है। सम्प्रदान कारक के विभक्ति चिन्ह के लिए 'या' 'को' हैं।

अतः विकल्प (C) सही है।

63. अधि + अधीन = अध्याधीन संधि उचित नहीं है। अधि + अधीन की संधि 'अध्यधीन' होगी।

'अध्यधीन' में स्वर संधि। अधि + अधीन = अध्यधीन (इ + अ = ध्य),

यहाँ 'इ' और 'अ' के मेल से 'ध्य' बना है।

अतः विकल्प (C) सही है।

64. आँख के अंधे, नाम नयनसुख लोकोक्ति का अर्थ 'नाम के अनुसार गुण न होना' है। 'दृष्टिबाधित को अपना नाम सोच-विचार कर ही रखना चाहिए' इसका सही भावार्थ नहीं है।

वाक्य प्रयोग - सीता भड़काऊ औरत है, आँख के अंधे नाम नयनसुख।

अतः विकल्प (D) सही है।

65. 'घूमने - फिरने वाला साधु' के लिए एक शब्द 'परिव्राजक' होगा।

अन्य विकल्प:

एक शब्द	वाक्यांश
योगी	योग करने वाला व्यक्ति
तपस्वी	तपस्या करने वाला व्यक्ति
श्रमण	श्रम करने वाला व्यक्ति

अतः विकल्प (D) सही है।

66. "आप भी आइयेगा" वाक्य में 'निपात' का प्रयोग हुआ है।

निपात- किसी भी बात पर अतिरिक्त भार देने के लिए जिन शब्दों का प्रयोग किया जाता है, उसे निपात कहते है। जैसे- तक, मत, क्या, हाँ, भी, केवल, जी, नहीं, न, काश। उदाहरण- कल मैं भी आपके साथ चलूँगा।

अतः विकल्प (C) सही है।

67. "कक्षाध्यापक संस्कृत पढ़ा रहे थे" वाक्य में कोई विदेशी शब्द नहीं है।

विदेशज शब्द: विदेशी भाषाओं से हिंदी में आये शब्दों को विदेशी शब्द कहा जाता है। इन विदेशी भाषाओं में मुख्यतः अरबी, फारसी, तुर्की, अंग्रेजी व पुर्तगाली शामिल है।

उदाहरण: अदा, अजब, अजीब, अमीर

अतः विकल्प (B) सही है।

68. 'प्राथमिकता' पारिभाषिक शब्द नहीं है।

प्राथमिकता: किसी कार्य, बात या व्यक्ति को औरों से पहले दिया जाने या मिलने वाला अवसर या स्थान

वाक्य प्रयोग: सलीम खान ने पुष्टि की कि सलमान खान को धमकियां मिलीं और कहा कि उनके बेटे की सुरक्षा अब प्राथमिकता है।

अतः विकल्प (D) सही है।

69. 'भलाई' शब्द क्रिया से बनी भाववाचक संज्ञा नहीं है।

तद्धित प्रत्यय जोड़े गए शब्दों के उदाहरण: भला+ई =भलाई

तद्धित प्रत्यय- धातु को छोड़ कर अन्य शब्दों में लगने वाला प्रत्यय तद्धित प्रत्यय कहलाते है।

जिसके अंत में तद्धित प्रत्यय जुड़ा हो, वह है ' तद्धितांत'। तद्धितांत शब्द बना है- तद्धित+अंत।

अतः विकल्प (D) सही है।

70. मृत्युपर्यन्त, आभूषण शब्द युग्म का सही अर्थभेद मृत्युपर्यन्त, आभूषण है।

'आभरण' का अर्थ – 'आभूषण'

'आमरण' का अर्थ – 'मृत्युपर्यन्त'

अतः विकल्प (D) सही है।

71. मुहावरा- 'बाल की खाल निकालना' अर्थ – अनावश्यक सूक्ष्म विश्लेषण करना।

वाक्य- तुम यहा से चले जाओ तुम्हारी आदद ही बाल की खाल निकालने वाली है अगर यहां रहोगे तो मै कुछ भी नही कर सकुगा।

अतः विकल्प (A) सही है।

72. 'बालक पतंग उड़ा रहा था' वाक्य में 'अकर्मक' क्रिया नहीं है।

अकर्मक क्रिया की परिभाषा: अकर्मक क्रिया वहां पर होती है जहां कर्ता द्वारा किया गया कार्य किसी अन्य चीज को प्रभावित नहीं करता है।

दूसरे शब्दों में जैसे नाम से ही पता चल रहा है 'अकर्मक' मतलब कर्म उपस्थित नहीं।

जब किसी वाक्य में कर्ता हो और क्रिया भी हो लेकिन कर्म ना हो तो वहां पर अकर्मक क्रिया होती है।

अतः विकल्प (C) सही है।

73. "बालक रोते-रोते सो गया" वाक्य में कर्म कारक नहीं है।

कर्म कारक: वह वस्तु या व्यक्ति जिस पर वाक्य में की गयी क्रिया का प्रभाव पड़ता है वह कर्म कहलाता है। कर्म कारक का विभक्ति चिन्ह 'को' होता है।

अतः विकल्प (A) सही है।

74. मुहावरा - 'दाल में कुछ काला होना' अर्थ – आशंका या संदेह होना।

वाक्य- जिस तरह से सेठ को पुलिस ने अकेले मे बुलाया तो लगता की दाल मे कुछ काला है।

अतः विकल्प (D) सही है।

75. 'महत्व, सौन्दर्य, प्राथमिकता' ये सभी शब्द विशेषण से बनी भाववाचक संज्ञा के उदाहरण है।

भाववाचक संज्ञा: परिभाषा: जो शब्द किसी चीज़ या पदार्थ की अवस्था, दशा या भाव का बोध कराते हैं, उन शब्दों को भाववाचक संज्ञा कहते हैं।

विशेषण से बनी भाववाचक संज्ञा के कुछ उदाहरण:

- अच्छा = अच्छाई
- सुन्दर = सुन्दरता, सौंदर्य
- शीतल = शीतलता
- सफल = सफलता
- कायर = कायरता

अतः विकल्प (A) सही है।

76. "सर्दियों में रोज नहाया नहीं जाता" 'भाववाच्य' से संबंधित वाक्य है।

भाववाच्य- व्याकरण में क्रिया का वह रूप जिससे यह जाना जाय कि वाक्य का उद्देश्य उस क्रिया का कर्ता या कर्म कोई नहीं है, केवल कोई भाव है। इसमें कर्ता के साथ तृतीया की विभक्ति रहती है; क्रिया की कर्म की अपेक्षा नहीं होती और वह सदा एकवचन पुल्लिंग होती है।

जैसे—मुझसे बोला नहीं जाता। उससे खाया नहीं जाता।

अतः विकल्प (A) सही है।

77. 'हर समय दूसरों की कमियाँ ढूँढ़ने वाला', वाक्यांश के लिए सार्थक शब्द छिद्रान्वेषी होगा।

अन्य विकल्प:

शब्द	अर्थ
चुगलखोर	चुगली करनेवाला व्यक्ति
दुष्ट	दूसरों को परेशान करने वाला
आलोचक	गुण-दोष की विवेचना करनेवाला

अतः विकल्प (A) सही है।

78. 'Deputation' के लिए सही पारिभाषिक शब्द है: अस्थायी नियुक्ति

अस्थाई नियुक्ति- Temporary Appointment: वह अवधि जब आपको आपके नियोक्ता द्वारा अस्थाई रूप से अन्यत्र काम पर भेजा जाता है।

अतः विकल्प (B) सही है।

79. 'आपत्ति - विपत्ति' विलोम युग्म सही नहीं है।

'आपत्ति' - दुःख व अचानक आ गिरनेवाली विपत्ति है।

'संपत्ति' 'आपत्ति' का एकदम विपरीत है।

'विपत्ति'- किसी अनिष्ट घटना से उत्पन्न होने वाली ऐसी स्थिति जिसमें बड़ी हानि हो सकती है। 'सम्पत्ति' 'विपत्ति' का एकदम विपरीत है।

अतः विकल्प (B) सही है।

80. 'अमल - विमल' विलोम शब्द युग्म सही नहीं है।

'अमल' का मतलब- निर्मल, शुद्ध, पवित्र, साफ़, स्वच्छ

'अमल' का विलोम शब्द 'मैला'

'विमल' का अर्थ जिसमें किसी प्रकार का मल या दोष न हो।

'विमल' का विलोम शब्द 'अशुद्ध' है।

अतः विकल्प (B) सही है।

81. 'भीतर' शब्द विशेषण नहीं है।

'भीतर' शब्द का विशेषण 'भीतरी' होता है।

विशेषण- जो शब्द संज्ञा या सर्वनाम की विशेषता यानी गुण,संख्या,मात्रा या परिमाण आदि को बताते है,वे शब्द विशेषण कहे जाते है। विशेषण के द्वारा जिन शब्दों की विशेषता बताया जाता है,वे शब्द विशेष्य कहलाते है।

विशेषण के मुख्य रूप से चार भेद होते है- गुणवाचक विशेषण, संख्यावाचक विशेषण, परिमाणवाचक विशेषण तथा सार्वनामिक विशेषण।

अतः विकल्प (A) सही है।

82. 'मजदूर पेड़ के नीचे बहुत देर से बैठा है' वाक्य में 'सकर्मक' क्रिया नहीं है।

सकर्मक क्रिया- जिस क्रिया में कर्म का होना ज़रूरी होता है वह क्रिया सकर्मक क्रिया कहलाती है। इन क्रियाओं का असर कर्ता पर न पड़कर कर्म पर पड़ता है। सकर्मक अर्थात कर्म के साथ।

जैसे - विकास पानी पीता है। इसमें पीता है (क्रिया) का फल कर्ता पर ना पडके कर्म पानी पर पड़ रहा है।

अतः विकल्प (A) सही है।

83. लोकोक्ति – नौ दिन चले अढ़ाई कोस, लोकोक्ति का अर्थ – काम करने की बहुत धीमी गति।

वाक्य- राजू ने दस महीने में मात्र एक पाठ याद किया है। यह तो वही बात हुई – 'नौ दिन चले अढ़ाई कोस'।

अतः विकल्प (A) सही है।

84. 'रीत' शब्द 'तत्सम' नहीं है।

विशेष:

शब्द	परिभाषा	उदाहरण
तत्सम शब्द	यह शब्द संस्कृत भाषा के प्रमुख दो शब्दों, तत् + सम् से मिलकर बनाया गया है। जिसमे तत् का अर्थ है-उसके और सम् का अर्थ है– समान। मतलब-ज्यों का त्यों।	शत, शुकर, सत्य

अतः विकल्प (D) सही है।

85. क्रिया विशेषण शब्द' की गणना 'अव्यय' के अंतर्गत की जाती है।

क्रिया विशेषण शब्द- वह शब्द जो हमें क्रियाओं की विशेषता का बोध कराते हैं वे शब्द क्रिया विशेषण कहलाते हैं।

जैसे- हिरण तेज़ भागता है। इस वाक्य में भागना क्रिया है। तेज़ शब्द हमें क्रिया कि विशेषता बता रहा है कि वह कितनी तेज़ भाग रहा है। इसलिए तेज़ शब्द क्रिया विशेषण है।

अतः विकल्प (A) सही है।

86. दक्षिण और पश्चिम के बीच वाले कोण को दक्षिण-पश्चिम या नैऋत्य कहते हैं।

पूर्व और उत्तर दिशाएं जहां पर मिलती हैं, उस स्थान को ईशान दिशा कहते हैं।

दक्षिण और पूर्व के मध्य का कोणीय स्थान आग्नेय कोण के नाम से जाना जाता है।

पश्चिम और उत्तर के बीच के कोण को उत्तर-पश्चिम या वायव्य कोण कहते हैं।

अतः विकल्प (C) सही है।

87. 'दरवाजा खुला रह गया अतः चोर घर में घुस आए' यह एक सयुंक्त वाक्य है।

संयुक्त वाक्य- सयुंक्त वाक्य में दो या दो से अधिक सरल वाक्यों को और, एवं, तथा, या, अथवा, इसलिए, इसलिए, फिर भी, तो, नहीं तो, किन्तु, परन्तु, लेकिन, पर आदि का प्रयोग करके जोड़ा जाता है।

अतः विकल्प (B) सही है।

88. उपर्युक्त विकल्पों में 'Legal Protection = न्यायिक संरक्षण' सही पारिभाषिक शब्द नहीं है।

'Legal Protection' का सही पारिभाषिक शब्द 'न्यायिक संरक्षण' नहीं है बल्कि इसका सही पारिभाषिक शब्द 'कानूनी सुरक्षा' है।

अतः विकल्प (C) सही है।

89. Recommended = संस्तुत सही पारिभाषिक शब्द है।

अन्य विकल्प:

शब्द	अर्थ
Random	यादृच्छिक
Minutes	मिनट
Attorney Genera	महान्यायवादी

अतः विकल्प (C) सही है।

90. दिए गए विकल्पों में 'कन्नी काटना = पेंच लड़ाकर पतंग काटना' का भावार्थ गलत है।

मुहावरा- 'कन्नी काटना' अर्थ – आँख बचाकर भाग जाना।

वाक्य- मेरा कर्ज न लौटाना पड़े इसलिए वह आजकल मुझसे कन्नी काटता फिरता है।

अतः विकल्प (A) सही है।

91. 'दम्पती' वर्तनी की दृष्टि से सही शब्द है। 'दम्पति' का मूल अर्थ है - घर का स्वामी। दम् यानी घर। पति यानी स्वामी।

अन्य विकल्प:

अशुद्ध शब्द	शुद्ध शब्द
पड़ौसी	पड़ोसी
नुपुर	नूपुर
शताब्दि	शताब्दी

अतः विकल्प (B) सही है।

92. 'तद्भव' शब्द बजरंग है।

तत्सम शब्द 'वज्रांग' का तद्भव शब्द 'बजरंग' है।

तद्भव शब्द- तत्सम शब्दों में समय और परिस्थितियों के कारण कुछ परिवर्तन होने से जो शब्द बने हैं उन्हें तद्भव कहते हैं।

अतः विकल्प (A) सही है।

93. 'बालक बहुत देर से रो रहा है' में 'अकर्मक' क्रिया का प्रयोग किया गया है।

अकर्मक क्रिया की परिभाषा: अकर्मक क्रिया वहां पर होती है जहां कर्ता द्वारा किया गया कार्य किसी अन्य चीज को प्रभावित नहीं करता। दूसरे शब्दों में जैसे नाम से ही पता चल रहा है 'अकर्मक' मतलब कर्म उपस्थित नहीं है। जब किसी वाक्य में कर्ता हो और क्रिया भी हो लेकिन कर्म ना हो तो वहां पर अकर्मक क्रिया होती है।

जैसे– बालक बहुत देर से रो रहा है। इस वाक्य में बालक कर्ता का काम कर रहा है और रो रहा क्रिया है लेकिन इसका प्रभाव और किसी चीज पर नहीं पड़ रहा है, इसलिए यहां पर अकर्मक क्रिया है।

अतः विकल्प (B) सही है।

94. 'गलत, अशुचि, लुप्त' के सभी शब्द परस्पर पर्यायवाची नहीं हैं।

'अशुचि' शब्द के मुख्य पर्यायवाची शब्द- सदोष, दोषयुक्त, ऐबदार

'गलत' शब्द के मुख्य पर्यायवाची शब्द- त्रुटिपूर्ण, भूलयुक्त

'लुप्त' शब्द के मुख्य पर्यायवाची शब्द- अप्रकट, अदृश्य, गायब

अतः विकल्प (A) सही है।

95. 'बचपन' भाववाचक संज्ञा है।

यहाँ पर बचपन शब्द से किसी भाव, अवस्था, गुण, दोष, दशा आदि का पता चल रहा है, इसलिए बचपन शब्द भाववाचक संज्ञा है।

जो शब्द पदार्थों की अवस्था, गुण, दोष, धर्म, दशा, स्वभाव आदि का बोध कराते हैं उन्हें भाववाचक संज्ञा कहते हैं। जैसे- बुढ़ापा, मिठास, बचपन, चढ़ाई, थकावट, मोटापा, चतुराई, जवानी, लम्बाई, मित्रता, मुस्कुराहट, अपनापन, परायापन, भूख, प्यास, चोरी, क्रोध, सुन्दरता, मानवता आदि।

अतः विकल्प (C) सही है।

96. 'वह नहाकर पढ़ेगा' वाक्य में पूर्वकालिक क्रिया का प्रयोग हुआ है।

इस वाक्य में पहले नहाने की क्रिया होगी फिर पढ़ने की क्रिया।

पूर्वकालिक का अर्थ होता है– पहले से हुआ।

जब कर्ता एक कार्य को समाप्त करके तुरंत दूसरे काम में लग जाता है, तब जो क्रिया पहले ही समाप्त हो जाती है, उसे पूर्वकालिक क्रिया कहते हैं। पूर्वकालिक क्रिया को धातु में कर या करके लगाकर बनाया जाता है।

अतः विकल्प (A) सही है।

97. 'घनीष्ठ' वर्तनी की दृष्टि से गलत शब्द है।

वर्तनी की दृष्टि से सही शब्द 'घनिष्ठ' है।

'घनिष्ठ' का मूल अर्थ है- जिसके साथ अत्यधिक मित्रता का संबंध हो।

अतः विकल्प (A) सही है।

98. 'लगता है इस बार अच्छी बरसात होगी' वाक्य में क्रिया की 'संभावनार्थवृत्ति' का प्रयोग हुआ है।

संभावनार्थवृत्ति- कुछ कथन निश्चित न होकर अनिश्चित होते हैं, जैसे संभव है, आज वर्षा हो। इसलिए क्रिया के जिस रूप से संभावना का बोध होता है, उसे संभावनार्थवृत्ति कहते है।

अतः विकल्प (A) सही है।

99. नव + ऊढा संधि से बना शब्द 'नवौढा' गलत है।

नव + ऊढा संधि से बना शब्द 'नवोढ़ा' होगा। यहाँ गुण संधि है।

गुण संधि - जब संधि करते समय (अ, आ) के साथ (इ, ई) हो तो 'ए' बनता है, जब (अ, आ) के साथ (उ, ऊ) हो तो 'ओ' बनता है, जब (अ, आ) के साथ (ऋ) हो तो 'अर' बनता है तो यह गुण संधि कहलाती है।

अतः विकल्प (D) सही है।

100. 'उससे खाना नहीं खाया गया' वाक्य में 'भाववाच्य' है।

जहाँ कर्ता और कर्म की नहीं बल्कि भाव की प्रधानता हो, उस वाक्य को भाववाच्य कहते हैं।

वाक्य में खाना ना खाने का भाव प्रकट हुआ है।

अतः विकल्प (A) सही है।

// टिप्पणियाँ //